周易相学释疑

李计忠趣解《周易》系列

易界名家 独门首传

李计忠 著

团结出版社

图书在版编目（ＣＩＰ）数据

周易相学释疑 / 李计忠著 . -- 北京：团结出版社，
2012.1（2022.12 重印）

ISBN 978-7-80214-702-7

Ⅰ . ①周… Ⅱ . ①李… Ⅲ . ①周易－研究②命相－研
究 Ⅳ . ① B221.5 ② B991

中国版本图书馆 CIP 数据核字 (2011) 第 254071 号

出　　版：团结出版社

（北京市东城区东皇城根南街 84 号　邮编：100006）

电　　话：（010）65228880　65244790（出版社）

（010）65238766　85113874　65133603（发行部）

（010）65133603（邮购）

网　　址：http://www.tjpress.com

E-mail：zb65244790@vip.163.com

tjcbsfxb@163.com（发行部邮购）

经　　销：全国新华书店

印　　装：三河腾飞印务有限公司

开　　本：170mm×240mm　　16 开

印　　张：24

字　　数：318 千字

版　　次：2021 年 1 月　　第 1 版

印　　次：2022 年 12 月　　第 3 次印刷

书　　号：978-7-80214-702-7

定　　价：52.00 元

前　言

　　相学是一种通过观察分析人的形体、外貌、精神、气质、举止、情态等方面的特征，测定、评判人的禀性和命运的学问。换言之，相学是一门关于人的学问。研究相学关键要看它对人具有怎样的积极影响，对人的生活能够起到什么样的作用。

　　在中华民族几千年的历史长河中，相学作为一种历史文化现象，源远流长。在相学的发展历程中，出现了许多重要人物，他们为相学的形成和完善作出了显著的贡献。相学在中国有着悠久的历史，最早可追溯到公元前七世纪的春秋时期。

　　《史记》中有吴市吏等早期相者活动情况的记载。至战国时，看相之术虽已流行，但主要作为一种参政手段被人注意，职业相士和严格意义上的相学理论尚未出现。两汉时期，相学得到迅速的发展，刘邦一家看相的事迹，《史记》里就有种种详细的记载。两汉以后，看相成为重要的社会职业，相书多达三十余种，一百三十多卷。宋、明两朝，看相风气发展到巅峰，许多相士成为显贵，不少知识分子、上层名流也以浓厚的兴趣开始研究相学理论。明代以后，相学逐渐流向民间。至此，无论相学理论还是看相技艺都少有新的发展。

　　古代相学名流群芳灿烂，如春秋时期的姑布子卿、战国晚期的唐举、汉代的许负、唐代的袁天罡和李淳风、宋代初期的麻衣道者陈传、明代的袁忠彻、清代的陈钊等，皆负盛名。古代相学著作多不胜数，但大多数是相互转抄的，自成体系且较为实用的主要有《麻衣神相》《柳庄相法》《神相全编》《水镜集》《相理衡真》《神相铁关刀》等。其中《麻衣神相》流传最广，《神相全编》体系最完备。

　　运用相学的原理评断人的禀性和命运的方法，俗称为"相学"。"相"包括两方面的含义：一指命相，一指看相。按存在方式而言，命相可分为骨相、面相、色相等；按所示命禄的属性，命相可分为福相、寿相、贫相、夭相等。看相就是给人解读命运的吉凶信息。要给人看相，就要懂得相学理论中的一般相法和特殊相法。一般相法是以被相者的形貌、气色、情态、举止等外在特征为观察对象，据此推测个人的命运休咎，其中又可分为相面、相骨、相手、相痣、相卧、相行、相气色等多种。由于相学流派众多，各派的理论不同，因此对人的面部结构和面部器官的命相形成了多种说法，即五星六曜说、五官五行说、三停六府说、五官十二宫说、十三部位说等。特殊相法主要有结穴相法、太素脉相法、三世相法、听声嗅物相法及相心相德法等诸种。结穴相法取看风水的原理看相；太素脉相法以中医的切脉之道来阐释人的命相；三世相法以人的现世生活情景来推测前世，预言后世；听声嗅物相法以人说话的声音或所用的器物来判断贵贱吉凶；相心相德法以通过考察人的心术善恶、品性优劣来断其祸福。依据门户学派的区别，相法又分为麻衣相法、柳庄相法、水镜相法等多种。

相学以《易经》为基础，在发展过程中渗透了阴阳五行、天干、地支、八卦、佛道思想等内容，还包含中医学知识和中国古代朴素辩证唯物主义哲学的内容，可谓博大精深，并且逐渐形成一套完善的、独特的理论体系。

五行即指：一曰水，二曰火，三曰木，四曰金，五曰土。古人认为，天地万物皆由金、木、水、火、土五种基本物质组成，它们之间又存在着相生与相克的关系。相生是指一种物质对另一种物质有着生发促进的作用，即木生火、火生土、土生金、金生水、水生木；相克是指一种物质对另一种物质有着克制约束的作用，即木克土、土克水、水克火、火克金、金克木。正因为有了五行相生、相克的相互作用，天地万物才有进化、发展，同时又保持着平衡和协调。命理学家认为，既然天地万物的发展、变化和五行的生克制化有着密不可分的联系，那么也可以运用五行生克之理来测算人一生的凶吉祸福。基于这种认识，便从五行运动的规律中演化出金、木、水、火、土五行形相的相命方法，后来又将阴阳五行与天干、地支、四时五方相配。人的五官与阴阳五行性情相符，故将两者相配，赋予特定的命理意义。眼为甲乙木，主精华茂秀，定人贵贱；眉为丙丁火，主威势勇烈，定人刚柔；鼻为庚辛金，主刑诛危难，定人寿夭；口为戊己土，主载育万物，定人贫富；耳为壬癸水，主聪明敏达，定人贤愚。这样，便可以直接从一个人的五官形象推断比较复杂的命理内涵了。

又如五官与五行相生的关系：耳为轮珠鼻为梁，金水相生主大昌；眼明耳好多神气，若不为官富更强；口方鼻直人虽贵，金土相生紫绶郎；唇红眼黑木生火，为人志气足财粮；舌长唇正火生土，此人有神中年聚；眼长眉秀足风流，身挂金章朝省位。五官与五行相克的关系：耳大唇薄土克水，衣食贫寒空有智；唇大耳薄亦如前，此相之人终不贵；鼻大眼小金克木，一世贫寒主孤独；眼大耳小学难成，虽有资财寿命促；舌小口大水克火，急性孤单足人我；舌大鼻小火克金，钱帛方盛祸来侵；耳小鼻蠢亦不佳，悭贪心恶多灾祸；鼻大舌小招贫苦，寿长无子送郊林；眼大唇小木克土，此相之人终不富；唇大眼小贵难求，到老贫寒死无墓。

再如五形相：金形人，《相五德配五行》云："金之位于乾兑，含西方肃杀之气，禀坚刚之体，在人为义，得其形并得其性，是为真君也。"金形人的肤色以白中带黄为最佳。木形人，《相五德配五行》云："木居东方仁发生，木之枝干发于甲，木位天地长生之府，配于五德居其首，在人为仁，得其形并得其性，是为真木。"水形人，《麻衣相法》曰："眉粗并眼大，城廓要团圆，此相名真水，平生福自然。"火形人，《神相铁关刀》曰："头尖肉红性又急，发黑须黄鼻露骨，颧尖骨露眼睛红，眉上欠毛胸又突。掌尖大薄又露筋，行路身摇耳尖拂，声焦声破额孤高，唇超露齿火形实。"土形人，《麻衣相法》曰："肥大，敦厚而重实，背高皮厚，气魄宏大，声响如雷，项短头圆，骨肉全实。"土形人，《神相全编》曰："似土得土厚柜库。"即是说，土眉，宽广清长者衣禄丰足，眉头纹破或两眉相连者坎坷多难、骨肉难全。

但是，相学作为一门传统文化，确有其封建迷信的色彩，不能把它神秘化，更不能用来骗人或牟利。只有抱着对生命负责任的态度，认真研究，科学观察，合理判断，剔除其封建迷信的时代烙印，才能够得出较为正确的结论，并对症下药来解决人生中的实际问题。

本人青年时期就开始拜师学习周易象数和术数，不仅风水上得到名师的点拨，而且手面相上得到易学大师曹宝件的亲传，又得到手面相大师陈鼎龙的点拨。长期的实践证明，从面相是可以分析人的富贵、夭寿、善恶、忠奸、贤愚，以及家庭、婚姻是否幸福等方面信息的。我希望把自己几十年学习传统文化积累的宝贵相学经验公之于众，献给社会，并发扬光大。因此，在出版一系列风水著作之后，又整理撰写《周易相学入门》《周易相学点窍》《周易相学通解》《周易相学精粹》《周易相学释疑》五本著作，以供读者学习和参考。

李计忠

辛卯年辛卯月撰于海口

　　《周易》是我国最古老、最有权威的一部经典哲学著作，是百经之首，是中华民族先贤的聪明智慧凝集而成的精品，是一部光辉而灿烂的传统文化瑰宝。《周易》作为中华民族的优秀文化遗产，其易道博大精深、源远流长，对于中华文化的各个领域，都有着深远的影响。

　　《周易》是讲一分为二的客观规律，是讲对立与统一的辩证关系，揭示宇宙一般的变化规律。易道讲究阴阳互应、刚柔相济，提倡自强不息、厚德载物。它是中国古代智者仰视天文、俯视地理、融通万物之情及探索宇宙法则、人生奥秘的哲学著作。《周易》是术数之学，主要体现于八卦定位及阴阳五行的属性。八卦是《周易》的重要理论，具体是乾、坤、震、巽、坎、离、艮、兑。乾为天，卦象是上乾下乾，纯阳卦；坤为地，卦象是上坤下坤，纯阴卦。乾坤二卦作为中华民族的重要语汇，指代了最广阔的天空与大地，与其他六卦构成了八卦，成为中国古代先贤们探究宇宙万物万象的密码。八卦本身有五行，即乾为金、坤为土、震为木、巽为木、坎为水、离为火、艮为土、兑为金。八卦中藏有地支，具体是乾藏戌亥支、坤藏未申支、震藏卯支、巽藏辰巳支、坎藏子支、离藏午支、艮藏丑寅支、兑藏酉支。地支又分属于五行，具体是寅卯属木、巳午属火、申酉属金、亥子属水、辰戌丑未属土。古人用它来预测未来、决策重大事项、反映当前现象，上测天，下测地，中间测人事。周易乃帝王之学，素称"群经之首，百科之源"，是历代人们修身、齐家、治国、平天下的哲学经典。在中国五千年的文明史上，中华民族能历众劫而不覆，逢万难而不倾，遇衰而又能复振，而且能够不断地发展壮大，与我们中华民族对易道精神的把握是息息相关的。我们的祖先在日常生活中遇到了疑难之事，习惯于运用周易八卦预测的科学方法，预测自然和人事方面的吉凶信息，对相关事物和现象做到心中有数，有备无患。

　　虽然《周易》最初只是一本用于占卜的书，但是它不仅对中国主流文化有着深远而广泛的影响，而且对中国传统文化的影响几乎渗透到了每个角落，特别是对哲学、伦理、宗教、环境、建筑、医学、天文、数学、物理、文学、音乐、艺术、军事和武术等，具有非常重要的指导和规范意义。各门科学文化也能从《周易》哲学原理中得到显示。《周易》指导着各门科学文化的研究，而且其逻辑推理也在数学、几何学、八卦预测学、人居环境学、四柱预测学、人体面相学等学科上得到广泛应用。我们学习和研究《周易》的最终目的，就是要把《周易》中的逻辑推理法则运用到实际生活当中，加以考察，力图对我们的学习、工作、处世等日常行为有所借鉴。

相学作为周易演化出来的一支门类学科，有着悠久的历史。从历史的渊源来看，面相术是预测一个人的流年运气、富贵贫贱、祸福寿夭等的一种学术，它与中国的易术、道术、医术和养生学都有着紧密而不可分割的关系。早在春秋战国时期，相术和相士就已经出现，著名学者、儒学大师荀子曰："相人者，古之者无有也。……古者有姑布子卿，相从之形状颜色而知其吉凶。"姑布子卿就是春秋著名的相士，《左传》《周书》中都有关于相士相术的记载。这些文献资料证明春秋时期我国相术已经开始发展，并且最基本的理论是以八卦、五行、地支为基础初步确立的。三国时期，医学大大发展，出现了张仲景、华佗等名医，同时相术也有了大的飞跃，从原先的观形发展为观气色，相士通过观察人的气色来判断吉凶，这与中国古老的医术紧密地结合了起来，只不过所观察的角度不同而已。隋唐时期是我国相术发展的一个重要时期。这一阶段的相书数量繁多，种类多样，并且广为流传。如《新唐书·艺文志》中的《袁天罡相书》七卷，在敦煌发现的唐人所撰写的相书残本，等等。此时的相术已将八卦配以人的面部，从察看人的面相扩展到了身体的各个部位，剖析得详尽透彻。宋元时期是我国相术发展的鼎盛时期。在北宋画师张择端的《清明上河图》风俗长卷中，就有看相批命的职业形成，反映了当时相术的风起之盛，而且出现了总结性的著作。在这些著作中，首推《麻衣神相》。《麻衣神相》是相书史上一部具有划时代意义的著作。它集前代相书之大成，无论是理论上还是实践上都有了较为系统的阐述和发挥，并最终奠定了相术学的根本体系。《麻衣神相》总结了千余年的相术理论和实战精华，摒弃了一些繁琐的无稽之谈，使相术的理论水平达到了前人后者都难以企及的高度。尤其是附着大量的插图，八卦、五行、地支都配于人的面部、翔实具体、通俗直观，使它成为迄今为止影响最大的一本相书。明清时期的面相理论是宋元时期的理论延续。此时相书版本很多，最重要的当属袁忠彻的《袁柳庄神相》，此书虽然有自己独到的见解和理论，但是与《麻衣神相》也有许多共通之处。

本人四十多年来，深研古贤相典及各种门类相书，加之青年时期就开始拜师学习周易八卦象数和术数，同时面相上得到易学大师曹宝件的亲传，又得到手面相大师陈鼎龙的点拨。本人在长期的实践与应用中，将古著经典记载的观相之法在实践中印证，总结归纳，去伪存真，做了大量的手稿笔记。手稿笔记内容涉及广泛，有手面相、骨相、痣相、气色的吉凶，以及富贵贫贱、夭寿、善恶、忠奸、贤愚、六亲刑克、伤病灾、家庭、婚姻是否幸福等的精确看法，特别是在观相实践中总结出来的八卦断面相的方法更加神验。我希望把自己几十年来在学习和探索中积累的宝贵经验公之于众，奉献给社会，并将之发扬光大。

这五本相学著作，以《周易》八卦为基础，渗透了阴阳、五行、地支、佛道思想、中医学知识等。正如周易八卦九宫，即天心为中宫，五行为土；南方离卦，五行为火；北方坎卦，五行为水；东方震卦，五行为木；西方兑卦，五行为金；西南方坤卦，五行为土；东南方巽卦，五行为木；西北方乾卦，五行为金；东北方艮卦，五行为土。在给人看相论命时，将八卦九宫套入面部，即鼻子位居面部中央，为土星，准头代表中宫；额顶为火星，以离卦代之；下巴为水星，坎卦占位；右颧骨上为震卦；左颧骨上为兑卦；左眼尾下为坤卦；右眼尾上为巽卦；左笑靥下为乾卦；右笑靥下为艮卦。例如，鼻大丰满右颧削，为木克土，财薄而无权势；额头方圆下巴尖，为水克火，早年吉祥晚景差；右颧丰满左颧低平，为金克木，中年蹉跎无权势；左颧圆满额头尖，为火克金，早年贫穷中年颠，等等。又如，耳为金木星，主聪明敏达，定人贤愚及寿夭；眼为木星，主精华茂秀，定人贵贱；眉为火，主威势勇烈，定人刚柔；口为水星，主食禄，又主刑诛危难，定人疾病与灾厄；鼻为土星，主载育万物，定人贫富。如此，就可以直接从一个人的五官形相推断比较复杂的命理内涵了。

八卦中藏有地支，各有五行属性，八卦断面相吉凶之法可依八卦和地支五行辨别。五行即金、木、水、火、土五种物质元素。天地万物皆由金、木、水、火、土五种基本物质组成，它们之间相生相克的关系，推动了事物的运动、变化和发展。五行相生是指一种物质对另一种物质有着生发促进的作用，即木生火、火生土、土生金、金生水、水生木；五行相克是指一种物质对另一种物质有着克制约束的作用，即木克土、土克水、水克火、火克金、金克木。基于五行的生克制化的运动规律，演化出五行金木水火土形相命理方法及赋予特定的相理意义，并运用五行生克制化原理来测算人一生的凶吉祸福。八卦断面相吉凶之法是本书最突出的、最准验的相理吉凶信息的推断方法，也是其他书中所没有的。在给人看相论命时，将地支套入面部，论人老年之吉凶，具体方法是：将地支子丑寅卯辰巳午未申酉戌亥分布在被观者面部的边缘，从地阁起子位，女命按顺时针方向运行，每二岁行一部，周而复始，至一百岁归还子位；男命按逆时针方向运行，每二岁行一部，周而复始，至一百岁归还子位。

人的身体五部可冠于五行之别，主要根据人的周身骨骼所形成的头、面、身、手、脚五部的外形及周身肤色，判定个人的五行形相法。

金形人，周身五部都方正，眉清目秀，骨肉坚实且白皙银亮，肤色白中带黄润，额、鼻、颚三停均有方正之象，头圆、耳色白润，唇红齿白，发须疏，腹部圆垂，背部宽厚，颧部骨起，胸平有肉，手掌方厚，声音明朗而铿锵有力。金形人的周身五部及面部均具金五行的特性。

木形人，周身五部都长大，腰瘦而圆，眉目清秀，人中有须而无困口，颈有喉结，鼻略露节，头部隆起，额耸，手掌瘦长，肤色青中带黄润，额、鼻、颚、三停均有修长之象，头长，耳赤，唇红纹细，腹部瘦直，颧部骨平，胸部骨露，声音明朗合节拍。木形人的周身五部及面部均具木五行的特性。

水形人，周身五部都圆肥，特别是上下眼胞及腹臀更圆肥，面短，眉粗眼大，肤色黑，额、鼻、颚、三停均有圆肥之感，耳色赤，唇褐齿白，发须密，腹部圆垂，背部圆厚，颧骨稳起，胸厚有肉，手掌圆厚，声音浊。水形人的周身五部及面部均具水五行的特性。

火形人，周身五部上尖下宽，上锐下丰，性格急躁，眉发焦黄，鼻梁起节，颧尖骨露，筋骨俱露，眉骨露，口齿露，手指瘦且指尖，声音刚烈且紧急。火形人的周身五部及面部均具火五行的特性。

土形人，周身五部都方正，头圆项短，背耸皮厚，身段腰圆，腮颐宽厚，耳大，唇厚，地阁方厚，五岳相朝，步稳语迟，敦厚重实，厚发浓眉，鼻准丰隆，手掌指节均方厚，声音沉而迟缓，耳色黄润，肤色黄润带赤气，额、鼻、颚、三停均有方正之象。土形人的周身五部及面部均具土五行的特性。

人的面部气色千差万别，主要气色变化通常有黄、红、青、白、黑五种，黄色为土、红色为火、青色为木、白色为金、黑色为水，这是大自然的本色。

但由于人体内部的五脏各具五行，人的面部气色变化跟五脏的五行生克制化相关联，同时也受到四时季节交替变化的影响。在人体内部，心为火，肝为木，脾胃为土，肺为金，肾为水，春季木旺而发青色，夏季火旺而发红色，秋季金旺而发白色，冬季水旺而发黑色，并且一年都伴有黄色。春季木旺，右颧发青色大吉；秋季金旺，左颧发白色大吉；夏季火旺，额头发红紫色大吉；冬季水旺，地阁（下巴）发黑色大吉；一年四季，面部都伴有黄色，鼻子准头发润黄色为大吉。

气是隐藏于皮肤下面的一种轻细柔滑的东西，色是呈现于皮肤表面的五行色彩。一般地说，观察人的气色，木形人以青色略带红紫色为大吉，火形人以红色略带青色为大吉，水形人以黑色略带白色为大吉，金形人以白色略带黄色为大吉，土形人以黄色略带红色为大吉。青色是木的本色，主惊忧，发于一、二、三月间；红色是火的本色，主口舌是非、破财，发于四、五、六月间；白色是金的本色，主悲伤，发于七、八、九月间；黑色是水的本色，主疾病、灾厄，发于十、十一、十二月间。还有十二宫、三十六宫及七十五部位气色的吉凶断法。

这五本相学著作，以《易经》八卦为基础，渗透了阴阳、五行、地支、佛道思想、中医学知识等，内容较为丰富。书中用通俗易懂的文字及图片，试图对人进行全面的观察而做出较为合理、正确的判断，并从不同的角度向读者展现了古代相学的发展渊源以及与相学有关的故事与传说，为广大读者全面了解我国这一古老的文化现象有一定的帮助。当然，作为传统文化的一部分，中国古代相学也夹杂一些封建思想的糟粕和迷信的色彩，作者亦作了剖析，相信今天的读者自有辨别。编著该书就是为了对古代相学的社会功效进行解密，帮助读者更好地了解相学的内涵，打破相学的迷信色彩。这对研究相学的专业人士和爱好者具有一定的参考意义。

目　录

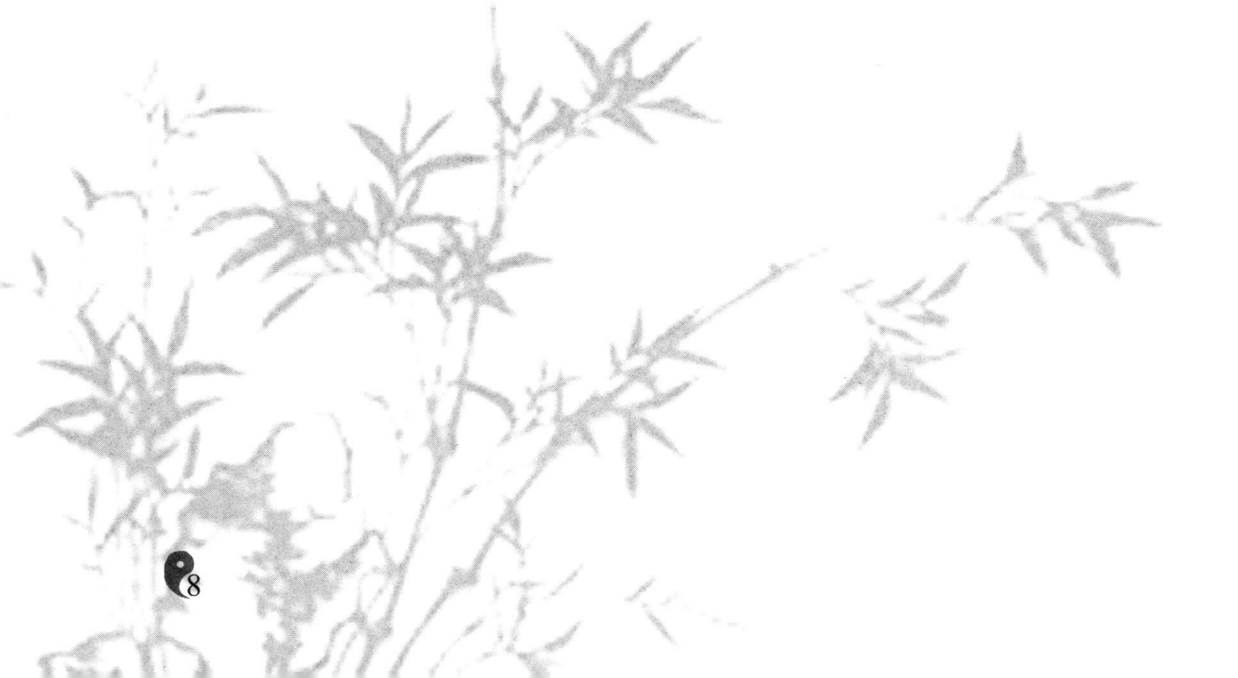

第一章　概论

人的面目是前世修来的，世人是不能预知的。人的一生中，富贵、贫贱、贤愚、寿夭、祸福、善恶等，都能从面相上看出来。人的形貌、皮肤、骨骼、气色、声音也都预示着人生的命运。

天有三宝日、月、星，人有三宝精、气、神。一个人如果神气不济，必定一辈子不得发达。神气是天地赋予人身的宝物。自然界中，山川清秀，日月光明，是自然之神气。人身之神气，可比作灯油。油清则灯火通亮，神清气强则人有精神，自然发达富贵。否则，一生贫贱，无出人头地之日。

头、腰、腿为整个人体的三停。面部三停则自发际到眉毛为上停，自山根到准头为中停，自人中到地阁为下停。不论身体三停还是面部三停，都要平等匀称。三停平等匀称者，一生不缺吃穿，丰衣足食，至少是小康人家。

本章以相学的基本方法入手，介绍看相的方法、部位、流年、宫位、常用名词、术语、骨肉、形相等有关知识，将读者引进相学的大门，以引起读者学习和研究相学的浓厚兴趣。

第一节　十观

看相的方法有很多，不同时代、不同的相士，看相的着重点各不相同，看相的角度和观察点也不相同。现代人看相，概而言之，谓之十观：

一、观仪表

观察一个人的仪表是否威严，不但要看他的眼睛，还要兼看

17

他的颧骨及神气。一个人相貌堂堂，端严有威，犹如猛虎下山，虎虎生威。一个人的威严，并不只是表现于他发怒时，而在他非常平静与和颜悦色的时候，也感觉到一股威严之气。这样的人，自然有福。

二、观精神

看一个人的身体是否厚实和有精神，就看他坐立时的情形。不论是坐着、睡着，其精神状态清洁灵透，即使久久坐着不动，也不会困顿昏睡，而是愈有神气。其精神状态如旭日东升，直刺他人眼目；又如秋月明亮清辉。这样的人肯定贵而有福。

三、观头额

头是人的首脑，四肢的中枢。头要圆，额要高，圆头额高的人富裕长寿。头方的人，头顶高耸，贵为天子；额方而头顶突出，可为辅佐国家的栋梁之人；额头平圆的人富贵无比；头顶平坦的人福寿长远。

四、观人的清与浊

所谓清，是指一个人瘦而精神爽然，此为贵相。浊是指浑浊，一个人浑浊而有精神，此人定有大福。若浑浊中没有神采，叫软，此种人一定孤独无子，或短命。

五、观五岳与三停

五岳者，东岳右颧，西岳左颧，南岳额头，北岳地阁，中岳鼻也。

三停者，上停为额，中停为鼻，下停为颏。

东西岳（左右颧）要周正适中，最忌粗露倾塌；南岳（额头）要平润正中，不要低陷凹窄；北岳（地阁）要方圆丰隆，不能尖削歪斜，歪曲翻卷；中岳（鼻）要方方正正，高高耸起，上接印堂。三停要平等匀称，不能尖削、歪斜、粗露。三停的长短、高低、大小都平等、匀称的人，一辈子不愁衣食。

六、观五官与六府

五官者，耳、眉、眼、鼻、口也。

六府者，天庭、日月二角为天府；左右两颧为人府；地阁、腮为地府。

五官要端正。眉要清丽高扬，疏朗清秀，弯曲细长，如一弯新月。最好眉长出眼睛一寸，双眉向两边分开，直入发鬓。这样的眉，主聪明富贵，机智有福，官运亨通。两眼要黑白分明，眼睛清爽明净，细长如凤目，炯炯有神，眼珠黑如漆，眼白如玉，眼长近耳，这种眼的人富贵双全。耳要轮廓分明，比脸白净，两耳高耸过眉，两耳贴肉而生，两耳坚挺，耳垂色泽红润，有此耳者，主富贵长寿。鼻要耸直、丰隆有肉，鼻梁悬垂直下，准头圆隆完美，有如悬胆、截筒，鼻形宽大厚实，色泽黄明光亮，有此鼻者，财禄双全。口要大而方，唇红齿白，上下唇一样丰厚，两唇不反，生有此口者，天生富贵，可食千里之禄，吃喝不愁。天府要方圆、明亮，不要露骨；人府要方正、平坦，直插发鬓，不粗不露，匀称相对；地府要与地阁相辅相依，不宜尖歪粗大。

七、观腰背

腰要圆硬挺直，背要宽厚。最怕背坑洼不平、背薄肩垂。胸部要平满，胸骨不宜粗露，臀部要平厚有弹性，不宜尖起沉坠。要胸坦腹坠，体肤细嫩。

八、观手足

看一个人的手足，手要细嫩足要厚实。手指要大小匀称，手掌要平如镜，软如绵。手掌手背

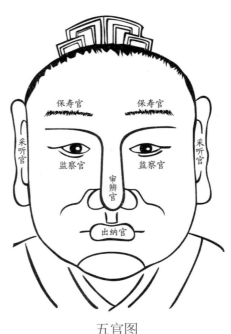

五官图

都要厚实，手背不要粗露，足背要有肉，足掌要有纹，有痣更好。手指合拢时，不要漏缝。手掌最好要红润鲜明。

九、观心声

"未观形貌，先相心田"。观察一个人的声音和心田很重要。观一个人的眼睛神态，可知此人是善是恶。眼神慈善，其心仁爱，心地善良，终会富贵。声如铜鸣响，清润嘹亮，浑厚有力，有此种声音的人，纵然相貌不佳，也会富贵。人小声大，人大声雄，深远明亮，出自丹田，这是富贵绵达之相。

十、观形局与五行

形局，就是一个人的体形格局，它对一个人的命相关系甚大。如龙形、虎形、狮形、鹤形、牛形、猴形、象形、凤形等，这些都是富贵形相。如猪形、羊形、马形、狗形、狐狸形、鼠形、鸦形等，这些都是凶暴、贫薄、短命的形相。

五行即金木水火土。在五行之中，金形人最好是颜色白净，木形人以青绿色为好，水形人肥而黑为好，火形人喜红色不怕尖削，土形人喜黄色而厚实。

总之，人的身首要厚实，大小适中，皮肤润滑有光泽，这样的人可得富贵。色泽光润，财禄日进；肤色暗淡，与仕途无缘。

第二节 十三部位

研究面相，首先要了解掌握面相的一些基本部位、专用术语和基本方法。只有明白这些基本的部位、术语和方法，才能进一步剖析、研究面相学的理论方法，进一步探求和揭开这些奥秘。

面相以人的鼻子为中轴线，自上至下以前额正中发际至下巴分为十三个部位名称。每一个部位左右与其相对的还有一些其他部位，共计一百四十六个。要学习研究面相学，首先要精熟十三个重要部位，并了解与之相平行的部位，特别要熟背十三部位歌诀。

一、十三部位的分布

前额有四个部位，即天中、天庭、司空、中正，此四部位合为官禄宫；双眉中间的部位为印堂；双眼之间的部位为山根；鼻梁分为年上、寿上；鼻尖为准头；鼻下为人中；嘴为水星；唇下为承浆；下巴为地阁。面相学上，通常把天中、天庭、司空、中正、印堂、山根、年上、寿上、准头、人中、水星、承浆、地阁称为人面相上的十三部位。

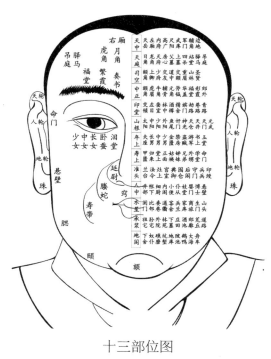

十三部位图

天中：

位于额正中的上额部，发际往下约一厘米处。头顶为天，天中在发际顶中，故曰天中。天中为贵的表征，此部位是看祖先及长辈、父母关系的。天中清晰、明朗、洁净、无黑痣、疤痕、圆满，为上佳之相。天中圆满者比较聪明，平满者也会发达，有骨高隆起者定是富贵之命。反之，若有任何缺陷，则做事较不顺达，烦事较多，命运坎坷，得不到祖上福泽及父母爱，与父母缘薄。

与天中平行的有：天岳、左（右）厢、内府、高广、尺阳、武库、军门、辅角、边地。

天庭：

位于额上中间无发处，正对天中之下约一厘米宽的部分。天庭处预示一个人的事业、官运、诉讼等。"天庭丰隆得乎天者，必贵。"天庭明亮饱满的人，事业发达，事事顺心，一生事业官运皆通。若有骨隆起者大贵，官居显要，一生都会有贵人相助。但若有任何缺陷或颜色暗淡，凡事就该小心了。

与天庭大略平行的有：日（月）角、龙虎角、天府、房心、父墓、上墓（天墓）、四杀、战堂、驿马、吊庭。

司空：

在中间偏下方额部，天庭下约二厘米处。此处应该平坦无纹，也不要有任何疤痕，如有骨隆起，气色明亮，具备当官之相。但若有纹痕、破兆、疤痕、黑痣者，就不是好相，事业会多不顺，灾难频频，病痛也多，易破财。

与司空大略平行的有：额角、上卿、少府、交友、道中、交额、重眉、山林、圣贤。

中正：

在眉间上方额部，司空下约一厘米处。此处应该色泽光润，若有骨略凸起，也是贵相，起码是荐任官员。如此处出现横贯的祥云似的气色，会有升迁喜讯。此处若有缺陷，则官运不佳。

与中正大略平行的有：额角、虎角、牛角、辅骨、玄角、斧钺、华盖、福堂、彩霞、郊外。

司空、中正合称官禄宫，表示一个人的事业之成败荣辱，与上司的关系等。司空与中正部位饱满多肉，莹净无疤痕，则显示官运亨通，一生不与人诉讼，而且能得到长辈、上司的帮助。

印堂：

位于两眉之间，在中正下方约一厘米处，是面相中很重要的部位。印堂平正广阔，色泽光亮如镜，没有纹痕，丰厚饱满，即为大吉之相。人交好运时，印堂会变得红润而有光泽。印堂的色泽表示一个人的吉凶祸福。若印堂晦涩浑暗，缺乏光泽，则人走背运。若印堂有黑痣斑痕，易有不顺，如出现青气，表示不吉利，会有灾难发生。如果印堂色泽暗浅而天庭、中正颜色明亮，或印堂光洁，而天中、天庭暗浅，则表示成功与失败的概率几乎相等，一定要小心谨慎，把握好时机与分寸，通过自己的努力取得成功。

印堂若有三条川字纹，表示夫妻感情差。若有乱纹，会有横祸。心情不好，眉头不展时，就会有纹出现。可见印堂部位是人面的表率，与心相应，应时时注意，保持心境宽朗。

与印堂大致平行的有：交锁、左目、蚕室、林中、酒樽、精舍、嫔门、劫路、巷路、青路。

山根：

位于两眼之间的鼻梁上部，即鼻子从低开始高起的部分。此处上承额部，下接鼻梁，占整个鼻子的三分之一，是人面的要冲，家庭、事业、婚姻等运势都以此为决断。同时，此部位表示一个人的智力、荣誉和疾病，因山根部位正是十二宫的疾厄宫。

山根要丰满隆起，光滑无纹，才能发达、一生无病。若山根低陷且有断纹，一生会多波折，兄弟情薄，婚姻难美满。山根有黑痣、伤痕，则容易遇到灾难，或命中注定要陷入左右为难不能自拔的境地。若山根狭窄不发达而低陷，一生孤贫无依。山根如淡灰色，表示身体有疾病；如呈青色，有性命之虞。

与山根大致平行的有：太阳、中阳、少阳、鱼尾、奸门、神光、天仓、天井、天门、玄武。

年上与寿上：

年上位于鼻梁的上半部；寿上是鼻梁的下半部，两者合称为年寿，也就是山根之下到鼻头之间的鼻梁，占整个鼻长中间的三分之一处。鼻为中岳，有似于山，这是表示意志、斗志的部位。中岳高高隆起，丰满有光泽，则年寿会高，一生少疾病，事业会顺利。若低陷或有黑痣、黑疤、斑痕，或有粗的横纹切过，则多灾多难，事业不顺，多波折、贫困、婚姻不好或短寿。年寿在鼻子的中段，又是显示中年运的地方。

与年上相对平行的有：夫（妻）座、长男、中男、少男、金匮、禁房、贼盗、游军、书上、玉堂。

与寿上大致平行的有：甲匮、归来、堂上、正面、姑姨、姊妹、兄弟、外甥、学堂、命门。

准头：

就是鼻头，在整个鼻长的三分之一处，主要指鼻尖部分。鼻准是面部的中心处，如一国之君，因此面部配置应以朝向准头的相貌为佳。准头应占整个脸部正中的二分之一处。准头的位置端正，人面才不偏斜。准头是表示金钱、自尊心及爱情的部位。准头大而丰圆端正，既富且贵；准头平正，仁慈忠厚；准头肉多而圆，无痣痕伤疤，头脑聪明又有时运，能得到真正的爱情。准头尖薄，心机奸诈；准头尖如鹰嘴，性毒奸诈，投机取巧，不可为友。鼻长准头尖的人，权力欲强、精明能干，会不择手段地赚钱，但生性吝啬。尖准头的人命运稍差，攻击性强。鼻头圆而鼻翼下垂的人处世圆滑，人际关系好。鼻头圆而鼻翼也鼓圆的人财运好，能得到爱情。

与准头大致平行的有：兰台、廷尉、法令、灶上、宫室、典御、囷仓、后阁、守门、兵卒、印绶。

人中：

人中是指鼻下唇上之沟状，即鼻子与上唇之间那条直而凹下的部位。此处为面相上的大关口，是人的心性、子息及寿命的综合观察点。

人中要长、要紧、要正。人中正直的人，忠诚守信；人中深长、端正向下垂的人，长寿富贵；人中垂直凹陷，子孙满堂；人中宽阔明亮光润的人，官星高照，能成为达官贵人。人中短促、狭窄的人，衣食不足，一生贫困；人中左偏不利父，右斜不利母；人中上宽下窄者，性情孤傲；人中上窄下宽者，心计多端；人中曲折的人，不讲信义。

与人中大致平行的有：井部、帐下、细厨、内阁、小使、仆从、妓堂、婴门、博士、悬壁。

水星：

水星就是口部，以上下唇闭合来看。水星也是重要的部位，暗示人的意志力强弱、适应性与爱情、婚姻状况、性欲、金钱状态及晚年运势好坏。

口要方正，口边棱角分明。人小口大乃富贵之命；人大口小乃贫困夭折之命。唇薄者较聪明，但好说是非；唇厚者有福气；唇红者表示吉庆。口唇长得尖突的人，较有心机且奸诈。口长得方正不偏斜，唇厚实红润者，衣食丰足。口大而宽润者，命里有福气，大富。

与水星大致平行的有：阁门、北邻、委巷、通衢、客舍、兵兰、家库、商旅、生门、山头。

承浆：

位于水星正下方，在下唇之凹处。承浆也称为酒池和药部，表示医药、印信方面的事情。承浆长得平满的人，有食禄。承浆处凸起的人，主财富多。承浆处两边有肉高起，中间如坑者，酒量很好。承浆处尖狭、偏陷且气色不佳的人，要少喝酒，若见黑青气色，必有喝酒伤身之灾。

与承浆大致平行的有：祖宅、孙宅、外院、林苑、下墓、庄田、酒池、郊廓、荒丘、道路。

地阁：

地阁就是下巴、下颏，在嘴唇的下端，即面部的最下端。地阁暗示居住、钱财、意志力、忍耐力及晚年运势。

地阁端正、方圆、平厚的人，既贵且富；地阁肥厚饱满，表示配偶多财。地阁方圆、肥厚、饱满，称之为得地，得地者必富贵。地阁狭长且薄扁、尖削的人，既贫且贱；地阁瘦小或有瘢痕的人，不得祖产，也缺乏家庭助力。

与地阁大致平行的有：下舍、奴仆、礁磨、坑堑、地库、陂池、鹅鸭、大海、舟车。

二、十三部位歌诀

现将十三部位歌诀列出，方便读者记忆。

第一天中对天岳，左厢内府相随续。高广尺阳武库同，军门辅角边地足。

第二天庭连日角，龙角天府房心墓。上墓四杀战堂连，驿马吊庭分善恶。

第三司空额角前，上卿少府更相连。交友道中交额好，眉重山林看圣贤。

第四中正额角头，虎角牛角辅骨游。玄角斧钺及华盖，福堂彩霞郊外求。

第五印堂交锁里，左目蚕室林中起。酒樽精舍对嫔门，劫路巷路青路尾。

第六山根对太阳，中阳少阳及外阳。鱼尾奸门神光接，仓井天门玄武藏。

第七年上夫座参，长男中男及少男。金匮禁房盗贼动，游军书上玉堂庵。

第八寿上甲匮依，归来堂上正面时。姑姨姊妹好兄弟，外甥命门学堂基。

第九准头兰台正，法令灶上宫室盛。典御囷仓后阁连，守门兵卒记印绶。

第十人中对井部，帐下细厨内阁附。小使仆从妓堂前，婴门博士悬壁路。

十一水星阁门对，北邻委巷通衢至。客舍兵兰及家库，商旅生门山头寄。

十二承浆祖宅安，孙宅外院林苑看。下墓庄田酒池上，郊廓荒丘道路旁。

十三地阁下舍随，奴仆碓磨坑堑危。地库陂池及鹅鸭，大海舟车无忧疑。

古人将面部中央的竖线划分为十三个部位，再赋予功能及意义上的贴切名称，有其不可忽视的内涵，值得读者认真学习领会。

第三节　流年部位运气

相学将人的一生逐年所行之运程称为流年。看相者根据被相者的年龄，测看被相者的运气，也可以与其年龄相配合来看其他部位的气色，推论过去或预测未来。流年运气主要根据气色来推断。从中医上讲，一个人的气色，随着年龄的不同，气色的好坏会表现在人面部的不同部位。一个人面部某个部位气色好，此人在某年龄将有可能有所作为，在事业上有成功的可能性。

流年运气是人生各年所行的运气，以面部一百个部位分别测断，每个部位各主一年运气。推流年的方法很多，现将几种常用的流年推断法介绍如下，以供读者参考，如能综合运用，则可取长补短，使流年运气的推断更加准确。

第一，耳朵为一至十四岁；前额为十五至三十岁；眉眼为三十一至四十岁；山根、眼睑、颧鼻为四十一至五十岁；人中至嘴巴为五十一至六十一岁。

第二，八岁十八二十八，下至山根上至发。有无活计两头消，三十印堂莫带杀。三二四二五十二，山根上下准头止。禾仓禄马要相当，不识之人莫乱指。五三六三七十三，人中排来地阁间。逐一推详看祸福，火星百岁印堂添。上下两截分贵贱，仓库平分定有无。即八岁、十八岁、二十八岁的人，上看头发，下察山根，三十岁的人印堂不可带杀；三十二岁、四十二岁、五十二岁的人，可看山根上下和准头，适当的观察禾仓禄马的情况；五十三、六十三、七十三岁的人，可在地阁部位推论祸福；百岁以上的人，看火星印堂。

第三，天轮一二初年运，三四周流至天城。天廓垂珠五六七，八九天轮之上停。人轮十岁及十一，轮飞廓反必相刑。十二十三并十四，地轮朝口寿康宁。十五火星居正额，十六天中骨法成。十七十八日月角，运逢十九应天庭。辅角二十二十一，二十二岁至司空。二十三四边城池，二十五岁逢中正。二十六岁主丘陵，二十七岁看冢墓。二十八遇印堂平，二十九三十山林部。三十一岁凌云程，人命若逢三十二。额右黄光紫气生，三十三行繁霞上。三十四有彩霞明，三十五岁太阳位。三十六上会太阴，中阳正当三十七。中阴三十八主亭，少阳当年三十九。少阴四十少兄弟，山根路远四十一。四十二造精舍宫，四十三岁登光殿。四旬有四年上冲，寿上又逢四十五。四十六七两颧宫，准头喜居四十八。四十九入兰台中，廷尉相逢正五十。人中五十一人惊，五十二三居仙库。五旬有四食仓盈，五十五得清禄仓。五十六七法令明，五十八九遇虎耳。耳须之年遇水星，承浆正居六十一。地库六十二三逢，六十四居陂池内。六十五处鹅鸭鸣，六十六七穿金缕。归来六十八九程，逾矩之年逢颂公。地阁频添七十一，七十二三多奴仆。腮骨七十四五同，七旬六七寻子位。七十八九丑牛耕，太公之年添一岁。更临寅虎相偏灵，八十二三卯兔宫。八十四五辰龙行，八旬六七巳蛇中。八十八九午马行，九旬九一未羊明。九十二三猴结果，九十四五听鸡声。九十六七犬吠鸣，九十八九买猪吞。若问人生过百岁，颐数朝上保长生。欲识流年运气行，男女左右各分形。

周而复始轮于面，纹痣缺陷祸非轻。限运并冲明暗九，更逢破败属幽冥。又兼气色相刑克，骨肉破败自伶仃。倘若运逢部位好，顺时气色见光晶。五岳四渎相朝拱，拱摇万里任飞腾。谁识神算真妙诀，相逢谈笑世人惊。

第四，水形一数金三岁，土厚惟将四岁推。火赴五年求顺逆，木形二岁复何疑。水金兼之从上下，若云水火反求之。土自准头初主限，周而复始定安危。即水形人可在一至三岁起推算，土形人从四岁起推算，火形人在五岁起推算，木形人在二岁起推算，金形水形兼备的人可根据年龄上下推求。如果水形火形可反过来推求，土形人则要根据鼻子的情况来推算。如此周而复始，流年的情况就明白了。

第五，以出生到七十六岁，大致分成八个年龄段，在特定的年龄段里看特定部位的气色。到了七十六岁，以脸的边缘轮廓，按子丑寅卯辰巳午未申酉戌亥的位置来看，从下而上，周而复始，又行至颏，正好为一百岁。具体看法是：先分男女左右，男看左，女看右。

以上五项阐释：

一岁至七岁，男看左耳，女看右耳，又称金星。耳的轮廓色泽要红润，不宜发青色，不宜灰暗；耳轮色泽红润，说明身体健康。

八岁至十四岁，男看右耳木星（女看左耳）。耳轮廓气色宜红润。

相小孩只看耳朵和耳垂珠，色泽红润的人从小聪明，生活优裕幸福，早运好；色白灰者，身体有病，恐影响寿命。

十五岁看额部即火星，十六岁看天中。火星和天中都在额部，额头发红发亮者，均为有好运之兆头。如额部灰暗，对少年时期不利。

十七岁、十八岁看日月角。日月角明亮发黄者，说明父母健康；如颜色灰暗者，父母中有一方有灾祸或死亡。日角为父，月角为母。

十九岁看天庭，二十岁、二十一岁看辅骨。红润明莹，主交好运；昏沉晦涩，会遭灾难。

二十二岁看司空。此部位一定要光明，不宜青暗。夏天发赤色，春天发青色，都是不祥之兆。

二十三四岁看边地。这一部位红赤，是有灾祸的表现。色红而重，变成赤色，就不好了；发青色也不好，明黄色为交好运。

二十五岁看中正。此部位应明亮。青灰或发暗，都是不吉之色。

二十六七岁看丘陵、冢墓部位。此二部位发青暗色不是坏兆头，如果颜色重，红变赤，要遭厄运。

二十八岁看印堂。印堂在正额，属火星，处在火位。色泽以红、黄、紫亮为好。赤而暗、黑而青，为背运之色。二十八岁为初限，从十六岁到二十八岁的初年运。

二十九岁、三十岁看山林部位。山林以林木清秀为好，故此部位发际处要清晰。如发际处成锯齿状，为劳心之相。发际处昏浊色暗，不宜外出，尤不宜陆路旅行。

三十一岁、三十二岁、三十三岁、三十四岁看凌云、紫气、紫霞、彩霞，皆为双眉之色。此部位呈紫色者主掌大权，色白亮者主财运亨通。如呈现白点状，丧兄弟或克妻。

三十五岁、三十六岁、三十七岁、三十八岁、三十九岁、四十岁，这五年行眼运。这些部位宜紫莹光明，尤忌青暗。红紫色为上色，光莹为中色，明白为平色。如果色青黑暗滞，凡事不成。

四十一岁看山根。此部位最怕黑青枯晦的颜色，发白色也不好。如山根色泽红润发亮为好运之征兆。到四十三岁为中限，管十三年的事。

四十三岁、四十四岁、四十五岁看年上与寿上。年寿又与疾厄宫紧连。色泽明润，为无病灾之相。颜色如红赤、青黑，必有灾。

四十六岁、四十七岁看两颧。此部位少年血旺宜红润明亮，老年人宜黄润，如色泽青暗，必损寿命。

四十八岁、四十九岁、五十岁看准头、兰台、廷尉。颜色明黄，为上好之色。发红者，谨防灾祸。发赤者，主散财；发青黑色，主死亡。鼻为土星，土宜黄，忌火、忌木、忌水，如有红、青、黑均为灾难之相。

五十一岁至五十七岁看人中、仙库、食仓、禄仓、法令。这些部位在唇之上，人中两旁。此部位在水星上，切忌生尘，以明润为上好之色，色发白发黄均不好。

五十八九岁看虎耳，与归来、奴仆合称下库。色泽发黄暗也不为坏运。

六十岁看水星。不论老幼，唇的颜色都以红明、紫亮为好。女子最忌白色，男子最忌赫色。

六十一岁看承浆。五十岁前后，承浆色宜白宜红。少年人此部位出现黑色，易遭灾厄而亡。

六十二岁、六十三岁看地库。无论老少，以白色为佳，黑暗为灾。

六十四岁至六十七岁看陂池、鹅鸭、金缕。润白明亮为好，白粉枯骨之色为大灾，死到临头。

六十八九看归来。此处宜润，怕枯。

七十岁、七十一岁看颂堂、地阁。色泽以白红色为好，晚年幸福。如发黑色，为寿命之终结。

七十二岁至七十五岁看奴仆、腮骨。

七十六岁、七十七岁看子位。

七十八岁、七十九岁看丑位。

八十岁、八十一岁看寅位。

八十二岁、八十三岁看卯位。

八十四岁、八十五岁看辰位。

八十六岁、八十七岁看巳位。

八十八岁、八十九岁看午位。

九十岁、九十一岁看未位。

九十二岁、九十三岁看申位。

九十四岁、九十五岁看酉位。

九十六岁、九十七岁看戌位。

九十八岁、九十九岁看亥位。

上百之岁看颏位。

一般来说，部位良好，流年顺遂；部位缺陷，流年运气就不好，容易遇到挫折、失败、困难或烦恼。如能根据面相的五行和部位五行的相生相克以及气色的好坏，做综合的判断，论其顺逆趋势，也就比较接近事实。

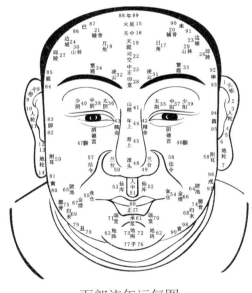

面部流年运气图

第四节　十二宫

相学将人的面部划分成十二个宫位，以宫位来分别测断人的命运和吉凶祸福。这十二宫即命宫、财帛宫、兄弟宫、田宅宫、男女宫（子女宫）、奴仆宫、夫妻宫（妻妾宫）、疾厄宫、迁移宫、官禄宫、福德宫、父母宫。

一、命宫

命宫位于两眉之间，山根之上，司空、中正之下，是十三部位的印堂之处。命宫是观看人相的最重要的部位，代表人的生命、夭寿、精神、愿望、成败、荣枯、人的七情六欲、一生吉凶祸福等，均可在此处凝聚呈现。

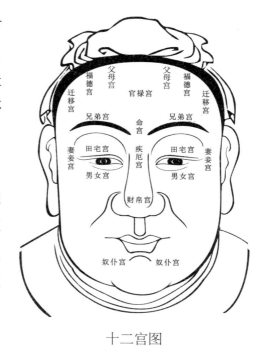

十二宫图

好的命宫要明亮润泽，主长寿、出身好，能得贵人之助。从印堂的宽窄程度、色泽、颜色，可以看出一个人运气的好坏、祸福吉凶。印堂饱满、光明如镜，是吉利之相。光明平坦如镜，没有任何瑕疵，主博学多才，学问通达。再加上山根平满，主一生福寿。印堂再配耸直的鼻子，有扶拱财星之兆，会发富。印堂配合眼睛黑白分明，主财帛丰盈之兆。命宫有三条直纹形成川字形的人，命逢驿马官星，会贵为将相，必保富贵双全。人逢好运时，印堂部位有光泽带红润；运气不好时，印堂晦涩，失去光泽。

坏的命宫是两眉长到中间接近相碰，即印堂太小，命运就不会顺畅，终生运差。印堂低陷、窄小、凹沉或有黑痣伤痕者，均为不吉利之相，必定一生贫寒，而且克妻。若有一条或二条直线纹者，主破财、克妻、害子，家庭状况不好。命宫纹路乱的人，家庭失和，离乡背井走他乡。

二、财帛宫

鼻乃财星，位居土宿。此部位包括二仓、地库、二金匮（甲匮、阴井、厨灶、鼻孔）。鼻子表示金钱，若鼻似截筒、悬胆、丰满明润，或如玉状，则财帛丰盈，千仓万箱，一生财旺富贵，万贯家财永享福。鼻子耸直丰隆、中正不偏者，财源不断，滚滚而来。若鼻子忽然枯削昏黑，则财帛一定消失。鼻如鹰嘴、尖峰，家中有灾，须破财消灾。鼻子最忌孔仰，鼻孔朝天，必主家庭贫寒，无隔夜之粮，一贫如洗。

三、兄弟宫

兄弟宫的位置居于两眉，主兄弟、姊妹、双亲、朋友、亲戚等人际关系及情谊、智慧。眉毛秀丽清疏，自然端正，犹如一弯新月，主聪明灵秀，和气同心，永远超群。眉毛浓密，主兄弟和睦仁爱；眉毛超过眼角，会有好几个兄弟。眉毛清秀有彩，表示孤傲清高之士；眉毛长过双眼，表示兄弟平安和睦；眉毛浓淡丰盈，表示兄弟、义友多助；眉毛呈红黄气色者，有荣贵喜庆之事。

不好的眉相如下：眉毛中断，主兄弟分散；眉毛又粗又短，主兄弟之间有隔阂；左右眉毛不一致者，父母会离异；眉毛相交，色黄而薄者，必将客死于异地；眉毛旋结逆长者，诸兄弟不会有大的出息，兄弟朋友都属蛇鼠之辈；眉毛散乱的人，钱财不聚；眉毛方向逆生之人，仇兄贼弟相互妒害，纷争不断，或异性同居；眉有旋毛，兄弟众多，狠性无常；眉毛不一样的人，定是异母所生。

四、田宅宫

田宅宫位于两眉与两眼之间，即上眼皮之处。表示家族关系和田产、房屋等不动产及遗产。田宅宽阔有肉，色泽润莹的人，能继承产业，在亲朋上司的帮助下而有提升。眼如点漆的人，一辈子事业都会繁荣昌盛、财源广进，凤目兼高眉者更是锦上添花，一生富贵双全。田宅宫呈现黄明气色，表示吉昌，谋事遂意，一切顺利，上班族会高升，即日得升官，纵是小人也会得宠，利见贵人。

田宅宫最怕红筋赤脉侵入眼睛，表示早年会破尽家园，一生到老无粮作药，贫苦一生。田宅宫如阴阳枯骨，主田园家产不保。若出现红眼而眼皮白者，表示家财会倾尽，事业有大难。上眼皮低塌表示眼睛不显，主破财；若是平而不突，表示田宅不守。若呈现青气色，主有官讼是非发生，且田宅家产无成。田宅宫发黑表示有杖责、有是非；发白表示有子女之忧；发红表示田宅喜事重重，有财进来。眼睛阴气过重，晦涩无神，即使有万贯家财，也终将难保。

五、男女宫

男女宫又称子女宫；男女者，子孙也。此宫位于两眼之下，包括卧蚕与泪堂。男女宫表示男女感情、子女多寡、生殖能力及道德观等。太阳、中阳、少阳平满的人，儿孙将福禄双全，荣华富贵。卧蚕柔软而鼓起的人，性欲强，子女成行，且子女清贵有成就。

泪堂深陷者，则大不吉利，必为鳏夫寡妇。男女宫有黑痣，称为哭痣，为子女操劳之相。女右侧，男左侧，有黑痣之人，为男孩辛苦；女左侧，男右侧，有黑痣的人，为女孩辛苦。男女宫气色光润无滞，呈紫气，生好男女；赤色主难产；青色，左主生男，右主生女。左眼下有卧蚕纹，表示会生贵子。泪堂不凸反而深陷，表示和子女无缘。泪堂不宜枯陷，左边枯陷损男孩，右边枯陷损女孩。眼下无肉的人，会妨害子女运势。有乱纹侵入泪堂的人，表示自己无子，要招义子义女。子女宫气色发青，表示妇女会有生产上的苦厄。发黑白色者，表示子女会有悲哀事。发红黄气色，主喜事将来临。泪堂有斜纹、黑痣，主儿孙有克。

六、奴仆宫

奴仆宫位居地阁，接连水星，即两嘴角之下、下巴附近，由承浆引出一条横线。这一部分主居住运、部属及下一代的关系。口部以下整个下颏地阁长圆丰满、肉色红润、无疤痕、黑痣者，必官运亨通，侍立佣人成群　一呼百诺。属老板主管阶层的人，手下有不少人可供其使唤之用。口如四字的人，有呼喝家僮之威严，又有呼聚喝散之权。

下巴地阁尖斜之人，不是好人，心肠坏，忘恩负义。奴仆宫有斜纹或破陷状，表示奴仆不周，无可用之人。若发青色，表示奴仆会有损伤，用人不当。若呈白黑色，表示仆马坠堕，不利远行，最好不要出国。若呈红赤气色，表示仆马生口舌，会失财，要注意钱财流向。若出现黄润气色，就是好的兆头。奴仆宫瘦削少肉，或有伤疤、黑痣，即使能行官运，也必与其奴仆部下关系紧张，晚景凄凉。

七、夫妻宫

夫妻宫即妻妾宫，位于眼睛末端的鱼尾纹处，也称奸门。主夫妻关系、男女情欲等男女之间的事情。奸门光滑平润、纹线稀少者，夫妇和睦、婚姻幸福，且妻有帮夫运，必致家财万贯，夫贵妻荣。夫妻宫丰隆平满的人，娶妻财帛盈箱；如两颧骨上侵夫妻宫且都很丰隆者，会因妻得禄，富贵之命。女性鱼尾奸门处明润亮泽的人，可嫁贵人为夫。若女子奸门处深陷，就易生意外。若鱼尾纹太多，要防妻子遭恶运而死。奸门有黑气，会有生离死别之事发生。奸门长黑痣，易生婚外情。奸门气色青，表示妻子有忧愁思虑不顺之事。奸门发红的人，表示夫妻有口舌，正在吵架。奸门呈黑白气色者，表示夫妻间会有悲哀事发生。奸门如有暗色，主夫妻分离。奸门出现红黄色，表示夫妻和谐。奸门若深陷或鱼尾纹过多者，主夫妻不和，或分道扬镳，或夫克妻死。鱼尾颜色枯黑无光，表示性方面有病。若有黑痣或斜纹，主妻妾多淫，四处偷情；夫妻感情看似很好，然各怀外情淫欲异念。

八、疾厄宫

疾厄宫位于印堂下方、双眼之间的山根部位。疾厄宫表示健康、责任心、荣誉感、遗传及对疾病灾难的抵抗能力。山根高隆丰满、光彩红润者，聪明智慧，才华横溢，青云直上，富贵双全，家庭和睦，福禄无穷，得享天年。山根低下凹陷者，智能偏低，为终身贫贱之相，且多年疾病缠身，短命。疾厄宫出现有烟雾状的昏暗气色，表示身体不适，会生大病，且灾厄缠身。出现青色气，则主惊忧；赤红色，要防有重大灾难发生；发白主妻儿会有悲事；发黑则主死亡。发红黄紫气，则主喜气连连。

九、迁移宫

迁移宫位居眉角至发际，在天庭两侧到耳朵附近的额头外侧的太阳穴处，包括天仓、高广、驿马、边地。主个人升迁、外出发展、旅行、移居、远近朋友的助力、国际贸易业务运作的成败等。此处丰隆盈满、华彩润泽，表示顺利无忧，一帆风顺。若迁移宫有腾起之象，且明润洁净，会有驿马星动，表示将有远行，可能出国。如额角塌陷，则居无定所，飘泊羁旅、四海为家，一生无房地产。若天庭正中部明黄，主升官。若天庭偏斜，不利于祖宗，必是祖坟风水不好，当迁移以求好运。若迁移宫出现青气色，表示远行会有不利事情发生，也会失财。若出现白气色，外出旅行也会发生不如意的事；出现黑气，会失财，最不吉利，也恐会有意外身亡。若是气色昏暗且有缺陷、或有黑痣，就不要外出了，会有灾厄发生。如呈红黄紫气，表示会有获得钱财之喜。

十、官禄宫

官禄宫位居天庭下大约二厘米处，额头的正中，发际以下、印堂以上的上额头部位，包括两旁的日月角。官禄宫表示才智、事业成败、地位升降，与上司、长辈的关系等。此部位宜红润、饱满、光明莹净，主发达显贵。如两边驿马处开阔凸起，有朝向中央官禄宫的样子，则一定事业显达，步步高升，地位超群。若此官禄宫有额角骨凸起，直达天中，称"伏犀贯顶"，驿马朝归，表示一生不会有任何纠纷，不会上讼庭，即使犯着官司也能和解，事业、官运都顺利。若此宫有纹痕冲破，常会招惹意外，事业难成，口舌官非常有，再加上两眼有红血丝，表示会有徒刑。官禄宫气色呈现青色，主忧疑不顺；呈赤红色，主有口舌是非；呈白色，主会穿孝服，家有人亡故；呈红黄色，则表示会升官。

十一、福德宫

福德宫位于眉尾上方，靠额头发际处的辅角部位下到迁移宫的天仓处。此宫主财运与福份。观察福德宫，必须上下结合，额与颏上下对称、不偏斜，两边额角和下颏都要凸起，额宽颏润，谓之"天仓地阁相朝，德行五福"，表示福德齐全，一生幸运，福气绵绵、可逢凶化吉。如果上下不对称，上宽下窄、或上窄下宽、或上下偏斜，对人的早年或晚年的命运都有影响。如天仓额角略狭小，下颏宽厚圆润，表示少年福份较薄，早年辛劳，但年纪越长，运气就越好，晚年运旺。如天仓额角宽广丰润，而下颏较狭小，呈上宽下窄形，表示早年福禄佳，少年得志，但晚年福份薄，愈老愈辛劳。如有凹陷缺痕，则不利，又加浅窄昏暗，则会常常发生灾厄，甚至家破人亡。福德宫气色呈青色，主忧疑不顺；呈赤红色，主酒肉多，但忌口舌；呈白色，主有灾厄；呈红黄色，有吉兆。福德宫丰满明润略凸，有重重祖荫，而且一生福德永崇。

十二、父母宫

父母宫位于日角月角，额头中央略偏两侧，天庭左右的双位。此处高圆明净丰满，主父母长寿康宁。日月角丰隆，表示父母亲双双荣禄福厚，更有祖荫庇护。若日月角有低塌形状，一定是幼年失双亲，或是父母早年离异，或是一个人离开家乡外出成家，或是自幼就常有灾病。

左边的日角主父亲，右边的月角主母亲。如果一边有纹痕或缺陷，就表示与父缘或母缘较薄，或是父亲或母亲正好有疾病在身。

若日月角呈现暗昧气色，也表示父母有疾病。

额头尖削而且两眉相交的人，幼年与父母无缘。要化解上述日月角的各种灾厄，可结拜义父或义母，以弥补缺陷。

额头两侧斜，向后倾，且额头狭窄的人，大多是私生子，或是另房所生。

父母宫呈青黑气色，主父母有忧疑，又有口舌纠纷，家庭不和；呈黑白气色，主父母丧亡；呈红黄气色，主双亲有喜庆。

眉毛和父母宫的相互情形很重要，有许多不同表征。如两眉相连，主妨害父母，和父母缘薄，家运不顺。如左眉高凸，右眉低陷，表示母亲会先过世；若左眉长得较向上方斜状，表示父亲会先过世，而母亲会改嫁。

相貌乃面上各部位的总和。观察人的相貌，先观察五岳。如果五岳丰盈，此人富贵荣名；如五岳歪斜，一生贫困。其次辨别三停。三停要求匀称，三停平均，平生永保显达富贵，受人尊重。三停不匀，贫贱寿短。额头管人早年运气，鼻子管中年运气，地库、水星管人之晚景。

第五节　学堂

学堂几乎概括了人面部所有重要的部位。看面相可以通过观察学堂，判断一个人的贫富贵贱或寿命长短。各学堂都长得很好的人，一生富贵，丰衣足食；各学堂都长得不端正的人，贫贱、一生坎坷，不顺利。

一、四学堂

四学堂为：官学堂、禄学堂、内学堂、外学堂。

官学堂指眼睛，主官职之位。观人先观双眼，如双眼长得清秀，眼线长，黑白分明，眼神清澈有光彩，就是有官学堂的命，表示官

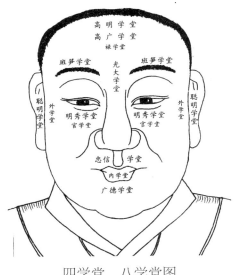

高明学堂
高广学堂
禄学堂
班笋学堂　　　先　　班笋学堂
　　　　　　　大
　　　　　　　学
　　　　　　　堂
聪明学堂　　　　　　　　聪明
外学堂　　　　　　　　学堂
明秀学堂　　明秀学堂
　官学堂　　　官学堂
忠信　学堂
内学堂
广德学堂

四学堂、八学堂图

运亨通。

禄学堂指额头，主官寿。额头要平整、饱满、广阔而长，就是有禄学堂的命。此相有官运且高寿，事业有成，财富多。

内学堂指当门两颗门牙。门牙长得白密、周正的人，较忠孝诚信，且衣食不缺。两颗门牙细小或疏缺，多为无知狂妄之徒。

外学堂指两耳的前方，耳门之前，鬓角附近。此处要长得丰满光润略凸，必定聪明有才能，社交能力好。若此处昏沉平淡，则是愚鲁之人。

总而观之，双眼长得明秀光彩，额头长得广阔饱满，门牙白大平整，耳前鬓毛处丰满略凸，就是好面相。

二、八学堂

八学堂为：高明部学堂、高广部学堂、光大部学堂、明秀部学堂、聪明部学堂、忠信部学堂、广德部学堂、班笋部学堂。

高明部学堂，指上额中央的天中。额头要长得高圆、明亮、丰满、润泽才好，如有异骨凸起更是好相，主事业有成。

高广部学堂，指额角两边。额角应明净、高广、润泽，若有额骨突起为佳。主能力强，有发展前途。

光大部学堂，指两眉间的印堂。若印堂光大、丰满、广阔、明润、无伤痕，则主富贵双全。如有疤痕、黑痣则不吉。

明秀部学堂，指双眼。眼要黑白分明、眼光明亮、清澈、炯炯有神、黑多白少才好，主智慧、才华，有谋略。主富贵。

聪明部学堂，指两耳。两耳要轮廓分明、耳珠厚大下垂，两耳高于眉者更佳，耳的颜色以红润或明黄为佳。主福寿双全。

忠信部学堂，指牙齿。牙齿要周密、整齐、莹白如玉者，大吉。主个性忠信，又表示有口福，主长命百岁，年寿高。

广德部学堂，指舌头。以舌面红润、舌身长为富贵之相。舌头长至鼻尖、色泽红润有纹者大富大贵。

班笋部学堂，指两眉。眉要横长、清秀、柔细、不能杂乱、眉尾长而不垂更好。眉如一弯新月，都是好相，主富贵吉祥。

学堂之理须明白，为有看相别忽视，学堂部位细察看，富贵贫贱便晓知。

第六节　五星与六曜

五星、六曜分别以面上各要部喻之，相之可知人的贫富、贵贱。以其方阔、圆满、光泽为最佳之相。得此相者，大富大贵，财源旺盛，终生有靠。

五星为金木水火土，将其配在面部上，即指左耳为金星，右耳为木星，上额为火星，口为水星，鼻为土星。

六曜为太阳、太阴、月孛、罗喉、计都、紫气，将其配在脸部上，即指左眼为太阳，右眼为太阴，山根为月孛，左眉为罗喉，右眉为计都，印堂为紫气。

一、五星

古人曰："金星须要白，官位终须获；木星须要朝，五福并相绕；水星须得红，红者作三公；火星须得方，方者有金章；土星须得厚，厚者得长寿。"

又曰："太阳须要光，光者福禄强；太阴须要黑，黑者有官职。月孛须要直，直者得衣食。罗喉须要长，长者食天仓；计都须要齐，齐者有妻儿。紫气须要圆，圆者有高官。"

金木二星是左耳和右耳，两耳贵在轮廓分明，有红、白色分布。耳的大小像门那样阔，生得端正，不反、不尖、不小，并且耳的上端高过眉位，是贵相。耳要色白，像银一样，这是大好的耳相。如果人出生时，有金木二星照命，早年就会有禄。如果耳反耳侧，又窄，或者过大，或者过小，称为"陷了二星"，"陷了二星"的人，田宅受损，财帛耗破，又无学识。若耳朵的耳门能容下小手指，此人必定聪明。若左右耳都端庄高耸，分别直朝左眉右眉，此人就会有荣华富贵。如果两耳多有纹理，此人必定一生贫穷。如两耳轮反，必一生艰辛，即使当了官，也只能当芝麻绿豆一类的小官。

水星是口，又称内学堂。口要阔而方，双唇要红润，人中部位要深下，口齿端正。口方如四字，唇红似抹朱砂，两嘴角梢向上翘，这样的人聪明智慧，少年及第，有官禄、富贵双全。若唇齿粗鲁、口角下垂而黄，是贫贱的口相。如唇尖薄无棱，必是乞食为生。若口形不正，分别向左或右偏去，这样的人好搬弄是非，又奸诈，又爱贪便宜，不可与之交友。

火星是额。额要广阔广平，润泽无纹理，气色新鲜，眉骨处耸起三条，像川字一样。有此长相的人，就会少年及第，官运亨通，官位显赫。如在出生时得火星照命，此人就会有田有宅、福禄无穷，高寿至九十九岁，儿孙满堂。如人的额头尖陋，又多纹理，这是火星陷落，此人就不会有富贵，无子息。到老无所作为，衣食平常，兄弟也不得力，家中无主，妻损财破。若额上纹理纵横交错，则其只能当囚犯。如在额上有两条赤色的脉直侵左、右眼，此人就会在他乡死于法场。

土星是鼻。鼻要端正、耸直，鼻端像截筒一样平整；准头要丰满圆厚，鼻孔要圆，灶门孔大不仰露；年上寿上平满，高耸不偏，没有缺陷。其人在出生时有土星照命，这样的人就有福、有禄、有寿，官运亨通，官位显达、富贵双全。若土星不正，准头尖、鼻孔仰而准头高起，其家业少，心性不直，这是土星有陷，是贫贱之相。

兰台、廷尉丰满明净，其人聪明贤达；鼻子歪斜，是受苦艰辛之相。准头又尖又薄，其人一生孤寡。鼻呈勾状像鹰嘴一样的人，心怀鬼谋必害人。

二、六曜

太阳、太阴是左眼和右眼。双眼要黑白分明，且黑睛多，眼白少；双眼细长入鬓，眼睛光彩照人，炯炯有神。此人在出生时有太阳太阴照命，这样的人就会谋事顺利，有官运，并有高官厚禄，亲人都显贵。但如果眼睛白多黑少，并且眼睛黄赤色，这就是太阳太阴陷落，就会损父母，害妻害子、田宅破败，多灾短命。若双眼斜视不正，瞳仁贯通赤色，昏暗无神，这样的人一生多灾，并易死于刀枪之下。

月孛是山根。山根宜高隆而不能低陷，山根的气色要莹然光彩，好像琉璃一样。这样的人当官，一定是忠臣，是清官好官。到了晚年定做高官，定有贤妻相伴终生。若从印堂下山根没有接连着，人出生时又遭月孛星照命，这是山根有缺陷，此人的子孙不吉利，多灾多厄，读书不成，产业破败，克妻害子。若山根又窄又尖，其人家产早早破败，还被烦事煎熬，官场不顺，没有荣华。若此人在立命时有月孛临照，一生都滞困。

罗、计二星是指左、右眉。双眉宜清秀并细长，又分明贴肉，两眉粗黑，且长度超过双眼直入鬓际，这是食禄之相。有食禄相格的人，官运亨通，恩重义长，名播四方，其父母及子女都显贵，亲眷也显贵。如果此人在出生时，有罗喉星计都星照命，且两眉靠近甚至相连，或者眉成赤色又短，那么其双亲、子女多有灾难、恶死。若双眉稀疏、眉骨高耸，这样的人性急，多爱逞凶。如果人的眉毛像低垂的杨柳一样，此人奸猾狡诈；如果眉上有旋毛，家有双胞胎兄弟。

紫气是印堂。印堂部位分明、圆润而没有直纹，并隆起似珠形，这就是贵相。如印堂隆起处白色如银样，此人必大富大贵；如呈黄色，则有衣有食。如果印堂又阔又圆又隆起呈圆状，此人必是国家重臣。若兰台、廷尉又丰满明净，人中又宽深通达，地阁又圆厚，此人必富贵有钱。但如果印堂又窄又尖，下巴无胡须，这样的人从小就无心向学，衣食萧条。如印堂窄而凹凸不平，不匀称，还有隐纹，就是不吉之相；虽然其人有子二三人，但都不得力，没有作为；再加田宅破损，无福禄。

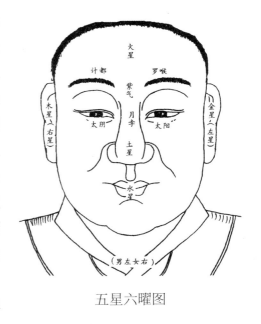

五星六曜图

第七节　骨肉

人的骨肉相比，骨为君，肉为臣。在人体形相的整体中，骨骼形相起主导作用，但肉的作用也是不容忽视的。

一、骨

凡看面相，一个人的骨骼突出，肉较薄，这个人定会掌权；如肉厚实，掩藏了颧骨，则没有权柄之尊。这就是骨肉的关系。

骨节应如金石，耸起而不要横方，浑圆而不要粗大；瘦人不露出骨头，胖人不露出肉；骨头和肉互相依附、气与血相应。骨多肉少或骨少肉多，都是不妥之相。骨寒而紧缩之人，不是贫苦，则是早夭。

日角的左边，月角的右边，有直立起来的骨头叫金城骨。此金城骨者，可升至三品之位。印堂有骨直上连着天庭，叫天柱骨。天庭有连着头顶骨，叫伏犀骨。这都是贵人骨，可升至三品之位。

面上两边有骨突起，这是颧骨，主有权势；连着颧骨直抵耳边的骨，叫玉梁骨，掌握寿命长短。从肩至肘部之骨叫龙骨，象征君王，宜长大。从肘部至腕部之骨，叫虎骨，象征臣子，以短细为好。骨耸起而舒展，峻圆坚硬直立，骨节直而不粗壮，都是好的骨相。颧骨伸入鬓角，叫驿马骨。左眼上面的骨头叫日角骨，右眼上面的骨头叫月角骨。齐耳的骨头叫将军骨。两沟外叫巨鳌骨，中正两旁为龙角骨。骨骼以不耸不露，而且圆润清秀为好。骨为阳，肉为阴，阳不多，阴就不依附。如果骨肉平均，阴阳平衡，少年不富贵则终身富贵。骨头耸起就会夭折，骨头露出者没有财富。骨软弱的，虽长寿却不快乐。骨头横生者凶恶。骨轻者贫贱。骨俗者愚浊。骨寒者贫穷。骨头圆润者有福。骨头孤立者没有亲人。

木形人骨瘦而且青黑色，两头粗大者，必定贫穷。水形人骨骼两头尖，主其人富贵无比。火形人骨头两头粗，没有德性，贫贱如奴。土形人骨大，骨肉坚硬而皮肤粗厚，长寿却不快乐。如有旋生在头角骨，晚年有福禄。旋生在颐颈，则晚年可大富。

贵人骨节细长圆润，骨头上没有筋而且肉又香，君骨与臣骨相辅，不愁衣食和官位。骨头粗壮不能丰衣足食，俸禄官位不可求。筋缠骨头上者，贫贱烦忧。

骨头是人体基本框架，肉依附在上面最好。骨头直立坚硬，骨节直者则为贵人相貌。故骨为人体之本也。

二、肉

肉的作用是造血藏骨。肉要丰满，但不要多余。身体苗条但不要太瘦，肥胖丰满而没有赘肉，瘦体之人不会感到肉不足，这就是较标准的肉了。总之，肉要与骨相称，肉不宜横生，肉不宜软缓。肥胖之人不宜肉乱纹露，肉色要有光泽，要有弹性，宜香暖白润。

肉坚硬而且充实，直立而且耸起为好。肉若生在骨之内，称为阳不足；骨若生在肉之外，称为阴有余。因此，人胖就会气短，马肥就会气喘。骨肉包附，肉不应多，骨不应少，否则就会突然肥胖，气短气喘，接近死亡。肉不欲横方，肉横方者性格刚烈凶暴；肉的线条不应缓，缓就会性格柔弱而愚昧；胖不宜露乱纹，乱纹露满者，是接近死亡的征兆。肉香而呈现出暖色，色白而且润泽，皮肤细腻而且滑溜，这些都是美的质地。若肉色昏暗而且肉皮枯燥，臭肉多像方城，不是好的相。神气不集中，筋不束骨头，皮不包肉，是快死的征兆。

贵人肉细，像苔藓一样滑腻。红白光凝聚，象征富贵的到来。皮肉绵软，一生少凶灾。肉紧皮粗最不好，硬如绷鼓命难长。肉色黑多白少，命运坎坷；全身长毛，性格必然急躁。要识贵人的相貌，身不带芝兰体自香。

面上各位肌肉隆起，但神气昏暗，性情痴滞，暗示会因意外早年死去。骨骼粗大，面部宽阔，肌肉横生，行如鸭子，预示此人将在六十岁前死去。虎头虎骨的人大多显贵。身材高大，腰间圆润，其人长寿。上身修长而下身尖细，或肥头大肚而下身尖细者，平庸之辈。身材高大，胡须长，面部方正，眉毛浓密，口唇红润，鼻子挺直，三才五岳圆满者，一生荣华富贵。上中两部圆满而下部尖削，行路沉重而骨骼外露者，不算聪明，虽苦读勤学但一事无成。头大而不合骨法，生着驼耳者，贫苦孤寒。眼下有横肉而脸色暗淡者，绝嗣。额头上部尖窄者贫困，而下部宽阔丰满者显贵。头骨端正，预示年寿九十岁以上；头上生有异骨者显贵。身体肥胖不臃肿者富贵，身体瘦削而不憔悴者聪明又能干。准头圆大是福，面肌横生为凶。

有福或有禄，要看其骨骼肌肉。骨重福就厚，骨轻福就薄。骨清便可享清福，骨浊则福不多。肉多食禄多，肉少食禄少。肉少骨多，有福无禄；肉多骨少，有食禄而无年寿。肌肉肥厚，软里有骨，虽有食禄，但寿命不长。骨骼外露者，一生贫苦。双手骨骼外露，六亲无力。凡是有独骨的人，老年遭祸身亡。骨肉十分匀称协调，衣食丰足。骨肉和谐，福禄双全。

第八节　形相与五行

一、人的五行形貌

人为万物之灵，禀受阴阳五行之气影响，效仿天地之象。所以头象天，足象地，眼象日月，声音象雷霆，血脉象江河，骨节象金石，鼻额象山岳，毫发象草木。天须高而远，地要方而厚，日月光明，雷霆震响，江河润畅，金石坚固，山岳峻拔，草木秀茂。

五行是金木水火土，是构成世间万物的五种元素。世间万物的生息变化都离不开五行。金形方正，木形瘦削，水形肥厚，土形敦实，火形上面尖削下面宽阔。金形义气，木形仁慈，水形聪明，火形廉礼，土形信用。

金在西方，白色；木在东方，青色；水在北方，黑色；火在南方，红色；土在中央，黄色。

生于春季的人是木命，生于夏季的人是火命，生于秋季的人是金命，生于冬季的人是水命，生于四季末月的人是土命。

人一生下来，就具备了金木水火土五行的相貌。金命的人形貌以方正为好，木命的人形体以瘦削为好，水命的人以肥胖为好，火命的人以上身小下身宽阔为好，土命的人以敦实厚重为好。

金命的人，性格刚强，富有毅力；木命的人，财运亨通，家财万贯；水命的人，风流潇洒，文采很高；火命的人，灵活善变，见机行事；土命的人，诚朴淳厚，为人谨慎，心机深重。

金在西方，在五行中主义。金的颜色白，味道辣，性情刚强严正。金命的人，英勇豪迈，仗义疏财，懂得什么是羞耻与善恶。金命人，身材匀称，体格健壮，神思清爽，面部方正，皮肤白净，眉骨高，眼窝深，鼻梁直，耳朵红，说话清晰响亮，为人刚强坚毅，做事果断。

木在东方，在五行中主仁。木的颜色青，味道酸，性情正直温和。木命的人有博爱仁慈的心念，对人和蔼可亲，肯救济别人，抚恤孤儿，照顾老弱；为人正直淳朴，清新高雅，举止大方。木命人，身材高大，姿态优美，容貌秀丽，皮肤细腻，嘴巴圆中，头发秀美，面色白净，说话洪亮。

水在北方，在五行中主智。水的颜色黑，味道咸，性情聪明善良。水命的人深谋远虑，足智多谋，学识超群。水命人，面黑而光泽，说话亲切和蔼，身材高大肥胖，五官之中，眼睛大眉毛粗，天庭饱满，地阁方圆，是有福之相。

火在南方，在五行中主礼。火的颜色红，味道苦，性情爱憎分明，但对人恭敬有礼。火命人有谦让严谨之风，恭敬温和之义，为人威武刚强，仪态大方，淳厚朴素，颇受人敬重。火命人，上尖下宽，头小脚大，印堂窄小，眉毛浓密，鼻孔外露，耳朵较小，说话很快，性情急躁，但无坏心眼。

土在中央，在五行中主信。土的颜色黄，味道甜，性情稳重淳厚。土命的人言行一致，忠诚孝顺，严守信用。土命的人，身材魁伟，虎背熊腰，方嘴大鼻，眉目清秀，脸部饱满而略带黄色，为人淳厚，做事颇有计谋。

金木水火土五行生成了天地间万事万物，也生成了人。人领受了阴柔和阳刚两种天地之气，成为世间万物的灵长。金形方，木形瘦，水形肥，火形尖，土形厚。若人的形貌与其所属的五行形象相符合必定非常吉利，或富裕、或显贵；若形貌与所属五行形象不相符合，则不吉利，或贫穷或短命。

金主秀丽。金人骨骼清秀，语言响亮，声如洪钟，性情刚毅深沉。

木主条达。木形人似青松，耐寒冷，心性温柔舒缓，财运亨通。

水主圆。水形人骨清肉秀，但心机极深，心底难测，水人博学有才艺。

火主明。火人骨高肉低，脸面不平，性急躁烈，形容削瘦，其人机智果断。

土主敦厚。土人骨重肉实，一生气魄广大豪爽，其人稳重诚信，为人忠厚。

因此，凡外形丰厚而神情严谨者，其人不富即贵；凡外形单薄浅露而性急躁者，其人贫贱命短。若女人相貌端庄，脸色和蔼甜媚，即使不富也会声名显贵。

木金火水土，仁义礼智信。人的身体形象要与五行相生，不能相克。相生者，五行各得其所，如金人刚毅豪迈，仗义疏财；木人财富丰足，博爱仁慈；水人文章闻名，足智多谋；火人仪态威严，受人敬重；土人财富充裕，忠孝诚信。相克者，金人贫病呻吟，木人生活贫苦，水人遭受官讼，火人屡遭灾难，土人一生艰辛。身体以先瘦后胖为妙，再从胖变瘦，犹如树木干枯一样。若水人金多则灾难多，生多反受克。人的身体首先要端正，背部肥厚适中，若先端正而后尖薄，是金受火克，预示灾难频频。腰间细小，行走两足分开，预示此人青中年运气不佳，到晚年方能转运。人分金木水火土五种形貌，这五种类型的人，任何一种类型都可能拥有另外四种类型的特点，必然会出现相生相克的情况，相克是祸害，相生是福寿。

看相，形貌是根本。人的形貌，以清、奇、古、怪为贵相，以恶、俗、贫、薄为败相。形貌清奇的人，职位显要，德高望重；形貌古怪的人，家财丰裕。形貌恶俗的人，贫困而下贱；形貌贫薄的人，生性凶恶，必定受到刑罚。人是万物之灵，拥有天地五行属性

33

和阴阳灵气，遵循着自然规律，但形貌各有差异。善有善相，恶有恶相。善相是福寿的基础，恶相是祸害的根源。但善相也会隐藏着凶命，恶相也会有富贵之命。看相不应以容貌之美丑定贵贱，可取其飞禽走兽之形状，且不必求全，只要大概即可。

二、人相与禽兽形象

以禽兽形象比拟人相。总的来看，凤凰形象属于骨秀神清，眼睛长，黑白分明，此相荣贵。虎形则是走路昂首挺胸，眼睛分明，精神安稳，一身豪气，为富贵之相。龟鹤形则心性宽广，神气俊朗，手足颈项更长，寿比南山。燕雀形轻浮颠狂，语多虚诈，心多机巧，一生劳碌。蛇鼠形人，走路低头，眼睛圆小，害物偷奸，多是下贱之人。

1. 凤形人

凤形人，是指眼睛长，单眼皮，食库部位低，鼻梁高而曲，颌部拱朝额部，神情和骨骼清秀，声音清韵，性情温雅，超凡脱俗，宜瘦不宜肥。小凤形人眉毛和眼睛均细长，面部上短下长，身体倾侧。丹凤形人身子长，面部大而耸直，神情急促。

2. 鹤形人

鹤形人，指食库部位低陷，眼角尾下垂，身体弱，头骨粗，颈项细长，走路步阔，上停长，性情温和，喜爱山水，四部陷者为孤鹤，五部露者为病鹤。

3. 鹰形人

鹰形人，指长相性情像鹰，头方额圆，鼻子拱曲，嘴巴下钩，眼睛圆而发红，耳朵卓然高立，口小性急，难以捉摸，做事鲁莽凶猛，生性好杀，往往不得善终。

4. 燕形人

燕形人，是指面圆腮鼓，辅骨青黄，身姿和顺妖媚，性情不急，好说话，爱造房舍，并多出入宅中。

5. 鸽形人

鸽形人，一般身材矮，颊部白，眼睛成赤青色，好动而坐立不久，看东西时头目不转，总爱低头自语。

6. 鹅形人

鹅形人，是指嘴尖眼睛小，颈长腿脚短，鼻头缩，行步缓，颔部和腮部却跟着动。此相衣食不愁，一生富有。

7. 鹦鹉形人

鹦鹉形人，主要特征是两眼微长，里外翅膀下垂，鼻头圆大，走路急躁，说话急促。此相生良生贵，多被宠爱重用。

8. 雀形人

雀形即麻雀形。雀形人，身形俱小，双眼急圆，呈黄色，常恐惧惊怕，意欲贪淫，举止穷酸，一生辛苦少安。

9. 鸲鹆形人

鸲鹆形即八哥形。鸲鹆人，容面紫黑，眼小，发红光，鼻大口尖，见到东西即常嗔怒，自招是非，人多不喜欢。

10. 鸳鸯形人

鸳鸯形人，面红或面白，眼圆而妩媚，行动没威严，说话粗俗污秽，性情奢侈浮华，好淫不已。

11. 鹊形人

鹊形人，脸面小，青白色，耳朵卓立，行步急迫，言谈随和，宽容，人见往往喜爱，家传仁厚，贵如公侯。

12. 鸡形人

鸡形人，头小面小，眼睛发黄。此形性急又多子，虽为人贪欲，但不失信，多文采，多荣誉。

13. 鸭形人

鸭形人，脸面小，体形圆，口角阔，下巴长，此相先贫后富。

14. 鹧鸪形人

鹧鸪形人，面微红，眼睛赤黄，身子小，耳朵小，一边低头看地，一边摇头行走，没多大出息。

15. 鹭鸶形人

鹭鸶形人，身细长，鼻梁长，眉缩短，眼发黄，腿脚长，身背佝伏，走路头摇，吃东西时总是惊慌失措，辛苦操劳，贫寒之人。

16. 鹘形人

鹘形即隼形。鹘形人，长得两肩微微耸立，眼睛圆形，心性猛急，精神充沛，好贪不义之物，为人恶险不贤。

17. 雁形人

雁形人，身形急促，多惊恐心疑，眉眼都小，面呈紫色，好动，出身贫寒，与亲友合得来。

18. 鸦形人

鸦形人，面呈圆形，嘴鼻尖利，眼青黑色，面呈紫黑色，好说话，招人讨厌，但衣食不缺。

19. 龙形人

龙形人，身体长大，骨骼清秀，耳鼻高耸，眉眼分明，形貌端严，举止不凡，足智多变，多有威权。

20. 麟形人

麟形人，顶骨高起，体形高昂，耳朵高耸，眼睛深陷，眉粗额阔，声音悦耳，举止严正，是辅佐国家之大贵人。

21. 狮形人

狮形人，头面方正，骨骼高，口大而方，长眉婆娑，浓鬓多须，眼圆大而黑白分明，鼻梁根塌断，做事看得深远，一生贵至公职要员。

22. 虎形人

虎形人，身段细长，眼长而发红，面部泛红，眉眼齐长，鼻梁尖直，口大，上唇齐而弯钩，下唇齐而红润，牙粗而白，头形短圆，额长方厚，髭发少而硬黑，舌头长而红厚，语声如雷，说话时眼有光起，视相威猛，看人好似发怒，体形或肥或瘦，人中方正，五岳隆起，入此相者，可做武职大官。

23. 象形人

象形人，身大肉多，耳大无轮廓，眉长而眼小，鼻仰唇反牙露突，庭隆堂平，睡眠少，性情钝慢稳重，不会东张西望，得此相者，非富即贵。

24. 犀形人

犀形人，头圆耳大，三停均齐，体肥肉多，眉目相等，天庭高隆，伏犀骨起，天庭地阁相应。此形人不为高官也富寿而终。

25. 猿形人

猿形人，面小而圆，眉眼均呈圆形，鼻小口小，臂长，声音响亮，讲卫生，注重仪表，喜爱花果，轻狂浮躁，体形瘦长，唇薄腮丰，心性灵巧，但不善于尊重别人，往往发怒，一生徒有虚名。

26. 猴形人

猴形人，颧骨高，眼睛圆而深陷，面部赤黄，耳鼻卓立，胆小狂躁，待人无礼含怒，但心智灵巧，可辅佐朝政。

27. 龟形人

龟形人，头尖下短，颈长，眉浓眼圆，鼻高嘴长，腮颐丰厚，肩背下伏，身体肥圆，五岳匀称，性情温淳，端庄有礼，喜爱山水。得此相者，大多长寿，发财致富。

28. 鹿形人

鹿形者，走路总跑，性情刚而不定，坐立难持久，见人往往疑惧，眼睛黑而略呈长形，若与左右额边及发际之处相隐映，一生福禄不凡。

29. 熊形人

熊形者，身体浑圆，鼻部上仰，坐立姿势难持久，喘气急促，但人长寿。

30. 豹形人

豹形者，两颧及额、鼻、颏等长得峻急，天仓瘦窄，下颏丰圆，做事急躁，猛烈，喜与外人交往，厌恶亲戚骨肉，性格豪爽，多文采，逢时运也有作为。

31. 獐形人

獐形人，面长嘴尖，眼睛细而又显得大，眉毛浓，眉骨棱高，耳长无轮廓，鼻子尖小，脚长身腰细，走路急促，喜欢安静，性情忧疑多惊，平生衣食艰难。

32. 狐形人

狐形人，面呈黄色，宛如带几分酒色，眉眼都长得妩媚动人，脸颊较大，情致温和娴美，臀上的尾椎骨隆起，淫欲之中又往往带有狡诈，但性格有些急躁，此相衣食不愁。

33. 豺形人

豺形人，头方额广，颏尖眉粗，眼圆大，五岳隆起，嘴大牙密而尖露，耳轮肉厚。得此相者，长寿，官至将军。

34. 猩形人

猩形人，眉眼贴近，鼻梁高直，上唇宽阔而前突，面阔身肥，毛发粗旋而呈红色，腮削臂长，性情急促，语言直率，多才多艺，多为僧道之人。女人得此相者，定是贤德夫人。

35. 蛇形人

蛇形者，面貌长，五岳不正，额部偏平，眉小眼长，口阔而形聚，身粗牙细，耳朵上大下小，鼻长而小，走路腰软，头摇面朝上，或成之字状，心性狠毒，报复心强，行动急速，使人难测。

36. 兔形人

兔形人，头、额、口、眼都较小，眉细、耳长而厚大，牙细密，鼻细而发红，脚短。如此相者，男可做到五品官，女为贵夫人。

37. 鼠形人

鼠形者，眼睛微圆，喜欢暗自探视，吃食避人，形貌毛发赤紫之色，好攒钱积蓄，仅够衣食，并不富有，难以显达。

38. 骆驼形人

骆驼形人，头形圆长，额部广阔，颈长背伏，眉毛高耸，五岳不匀正，眉粗目深，口聚发粗，肩宽臂阔，骨粗壮，牙突露而头低，手脚长，声音浑宏，行动迟慢能负重。如有此相，位至三品高官。

39. 驴形人

驴形人，面长，耳长，眼呈黄白之色，缺少和气，走路步伐急切，往往信口开河，性情卑陋粗俗，声音粗散。生此形相如真者。亦贵。

40. 猫形人

猫形者，脸面和眼睛都属圆形，身腰长，多言语，性情迟缓，眼界窄，见识浅，但一生常遇贵人帮助。

41. 狗形人

狗形人，脑袋大，脖子粗，眼睛黄，脸尖口聚，耳尖耸，性急能饮贪吃，上身与腿脚相等，为人有心力，常遭小人憎恨，但若遇贵人提拔，便可辅佐明君建功立业。

42. 猪形人

猪形人，头宽阔，脸面长，额部平，眼睛深，口拱聚，耳朵小，两腮肥，颈部和腿脚粗短。遇见人往往忽然吃惊，爱在偏僻杂猥之地居住。嘴常微动，终免不了横祸身亡，出家为僧道则吉。

43. 牛形人

牛形人，身材魁伟，心性迟缓，眼黑而有光，常爱口动，颈项粗壮，额头宽广。此是富相，一生少病。

44. 马形人

马形人，脸长，眼大口阔，齿大鼻尖腰身长，性情稳慢，夜里多不睡眠，行坐端稳持重，有德行，此相贵。

45. 羊形人

羊形人，头方面长，额小不显，下颏尖削，口像吹火，有胡须，眼发黄而暗浊，黑少白多，腿脚形短，低头时便注视地。入此相者，可做县级官员。女人得此真形，虽富却贪好酒色。

46. 鱼形人

鱼形者，眼睛圆、颈短缩，耳小眉毛稀，口聚身长，睡不闭目，性格寡断，常犹豫不决。

47. 蟹形人

蟹形人，眼睛突露，耳朵卓立，身形圆，多惊惧，坐立不端正，性格怪，跟多人都不和睦。得此真形者，可为地州官员，但比较专权。

48、虾形人

虾形人，眉骨耸起，牙齿突露，骨肉长得不协调，眼常呈青色。此命至水年得志。

第二章　富贵、贫贱

人的面目是前世修来的，是父母亲给的，是不以个人意志为转移的客观存在。人的一生中，富贵、贫贱、贤愚、寿夭、祸福、善恶，都能从其面相上看出来。人的形貌、皮肤、骨骼、气色、声音，也都预示着人生的命运与前途，因此人的富贵与贫贱，是与生俱来的，是先天造就的，当然也离不开后天的努力奋斗。但先天的因素是内因，是起主导作用的，而后天的努力奋斗是外因，是内因转化的条件。故相学是以人的长相作为分析判断依据的，不是人为臆造出来的。

第一节　富贵之相

一个人的福气造化，首先在于四强。四强即子、午、卯、酉四位，就是代表前额、下巴、两块颧骨。这四个地方应该肉多，肉厚，又宽又阔，不宜尖瘦下陷。人的一辈子福气，应该从这四个位置来看。

头方的人，头顶高耸，可成为至尊天子；额方的人，头顶突起，可成为辅佐国家领导的高级官员。圆头圆脑的人，富裕长寿；额头平润的人，富贵无比；头顶平坦的人，福寿长远。

头顶圆厚，腹背丰厚隆起，额头四方宽阔，唇红齿白，两耳圆如轮，鼻如悬胆，两眼黑白分明，眉毛秀长疏朗，肩膊宽大，胸部平阔，腹圆下垂，五岳朝拱聚合，三停匀称，肉细骨圆，手长足方，巍然挺立，举止端庄，实为大富大贵之相。

额头阔而圆，鼻梁高隆齐准头，下巴方正平阔，为三才显贵，象征富豪。鼻梁高耸，双颧隆起，口形方正，地阁方圆，四角隆起，

额头宽圆

是富贵之相。

五岳丰隆，天庭盈满，头部圆滑，额头宽广，两耳垂珠，眉秀目清，山根醒目丰润，地库丰肥，鼻如截筒，眼睛流露善意，行坐威严，均为大富大贵之相。

天庭隆起，司空平宽，印堂清秀，山根平满，年上寿上圆润，准头圆厚，人中深长，嘴角方正，承浆宽厚，地阁与天庭相朝拱，食仓仙库丰满，驿马丰隆，日月角高耸，边地清净，眼睑肉隆，鱼尾修长，两边颧骨有神彩，鼻子两翼圆厚，法令深长，兰台、廷尉和口角显浅黄色，三阴三阳不枯黄，五岳四渎没冲破，面色光润，目有灼光，为大贵大富之相，男贵为国家重臣，女贵为国母。

头部隆起，脑际丰满，面庞方正，印堂黄明，眼睛晶莹，眉毛清秀，耳朵厚长，鼻子耸起，头发细黑，口方正而鲜红，笑不露齿，腹部下垂，腹间圆厚，肩部圆肥，人中深长，山根隆起，食仓仙库丰满，两颧与额头端正，五岳朝拱，此为大富大贵之相。

天庭明亮洁净，司空隆起，中正与鼻准一样高，鼻子端正耸直，形如悬胆，此为天官神相，必大富大贵。

眉毛清丽高扬，疏朗清秀，弯曲细长如新月，并高出眼睛一寸，有此种眉者，机智聪明，富贵有福。

两眼黑白分明，眼睛清爽明净，眼睛细长如凤目，两眼炯炯有神，藏而不露，黑珠如点漆，眼白如玉，眼长近耳，有此相者，必能功名显赫，福贵双全。

两耳高耸过眉，轮廓分明，比脸白净，有此耳者，才智过人，长寿富贵。两耳贴肉而生，耳垂色泽红润，财禄双全。两耳色润鲜如玉，少年富贵。两耳坚挺，轮廓分明，色泽红润，耳孔细小，长有毫毛，均为富贵之相。耳长而且高耸，又厚而圆的，一生俸禄不缺，衣食丰足。耳朵高耸，轮廓分明，耳门垂直厚实，一生安乐，富贵长寿。耳中长毫者，富贵长寿，无灾祸。正面观相，看不到耳者，荣华富贵。耳比脸白，光亮如凝脂，耳朵耸立高过眉者，必能飞黄腾达，富贵荣华。

鼻梁悬垂直下，准头圆隆完美有如悬胆，定为有俸禄之人。鼻子色泽黄明光亮，福禄双全。鼻尖圆，鼻孔不昂不露，鼻翼相称，必富贵。鼻子光滑丰满，耸直的，富裕长寿。鼻子形如悬胆，齐如截筒，必富贵。准头圆而厚实者，富贵而长寿。

山根丰满平滑之人，一生福寿。山根丰满耸挺，福禄无穷。山根高而丰满滋润，必富贵长寿。山根连额，位高权重，富贵荣华。

额与命宫成川字，命逢驿马官星，必得一生富贵双全。泪堂平润丰满，子孙满堂，福禄荣昌。上停较长，丰隆圆满，宽阔见方的人显贵；中停隆起挺直，高峻平静的人，寿长；下停平满厚实之人富贵。三停匀称，形体神气兼备，一生丰衣足食，福寿双全。印堂光白如银，或黄色光亮，将大富大贵。双眉粗黑，秀长过目，深入发鬓者，是衣禄富贵之相。天仓隆起，地阁方圆，为多财多禄的富贵之相。眼睛明亮，炯炯有神，谓之神清气爽，为富贵之相。

形相敦厚，神情安祥，气息清静，嗓音嘹亮，眉宽耳厚，腰正，皮肤润滑，腹大下垂，牙齿齐整，昂首缓步如鹅行，为早年发达，家财丰厚的贵相。面黑身白，背厚实丰隆，背阔胸平，声如洪钟，腹大下垂，头皮宽大，耳大贴肉，鼻如截筒悬胆者，为大富之相。三停平等，五岳朝归，面上两颧、鼻、下颏五岳丰隆高拱者，为中富之相。面黑身白，面粗身细，身小声大，龙来吞虎，面短眼长，体香不臭，肉角少倾，都为贵相，官高位显，财富巨万。

眉毛秀长过目，弯细如新月，面有和气，五星六曜相朝拱，两耳向上，双眼秀长，是有福之相。

司空丰满平正，学堂丰满，与额相称，额骨隆起，驿马肥壮，将军骨上，红紫相生，眼黑如点漆，耳门宽厚，寿上丰隆，肉不干枯，鼻如狮子，目如虎视，威严四射，腹如抱儿，脐深能纳李，骨坚肉实，行走如飞，神光威严庄重。此种人一生可居高位，荣华富贵。

面孔方正平满，背部骨相清奇，身体肌肤细腻，气色红润清朗，是富相。手背肉厚，行立坐食姿式端正，是富相。神清洒脱，举止稳重，也是富相。

双眼有神，骨骼高耸，异于常人，身短面长，面方眼长，肩背厚重，头有角骨，面有骨格，凤目龙睛，额角隆起，声音清亮，耳白如面，额有棱角，如幞头巾带，胡直如铁，手中湿润如玉，具有以上相者，不富则贵。

头发细软黑亮，是贵相。眉毛多直纹，是富贵之相。眉长过眼，是富相。眼目深长、目光润泽，大贵之相。双眼细长清秀，大而有神，富贵之相。印堂丰满平正，两眉舒展，左右鼻翼相朝，为贵相。印堂中有骨隆起，是贵相。人中端正而下垂，富贵长寿。脸黑身白的人，为人沉着而富贵。面色黄明的人，一生富贵。五岳四渎齐相朝拱，三停各部位丰满，形貌端庄，神情静肃，内气和缓，是富贵之相。

神形有余者，高贵富足。鹅行鸭步，富至门前。额头色泽光润悦目，额上有双峰，是大贵之相，必得高官厚禄。印堂中纹理成"玉"、"田"形状，必为一方首领。印堂纹理似水鸟排列，必任高官。耳轮廓分明，色泽鲜明，必做高官。鼻子色鲜明黄亮，必高贵。鼻梁光润，可享官禄。兰台丰满红润，家财丰盈。有三十颗如银玉样洁白晶莹状牙齿的人，富贵双全。有三十六颗牙的人，大富贵，寿比南山。舌上纹理鲜明的人，必为高官厚禄。舌上有"川"字纹的人，家财万贯，富甲一方。颈部圆厚丰满的人，家财丰富，福气深厚。颔下有肉下垂而形成双垂颔的人，富贵长寿。背部宽厚端正的人富贵双全。手指像竹笋样光滑，手掌鲜红，必大富大贵。掌中有黑痣，横纹贯穿手掌之人，家产丰盈。手柔软光滑，富贵之象。肚脐深而宽大之人，富贵双全。

身材高大，面部方正，眉毛浓密，口唇红润，鼻子挺直，三才五岳圆满，必定荣华富贵。端庄厚实，掌上微红，脸上白里透红，三阳三阴光亮，法令深长，生有此相者，为富贵之相。声音雄厚悠长，神情纯美而不露，内气舒缓而流畅，此乃大贵之相。口生得方正阔大，微微向上弯，开口时大，闭口时小，嘴角稍向上翘起，里面宽大可容一拳，唇红似朱砂，定为将相之才，必得高官厚禄，富贵双全。一个人脸色红润黄明，说明官运亨通、财运发达；体力充沛，神清气爽，说明福气很旺。一个人或手足纤细，皮肤白嫩，或面皮润滑有光泽，或眉毛疏淡，或骨清奇，或神气清爽，都是福相，一生清闲而安乐。脸面开阔，轮廓端正，眼光不浮露，五岳朝拱，六府平满，两颧、额角、三台平阔、额、鼻、下颏三光明旺、两颧、额、鼻、下颏五岳润泽，为功成名就之相。

以上所列种种，都是富贵之相的具体表征与形相。其实富贵之相，远不止这些。有的有待于读者在实践中加以不断总结和提高。

第二节　贫贱之相

凡是头小、额小、眼小、鼻小、口小、耳小的人，命中注定运气不好，孤弱贫贱，一生劳碌奔波。

头顶尖薄，肩膊狭窄，腰肋疏细，肘节短促，掌薄指疏，唇蹇额塌，鼻仰耳反，腰低胸陷，一眉曲一眉直，一眼高一眼低，一睛大一睛小，一颧高一颧低，一手有纹而一手无纹，睡中开眼，男人女声，齿黄而露，口尖而臭，秃顶无发，眼深不见睛，行步倚侧，颜色萎黯，头大身小，上短下长等，有以上形相的人，谓之形不足也。形不足者，多疾而短寿，福薄而贫贱。外形单薄浅露而性格急躁者，必贫贱短命。

面上十大空亡相：额头尖削为天空；下颏尖削为地空；天仓低陷为一空；面部轮廓模糊为一空；山根低陷为一空；耳孔外露为一空；须短不过唇为一空；耳无弦根为一空；鼻孔仰露为一空；唇上无须为一空。凡有上述十空之相者，一生孤单，辛苦贫穷，劳碌奔波，百事无成。

鼻犹如狗鼻、鲫鱼、鹰嘴、剑锋之类，弯弯曲曲，露孔露骨，或偏弱孤峰，生有此相者，难得有成，一生贫苦。鼻子又小又短促，此人将一生贫贱。在年寿二位之上有纵横纹理交错，此人一生穷苦奔忙，家破人亡。鼻头尖薄，定是奸险孤贫之人。

面部轮廓不清，口歪腿斜，鼻孔仰露，牙齿不齐，额上有断纹，印堂穿破，脸色灰黑暗淡，两耳焦黑，背部破薄肉瘦。生有此相者，百事无成，一生贫困。

双耳反掀，无耳轮，鼻梁瘦削，山根低陷，面部轮廓欠分明，上身短下身长，或上身脖子都很长，头尖、鼻尖、额尖、眉无尾、额无角、鼻无梁、眼无神、口无棱。生有此相者，一生奔波，劳碌穷忙，实为穷困之命。

下颏尖削，骨节粗大，面色灰暗或黑红，走路摇摆，此人一生事业无成，贫穷之命。天地低陷偏斜，十居九变，一生困顿。

命宫凹沉，必定贫寒。双眉相交侵入印堂，一生奔波，无官无禄，贫贱之相。口撮而窄，唇掀而反，言笑露齿，此人一生孤贫，六亲不睦，骨肉相离。吃饭时发生哽咽之声，将一生穷困贫贱。

脚步匆匆的人，定是贫穷之辈。筋骨浮露的人，一生贫穷，疾病缠身。双腿修长，两耳轻薄的人，一生辛苦。下停长狭尖薄，一生劳苦，老年艰苦难捱。

骨骼粗重，耳珠太小，双眉相交，眉毛浓密或如八字，鬓发厚密，耳轮反掀，华盖相重，颧骨孤耸，口角低垂，下颏尖削亏缺，骨骼发响，腋下有狐臭，冬天出汗，声如雷鸣，这些均为孤弱贫困之相。背部薄而少肉，鼻孔仰露，面有忧色，困顿之色，风尘之色，神气不定，一生运气不佳，贫困。

颧骨高耸，耳无弦根，面无和色，眉骨凸露，泪堂深陷，生有此相者，孤苦无助，终身贫困。鹰嘴尖锋，破财贫寒。鼻子最忌孔仰，主无隔夜之粮。厨灶露空，家无积蓄。

眼睛过长，骨骼粗长，面长如马驴，鱼尾纹多，眉毛粗浓而气色怯弱，有此相者，一生劳碌奔波。头发稠密而且气味臭的人，一生贫贱。头发卷曲且散乱的人，一生贫苦。发际低下的人贫贱。眉上多横纹，是穷苦之相。眉毛短促，不能遮盖眼睛，孤独贫困。眼深陷，目光灰暗如蒙尘土者，一生贫贱。

印堂窄小而倾陷，眉头交锁，腮短少髯，凡生此相者，大多一事无成，一生孤苦低贱。山根蹩折，鼻梁蹩小，低塌倾折者，一生贫乏，事业无成。鼻子尖小者贫贱，鼻尖薄者，一生穷苦奔波。鼻子露孔，贫穷短寿。人中歪斜而上缩者，夭折低贱。

耳朵又大又红的人贫贱。耳生的黑、枯暗的，贫穷愚钝。耳门大能插入筷子者，家贫易破财。耳朵生得反缺掀露，又薄又干的人，一生贫苦。耳朵生得又薄又小如纸的，必贫寒而夭亡。

头部偏小，凹凸不平，有乱纹蛮缠，且额部很小，为三级之相，此种人必定贫苦，备受各种忧患煎熬。头部歪斜，行路轻飘，背部单薄，败家破财，一生劳苦，生活贫困。额上横纹重叠，一生穷困潦倒。额部狭窄者贫穷而寿短。左右额坑陷或窄小且有蓬乱的头发遮复其上，定是愚钝贫贱之人。额部长得尖窄塌陷又有恶纹，或额上乱纹交错，无疑是贫贱之命。

地阁尖小的人，家资贫乏，如悬壁上有纹理与黑痣，家破贫贱。额头尖小，边地瘦薄，头发稀少，眼嘴歪斜，鼻子如墨，此人贫困下贱，食不果腹，衣不遮体。

下嘴唇太长的人，一生贫苦。口形较大而合不拢的人贫穷。口角向下垂的人，终生没有食禄。上嘴唇掩盖下嘴唇的人，一生孤独。

嘴唇撮聚的人，一生漂泊不定。口形似吹火形的人，贫苦下贱。嘴唇频振的人，一生运气不佳，一事无成，穷苦一生。舌大而口小的人，贫苦。无事舔唇的人，孤独。习惯于自言自语，或未语唇先动，或嘴角下弯流涎者，贫困下贱，寿短。乱纹伸入口中，必是饿死之人。脖子歪斜的人，运气不佳，一生贫困。

手骨露出，手筋浮现的人，贫困下贱。手皮坚硬，手肉干涩的人缺衣少食。胸部下陷且狭窄的人，弱智、下贱。胸骨凸露的人，终日奔波谋食。手掌似猪蹄状，必定家财贫乏。身体上长下短，其人一生漂泊不定。发际较低，而皮肤粗糙干涩者，一生贫穷。山林、井灶伤残，其人食不果腹。骨骼外露的人，一生贫苦。

人中又短又浅，纹理横直交错，必定生活孤独贫困。人中歪斜平满的人，一生饥寒交迫。人中上宽下窄的人，一世孤独。喉结显露的人，大多贫贱。胸部平薄低陷的人，孤独而贫困。腹皮粗糙，窄小而瘪，此人贫病交加。

面部似猴的人，食不果腹。面部瘦削且十分憔悴之人，家财贫乏，终日奔波忙碌。面上神色灰暗，鼻孔外露，精神怯懦，将食不果腹，居无定所。气色浊的人，必然贫困，声韵如破锣，声音无韵味的人，贫穷短命，一生孤独。睡着容易，醒觉很难，此种人中年命运坎坷，年老时孤独，一生贫穷下贱。掌面呈黑色，而掌背变为白色的人，一生贫困。

形貌恶俗之人，贫困下贱。身轻脚重之人，下贱。身上无毛的人，下贱。牙齿外露、喉结明显之人，肯定衣食不足，只有中年之寿。

耳朵没有轮廓，眉若担山，嘴唇掀翻，牙齿外露，此人受冻挨饿，一生贫穷。耳朵尖小的人，食禄较少。眉毛竖起的人，贫困下贱。眉毛细长而眼睛较大的人，大多贫困。耳的轮廓生得反缺掀露，尖如箭，薄如蝉羽，此人一生贫穷。鼻子偏斜、鼻子臃肿的，大都是奴仆之命。鼻孔大而掀露，一生贫困而短寿。两肩上耸者，贫寒之相。乳头较小，又不呈黑色的人，孤独贫困。眼睛如羊目，贫穷得无立锥之地，无家可归。

　　以上种种表相，都是贫贱穷困之相。但远不止这些，还有待于读者在实践中加以总结和提炼。

第三章 寿夭与疾病

第一节 长寿与夭折

相术之中，最难判定的是人的寿命长短。古今相术中，没有相人寿命的秘决，就是因为人的寿命最难断定。学习相术者要注意，人中是推断寿夭的重要部位，但推断寿夭应以人的神气好坏为主，结合其他有关部位综合推断，才能做到准确无误。

从人中的长短、深浅，可以判定人的寿命的长短。人中以深长为好，人中深长，分明如破竹，则寿命长；人中端正向下垂的人，富贵而长寿；人中平展而长，此人一生吉利昌盛，年寿绵长。人中又深又长又直，寿命长。

法令又称金缕、寿带。法令圆而深长美好者，富贵而长寿。

老人脖子下有两条纹路，一直生到脖子根部的，称为寿绦，是长寿之兆。人若生有这种纹路，能逢凶化吉，遇难呈祥。

三停匀称，形体与神气兼备者，一生丰衣足食，有官有禄，居高显位，寿数长。

两耳高耸过眉，此人长寿富贵，才智过人。山根丰满耸挺，直连伏犀，夫妻高寿，和睦相守。中庭隆起挺直，高峻平静的人，长寿。耳边长有玉梁骨的人，必定长寿。

形有余的人，富贵快乐，健康长寿。额、鼻、双颧、下颏五岳高隆，额有横骨，鼻梁正直高耸，山根、年寿不陷，耳后的寿星骨、脑后玉枕骨隆起，双目有神，眉有长毫，面皮宽厚，法令分明，人中深直覆盖牙齿，牙齿坚密齐整，耳孔中长有长毛，背圆厚实，胸前平阔，坐行端正，进食从容，声音清亮，气息不喘而如龟息，这些都是长寿之相。后颈皮松叠有横条带者，也是寿相；两条横带，表示夫妻偕老度百年，一横绕者虽长寿，但老年孤单一人。

眉毛秀长过目，弯细如初月，面有和气，五星六曜相朝拱，两耳向上，双眼秀长。长有此相者，能得贵人帮助，功名事业有成，有娇妻美妇，受人尊敬，是财、禄、寿三全之人。

身肥面瘦的人，性情温和，寿命较长。

眉毛长的人长寿。眉中生有白毫的人寿命极长。生有龙眉的人，其父母清贵而长寿。生有短促秀眉的人，一生运气很好，寿命极长。生有一字眉的人，眉毛清秀，早年功成名就，一生荣华富贵，寿命较长。

山根不低、不陷的人长寿。鼻子光滑丰满耸直的人，富裕而寿长。鼻梁高耸的人长寿。鼻子长的人，寿愈百年。准头圆而厚实的人，富贵长寿。

耳朵厚而坚、耸而长的人，都是长寿之相。耳珠朝口的人，财寿双全。耳中有毫毛的人，长寿而富贵。耳朵轮廓分明，又白又红，垂珠朝口者，寿比南山，福如东海。

鹤形龟息的人，福寿绵长。精神抖擞、体格强壮的人，能长寿。额角耸然而起，圆润如环，此人无病无灾，安享天年，长寿之人。耳朵生得高耸，超过眉毛的人，定能长寿。耳珠朝口，必居高寿，死后有余财。两眼瞳仁色黄润泽，此为长寿之人。泪堂部位肌肉丰起如卧蚕状，下眼睑丰满，是多子多孙，聪明长寿之相。有三十六颗牙的人，大富大贵，寿比南山。颈后有丰满的肌肉，颔下有肉下垂，形成双重颔的人，寿命很长。

身材高大，腰圆背阔，预示此人长寿。身体胖而不显臃肿，瘦而骨骼不露，此人必定长寿。背部像山中坐虎一样显得丰厚有力，像出海的大龟一样宽厚端正，有此相之人，寿命较长。骨气清秀，神清肃穆，目光平视，预示此人隐居山林之中，或是出家为僧道之人。此类之人，寿命较长。

男人女貌，女人男貌，这样阴阳差错，必然会减损寿命。老年仍怀春心，也会影响寿命。

人中端庄厚实，掌上微红，脸上白黑透红，眼下三阳三阴光亮，法令深长，日角月角有骨突出，眉毛又细又长，耳朵长大，轮廓分明，山根圆而直，与印堂中正相连，耳中辅骨隆起，耳孔长毛，生有一字眉，眉高而长并侵入发鬓，眼眉宛如一弯新月，发髭全美，目光炯炯有神，腹部下垂，胸部宽阔，肚脐深陷，脚跟明显等等，凡有以上形相者，都是长命富贵之相。骨头软弱的人，虽能长寿，但不快乐。

鼻子长、准头尖，好像快要插到嘴里的人，寿命不长，官位也会受损。骨微寒紧缩的人，贫苦而早死。形不足的人，福薄而贫贱，多疾而短寿。骨头耸露的人早死。

面部轮廓模糊为一空，此相大不吉利，表示缺乏谋略又无祖业，事业不成，寿命也不长。面如火色的人短命，多死于意外事故。面肥身瘦的人，性情急躁，寿命较短。眼神藏而不露，目光浮流，此人短寿。眼睛圆大而凸，似怒状的人短命。鼻子露孔、人中浅而短的人，贫穷而短寿。人中歪斜而上缩的人，低贱而夭折。耳门薄的，少食而短命。鼻孔大而掀露者，一生贫困而短寿。人中窄小像线条一样，此人死于沟壑。嘴唇外翻的人短命。只有二十四颗牙的人，寿命不长。耳朵生的又薄又小如纸的人，必贫寒而早死。额头狭窄、缺陷，此人贫贱短命。

鼻梁折断之人，寿命不会长。未满四十岁便生白发的人，是因为血气衰弱，故寿命不长。神色灰暗，骨格外露的人，难过四十三岁这一关。面上各位肌肉隆起，但神气昏暗，性情痴滞，此人会早年因意外死去。骨格粗壮，面部宽阔，肌肉横生，行如鸭子，此人可能在五十岁死去。言语笨拙，行走不稳，没有人相，活不了三十岁。眼如猪、羊、鼠、鹅样的人因病夭亡。眼浮而露者，此人朋友少而短命。嘴角下弯且流涎者，此命贫贱而短寿。

远看印骨有神采，近看却是醉酒样，预示此种人卑微下贱，寿命很短。身体胖而臃肿，瘦而露骨者，必定短命。人没有神情，必然短命。法令伸入口中，此人难得善终。大凡声音无韵味的人，贫穷短命。面皮绷紧的人，休想长命。男子寿阳生阴，必定命短。体肤色如死尸，寿命很短。牙齿外露，喉结明显，贫穷短寿。腰间瘦削，额头尖小，衣食不足，寿命较短。

若眼睛并没有哭泣，而两眼泪水涟涟；心中本无忧愁，却双眉紧皱。这种眉目之相人，即使早年不夭折，晚年也会孤单。

眼神松散，没有精神，即使鼻梁生得高挺，也为短命之相。

有螣蛇之纹出现于唇上者，活不过四十九岁。鼻子和嘴唇都向上朝天者，一生不平安，背井离乡流浪他方，最终客死异地不得还乡。

身材长得干枯瘦弱，如土塑的泥偶一样，必定命不长久，夭折而亡。脖子歪斜者短命。

人走路时手、脚、头都动，且不走直线，常走曲线者，心性刻薄恶毒，寿命不长。

年寿尖削薄弱，向内凹陷，颜色发青者，多病多灾，年纪轻轻就夭折而亡。

面皮紧绷似鼓，即使人中深长，也无法长寿，必短命而死。

第二节　疾病与丧孝

山根、年上、寿上三位称为疾厄宫。山根宜光明洁净，暗黑则大大不吉，若山根经常昏黑，必常遇上疾病、灾祸等不幸之事。山根、年上、寿上及准头出现黑色，主生病。眼下出现黑色，主守丧服孝。黑色发于两耳边至两眼处，六十天其人必死。其余部位见黑色，主患病。颧骨发出赤红，定有疾病降临。

印堂处有青色者，六十天内必有病。天狱至鼻准处显出青气色，必死于狱中。眼角后的妻妾处有黑色，将有丧事发生。奸门处青色

周易·相学释疑

较重，妻子有病。寿上部位有青气色，其本人有病。

准头黑，兰台气色惨暗，预示此人大病将至，不出十日，其父有丧生之灾。印堂、山根处气色为黑色者，表示有病。如印堂山根处有白色出现，表示哭泣服丧。眉毛上气色忽然成灰白色，表示将有服丧之兆。妇人眼下呈青色，表示将要丧夫。妇人眼下红色，预示将难产。

看人面部气色断事：白色主家有丧事，红色主疮伤缠身，青色主惊恐疾病，黄色主疾病不断，黑色主大病即死。

筋骨浮露的人，疾病缠身，一生贫穷。

额上气色忽然灰暗，如尘土污渍，其人将在五十日内坠井身亡。额小而色泽昏暗者，死无葬身之地。

鼻梁单薄尖削之人，常有疾病祸害发生。准头及准头上下，或鼻梁有靥者，均主死亡先兆。

人中上下窄、中间宽的人，子女多病而难以成人。人中上宽下窄，晚年丧妻亡子。口像小布袋的人，是饿死之相。下齿包上齿的人，晚年丧偶，孤苦一人。唇青如兰靛者，有灾而早亡。牙齿露出者会暴死。牙齿焦枯的横遭早死。牙齿细小短疏者，贫穷早死。

肉多骨少，双眼无神，两耳低小，筋骨软弱，神气两无，身长面短，脸皮紧绷，背部坑陷，面色艳如桃花，举棋不定，腰板不直。这些都是夭折短命之相。

面与耳的颜色黑如缁衣，如带烟尘，天精之位枯竭，不久将命丧黄泉。天仓之位干枯，布满黄暗之色，可知此人脾脏有毛病，将不久于人世。面色白，皮肤薄，胸脯高而气不舒，头发枯焦，双鬓红赤，已是病入膏肓，名医也难治。嘴唇焦燥，肉眼干枯，面红如火，鼻头酸，此人肝不好。精神昏乱，神气如痴，筋脉红赤，气血亏虚，无后代子孙。面皮薄而无神韵，且肌肉横生，必被判死刑。面部现出黑色者，百日之内当有生命危险；出现白色者，死期只有半年；紫色中又有黑斑点，一月之内命归西天。乱纹伸入口中，必是饿死。上唇不盖下唇，下唇粗厚，死于非命。

眼眉生得较低，而且相连，其人惨死他乡。眼浮而露，主早亡。眼睛红里带白的人，一定因兵灾而死；呈黄色而无光泽者，必溺水而死。眼睛如猪、羊、鼠、鹅一样的人，早年因病而死。妇女眼睛下面如出现青色，必死丈夫。色泽昏暗，神情呆滞的人，短命。

从发际到印堂有三条横纹，不及成年，父亲早丧。冢墓、凶亡两部干瘪，预示父母身亡。人中短浅者夭亡。瞳仁布满红丝者，必遭惨死。颈硬而肥大者，必短命。女人下唇包上唇、面呈紫黑色者，其夫先亡。身体胖而臃肿、瘦而骨格显露，必定早亡。法令伸入口中，难得好死。墓上显青气，百日之内必有丧事。面上青气少白气多，其人疾病缠身。黑气侵入奸门与墓门，父子同亡。青气黑气入两眼，三十五日内死亡。阳位上起赤气，三日内丧身。牢狱呈青气（死纹），二十一日内必死亡。天中起赤气，十四日内，家中有丧事。天中突起昏花之气，其父一日内丧身。眼里呈黄白色，此人定死于路旁。三阳昏暗无光，四十二日内，死后无人收尸。

男子寿阳生阴，必定早亡。颧与腮突起而受伤，必丧偶。神露者，易夭亡。口眼细小者，短命。喉结突出而有纹者，自缢身亡。掌心呈白色者，家有丧事；呈黑色，其人有病。

观察人的气色，显露黑色者主疾病，呈白色者主其人有丧事，红色主灾殃。印堂上显出白色细丝，三月之内将有丧孝之事发生；地阁处发青黑色，其人一年内必死；连腮处黑气纷纭者，四十八天内身亡；年上寿上显出赤白之色，五十日内有丧亡丧事；嘴唇上呈现出白色，其腹部有病；口角和腮上有青黑色纹，一月或半月内腑脏生病；口角有黑色者，百日内必死；额角部有黑云，当有噎食之病；两耳发黑者，肾虚，有病。

黑色透出五窍，其人性命不保。法令赤色来犯者，必身亡。妻宫显出黑色之气，妻有难产。鼻准上有白气，其人父兄有丧事。寿上有白色、主丧事，黑色主疾病。山根位置出现白色，在半年内有外亲家丧事。鼻准上发出青紫之色，半月内子孙有灾厄。

鬓额间的两条脉气若显出青色，当有病患之忧。呈现红色，则有刑伤刀兵之凶；出现黑气则其命难保。发出白色，则其人儿孙早夭。

海门有青色，将落水而亡。年上部位有青色，一年之内必有丧事之灾。龙角出现青色并侵入中正部位，将得一场重病。承浆有青色，因喝酒成病。左眼角的鱼尾有青色，其有道路上的惊恐。父母、兄弟、妻妾、子女宫各部位有青色，其必患病。若夏季青色发在鼻子像手指一样大，其有痢疾之患；青色已侵入神光的人，百日内将被处死。青色贯于牢狱之处，其终身有病；其色贯盈从左横过入于右耳，六十日内有大难；神光像勾弯弯垂下，一月内丧子；青色从鼻上发出，十天内一定中毒；青色从口中显出，三天内必中风染疾。颏部的地阁处出现点状青色，有大忧愁。辅角或地库有此色，其寿不长（夭亡）。印堂处出现点状青色，夭亡，活不到三十岁。面上色白无光，有重丧孝服。白色较深、耳孔无异样者，必身亡。印堂有白色侵入耳口鼻处，十天内重病而死。面上"贼部"带白色，将饿死。守门部有白色者，九十日内死。年中或项下起白色如尘烟者，百日内犯刑身亡。寿上有黑色掩遮赤色，其人惨死。印堂有黑色，其人必死。边地处有黑色，在春秋或夏季，一百二十天内死于狱中。脸上有黑气如云雾样，十天内死亡。妻宫有黑色，妻子必定难产。脸上黑色延入法令，其妻长期病卧在床。黑色显在年上，主其病魔缠身而亡。天庭、牢狱及年上显出黑色，囚死在狱中。高广下现黑色，一定身亡。黑色在天庭外，客死他乡。赤色连通左右两眉，九十天内必死。眼睛生出网状黑色者，廿一日内必命入黄泉。奸门处有赤色，五旬内将死于他乡。黑气生于太阳处，死于野外山林。眼中忽生黄色，不久死于路旁。承浆处泛起赤色，三日内要谨防刀枪伤害。

夏天发出黑色伤肾，胖而无血气者死，面容悲悲泣泣者死，舌头缩短者死，神光上黄色昏暗者死，有黑青气斜入口者死，喘息急促者死，声音短而涩者死，人中处干枯的病人死。

黑痣长在山根下边者，多死于枪下。黑痣长在鼻侧者，多病、疾苦而死。

黑痣长在天庭，死于市街。黑痣在承浆者，死于醉酒。诏狱处有黑痣，是死囚之命。高广处有黑痣，丧双亲。迟阳处有黑痣者，客死他乡。华盖、太阳、武库处有黑痣，阵亡或死于刀下。耳根有黑痣者，死于商途。辅角处有黑痣者，死于战场。边地处有黑痣者，死在外地。虎角处有痣者，死于军中。劫门处有痣者，死于箭下。青路处有痣者，伤亡于他乡。鱼尾处有痣者死于街市；奸门有痣者死于刀刃。天井有痣者溺水而死。夫座处有痣者丧夫。黑痣在长男处克长子，中男处克中子。黑痣长在妓堂处者，主克妻。黑痣长在陂池处，多溺水死。三阳有痣者，失算而死。大海处有痣者，须防水难。女人左额上有黑痣，恐要死在刀下。女人眉中有黑痣，克害丈夫。

小儿身上带汗，通身软绵绵，好似没骨，此儿早夭。肚脐小者早夭。肾部浮轻的小儿难养成人。鼻子发红，一岁多时有脓疮疾病。小儿行走、坐立、说话、出牙太早，以及头畸形、哭声散，都难成人，会早夭。面部松软的孩子，头扁而没有脑骨，能说话后命即难保；眼睛迟缓无神，会走路后即夭；声音短促，迟早夭亡。眼大露神的孩儿，没几岁就会夭亡。小儿玉枕骨平者夭折；玉枕骨坑陷者，活不过八岁。初生孩儿语声弱小，神态萎靡，多疾病。

面部乾位雍州出现黑色，主其忧虑成疾。震位青州出现紫色，其人病重。巽位徐州呈黑色者，其人生病。印堂扬州处出现黑色，其人有灾难。坤位荆州处呈黑色者，其人心腹有疾病。正月呈现昏浊的赤色，则其人身体将有疾患。二月显出比较浓的白气，二十天内必有大丧事。三月显出青色者，六十天内父母伤亡。

三阳部位出现黑色，会有灾祸发生，会妨子或女儿生病，中年妇人，更须防暴死。

眉如刀削斧砍，过于冷峻者，当在阵前死亡。眉锋似剑而横直不曲者，必暴亡而死。

年寿上出现红色并伴有脓血，主人必生疮疥。山根部位出现青黑之色，其人在三十六岁左右必会遇上灾祸。悬壁气色昏黑发暗者，离死期不远。

第四章　面相与财官事业功名

天庭位于发际之下、印堂之上，处于人身至高的位置。天庭饱满高耸，没有伤痕或黑痣，是发达之相，少年即可得志，一生富贵。

地阁方润圆厚者为得地，到老衣食不缺，尊贵荣华。

鼻梁高高隆起，为功名吉相；鼻梁悬垂直下，准头圆隆完美如悬胆，此人在仕途必发达，定为当官吃俸禄之人。鼻子色泽黄明光亮，此人财禄双全。鼻正直丰隆，一生财旺富贵，财源滚滚。

印堂要圆，圆者有高官。印堂宽广，双眉向两边分开直入发鬓，此人官运亨通。

两耳向上耸起，色泽润白，官运亨通，财禄双收。金木二星高照，官运通达，早年得志。

日月角耸起金城骨，印堂连着天庭有天柱骨，天庭连着头顶有伏犀骨者，均为贵人之骨，可升至三品之位，位高权重。颧骨突起，主有权势。两耳贴肉而生，耳垂色泽红润，此人财禄双全。

黑痣生在眉毛之上，预示官禄显贵。凡眉毛中有十字、王字纹的人，将会发达；有坤卦纹的，则可做高官；成七字纹和鱼鸟形纹的，可为大将军。

口形阔大方正，轮廓分明，嘴唇红润，口角向上，人中深直，牙齿端正，可享受高官厚禄。嘴唇鲜润紫红，可食千里之禄。

脸部正面开阔，轮廓端正，眼光不浮露，五岳朝拱，六府平满，两颧、额角平阔，额、鼻、下颏三光明旺，额、两颧、鼻、下颏五岳润泽，预示其人功成名就，事业发达。面色黄明，五岳颜色光亮，气色和润，神气飞动、气宇轩昂，双耳、额、鼻、口五星朝拱相应，耳、目、口、鼻四渎端正完好，无所倾侧，表示上进心强，能够成就事业。一个人脸色光亮润泽，说明官运发达；脸色红润黄明，说明财运发达。

一个人眉毛秀长过目，细弯如初上的新月，面有和气，五星六曜相朝拱，两耳向上，两眼秀长，表示其人功名事业有成，财禄有成，名扬四海。眉毛前清后疏的人，至中晚年时，功成名就位居高位，光耀门庭。眉毛轻清的人，运气十分好，仕途亨通，一生荣华。

旋螺眉的人，从军可建功立业。一字眉的人，早年成功，一生荣华富贵。卧蚕眉的人，早年发达，功绩卓绝。新月眉的人，一生运气甚佳，有官运。龙眉者，一生大富大贵，名扬天下。剑眉者，能做大官。短促眉者，为官清正廉洁。大促眉者，钱财堆积如山。清秀眉者，早年得志，仕途顺畅。

眼睛明亮，额、颏古朴，肤薄色黄，此人少年即荣华昌盛。眼睑丰满如横脂，必得厚禄。

耳朵光明润泽的人，声名远播。耳朵长且厚而圆的人，衣食丰足。耳高于目，合受他禄。耳高目一寸，此人不会贫困。耳朵如刀环，位居五品高官。耳门宽大，财富充足。耳比面白，名满天下。右耳木星得地，文章灿烂，声名远扬。

男儿额头宽广，定在京都为官。面方阔如田字，为朝中高官。头如龙，定为边塞将军。鼻梁耸直，一生丰衣足食。山根不折断，一生功成名就。印堂清高，登科高发，平步青云。齿如石榴，整齐紧密，必能建功立业，加官晋级。脑门敦厚，位居清要之职，官重事不繁。两颧尖高，权重而政务冗杂。

伏犀骨隆起，直入发际，必任高官重臣。额上的炳纹如刀痕之状，定做军中大将。额头丰隆而色泽明亮，必少年得志，早发登科。额有悬犀骨，必为高官。额有三骨或八骨，都是大贵之相，一生功业显赫。印堂中有"王""田"纹者，必为地方显赫人物。有水鸟纹排列，必任高官。耳朵轮廓分明，色泽鲜艳，必在朝中做高官。

耳门骨丰起的，将建功立业，受到国家重用。两耳长及三寸，脸形似"田"字，此人官居要职。伏犀骨隆起，将是国家精英。眼睛深长，定是文坛巨匠。腰圆背厚，耳大面方，将威镇九洲，名扬四海。背部像山中坐虎样，显得丰厚有力的人，可做辅佐国家的大官。

掌中有黑痣，有横纹贯穿手掌，家产丰盈，衣食丰足。掌上有宝钱纹的人，财源广进；有端笏纹、插笏纹的人，仕途亨通。掌上有龟纹的人，可任将帅与宰相；有鱼纹的人，可做大官；有田纹的人，富足；有十字纹的人，可享官禄；有五策纹直冲向手指的人，名闻天下；有按剑纹兼权印纹的人，威震四海。掌上有纵向纹贯通手指的人，被授予将帅或宰相的大权。大指上生有横向纹，财源广进，家财万贯。有一条纹理穿过手指，定能做大官。双手生有龟纹的人，一生官运亨通。掌上离位有井纹，可任一品高官。掌心有印纹，定是省级首脑之官。掌纹鲜明红润，家财万贯。坤、兑位有女字形纹理的人，有神人扶助发财。坤位有十字纹的人，平生有神人扶助发横财。指节形似鸡蛋，一生发横财；指节似燕窝，良田广阔达万亩。

脚跟肥厚方正，一生有官运。脚底有龟纹的人，有官位，声名远播。脚底可窝龟，位居三品。脚底有三条整齐的纹理，位居将相之职。脚下有禽纹的人，位居要职。脚有剪刀形纹理的人，家财万贯。脚底有人形纹的人，可统领百官，为百官之首。

额部隆起者或辅骨丰起者，可达三品高官之位。额部方广丰隆又有好纹者，一定能达到很高的官位。额上有偃月纹、悬犀纹、王字纹、鹤足纹者，都能获得一定官位。印堂有井字纹者可做高官，是辅佐国家的忠臣。印堂里生有纵横纹者，可做将军。额上方正，身材高大，伏犀高耸，这种人名望很高，若学堂饱满，即可辅助君王。眼下财库丰厚，其人家财丰足。面上颧骨凸起，其人名声日广；地阁肥厚，其人财富丰裕。颈部圆厚丰满的人，家财丰满。舌上七星纹理鲜明的人，能做大官，享厚禄；舌上纹理呈"川"字状的人，家产万贯，富甲一方。耳珠上有黑痣者，必发财。

在秋冬两季，天中起黄气，其人财源广进；田宅起黄气，其人家业兴旺，三十五日内有财自南方来；天仓地库起红气，财富滚滚来；山林位起紫气，其人在战场上立了大功，在四十九日内荣升高官；驿马位起紫气，任命书不日即到；鼻头至山根、印堂直到天庭部位呈现红黄光彩，其人在二十一天至二十八天内有发财之喜。

额上发生带状的黄色，其人官禄将升迁。印堂部位，黄色像散珠一样，一点点，发在印堂部位，当官者一定升官加职，无官者也会喜得横财。黄色发于眼上和眉处，将得意外之财。黄色发于眉下，有财发。黄色发于眼角鱼尾处和天仓上，形状像铜钱，当官者可升官，百姓能得财。

高广处黄色像细丝一样，百日内当做某方面长官。印堂至山根、鼻准及中正处，黄色像蒸雾样盘旋，将被委以重任。耳孔处发出黄色像卧蚕样或显紫色，当年一定功成名就，仕途亨通。黄色显于印堂而光润，七天内可加官晋职，军职者可受命为将军。印堂连龙宫的部位有黄色而光润，七旬内加官。龙宫连子女宫部位显出黄色，三日内将得钱财。天中处呈现出一寸长的黄色，布衣者也能当官。黄色显在高广部位上，发向东宜向东方做官。高广部有黄色者，参加考试，一定会榜上题名。耳门前学堂处有黄色，文官可加官晋职，武将则得大财。边地处及奸门处有黄色，七日内将升职并受赏赐。日月角有黄色，财源广进。

鼻准上呈偃月形状的紫气，将加官晋职。天中处发出像垂勾形状的紫气，百日内将有加封。若妇人天中左右发出点点如花的紫气，其夫将成为高官而做高官夫人。

驿马处显出赤色，为官者可在三十日内加官晋职。地库左右显出赤色的官员，当升官到远处任职。山根处有铜钱一般大的赤色，三十日内当任三品以上官职。武库部发出虫形的赤色，百日内被任命为文武兼职。天门处有赤色，二十日内有拜见高官之喜。

印堂部位显出红色或紫色，定加官晋职。印堂上有红色，科考可进士及第。山根处有红色或紫色，当升官晋职。颧骨部位有一寸长较明净的红色，八十日内当接受官印，主掌重权。驿马上有红色，也可升官晋职。眼睛及眼角鱼尾处有红色，因有捉获之功而升官。天柱骨上有红紫色，其人若有大官保举，将不拘资历而越级晋升官职。正面如有红黄色显于帝位，当任国家高官。天庭处有紫色，将有升官之喜。

大千世界，芸芸众相，各个不同，那些长有异相之人，多有大福大贵之大运。如龙准龙须、虎头虎睛之人，如明珠藏于海底，一旦时来运转，将大放光彩。

第五章 面相与吉凶祸福

人生在世，最想要的是"富、贵、寿"三者。谁都不想一生贫贱，但是要有好的命运，不是完全靠后天的努力就可以得到的。有的人一辈子努力工作，想尽办法理财，但却只能成为一位稍有钱财的人而已；有的人生来就不用烦恼这些，而财富自然来，轻轻松松就能发大财；有的人奉公守法，苦干实干，职位上只能慢慢爬；有的人生来就有贵人助，升官老是有他的份；有的人老是运气不好，努力挣钱仍然贫苦。凡此种种，事例太多。如何解释此种"老天不公平"的事呢？其根源全在于相格上，也就是说，人的"富、贵、寿、夭、贫、贱"，是由相格决定的。这是天生的命，不是后天努力可得的运。

第一节 吉利面相

凡体形丰厚，神情安祥，气色清朗，声音洪亮，眉头宽阔，耳高而厚，鼻梁耸直，脸型方正，嘴唇红润，背脊厚实，腰部挺正，皮肤平滑，肚腹下垂，牙大而白，走路似鹅平稳慢行者，均为富贵之吉相。

凡耳大贴肉，鼻如截筒，鼻如悬胆，面黑身白，背宽阔厚实，声如洪钟，头大胸平，腹大下垂，均为大富大贵之吉相。

凡三停平等，五岳朝拱，头、面、身、手、足五者要么都长、要么都短，不可长短不称，眼凸、鼻仰、耳反、唇掀、结喉五露也要全，眼如丹凤细长，声如鸣钟者，是中富之吉相。

凡面黑身白，面粗身细、脚短手长、身小声大、龙来吞虎，面短眼长、不臭而香、肉角少倾者，皆为贵之吉相。若人有此相者，求功名者官高职重，求财利者钱谷巨富。

凡虎头燕颔，日月角起，伏犀贯顶，眼有定睛，凤阁插天，两手垂膝，口能容拳，舌至准头，虎步龙行，双凤眼者，此为大贵之吉相。

凡发如细绦，耳白过面，眼如点漆，上长下短，口如四字，三十六牙，龙吞虎吻，此为中贵之吉相。

凡天庭高耸，地阁方圆，小便如珠，大便方细，齿白而大，眉疏目秀，口如弓角，唇似朱红，此为小贵之吉相。

凡颧骨高耸且能后达双耳，耳孔宽而有光泽，颈项下方有皮皱如绦，人中正对门牙整齐，声音洪亮清响，睡卧时不喘气，鼻梁高耸隆起不塌陷，山根及印堂都正直，耳后有骨丰起凸出，脑后枕骨凸起如栗、食物急、入厕缓，五岳丰隆，法令分明，背脊宽厚有肉，眉毛长、额头有横骨、面皮宽厚，胸前平阔，牙齿整齐坚密，行坐端庄，两目有神，耳内有长毛者，均为长寿之吉相。

印堂是命宫，以平滑润泽为好。年上、山根是疾厄宫，以丰满隆起为好。鼻子为财禄宫，要耸直，以大为美。罗计眉在兄弟宫，以长而秀气为好。子女在龙宫位，眼眶应平满为好。妻妾在鱼尾，以光莹清明为好。耳朵要长得高而且厚为好。天仓地库以丰厚而齐为好。印绶和命门以丰满为好。地阁以朝向鼻子准头为好。月孛光泽丰隆，则一生少病。年宫润泽，一生平安。

在八卦中占离位的是官禄宫，以高大宽阔有角为好。额中间为南方的离位，左边是巽位，右边是坤位，从天中一直到印堂，旁边与日月角相连。黄气在官禄宫出现，必能飞黄腾达。如黄气中带有紫气点点，如花如豆，是吉祥的表现。如出现在额上，是帝王的相貌。如是明黄色必能发达，官至王侯将相。紫气浓厚的，早则三十日，晚则六十日，或一年就会发达。紫气如铜钱，或像月牙的，三十五日内必发达。紫气是贵气，身上有紫气出现，主其人能受到国君宠爱。天中部位出现紫气，位至国家重臣。天庭部位出现紫气，主位居二品。司空出现紫气，位居三品。中正出现紫气，位居四品。印堂出现紫气，位居五品。紫气在印堂，定有省级官员的富贵。若黄气中带有紫气，像仰月，上与天部、眉上、边庭、驿马相应，下与准头相应的，六十日内就会受到国家封赐之喜且俸禄丰厚，且生贵子，得大财，罪人遇赦免。若只有红黄色光泽，只能像常人一样得些钱财，新婚生子而已。在高广位置上的黄气持久不散，一定能获得丰厚的俸禄。天中有黄白圆光，细如钱发，从高广到三台，有黄色喜气，七十天就能封官。日月角常有黄色者，三年内便可成将相。若再有紫气祥云出现，就能听命朝堂，在国家任职为高官。若有一二点黄气，像铜钱、像月牙，像丝，从天庭、高广再到印堂、眉上，连接边地、驿马和准头，与悬壁相应，必能升官，学子中榜成名，一般人获得钱财资产。气厚的在一月内应验，气薄的在六十天应验。气色像桂花，像鱼鳞，其中带紫红色，像丝像豆，这是祥云；如印堂再有些气，必然能升大官；学子定会中榜，百姓也可以得到官职；平常人也能得到大批钱财。紫气很浓的，在农历初一初七应验，稍薄一些的，在农历二三七应验。

印堂有紫气，虽然有小小的忧虑，但不能成为伤害，事业可以成功。在上停出现黄丝路，必能加官进爵；额上有红黄丝路，三十天内可以升官，一般人万事吉利。若红黄气在上停各个部位出现，必能财源滚滚。奏书部位有瑞气，光泽浓厚必定吉祥。两眉为奏书。如黄光与准头相对，就会万事如意。罗计上有黄光闪耀，会喜讯不断，财源滚滚。罗计上有黄气莹莹，左主管生子生女，增加钱财，右主管娶妻而增田产，在一月内应。

九洲部位有黄气，会喜从天降。九洲即：额为扬州，面为冀州，准头为豫州，太阳为荆州，太阴为徐州，左颧为青州，右颧为梁州，口右为兖州，口左为雍州。满脸黄莹之气必能加官、登科、发财。若黄气点点像桂花、粟豆样，其中有玉纹的，必能升官及第，常人得钱财。若满脸紫气，俸禄会指日可待。若紫气点点，像玉纹，上与天中相连，下到准头，面对驿马等部位，主封官进财，学子中榜登科，做官在东南西方吉。

天中有川字纹，将军部位有天井纹，必能发达，享尽荣华富贵。山根忽然清秀，主加官中正之职。法令处有如铜钱的形状，就会喜从天降，加官、进禄、长寿。准头有黄明之气，印堂有红气，能中榜眼。眉上有黄色，印有红气，眼下的准头有黄明之气，定中举人。若是桂花黄色出现，就能高中状元。九州有黄色片片出现，印堂有红紫气色点点像丝与龙虎角相应，就会位至高官。学子考试，若眉、印堂、颧、天中、地角都有黄气，即使不是满面都有，只要印堂兼有紫红气色，同样可高中。

印堂有如珠的黄色，吉祥频频出现；印堂上紫气祥光像豆子大小，福寿双全。紫气聚在印堂，一年四季呈黄明气色会发财，病人不会死，官讼得胜，百事大利。如黄气似珠似钱，官位会高升，有利于学子应试，百姓发大财，可在七十四天内应验。如黄色中隐隐见到紫色如丝、紫点，会被越级提拔，学子高中，生孝子，发大财。天中忽然见到仰月形的紫气，鼻柱上有树叶形黄气，会发横财。如印堂黄明，从奏书到边地、驿马、准头有明莹之色，最适合选官职。若眉上眉下、印堂准头，两颧有黄色，像碎米中有紫点，定能当大官。

三阳（太阳、中阳、少阳）喜气黄浓，进财进职。博士（眉下为太阳、中阳、内阳、外阳，谓之博士）常要明净，若常黄色，必有财喜、新婚。博士祥光紫发，生子生孙。博士忽黄浓，带红紫气必生子、进职。切忌黯黑。

山根、日角上有黄气，会才名大振。紫气从山根上贯天中，高升官禄。山根、年寿常润，主无灾疾，黄色安乐，病人即愈。准头上金光透印堂，得禄得妻得贵子。准头到山根、印堂之处有黄色并上透到天庭，二十一日、二十八日有财喜、进产、娶妻、生贵子等事。若在三阳各部位相应出现吉气，是大贵或大财的象征。若只有一部分出现黄气，也可得到喜财。若鼻尖上有如月牙儿的紫气，会进财、进马、进田庄。明堂有一光点，会云开见日；甲匮两旁黄润，会财源茂盛。明堂是眉间，庭是颜、藩是颊侧，蔽是耳门，以方为好。明堂的骨头应该高起，平直，五脏在中央，六腑夹在它的左右。甲匮丰满圆润，会财寿双全。鼻翼光明，金神部位出现黄紫色，为好运的征兆，百事顺利。

妇女天中左右有如花的紫点，必定能成为诰命夫人。若长有紫色就会长命富贵。龙穴黄润有贵子，凤池红润生娇女。

左目为龙穴，右目为凤池。有黄红色、紫气围绕眼胞上下，主生贵子；若眼下有青黄之气，则主生女。这两种情况都能升官进财。

目下红黄为阴骘纹。阴骘纹生在左目主生贵子，生在右目主生贵女。目下有紫气，主儿女贵。印堂有肉痕，一条代表一个儿子。

地阁是代表田园资产的地方，以朝向鼻子准头为好。口角像弓像戟，就会衣食富足。人中像破竹，嘴唇像抹了红丹，福寿双全。兰台中有紫气，一月之内必能得到国家领导人的召见，还会得到官职。嘴角有两道黄光，百日内就可升官，学子考试必能高中。帐下有如铜钱大小的紫气，会出人头地。准头明如镜，定为高人。黄色进入口，左进主生男，右进主生女。地阁红黄主进田园、奴马。学堂明净，必逢贵人推举。悬壁色彩光明，家宅吉利。地阁红润，晚年安乐健康。

第二节　凶恶面相

十种凶杀面相：行足摇晃如醉汉为一杀；鼻头勾曲为二杀；面纹杂乱如散麻为三杀；面皮干皱如瓜蒌为四杀；眉毛粗浓为五杀；声如豺豹为六杀；嗓音高尖为七杀；寅、申、戌三部位低陷为八杀；嘴巴奇阔为九杀；眼睛过大为十杀。

十大空亡面相：额头尖削为天空。此相额头尖薄、额皮紧绷，表示其人无官无禄无祖业，一生孤单，克损父母，五十岁以前，凡事不吉利。

下颏尖削为地空。此为平庸之相，预示其晚年孤贫，夫妻离散，六亲不和。

天仓低陷为一空。此相表示一个官卑禄少无祖业，一生奔波，晚年辛苦。

面部轮廓模糊为一空。此相大不吉利，表示其人既乏谋略又无祖业，事业无成，一生虚度，寿命不长。

山根低陷为一空。此相预示一个人将背祖离亲，兄弟隔散，孤单无助。

耳孔外露为一空。此相表示一个人六亲分离，夫妻不能白头偕老，家财破散，祖业难保。

鼻孔仰露为一空。此相十分不吉利，主其人家境贫寒，一生劳碌奔波，寿命不长。

须短不过唇为一空。此相表示一个人枉为别人费力，朋友无情无义，破耗钱帛，子孙亦无出息。

耳无弦根为一空。此相表示其人背井离乡，居无定所，失官耗财，百事无成。

唇上无须为一空。此相表示其人晚景孤寒，没有妻儿，一生辛苦贫困。

以上十空，均为不吉利之相。

一个人头顶尖削而脖子粗大，或面孔小而鼻子大，或胡须鬓发卷曲，或鼻梁横起。表示其人凶暴狠毒，做事性急无定，必有牢狱凶灾。

一个人面露煞气，眉眼散乱不相朝应，五星六曜各自分离，口角下垂，牙齿疏乱。表示其人贪婪无情，六亲不认，骨肉分散，一生奔波、百事无成。

一个人双眼斜视，口尖唇薄，冷笑无情，偷窥不正，视上顾下，言谈急促，牙齿疏落。这些都是奸诈之相。

一个人鼻子尖削，鼻毛外露，眼细视低，口角高低歪斜，步履纵横，行步不匀，脚步忽高忽低。表示其人奸猾多诈。

一个人鼻头弯勾如鹰嘴，眉毛直立，眼红，嘴尖薄，表示其人性情贪婪。

一个人面无人色，处事不和，不爱老幼，眉头常蹙，双眼不哭而常有泪。表示其人与人寡和，六亲不睦，伤妻克子，晚景孤单。

一个人耳无轮廓，口无棱角，鼻孔仰露，两眼无神称为四反。此是四种不佳之相。

一个人眉毛残秃，额角低平，两眼无神，鼻梁塌陷，口无棱角，耳无轮廓，称为六削，为不佳之相。

一个人头、额、鼻俱尖，称为三尖，也为不佳之相。

眼睛过长、骨骼粗长，面长如马如驴，鱼尾纹多，眉毛粗浓，而气色怯弱，其人一生奔波劳碌。

眼中黄色，眉毛直立如刀，面呈死黑，常带怒容，眼红如血，有血丝横贯眼球，鼻梁瘦削露骨，眉毛连生。此都为恶死之相，预示其人横夭暴亡，不得善终。

人中有纹理交错，其人将溺水身亡。额上气色忽然灰暗，如尘土污渍，五十日内将坠井身亡。眉间有黑痣，早年有水患；黑痣在鱼尾纹中，有水厄之忧；口角有黑涡，晚年有水患之忧。

山根赤红，七日内有火患。额上罗纹多达数十条，将遭火灾。黑痣生在眉间，必遭火灾。

眉毛粗硬，浓密逆生，散乱短促，蹙缩，此人生性凶恶愚顽。眉中有缺残，其人极其狡猾奸诈。眉毛稀少，也奸诈。眉毛垂低，性情懦怯。眉毛有旋纹，生性好斗。生尖刀眉者，心怀奸诈，生性凶暴。

头颅尖，额头窄。眉毛浓厚，头发焦枯，耳轮后翻，舌头显露，口大唇薄，眼中的红筋贯入瞳仁，白晕入眼，神色如惊，气色如尘垢，鼻头尖，下巴薄。凡有以上相者，均为恶相。眼如羊眼，四周露白，都是凶恶之相。

耳朵小，口唇宽，非善相。牙齿、鼻子偏斜不正，心地狭窄。鼻尖额薄，性情卑劣。眼如蜂眼，黄而凸出，常怀毒计。声如豺狼，好害他人。

瘦而露骨，此人多难。面色潮红如火，两肩上耸，做事必然不顺。气色不常，随说话内容的不同而变化不定，阴阳相反。面色如尘埃，形体丰满。上部尖锐，青筋缠束。精神昏花，眼光浑浊，眉毛压眼，眉尾结旋。人中细如悬针。走路如雷响。眉头紧皱，山根折断。要吞咽食物而又哽噎，喉结突出，肌肤如冰铁。声音似破锣，中气不足，面如涂膏。胸露、臀露、形体卷曲，面相枯干，都是一生困顿坎坷之相。

眼睛细长而深，目光下斜，偷视他人，为隐僻之相。

眉斜如草，眉竖如立，皮肉横生，性格刚烈。从眉下看人，神光反射，声如豺狼，眼如蜂目，双肩上耸如鸢，无事咬牙若怒，赤脉贯入瞳仁，气色不藏，音似破锣，又似干枝折断。以上诸相都表明心里奸诈，预示凶险死亡。

火气贯入眼睛，为眼带杀；神气如昏如醉，为神带杀；声如破锣，为声带杀；肢体伤残，骨节破损，身体不全，为形带杀；好行奸诈之事，为性带杀。此五杀均为凶相。

面部黑色四起，为死气天罗；面色惨白，为哭丧天罗；面部为青色所笼盖，为忧滞天罗；黄气笼盖面部，为疾病天罗；白色白腻如脂膏涂抹，为酒食天罗；眼光流转，暗送秋波，为奸淫天罗；面色焦红如火，为破败天罗；神志如醉未醒，为刑狱天罗；言笑轻浮失节，鬼掩天罗；神气昏浊，为退败天罗。以上十种天罗，都是不佳气色神态之相，均不吉利。

额偏脑侧、无胡须，印堂口唇均薄，皮肤细腻者，为形曜天罗。唇如牛肉之色，满面青兰，色泽焦枯者，为休废天罗。貌如妇女，娇声婉转，脸色明亮者，为女面天罗。面似涂油，气如烟雾，为脂粉天罗。色如银，面如绷鼓，似带尘埃，为光矸天罗。脸上赤色多，日月两角低塌，毫毛丛生，成螺旋状，语言轻佻，面如敷粉者，为鳏寡天罗。鼻头仰露，牙齿稀疏，走路时胸脯突出者，为井灶天罗。面如桃花，语言轻飘者，为倒曜天罗。目反睛露，面横脂色，面部丰满者，为刑狱天罗。鼻头长满斑点，狡诈贪淫者，为崇砂天罗。头带偏侧，为急脚天罗。以上十一天罗也是形相不佳之相，均不吉利。

大腿、手臂无毛，两眉平直，鼻梁尖削露骨，此人最是凶顽，即使有祖辈福荫，也被破坏殆尽，陷于穷困境地。头纹杂乱错落，不是良善之辈，终会作奸犯科，落入法网，即使不克害妻子，也会家道中落，一生孤苦伶仃。面相中最忌郎君面，男人生就郎君面，命不会长久；女人生就郎君面，风流放荡。眼神带花，斜视偷看，也非良相。奸门有肉隆起，高达一寸，此人到了中年，仍是孤单一人。下巴尖削，凶祸频至，只有卖尽家产，方能消灾。眼睛暴出的，也是一生恶运。鼻梁露骨的，此人断子绝孙。鼻梁弯曲的，一生悲凉。山根虽高耸，但折断，一生波折极多。山根低陷，必定破财。双目赤色如火烧，此人家破人亡。鼻头粗大而色红，此人一生漂泊不定。耳大且薄，为夭折多灾之相。鼻孔大而掀露，一生贫困而短寿。额头狭窄缺陷，极其凶恶，且贫贱短寿。额小而色昏暗者，死无葬身之地。眉毛向上高挑昂起，争强好斗。眉头交接，锁住印堂，必然短命。眼睛突出的，心性凶暴，必遭极刑。眼睛斜视的，心性狠毒。眼神如蒙尘埃，昏暗不明者，狡诈奸险。人眼如猪目，俯目偷视，心术不正。眼睛如蛇的，是不孝之子。眼睛如羊的，无立锥之地，无家可归。妇女眼下出现青气，必死丈夫。生有三角眼的女人，必然性狠多怒，克害丈夫。耳朵生的反缺掀露者，心性残忍凶恶。耳朵又薄又小如纸的，必贫寒而早死。嘴的左右两旁纹理转粗者，性情暴烈凶恶。舌上有黑点的人，大多凶残恶毒。

胸骨凸起的人，性情急躁，品质恶劣。胸毛长的人，性情刚烈，易生怒气。边地低陷的人，死于刀下。人中与鼻不协调的人，定会遭横祸而死。法令入口者，饥饿而死。

额上有两条竖纹的女相更凶恶。眼下有横条纹的女子克夫。好低头含笑的女人多是贪淫娼妓之辈。额头隆起，嘴唇翻拱的女人不仅克害丈夫，也刑子女。下眼睑干枯的女子，至少克杀四个丈夫。口长得宽阔，额头高隆，眼睛深陷，声音像男，此是克夫之相，要三次嫁人。下眼睑干枯色黑的女人，克子妨夫；呈赤色或黑色，难逃难产之忧。紫黑色从左边袭入口角，并延伸至左耳，七日内身亡。青色绕口的女人，多淫欲。女人人中弯曲者，为不良之妇，到老仍贪淫。男人相的女子，多淫乱不贞。坐时摇膝，走时回头看人，此女人一生淫乱，沦为妓女。

女人九恶之相：面貌丑陋，颧骨高耸，喉结和牙齿突露，刑克丈夫；无事生非，蓬头乱发；不善持家，举止轻佻如鼠频顾；精神萎靡，两眉浓粗相连，妨害六亲；鼻上有钩纹，羊目四白；身体虚弱，妨害儿男；多疑心狠，声躁烈如男；有胡须黑痣，心性刚暴，难以捉摸。

女人十贱之相：倚门斜立，侧视来人，托腮咬指，闲整衣襟，坐立摇膝，爱出风头，开窗探视，办事走神，未言先笑，与人私情。

凡女人颧骨高，横纹重，嘴唇紫，羊目四白，男人声，均为克夫之相。

凡是耳红面白，面黑而眼睛有光，面白而鬓发浓重的女相，均为淫贱之相。

奸门有痣，死于刀刃。天井有痣，溺死于水。劫门有痣，被箭射死。边地处有痣，死在外地。尺阳处有痣，客死他乡。女人夫座处有痣，必丧夫。男人妻座处有痣，必伤妻。盗部有痣者，必贼窃奸淫。家信处有痣者，家破人散。大凡黑痣长在明显的部位，其人多凶不吉。

第六章　女相

大自然和人类社会一样，都是五行生克造化而成。人长得清奇古怪不要紧，只要有神气，清浊分明，就一定能富贵。如人伦与天意吻合，前程一定荣华富贵。若长得俊俏清秀却无神气，枉费心机也一事无成。富贵不光是男人的事，女人也很重要。

第一节　端贵女相

女人头部和面部骨骼耸直挺拔，气质严肃有威，稳重，不太妩媚，五岳宽大，行动伶俐，声音清而不浮，便是大贵之相。五岳端庄丰满，骨气磊落，神情温和，眼神高雅不俗者，则是贵夫人之相。眉如月牙，神气清俊，眼睛细长丰满，手似干姜，贵命。腹部下垂，肩部圆厚，为人聪明。长得面额方大饱满，地阁方圆，身体丰盈，言语清铃，神色美好，走路如流水，站立如山峰，都是好的命相。睡相如龙虎蟠卧，不闻声息，身体自然流香，坐着如山，神情稳重，骨骼消瘦清奇，一生福寿如海。头发清薄秀长，天庭发黄，耳大头圆，地阁方正，腹垂背丰，眼似刀戟，此相福寿吉昌。眼睛短，声音和气色带有阳刚之气，手像鹰爪，指甲尖长，体肤酥滑，年青时即能亲近达官贵人。

有威无媚，神清气正，行步轻盈，笑不露齿，肩柳背圆，立如龟稳，此是妇人贞洁之体相。头发长，鬓云黑，天庭广，额头与下巴都长得方正圆润，唇如丹砂红，齿密如玉，这是品行端正，会过生活，无忧无虑的女相。长得凤头龙瞳，身体芳香，不是助丈夫财源广进，就是嫁入官贵人家。牙齿如石榴子一样清秀，则是富贵的贤妻良母。女人生来面相周圆，脸如莲花，眼睛细长，头发细黑，一定嫁个贤明的大官，清享富贵。身材上下匀称，目光黑亮有神，必定聪明。身材周正，额、鼻、颊三才饱满，一生富贵有余。身形端庄耸直，举止周正，头圆齿白，口唇方正，此人富贵绵长。女人富贵相：行止端正，语气温和，视相无邪，一生贤良，至老不变。女人体貌大方，眼长眉耸，衣食有余。若三才、五岳各部位都丰满厚实，其人儿孙昌隆，家境兴旺。女人身形周正，神清体润，头发乌黑，耳高鼻直，生来格外富贵。

大凡女人贵相，气质上要"威厚"端稳（怀若抱子），声音要清丽和谐，视相要端正姣美，手指要纤细，鬓发要乌黑光润，容貌五官长得周正俊俏（眉削眼长）人中分明，唇红齿白，鼻梁峻直，骨肉相辅得当，配置匀称。

大凡女人富相，容貌五官长得饱满丰润，即谓之耳湿唇厚腮额阔，卧蚕丰满（眼下泪堂部位肌肉丰起不能枯陷），地阁阔（颏部宽）等等。

大凡女人贞洁之相，从气质上看，要目神澄彻，观视分明，刚柔有力，姣而有威，媚而端稳，身正性柔。从长相上则要颧隐寿显，法令清深，眼睛黑白分明，耳厚额圆，鼻直发润等。

女人若长得气清神静，牙细唇红，鼻子高耸，眼下泪堂丰满，语言举止轻盈，骨清神秀，腰背丰厚，这是"富贵天年享子孙"的福贵相。若神气分明，黑白不混，骨骼清峻，声音清韵，神态威严，这是"子达夫荣"的女命。

女人耳边有痣是吉相，生在唇边也是富贵有余。若眉清目秀，鼻子高大，牙齿洁白，年轻时一定遇官，成为贵夫人。若颧骨丰隆连耳，呈泛紫红黄色，此妇德吉星，富贵有余，寿过百岁，满堂婢仆佣人，儿孙成行。贵人的骨骼一定像神一般奇异，即使不那么峻秀，也一定是眼睛端黑，面貌均匀。骨骼磊落，头角挺直，如岩松鹤立，似森森修竹，鬓云乌黑，如峨峨砚石，这也是贵人骨相。

贵相最根本的是气清和神秀，骨耸额方。看相关键是从骨、肉、气、神方面观察，骨隐于肉中，肉隐体下，气隐于神中，神藏于眸中。富贵之相，不仅声韵俱佳，骨骼清秀，阴骘龙宫丰隆，而且神气饱满，起坐昂昂，便能子孙昌隆，位至高显。

若女人双眼细长，双眉清秀，鼻子上部的山根不凹断，奸门部位美满，眼珠黑白分明，就是旺夫旺子的好面相。女人眼略凸而田宅宫肥润者，其个性倔强自负、能干有才华，口才不错，爽朗开放，人缘好。眼下的卧蚕部位明亮宽阔，而呈现出紫色的女人，必能生贵子。女人背部生得圆润丰满而不粗笨者，必能嫁一位富贵的丈夫，早生贵子，光宗耀祖。

女子生得腰圆如桶，腹满肠肥，有男子之相，一生安逸，能享荣华几十年。这是自然的造化。

女人皮肤以细柔为佳，但手却例外。女人手似干姜而青筋不露者，必善于理家，是丈夫的贤内助。

女人面似中秋之月，圆润白净，唇如出水红莲，红润欲滴，齿如白玉，大富贵之相，前程似锦，一帆风顺。

牙齿整齐排列紧凑如石榴子的女人，衣食充足，安享富贵。额头和两颧骨平满宽阔，耳、口、鼻、眼端正清明的女人，都主富贵，家有资财百万，一生享福不尽。

声音响亮清脆，眼神清澈明净的女人，对丈夫大大有利，能助丈夫运势，夫贵妻荣，自己也能享尽荣华富贵。皮肤光滑细腻，肌里均匀，面色红润光泽，端正威严而不可侵犯，并有女子的体香者，必是大家闺秀，能做富贵人家的媳妇。头发纤细而富有光泽的女子，性情必定温良，懂得妇德。鼻梁通直畅达直到山根，不出现弯曲的女人，命里能嫁显贵的丈夫。女性脸形方而不瘦，有肉成圆形者，有帮夫之运。

面呈黄色的女人怀孕时平平安安。人中部发出黑紫色，所怀一定是双胎。孕妇面部左侧出现青色，所怀是男胎。右侧呈红色是女胎。孕妇若想先知胎中是男是女，关键看她面部左侧的"三阳"和右侧的"三阴"，三阳发黑者是女，三阴泛红者是男。孕妇若是气重、色艳、脚轻主生女孩；若是气色泛青，嘴唇发黑，鼻梁耸直，手脚不觉轻飘，则主生男孩。

女子若生得面含龙光神秀，脖有彩凤之流霜，必定是攀龙附凤之相，定能成为贵夫人。

说话时声音清脆，笑时脸上的神态很安定，走路时很平稳，喜欢一个人独处，不会私下里喜欢别的男人，思想集中而不三心二意，高兴或悲伤的时候，脸色和平时一样。具有这五个特征的妇女，是最贤德的妇女。

妇人要注重品性的修养，不应该有意巴结别人，不应该过分享乐，不应该欺负丈夫，不应该脾气暴躁，使孩子能够得到很好的养育。

女人的语言和举止都温柔得体，定能嫁个好丈夫。若女人骨骼长得清秀，必为富贵之命。若山根断、鼻子歪，人中短，颧骨高，而眼睛修长、黑白分明，神气如水者，年青时艰难，而晚年命贵。若长得像树木一样清秀的身体，子子孙孙都贤明。

第二节　恶贱女相

女人若长得面貌丑陋，披头散发，走路像蛇，举止轻佻，眼神像猪，胸部像龟，眉毛逆长，声音像男，嘴上有须，屁股高耸。有以上这十恶之相的人，则为贫贱、孤独、淫荡之相。

女人若长得鼻子尖，牙齿露，则是败家克夫相。头圆额广背丰厚，神清唇红耳无廓者，是败破祖宗，克一丈夫之相。女人若臀部耸，背部突者，一生克夫克子。

女人最忌讳的是蛇行（行走时头足俱动，为三折状）、雀步（脚跟不着地），此种人一生常惹是非。若女人贪睡多梦，多绕口舌，行立无相者，不为奴妾，便是娼妇。

若女人生得嘴唇短，眼睛红，头无发，肢体伤残，神情带煞，既克父母，又克丈夫，一生守寡。

面部长得干瘪消瘦，眼神斜视冷艳的女人，不做妓女，也当尼姑。面瘦嘴长头圆，唇上生须，浓眉厚发，腰如水蛇的女人，一定与人私通外奔。若女人长得一副尖头、窄额、勾鼻模样，或行走如蛇、如雀、如鼠，时常向后顾盼，再加头小，肩、臂、背部耸露者，不为婢妾，也一定流落风尘。

女人男相，骨骼不清，气冷神刚，一生孤寡。气质威严清秀，貌美步盈，眼似桃花，黯然带煞，此为克夫之相。颧骨高，额头窄，眼窝深，骨骼粗，眼下有罗纹，此相贫穷，三世少子孙，两次刑克丈夫，三次嫁人。

若女人长得脖子短，头发浓，腰背突出，看人斜视、回头频顾。此人必定淫荡，未出闺门即将未婚夫克死。

女人若长得身体肥胖，神态端严，额有横纹，出语易声。此相虽克杀了几个丈夫，但仍不能休止，只好一生独守空房。

女人长着轻佻淫邪的桃花眼睛，坐着便摇双膝，就是当了家庭妇女，也会私下偷情。见人即掩口媚笑的女人，很容易跟随人夜里私奔。背耸摇膝的女人，大多淫荡。女人眼睛似流星，口似朱红，未言先笑，腰肢扭动，此相叫破败相，是轻佻败家之女相。

女人若印堂有纹，山根隔断，相貌枯瘦，额部不平，此相克夫无子。女人眼下肉干枯者，必克夫。女人男声，唇厚、面颊高者，即使身荣也必守寡。额窄唇翻，牙齿微露的女人，克夫无子，更无住处。眼睛发黄或泛红的女人，家境贫寒，克子刑夫，流离他乡，不是投河自尽，也是难产身亡。女人带男相，必是克夫守寡。面额长的女人，刑夫克子。眉粗口阔，神情急的女人，因找不到媒人，只能自作主张嫁人。女人头发散乱，脸无色泽，头斜耸背，形象干枯，声音和面容都男性化，此女克杀丈夫。女人颧骨高者杀夫，额不平者离婚，声音男性化者三次改嫁。

　　轻佻妩媚而不持重，举止轻浮的女人，不落娼门，也是做小妾的命。女人口大下垂，腰细，坐着摇膝，品行不正，贫穷一生。女人长得一双淫邪的桃花眼，加上柳叶眉，此人一定无媒自嫁，月下与人幽会。见人便掩口嘻笑，两手习惯捋掠眉头，好偷眼看人，这种女人迟早要随客而去。眉似月牙儿弯曲者，是娼妓的命。眉尖有黑痣者，夜夜与人幽会而归。女人阴户无毛者，下贱淫荡。女人生来就没有鬓发，头斜身侧，面目轻枯，看人斜视，轻佻嬉戏，则是风尘女相了。逢人开口便啰嗦没完，侧头斜着看人，此种女人多为作风不正，甚至到郊外与人偷情。目细长圆，眼睛和口嘴尖利的女人，贪淫，爱与邻居私通。头面横肥，鬓发干枯，眼光斜视，坐立不宁的女人，是淫荡之妇。面带青色的女人多不检点。头仰的女人多淫欲，若没有鬓角，满脸有毛者，性较开放。羊眼的女人多色欲，常常偷奸淫乱，抛却丈夫，这种女人多爱偷情。行走如雀，鼻子光亮，更是善动心机去偷欢。逢人含笑多语，迎合倾身，额上突出，头形不正，这种女人常抛弃夫儿与外人亲热。女人身形急蹙，性情凶强，斜眼看人，则是奸滑淫荡，背着夫儿与人私奔之相。女人生凸眼，其观察敏锐，性情多变而矛盾，性欲较强。眼睛角上斜，此女不守贞节，妨夫克子，一生坎坷辛苦。大凡女人轻浮淫荡之相，不仅长相不正，如耳长、羊目、口阔、舌长、唇掀、口撅之类，而且体态气质也都浅浮，即所谓反顾蛇行，娇而无威，媚而不雄，笑而不定，声浮气浅等。

　　女人走路身体摇动，臀部高耸，两脚不闲，此是贫贱之命。女人眼如羊目（暗淡微黄无神采的眼相）者多情，如虾睛（眼突呆板的眼相）者难相处。女人精神忧郁，面色发灰，有瘢又多痣者，寿命不长。女人行步扭腰，两腿横摇，肩背枯陷，此命贫困艰辛。声音像破铜锣样沙哑，口齿不清者，凶多吉少。若口、鼻、耳都长得单薄不丰，头发短，眉毛浓，此种女人一生没有安乐。两手冷冰者衣食不足。眼神发呆，耳不聪者，愚体贱命。食相太贪的女子，很难成为显贵之妻。头仰斜视，面部有毛，额方眉大，有如杀夫之刀。若相貌和声音都男性化，更是一生劳碌孤独。头方额高，鼻子生低，居家不贞，此种女人即使有丈夫也被她克害了，再嫁之后也难免穷困、分离。额长面长，克害夫儿。看人斜视，神情性急，轻薄不知自爱。眼睛突出，眉毛发黄，此种女人即使几次改嫁也难得良夫，且克害父母，老来贫穷，嫁了人家，此家也是贫困得揭不开锅。眼大而外突，面部枯陷，再加上行走如雀者，更免不了流离奔波了。头发卷曲，面目歪斜，鼻子塌陷，是克爹娘之命。若嘴唇再单薄，身形又枯萎不振，则是流走外乡之命。口角不正，下垂而薄，一生孤独，寄人篱下，如额上悬壁生纹，又有黑痣，则是贫穷得到了嫁娘的可叹地步。

　　大凡女人贫贱之相，无论体态还是面貌，都不那么周正适称，如身体是腰削肩高，手粗指短，不仅腰直，而且走起路来全身扭动，有如蛇行，相貌上更是鼻塌目突，额窄颊高，齿尖嘴拱等等，更不要说气质上"神浅""雄声"了。大凡女人命恶者，则嘴高唇突，耳窄鼻曲，发散粗涩，声破无韵，脖子短而面貌局促等等。大凡女人孤寡之相，则颧骨横高，眉毛硬厚，下嘴唇高过上嘴唇，鼻头大，耳朵窄，三角眼，唇生须，山根断，声音雄，面有斑，眼无神等等。

　　富贵贫贱，天赋已定，人体部位，各主吉凶。个人只能听天由命。若生就一副颏尖额窄，耸肩撅背的模样，加上视观不定，有似神惊，行步急促，此必重克父母。左右两眼长得不同，耳无轮廓，迫压丹宫（右眼），就好似莲花长在臭水中，自身虽荣，六亲全无。长着桃花眼的女人多非贤妇，最为不良的女人则是"两脸生腮"，头短齿疏，额骨突出者，不仅克夫少子，自己命也不长。神情呆滞，顾视貌惊，气色灰灰，一生辛苦。眼中无光，气色不健康，眼睛泛白，这样的女人，即使身贵，但仍然奸滥荒淫，难守本分。眼下有纹穿过，颧部和金匮（鼻两侧）两边都有者关系不大，若只是一边有，则就有难了，要么难产出血，要么年方二十即犯刑，不然也是奸淫之辈了。眼角有痣，一生淫荡，加上耳朵小，山根断，丈夫和儿子死后，家产也都卖了，此女命苦不堪言。骨露（骨骼无神之露）身粗，像树皮一样干枯，手如酢笋，泥软无力，虽然身段好，眼睛好也不足道羡，这种女人三次嫁人都不足为奇。视见时感觉不错，熟识后渐觉失去神采，言语无序，举止不定。人若长得此种形相，官虽不大，也难长久。贫穷之相，不但长得凹胸耸臀，两眼泛红，而且面如尘土，眼黯无神，语无伦次，以至杀人偷盗，性命难保。

女人九恶面相

面貌丑陋，颧骨高耸。喉结和牙齿突露，刑克夫宫。无事生非，蓬头乱发。不善持家，举止轻佻或如鼠频顾。因贫贱而精神萎靡，两眉浓粗相连。妨害六亲，鼻上有钩纹。妨害儿男，身体虚弱，羊目四白。多疑心狠，声音躁烈又像男。心性刚暴，难以捉摸，有胡须黑痣。

女人十贱面相

倚门斜立，侧视来人，托腮咬指，闲整衣襟，坐立摇膝，爱出风头，开窗探视，办事走神，未言先笑，与人私情。

所谓妨夫，就是妨碍、伤害丈夫，即克夫。凡妨夫女相，不外乎颧骨高，男人声，横纹重，嘴唇紫，羊眼四白等等。

女人长着三颧之面（颧骨高且不正），必害三夫。额头长着旋儿，或眉头成八字，男女相互克害，或是离异（若纹理中藏着紫气就不妨害了）。女人眼睛泛红，眼角塌陷，一定三婚。

女人贫孤命苦面相的主要特征

额窄，两眉相连，嘴唇高，牙齿不齐，面粗，身硬，体弱无威，耳朵小且耳垂也薄小，眉毛卷曲，鼻骨扁低，眼角生有淫纹，心妒性妖，虽暂时富有，但晚年定更加凄凉。

妒妇的形象特征

长得面黑头歪，心术难测，行为怪僻，这种女人是笑里藏刀。

视相像鹰一样凶狠贪戾，如狼一样回头频视，吃相如羊，走路轻浮，多嘴多舌，此种女人，因太妒嫉，搞得全家不得安宁。面部色青，沉吟少语，此种女人同样怀着妒嫉心，因而也不能温顺善从。无论行或坐着都若有所思，或是低头，或是点头，声音焦躁，眼神斜视，此种女人也是因妒嫉而常惹是非，从而给生活带来不愉快。走路引臂扭身，爱低头，作娇声，此种女人多奸诈，没有人情味。

眼睛太大的女人，其性情坦率、热情，擅长交际，处事善变，喜豪言壮语。

眼睛太小太短的女人，犹豫多虑，悲观而不开朗，保守，较冷静。

眼凸而田宅宫深陷，表示为人坦率，主动积极，但个性略为敏感。

女人生凹眼，其口才差，个性单纯且多虑，性格内向但有耐心。

女人两眼大小不一，称为雌雄眼，性情较喜怒无常，但有才华，反应及观察力都很敏锐，但醋劲十足，大胆。早婚易失败，财运佳，心机很深。双眼呈一高一低状，生活中易生意外，运程得失较无常。

双眼间隔太窄的女人，性急而不开朗，浮躁无耐心，较短视。若双眼间隔太开，则想得过多，拿不定主意，易受诱惑，易受骗，无自制能力。

黑瞳长得较低下，呈上三白眼的女人，较精打细算，好贪小便宜。反之，呈下三白眼的女人，个性倔强而任性，喜物欲享受。四周白眼而黑瞳小的女人，其身体差，易生疾病或难产，同时兼有上下三白眼的特点。

眼球转动快的女人，重感情，能快速了解别人的心意，反应较快。而眼球转动较慢者，则反应较慢。

眼角鱼尾纹太多的女人，家庭生活不美满。中年后还没有鱼尾纹的女人，好色贪淫，对子女不利。如年轻时即有鱼尾纹的，表示其个性奸诈。

女人眼睛深陷，心机多端，没有仁慈心。眼下有青脉浮现，丈夫会有厄运。眼下有直纹的女性，生产时会有血光。眼下有横纹者，表示其家庭不美满，会有离异。

女眼形状不佳，而脸形为方形者，易招惹是非，妨夫克子。

女眼有以下情形者，一生不易幸福。

斜视反顾，眼下有罗纹，眼下肉干枯，桃花眼、柳条眉，眼神外露而眉毛黄，眼细小而又鼻口尖，眼下垂而额头高，眼下乌黑或羊眼，奸门深陷或有黑痣。

女人的眼睛以清秀细长为美。若女人眼大而圆又向外凸鼓者，是一种恶相，主婚后克丈夫。

若女人脑袋、额头都大，声音粗厚浑重，骨架子大，身体肥厚，都是不吉之相，主克夫，终成寡妇。头、手时常轻微摇晃的女人无德，对丈夫不利，恐有灾祸缠身。

若女人额头尖小，耳朵瘦削，不但对自己家人不利，还要克死好几个丈夫，而且要连克四个。女人双颧高耸，声音雄浑如男子，是克夫之相，要嫁好几个男人。故曰："女人颧骨高，杀夫不用刀。"

手粗疏、脚蠢大的女人，只能是做媒婆、巫姑的命。鼻子尖削，头常低垂的女子，只能做小妾、姨太太。女人如声音沙哑像破锣，而面部皮肉横生，必定要成为寡妇。

女人生得口大，主好吃懒做。即使有万贯家财也能挥霍一空，到老来家财散尽，衣食不保，饥寒度日。

女人若生得肚大头小，为饥饿之相。一生衣食不足。若骨骼细小，肌肉丰厚者，必然短命，三十岁也活不过。

女人眼下皱纹乱生者，大不吉，骨肉不亲，一生不得子息，到老孤苦无靠。

眉毛粗又杂乱，眼睛向外凸露的女人，命很硬，必定克夫。声音雄厚，呼吸粗重的女人，贫困。

女人皮肤呈红黑色，分娩时一定难产。若唇不盖齿者也不吉利。孕妇三阳三阴部位的颜色呈黑红两色难分者，不是迟生就是难产。

第七章　声色

　　按五行原理，把人的声音分为五类，即金音、木音、水音、火音、土音。金音和润，如吹笙击磬之声；木音嘹亮，激越而和畅；水音圆活清澈，条达疏畅；火音干燥暴烈，如烈火爆响之声；土音浑厚深沉，如地下发出之声。

　　人的丹田是声音的根，舌端是声音的表。声音发自根而现于表，根深则表重，根浅则表轻。人能发声，好比钟能被敲响而发出声音一样。人的声音是从丹田之中发出来，通过心胸，冲破喉咙最后传达出来。丹田是声音最初的源头，舌头则是表达声音的器官。发声越靠近丹田，舌头最后传达出的声音就越有力量；发声远离丹田，舌头最后传达出的声音就没有力量。人的气长，发出的声音就响亮；人的气短，发出的声音就微弱。如果人的神气旺盛，发出的声音就圆润有力，悠长久远。神气污浊气就会短促，气短促，发出的声音就又快又急，声音传不远。所以，高贵脱俗的人发声，多从丹田发出，声音清澈圆畅，响亮而轻脆，柔和如同轻风，时缓时急，时疾时柔，传音长远而且有力量，声音洪大而粗犷；声音大时如同巨钟鸣响，回声长远，韵味悠久；声音小时如小鸟在天空中鸣叫，如同琴声在流动，如窃窃私语，声音发出之后，长久才听到回音。能这样发出声音的人，都是发达显贵的人。卑贱的小人物大多是从舌尖上发出声音，声音急促微弱，像小虫在鸣叫，缓慢而枯涩，呆滞而沉重，浅薄而浮躁；声音一传出去，就无法集中，传不长远，忽高忽低，声音嘶哑嘈杂；像敲破钟的声音，像破鼓发出的声响，又像老乌鸦喂小乌鸦，像掉了队的孤雁的哀鸣，像一只生病的猿猴向伴侣求助，或丧家之犬的吠声，像青蛙在池塘里哄哄嚷嚷，像小羊咩咩的啼声。以上这些都是浅薄没有福相的人。

声音轻薄的人，缺乏判断力；声音嘶哑的人，办事有始无终，难以成功；声音混浊的人，缺乏谋略；声音低弱的人，愚鲁迟钝。男子发声像女人，必定贫贱，并克害妻子；女人发出声音像男人，不吉，若语声急切，表示此人克夫，终生不能荣显。声音小但身材高大，如果声音凶恶暴躁，称为"罗纲声"。声音忽高忽低、忽快忽慢的，称为"雌雄声"。或者先慢后快，或者先快后慢，说话缺乏力气，常觉气不够用，这是由于丹田没有力量的缘故。丹田没力，那么一个人精神也不会太好，待人处世时，话常常说得有气无力。精神不济气就不好，气不好直接影响到声音和说话，会给自己许多不便。声如铜鸣响，如金属之声，清润嘹亮，浑厚有力，有此种声音的人，纵然相貌不佳，也会富贵。

阴阳五行生出天地间万事万物，气也是由五行生化出来的。金声圆润温柔，木声高亢激昂，水声缓慢平和，火声热烈焦急，土声深沉浑厚。金人清秀，语言响亮，声如洪钟；木人似青松，能耐寒冷，心性温柔舒缓，语言嘹亮，激越而和畅；水人心机极深，心底难测，语言条达疏畅，圆活清澈；火人脸容削瘦，性急躁烈，语言热烈焦急，干燥暴烈；土人敦厚，气魄广大，豪爽忠厚，语言深沉浑厚。金人主义，木人主仁，水人主智，火人主礼，土人主信。仁义礼智信，木金火水土。

有声必有气，无气则无声。人的气长，声音就响亮；人的气短，声音就微弱。声音没有形象，看不见摸不着的，通过气而表现出来。显贵的人，声音清脆激越，贫贱的人声音轻浮浑浊。声音太轻柔会显得怯弱，声音太洪亮容易没有后劲。从声音可以想象出那人的风采与能力。说话声音低微的人，遇事犹豫不定，干不了大事。声音像破锣的人，成事不足，败事有余，也是庸庸碌碌之辈。声音浑浊不清的人，有些小聪明，但也不能发达富贵。声音沉闷的人，鲁莽愚蠢。声音清脆悦耳，好像山涧中淙淙流水的声响的人，必能发达显贵。声音流畅响亮的人，发音好像敲钟发出的金石之音，一定富贵双全。

　　身材瘦小，声音宏亮的人，必能发达，官至极品，位极人臣。身材高大，声音微弱的人，必定短命夭折。声音如破锣者，是破家败财的浪子。声音暴躁之人，一生奔波不停，到老没有依靠。男人女声，多灾多难，家业凋零。女人男声，对丈夫不利。

第八章　气色

自然界中的一年，有二十四个节气交替变化。而人的脸部特征在一年之中，按照五行阴阳的原理，也有二十四种变换，而且没有不应验的时候。人的气色，半个月一换，两个节气交换的时候，气色也随着发生变换。这种气色变化，往往发生在子时，即夜里十一点钟至一点钟。气色变化，周而复始。一个人的气色是最难观察的，要在拂晓时分，心境宁静的时候观察最好。而且要在没有干扰、不喝酒、不近女色的情况下，才能最集中地体现出来。

气色流通于皮内肉外，若隐若现，但又可以把握。气色出现时，情况比较安定，起作用的时间就慢一些。若气色出现时，像火焰般摇曳不定的，起作用的时间就快一些。

第一节　自然四时气色

在天时气色中，春天是青色；夏天是红色，秋天是白色；冬天是黑色；四季末月是黄色。

一、五色

青色，如晴天太阳还没有出时的青兰色，但又要有润泽，这样的青色纯正吉祥；如果像受伤以后的青紫色，而且又焦枯干裂，这样的青色邪恶凶咎。

红色，如缝隙中透出的太阳光，而且有润泽，这样的红色纯正吉祥。如果像受伤后的血红色，而且又焦枯干裂，这样的红色邪恶凶咎。

白色，像玉石一样润泽的色彩，纯正吉祥；若像粉雪一样的白色，则邪恶凶败。

黑色，像油漆一样润泽的色彩，纯正吉祥；如煤如烟一样黯淡的黑色，则凶败邪恶。

黄色，像鹅的嫩毛，黄绒绒，黄色是自然界最纯正的颜色，纯正吉祥；如像败叶焦黄之色，则邪恶凶败。

二、四季与五色

春季，青色是木的本色，像晴天里天空的颜色，有光泽、滋润，是一种吉祥的色彩。若呈现出干枯、凝固、冻结的状态，闪烁不定，这是不好的气色。白色是克木之色。

夏季，红色是火的本色，像从缝隙中看太阳时看到的颜色，是以光滑润泽为正常形态的，属于吉祥的颜色。如果枯焦、干燥，又好像火烧的样子为不吉。黑色是克火之色。

秋季，白色是金的正色，白如玉而有光泽是金的正色，是吉祥的颜色。若像粉、像雪那样的白色，为不吉之色。红色是克金之色。

冬季，黑色是水的本色，黑如漆一样发青且光滑润泽的，为吉祥之色。若颜色像烟煤一样的黯淡，为不吉之色，就一定会有灾祸。黄色是克水之色。

四季末月和人的年寿是属于黄色，黄色是土的正色，像鹅的绒毛一样，黄而有光泽，是纯正的吉祥之色。若像秋后之败叶那样焦黄，为不吉之色。青色是克土之色。

三、四季五行气色吉凶断法

春季为木，属于东方甲乙，相当于右颧骨部位。右颧骨部位显出青色，气色便属于旺相状态。如面部出现青色，就是木旺，主更变、喜庆等好事，主其人开始时惊扰而后来喜悦。显出赤色则属于木生火，当在二十一天内因为妻妾而喜事临门。虽然相生，也是先多麻烦，只不过后来官司有成而转为大喜。呈现白色者为囚，白色属金，金克木，故为牢狱也，主其人有官煞相扰，七天之内应验。显出黄紫二气者属于死，因为木克土，出现土色则死无疑，也主四十九天之内当有意外发财的喜事，木克土为财。面显黑色属于水生木，主其人在两三个月内将有丧事发生。春天本属木，若得青色，实为本色不反。如变化成白色，必有丧事之悲，在九十天内应验。如白色属于财帛宫部位，主其人破损财物。白色居于父母宫，则主父母生疾病。白色属于子息宫，则主子孙有灾。若鼻子呈现赤色，将自为家里人口招来杖责、疮疾、流血等灾。赤色也是滞气，注定和别人打官司。若独自在山根部位显出黑气色，其人兄弟有难。印堂若显出黑气，其人在文章方面难有发展。若黑气从眼下横贯到耳处，其人家有丧事，丧过则自己身亡。人的口舌呈黄色，黄色属土，木克土可得财，说明在春季财运很好。两颧骨若显出朱雀、玄武般的黑状，其人破财；黑色主生灾祸，太重了也会发生死亡。两颧骨若显出赤色，则财上有官非之事，为财而打官司。若三阴处显露青气，是女子则必定有凶灾；三阳处显出青色，则对男子不利。三阴三阳处显出青润黄光者，其人得生女孩；若只三阳处光彩润泽显出红黄色者，其人必有得子之喜。若妇人将分娩时而阴阳部位全带有黑气，且晦滞毫无光彩，其人喜中有忧，恐怕母子不全。大凡鼻头至山根，印堂直到天庭部位呈现红黄光彩者，其人在二十一天或二十八天内有发财之喜，或增房产，或得贵子，或娶妻等。若嘴唇呈出白色，其人腹部有疾病。

夏季为火，方位属南方，五行为丙午，相当于人的额间。此处显出赤色者为旺，虽是属于旺的状态，但其人仍是先有官司上的麻烦，而后来吉利。如果面呈红色，十五天内当有贵人提携。显出青色为木生火，七天之内父母有喜事至。显出白色为火克金，凡事也都比较吉利。显出黄色则叫火生土，二十一天内将因为子孙而有喜事。显出黑色者凶，其人有疾病之困。显黑色者为"死"，主其人有大凶，为生死之灾。夏季以火为正色，最怕的是黑色太重，黑色属水，太重就是北方壬癸水来浇灭南方火了。若有黑气干扰，就会有大祸临头。如黑色居于疾厄宫，主其人必死；居于官禄官，主其人因失职被降官、罢官，以至入狱。金是白色，若白色出现，主发财富贵。因火克金为得财。火能生土，黄色为火生土，但存在滞气，发财或者忧愁各占一半。与青色的木相遇，由于木生火会使火更大，也是有忧有喜各占一半。如果显出紫气，其人在官司中可能发生无法预料的祸患，以至必有所失。两眼及眉毛、法令之中都晦暗不清之气色，其人命中必有劫而不安，且自招是非，家人病患，物有所失。男子左眼黑者病，女子右眼黑者病。兰台、延尉显出黑赤色者，其人有血光、疾病。山根处显出黑气，其人兄弟有难。耳珠发黑者，其人钱财破散；耳轮发黑者，其人不久将身亡。两颧部显出赤气，或者是朱雀部动而玄武处旺，又或鼻准至山根及天庭处都出现红黄光彩者，其人有文书喜事，凡事顺畅，又有财发。若是这些位置显青黑色，其人没有机遇，求财求官都难有成。鼻梁黑色较重的人则多疾病，太重则必死无疑。如果鼻头独呈光泽，其人原有的福泽，将削减到一半。

秋季属金，位于西方庚辛，相当于左颧部位。左颧骨部位显出白色者为旺，其人先忧后喜吉。主其人四十九天之内可得妻财。显出青色者则是金克木，我克者为财，故在二十一天内将有非分之财，或拾得文物等贵重物品。显出青色者亦为"囚"，赤色者为"死"。显出黑色者为相生，也是先病而后吉。面显红损财。显现黄色者叫做土生金，生我者为父母，故在三七日内将得父母赏赐，或常得其他人的资助。面显黑色则是金生水，其人三七日内兄弟有灾。秋天以白色为正色，怕赤色太重，因赤色火克白色金。火克金，主有官事纠纷，让家人受惊，百事不如意。鼻头如像火焰一样显出赤色，其有破财等不利之事。但若鼻头至山根一路都有红焰气，则其人文书、官运等不称心如意。左眼下显出赤色的男子有忧患，右眼下显出赤色的女子有灾难。黑色是滞气，主破财，而且主有大灾。鱼尾处现黑气者，当有水难之忧。山根处显现昏昏暗暗的黑赤之色，其人兄弟有病。口角和两腮如有黑气，这是腑脏已患有暗疾，若此种形色已蔓延到嘴边，其病就是神医也难治了。嘴边最怕黑气来侵犯，犯此则其人在十日内当死。宫中泛出黑气者，不论是青是黑，其人必有大灾。青为木色，金能克木，主喜忧参半。土为黄色，土生金，主办事顺遂，称心如意。

冬季属水，位于北方壬癸地阁之处。此处显出黑色者为旺。黑色为水的本色，面显黑色为水旺，其人先凶而后吉，主其人将进财，但要防官灾诉讼等麻烦，尽管这些麻烦不足为患。面显白色者叫金生水，其人将得贵人帮助，此贵人将在七七四十九日内出现。显出青色者为相生，其人先惊而后喜。显出黄色者为"囚"，白色者为"休"。冬季里是以黑色为正色，怕黄色土克黑色水。若与黄色的土相遇，由于土克水，一定会有灾祸应在儿女身上，儿女就会有病。若应在财物上，就会破财。赤色为火，二者相遇，如火非常旺盛，就会由于反克而产生财富。如火太过旺盛了，也会生出是非，对官运不利，不过害处不是太大。如面显红色者，其人半月之内当得妻财，又与贵人交往有喜。面呈黄色，为土克水，水受克，故三七日内失财，各种事情都不吉利。面显青色是水生木，七天之内父母、子孙都有喜事。冬天里木没有生气，因此水木相遇，会产生滞气，一定会破财的，凡事都不如意。若青色很长时间也退不了，要防止全家在春天得瘟疫，应想办法度过这一难关。有黑黄气者，其人家中人口接连患病，坎坷不顺。若黑黄气色显现两颧骨处，其人官场有难，同时破财。两眼下呈黑赤色，多发生男女之祸。山根处显出黑黄色者，兄弟有难。印堂处如有青黄气色，其人怀才不遇。若出现黑气，必有落水或坠马之灾。口有白色，其人贫困。眼常青者早夭，因其常被他人欺辱。额部有黄色者，一个月之内必有喜庆之事；呈紫色者则两个月内必有喜庆和官贵之荣；而呈青色者不吉，两个月之内当有丧事或官司麻烦，最好不要远行；若额部发黑，百日之内其人当有疾病之忧。眼下有青色者，十天之内当虚惊一场；显赤色者，有官司麻烦；呈黄色者有喜事；若眼下呈黑色者，则其人因病而早亡。眉头出现赤色，此人当有难以澄清的事情发生。

四季末月，黄色是土的本色、正色。但也有邪色干扰，如与红色相遇，注定与别人打官司，以及生病和破财。如与火红色长久不能分开，就会有火灾，有惊恐的事情发生，注定会生病。若与黑色相遇，一定会有大病，甚至会导致死亡。与黄色相遇，则主疾病好转；与白色相遇，注定事事顺利。

一年四季都比较忌讳黑色，若出现黑的气色，做事都不顺利，甚至必有死亡丧事发生。

观察人的气色，主要看四时五行气色的旺相、休咎状态。辨别四时气色，春天的青色主要看三阳部位，夏季的赤色则须于印堂处求取，秋季之白色只看年寿上，冬天主要察地阁之处是否有黑光浮现。青色发自于肝，黄色发自于脾，黑色发自于肾，赤色发自于心，白色发自于肺。

要探究东西南北中五个方位的正色，应该认真观察和分析。木形人以青色为正色，火形人以红色为正色，金形人以白色为正色，水形人以黑色为正色，土形人以黄色为正色。一身的正气中，木的色是青色，要带黑色（水生木），忌讳白色（金克木）；火的色是红色，要带青色（木生火），而忌讳黑色（水克火）；土的色是黄色，要带红色（火生土），忌讳青色（木克土）；金的色是白色，要带黄色（土生金），忌讳红色（火克金）；水的色是黑色，要带白色（金生水），忌讳黄色（土克水）。

阴阳五行与四时及四方相结合，木火土金水五行分别与春夏秋冬相配置，与东西南北中相应，由此结为一个整体，构成一个动态的平衡的生态系统。五行和谐，天人合一，是最好的境界，只有阴阳协调，人间才能安宁。五行相生相克，是由五行内部的矛盾决定的，也是万物生息的内在动力，由此构成世界的基本变化。人作为自然世界的一分子，盛衰生死就自然纳入这个相生相克的系统中。相生相克，正显示出生命的巨大力量。五行要与天干地支相配合。形是神的本，神在形中得到体现，神形兼备，气血皆通，人这个统一体才能正常生存。

第二节　人体器官与气色

人体的气色。木形人宜青色，最好带上黑色，怕白色侵入；火形人宜红色，要带上青色，怕黑色侵入；金形人宜白色，要带上黄色，怕红色侵入；水形人宜黑色，要带上白色，怕黄色侵入；土形人宜黄色，要带上红色，怕青色相侵。

看人先欲辨五形："金形方正色洁白，肉不盈兮骨不薄；木形瘦直骨节坚，色带青兮人卓荦；水形圆厚重而黑，腹垂背耸直气魄；火形丰锐赤焦燥，反露气枯无常好；土形敦厚色黄光，臀背露兮性乐静。""木瘦金方乃常谈，水圆土厚何须宽，相克于中蹇难多，金木水火土由和。"

五行吉象：金逢土厚，足宝足珍，诸事求谋，遂意称心；木水相资，富而且贵，文学英华，出尘之器；水得金生，名利双成，知圆行方，明达果毅；火木腾上，三十为卿，功名盖世；土添离火，戊己丙丁，愈暖愈佳，其道生成。

五行凶象：金形带木，砍削方成，初主蹇滞，末主超殚；木形多金，一生削落，父母早刑，妻子不成；水形遇土，必破家财，疾苦连年，终身迍遭；火形水性，两不相并，克破妻儿，钱财无剩；土逢重木，作事无成，若非夭折，家道伶仃。

气有三种：一种是自然之气，即宇宙天然之气。自然之气，是五行中最灵秀的气体。人要禀受自然之气的清爽，要呼吸新鲜的空气，人才能生存；第二种是人自身修养造化的气，即修炼之气。如气功、禅功等内外修炼而造化的气，可以祛病、强身健体；第三种是侵入身体的外邪之气。如果人体自身所存的自然之气不厚，而修身养性所得到的气又不充实，就会被外邪之气侵袭干扰。这三种气也同样具有青色、赤色、黄色、白色、黑色的特征。

气通过人体的肝、肺、脾、肾、心，一定有所感受。人的喜、怒、哀、乐等情绪，最终都归结到心。经过各种情绪干扰以后，神色也会发生变化。人的生、老、病、死的情况，会使人的神气变化得更大，因此可以通过人的神气变化来判断一个人的吉凶祸福。

人的气色与人的心神相比，人的心神是最重要的。如果人的色正常，那么就会心神分离，因为色是空虚的。如色邪而心神旺，那么色最终也不能造成大灾。

五色与五行，人体内脏都有所属。金属白色，是肺部之神；木为青色，是肝部之神；水属黑色，是肾部之神；火属赤色，是心脏之神；土属黄色，是脾部之神。

天一所生之水，相当于人的肾。肾部蕴藏的是精，耳朵是它的孔窍。水属黑色，这是肾之神。黑色发时，模样像鸦，往往成片。黑色是冬季得令，面积较大。若山根、年寿、准头上现出黑色，主其人生病；若发生在眼下，主其人守丧孝服；发于两耳边至两眼处，六十天内其人死亡；其余部位见之，主人患病。若夏天发出黑色，则就伤肾了。若红色发在肉里，面部显出橘红色，这属于火气在皮上，都不吉利。紫气是极贵之色，普通百姓很少有之，只有尊贵大富之人才有。紫色宜浓重；黄色最好如蜡，要云开雾散，不可昏暗。

地二所生之火，相当于人的心。心蕴藏的是神，口是心的出孔。火是夏天得令。火属于赤色，火色发时像珠，这是心神最灵之相。大凡人的面部形色，以土黄色为正色，红色非属于正色，所以心烦才发出红色，决定着惊恐烦忧之事。发时红色散出，人如醉状。若红色发于印堂处，其定在二十一天内将有牢狱、官司或杖责的厄难；如果发得红色太浓，其厄难立刻即见。倘若颧骨发出赤色，定有疾病降临于此人。天中、印堂处显出黄色如云雾状者，主大喜；若发于牢狱部位，可遇大赦，免灾减刑；发于两眼下家宅部位，主其人大喜；准头、山根处显出黄色，其人必有贵人成全而有发财的喜事。天中部位如有像珠点大小的红色，房屋要谨防遭受火灾。若红色出现在天庭，其中将有公事须办，很可能在十天之内有官司和刑狱方面的麻烦。赤色若显在中正部位，则其人必受侵辱；显在印堂处，则其人以文学显达；显于山根处的人不宜远行，不然必被人谋害；寿上部位有赤色掠过反而能得财；若准头发赤，则就不吉了；人中处显出赤色者，不是失财失物，也会有其他灾祸来临；若是承浆处发红，饮酒就要节制了；地阁处显出赤色，其人因财产纠纷而遭欺辱。此外，其他各部位如有赤色，都不作吉利推看。

天三所生之木，相当于人的肝。肝储存的是魂，其孔窍为眼。木为青色，春季得令。青色显现时就像初生的柳叶，也像青线。一般人最好不要有这种青色，它主忧伤之事。人若有青气，一般都有烦忧之事。青气发在禄位，其人会散失钱财；青气发在父母、妻子、兄弟之位，此人必有忧伤。有青色者，凡事很难成功。

地四所生之金，相当于人的肺。肺部蕴藏的是魄，鼻子是其孔窍。金为白色，秋季为得令，是肺部之神。白色宜如膏脂，发时像白线，或像梨花细片，或像白雾，或像女人夏天里搽了粉却被汗水冲刷之状。白色主刑克、破财、哭泣等不吉之事。若鼻头上出现白色，其人父母有灾。若眼下见之白色则要区别左为阳右为阴。眼下见白气，其子女有灾。天仓白气连着太阳、驿马，注定刑伤。印堂上有白痕像锡的光泽叫丧门，如果有白虎气很长，注定死亡。耳朵前有白气朝向口，叫白虎。

天五所生之土，相当于人的脾。脾部蕴存的是意，意的口窍则是唇。土属黄色，其色如蜡，不稳定，散在四周各部。若鼻准常有黄色，主吉，或黑或白或青都凶，赤色则半吉半凶，有红色则肺热。

气色其实是同一种东西，在皮肉里面的是气，在皮肉外表的是色。气香如椒兰，像豆，轻细柔软又像丝线，又像头发，隐藏在皮肤里面。

如果人体中神壮，精神就会饱满；如果神不壮，精神就会不足。气超过了神，气就会有余；而神超过了气，就会出现气不足的现象。可通过意念来分辨和检验这种情况。

人身上的气，就像烟一样发于四肢，其疏散有如毛发，其团聚则像米粒和豆仁，看上去好像有形，但用手摸又没有痕迹。所以说，山中有石才会在峡谷中回响，人长得骨肉充实才会有气。

气是色之父，气生于肝就像用白绢包裹着青色；气生于心则像用白绢包着红色；气生于脾好像用白绢包着黄色，萎时显出土黄；气生于肺则像白绢裹素透出白色；气生于肾便像用白绢包着紫色。大凡青色，像羽毛青翠者生，如兰色者死；赤如鸡冠者生，像鱼血者死。白、黑、黄可类推也。

天一奇数为阳生水，地二偶数为阴生火。水是精，火是神，只有精合，然后神才能从之。所以说，神能留住气，气却不能留住神；气能决定色，色却不能决定气。神散色乱者是不足取的。神的形成与改变是缓慢的，其留滞可达八年之久，气则只能留滞五年，色只能留滞三年。如新发气色淤塞凝滞者，其神气一定粗俗，而且声音硬浊。神聚气散者，少孤而破家，而气散神聚者，作事不定。只有神与气相合，而且神深远清秀者，才是贵相。神痴者短寿，年不过四十。神重肉紧的人，办事严谨有准；神重而肉疏的人，到老时官位贵显。神色最好是清而泛红，但又不同于肉色。

气是神之母，它周流于人的五脏六腑之间，通过喜、怒、哀、惧、爱、恶、欲等七情六欲而显发于面表。初发时则为气，稳定时则为色。气分宽、和、刚、清、正，反之则为隘、戾、懦、浊、偏。一般情况下，气衰神滞，气清神短，气昏神塞，气乱似终，气浮神散，气变而削者，都逃脱不了夭亡的命运。

没有光的色不能叫作色。色光者其性宁静，色暗者其情必乱。大凡色像花一样容易开放也容易凋落者，虽然暂居荣华却仍不能长久，这叫色嫩；其色像松柏枝叶一般，越是经久便越是清光，以致冬夏不变，这叫色老；其色像草木一般，一天之内荣枯多变，飘浮不定，这叫色杂。所谓色暗就像浮云遮日，色光则如秋月当空，色快者好像长流之水，色凝滞者则像污池的积水。

如果一个人的气色能像美丽的云彩一样可爱，能发达富贵。如果脸上缺少光泽，像枯木一样干燥，色彩黯淡难看，不但难以发达富贵，而且一定是心、腹、脾、胃等内脏有病，一定会有水灾或者牢狱的灾祸。

人的气色是很难判断的，一定要在心平气和，精气不散乱的时候才容易分辨。如果酒色过度，气色变化太大，就会处于不明不暗的散乱状态。好像喝醉了，又好像没有喝醉，好像睡着的样子，又好像已经醒来，这就是似醉非醉、似睡非睡的状态，谓之神态不清。在这种情况下，是难以判断的。

第三节　面部气色

人的气色显发于面部五岳，潜隐于五脏六腑，早晨则显现于面容，晚上则隐归于肺腑。年年月月，日日时时，气色升降变化，使面色各分出白、青、黑、红、黄等色彩。大凡按五行气相形者，无论其如青尘还是烟雾，位于何处，气色真形只有一寸二分左右的部位。而一年十二个月，一天十二个时辰，兴废成败，祸福忧喜，总是变化不定，难以推测。要紧的是先要确定各种气色所在的方位，知道了气色和其方位，吉凶也就好推测了。

观察气色要一寸一分地仔细推看，男相主要看左侧，女相主要看右侧。气色是短小、细微的，只有明察秋毫，才能辨别出吉凶。

人的面部是身体之表，头发是血气之余。面部歪斜倾倒，则其人早伤父母；头发长不到位，则其亲人离散。

分辨面色，要看面部。若满面青色者，其人常怀害人之心，属于不明朗的凝滞之色；若红色满面，明净润泽，则是吉庆喜悦之色。

分辨额色。额上若显出像细绦一样轻微的红黄二色，其人在三十天内能加官晋级；印堂上有红黄色者，凡事吉利，有求必应；额上紫色纷纷，三十六天内将有喜事；若额部显出黑色，其人将有较麻烦之事，须在六十天内防其干扰，或准备打官司；额色发青者，不宜出门远行，六十天内将有田宅方面的忧扰。印堂处显出青色，在六十天内须谨慎提防意外，不可登高远行，恐怕将有财产纠纷。印堂上有红黄二色，其人喜得贵子、求官得官，其他家人也能得意外之财，三个月内应此吉庆。若印堂处显出豆粒状紫色，其人三月之内将增进家产。印堂处显出像细绦样的白色，其人一季之内将有丧亲戴孝。印堂出现青色，其人五十天内将牵涉到一起官司纠纷之中去。

在山根位置上发出黄紫二色，其人有加官升迁之喜。中正处显出紫云，四十天内喜还故里。天中处发出黄色，九十天内加官升职。额部各处发出赤光，八天之内有事烦扰。青云充贯额部，其人九十天内将有不测之忧。年寿上显出赤白色，五十天内有丧亡哀事。额角部有黑云，当有噎食之病。天中显出黄紫二色，九十天内其人加官。龙角和虎角二处显现紫色，其人五十天内进仕及第。若桃花色充贯于年寿上，其人二十五天内科考中榜。如有黄气袭于白眼处，其人半年之内将转官改职。驿马处有青黑色者，不宜出入，出入则有伤害。额部满是青色，在家反而不吉。眼下发出赤黑之色，很快就有官事发生。口角处又白又干，其人已痴病临身。地阁处弥漫着黑雾，要防备因酒食而发生不幸。地阁处发黑青，一年内必死。连腮之处黑云纷纭，四十八天内身亡。

分辨眉色。要看眉头和眉上，凡呈现出赤色者，都有公事纠葛，多应在一月之内。若两眉头经常明净、润泽，其人凡事吉利。

分辨耳色。要看两只耳朵的气色，发黑者属于肾虚有病。耳朵红润者，则是丹田脏腑无病之色，其人吉。

分辨眼色。是看眼边和眼下，眼下显出黑色，凡事都不吉利，须防小人暗扰，一般都在十天内应验。此时谋事难成，可以静静安守。眼下显出青色者，心中有不愉快之事；显出白色者，要防父母在两日之内有灾难，无父母者则要防备兄弟有灾。眼下有红黄紫等气色，其人凡事都吉利。

分辨口色，主要看口角。口角和腮上有青黑色纹，须防一月或半月内腑脏生病，卧床不起。口角有黑色，叫死气入口，至多能活一百天。口角如有红、黄、紫色，其人自身安乐。口角若有黑或青色，其人当饮食有误而出现麻烦之事。

面上光润者，财禄日益增加；面上晦气者，财禄日益衰退。面上有污垢的痕迹，这是灾色。如果从人中到鼻准，上至天庭和印堂之间见到灾色，三十五天内一定发生灾难。若鼻准气色阴晴不定，是吉是凶也都难发；若鼻准气色焦燥暗恶，则主人多有脾胃心腹方面的疾病，或水火刑狱公诉方面的灾难；如果其色发红，又似浮似沉，此是"奔者之色"，其人一生奔波忙碌。如果看起来明洁不杂，则是"得意者之色"，其人凡事都比较如意。其色看起来凄凄惨惨，阴含阳散，此是"细人之色"，其人一生卑微贫贱。其色泰然安稳，很象骄傲满足的样子，此是"自定之色"，其人事多称心，可临大事。如果其色看起来寂然不显，难以取舍，这是"有道之色"，有此色者，有相当的道行修养。

人的气色多数沉浮不定，一旦定了，反而不好。色发得深，则应验的日期较近，浅则日期较远。有的人虽然色还没有透出天庭，但已经显露出来，这是因为鼻准色已开，而其他相应部位也都显出贵气，也就不必苛求一定要显于天庭了。也就是说，显在印堂、内库、驿马、龙虎角、日月角的位置都贵。

　　人的额部也可根据时节分为三停，即天中向下，每四个月为一停，到眉毛为止，划出三停，共十二个月。看气色就要看它发在哪个月的位置。

　　当官的人，如果印堂及两颧部显出青色，必是失官退职。下眼睑的肉色经常是青的，其人每逢丑牛年必定破财。山根处气色浓重的人，或者被削官降职，或者钱财散失。山根处有青白色之人，房宅破败，命运多艰凶。口部正面有青色、黑色者，性命难保。牢狱、印堂处有青色者，其人六十天内必有病。天狱直至鼻准处显出青润气色，其人囚死图圄。眼角后的妻妾处如有黑色，其人将要三次娶妻或有丧事。若脸上有黑色，多烦多忧，或妻子有病。眼角边的奸门处如果青色较重，其人妻子有病。若青色发在鼻子的寿上部位，其人患病，又损手足。奸门至外阳部位连起青白色，其人家内有奸情之事发生。海门上有青色的人，将落水溺死。鼻子的年上部位发起青色，其人一年之内必有丧葬之灾。龙角处发出青色，并侵入中正部位，即刻将有损害自己的事情降临，如得一场重病可以避免此灾。下眼睑气色常青，没几年即将破财。额部及承浆处有青色，其人因喝酒而成疾。左眼角的鱼尾处有青色，其人有道路上的惊恐，老人则要防止跌跤。右眼鱼尾处有青色，其人做奴婢。父母、兄弟、妻妾、男女、姊妹、叔伯等各部位有青色，其人必患病。若是夏季青色发在鼻子上像手指一样大，其人有痢疾之患；像铜钱一样大者，将有接到书信的喜事。色已经侵入神光的人，一百天内将被处死。左右气色同发，或只发在一边者，灾祸是不同的。青色贯于牢狱之处，其人终身有病。青色垂下至地阁边横过者，多口舌是非之事。其色贯盈从左横过入右耳，此人六十天内有大难。神光若像钩一样弯弯垂下，其人一个月内丧子。色从鼻子上发出，此人十天之内一定中毒。两边气色直下，二年内则有刑狱灾难。色从口中显出，三天之内其人必中风染疾。额部的坎宫地阁之处出现点状的青色，其人有大忧愁。辅角或地库处有此青色，其人寿不长。额上至发际处显出紫色，其人三十天内可发大财。印堂处现出点状青色，此人短寿，活不到三十岁。盗贼部有此色，其人乞讨为生。余可类推。

人面部的印堂、地阁、太阳、太阴等位置，不仅相当于离、坎、巽、兑等八卦方位，同时也象征着扬、冀、青、梁等九州分布。凡是当官食禄的人，要看气色发在哪个部位，如果该部位属于游行之处，其人便可求官游历；如果该部位有黑痣纹痕，则不宜在任，若是游历，否则必有凶恶。

面部九州看气色。九州所处位置，即面部之九宫八卦位。即：

雍州在乾位，处于左脸笑靥下，面部西北角处，乃是天门所在。雍州丰满者，官场得意，志在必得。雍州枯陷者，多起是非。雍州若是呈现出黄色，其人宜求官，并能得意外一笔横财。若此处露出白色，其人一定远游。出现黑色，其人想做不仁之事，且多忧虑疾病。妇人色碧者被凌辱，远行则吉。紫色者，事多如意，合中多福。青色者，官运不吉。若不丰满而缺陷，更是多忧苦，兄弟不利。

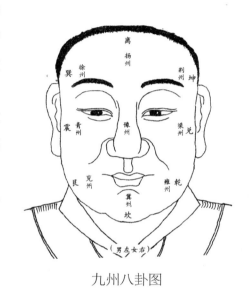

九州八卦图

冀州在坎位，相当于下唇正北处。冀州位置丰满，其人富有家产。如果低陷，则多灾。气色呈紫色，其人发财。出现青色，君子能加官，小人也得财物。出现黄色，房屋不安稳，要及时祭祀修理。呈碧色者，君子吉，小人凶。呈白色者，有丧葬之事。呈赤色者，有心想陷害他人。出现黑色，其人要坐监牢。

兖州在艮位，在右脸笑靥下，面部东北角处。兖州丰满者，一生平平安安，反之则贫困。此处黄色，正月发显者吉，夏秋见之则父母有忧。此处白色，有官者升官，小人则获财利。呈紫色者，宜办理婚姻亲事，或求事易成，小人则得酒食。青色者有些许麻烦。赤色者，因欢乐而惹出是非。碧色或黑色者，或作盗贼、或进监狱。

青州在震位，在右颧骨上正东处。青州丰满是富有之相，缺陷者则成败不定。出现白色，可以做想做的事，有行动就一定能得到。出现赤色者，有些麻烦，要注意忍耐。出现黄色，十天之内有丧事。呈现黑色，宅舍不宁。出现青色，宜安分守己。出现碧色，其人生灾。出现紫色，主人病重，须要到寺庙、道观去祭祀才吉。

徐州在巽位，在右眼尾的上部，为东南部。徐州丰满者多生儿女，不丰满者一生多悲伤。此处呈青色，妇人要防备惹事生非。出现赤色，办事顺利。呈现碧色者生贵子。呈黄色者凡事都不称心。呈黑色者其人生病，有麻烦，应赶紧化解才好。

扬州在离位，处于印堂部的上部，为正南。扬州丰满者，衣食丰足。反之则多波折，多坎坷。此处呈黄色而泛润者，君子能加官，小人也吉庆。呈赤色则君子吉，小人凶。呈紫色，或日月角泛出红润，其人吉祥高照。出现青色，男人多离别，或犯罪入狱。出现白色，其人宜与道术之人接触，或自己出家为僧道。出现黑色，其人有灾难。出现碧色，其人一定与妻子离别。

荆州在坤位，处在左眼尾的上部，为西南部。荆州部位长得丰满，其人有文采，多文章。不丰满者不聪明，少见识。此处出现黄色，且黄色侵入荆州部位，其人一定有喜庆之事。出现青色，其人忧虑疑惑。出现白色，其人必有挫折屈辱。泛出碧色，其人将遇灾难。呈赤色者，将遇盗贼。呈黑色者，其人心腹有病，应早治。出现紫色，女人一定有私通之事。

梁州在兑位，处在左颧骨上，为面部正西处。梁州处丰满者讲求信义，不丰满者人情淡薄。此处呈黄色，其人必得横财。白色者，子孙贤惠。赤红色者有文学方面的麻烦，或生病。呈现黑色者，能加官，或有饮宴之事。呈出青色，其人想图谋别人女子。出现碧色，其人所谋之事难成。呈现紫色，其人犯盗窃之事。

豫州在中央，位于鼻梁上，为中部。豫州丰满者，福寿天年；不丰满者，寿命不长久。此处发白者吉，发黑者家庭不和，且身体有疾病。呈碧色者多忧扰；呈紫色者有欢宴；呈赤青色者，或有麻烦，或多惊扰；呈现黄色，则有喜乐之事。若黄色在左右忽隐忽现，君子能加官，小人也能进财。

气色湛然清净者，一般没有祸患。若是气色相杂，其人一事无成。黑气透出五窍，其人性命不保。若三堂部位气旺，其人将加官添禄。显出赤红色的人，当官者将争权夺利，平民百姓则在兄弟之间发生争端。天庭有白气者，在春天多有口舌中伤；天庭有黑色者，在秋季则有官司纠纷。奸门处有黄气者，其人因私通而成为夫妻。妻妾部位出现黑云，故人旧友有的变成盗贼。法令处最忌赤色来犯，凶者身亡。妻宫处怕显出黑气，否则妻有分娩之难。眼下有青气者，一定是妻妾子女有灾。白气出现在鼻准头上，其人定有父母兄弟的丧事。鼻子现黄色，遇见红色就要有灾殃。鼻子原本是青白色，有红色也不吉利。天中部位呈现黑色，其人难免丢官罢职。黑色若出印堂，其人必有迁移之忧。年上位置呈黄色，其人当加官进爵。寿上部位现红色，夫妻不和。年上有横纹呈红黑色，或父母有难，或自身不幸。寿上现黄红色，子孙有喜，自身也加官添禄。白色主死丧，赤色主官灾，黑色主疾病，青色多遭辱骂之事。眼下呈赤色者多有麻烦。眉上色黄而明净者，官运亨通；像抹了油一样的黑色，其人命运坎坷；像涂酥油一样的黄色，其人钱财广聚。年上有黑雾，官事不利。鱼尾处略显青色，其人多累于男女私事。准头红黄者，仕途有成。黑色连于年上部位者，是女子则必招灾。青色侵入人中者，男子则事业不成。白色者多丧祸，眉毛白者多忧病。发际处色黄而明净，其人求官易得。鼻孔黑黯者，做事易成。悬壁处有红色，其人会与下人发生纠纷。泪堂处有黄色，其人多因功名而滞误一生。

左眼下发出黑色者，妨害子女；右眼下发出黑色者妨害妻子。右眉上色白发光者，损克母亲；左眉上色白发光者，则损伤父亲。天狱处有红色遮蔽，要小心被人欺诈。山根处有赤色贯入两目，其人将有大灾或劫难。年上黑气侵入法令，其人当防止酒色方面的不幸。三堂明亮者，求官能进职。五岳中黑暗者，官丢财散。天庭两头分明者，小求而大得。兰台四方明净者，多不劳而成。印堂处的黄色像垂柳一样延伸到边地，其人九十天内当登坛拜为二品将军。高广处的紫云如月亮一样悬于天中，其人一年之间受封宰相。驿马处有紫气者，四十日内虽有小人，但凡事顺利。如果山根位上显出像烟一样的黑色，不宜涉水渡江，不然必有危险，或钱财散失，或遭劫盗，这些都在二十天内应验；山根位置显出青色，其人内心郁闷不乐，须防止小人相害。若在半月内忽然又现出白色，其人在半年内有外亲家之丧事。鼻准上显出红黄紫色的时候，其人百事吉利昌隆，在半年之内将增加许多家产，身心也平平安安，而且在五十天内会有喜事；鼻准上有红、黄二色，其人最适合执掌权道，所作所为大都称心如意；若鼻准上显紫色，且在妻宫位置也有显现，其人将喜得贵子。鼻准发出青紫色，半月内子孙当有灾厄，如果没有子孙，就要防止自身水火灾患。

所谓色，一定要有光，没有光则是虚色。虚色无关吉凶，不必理它。为人看相，要先看其色处于旺、相、休、囚、死的何种状态，然后再去辨别其所处位置的吉凶善恶。如此审视推断，没有不准的。天苍苍才是其正色，云雾不过是其气而已。人所禀赋的形相气色，也和天地、自然界一样，其所禀气有变动，也就必然在人体相应的位置发出不同的色来。也就是说，色隐神也隐。眸子显神者贵，明净者吉，昏暗者凶。一般情况下，红、黄、紫色为吉，青、白、黑色为灾。红黄色主有喜事，紫色主其人有加官升迁之喜。

凶邪之气，又有分类。白色主家有丧事；红色主官司缠身，又有疮伤缠身、破财，如有火珠散发，主家有火灾；青色主惊恐，疾病；黑色主大病至死；黄色主疾病不断。面部气色虽然能看出来，但还要看这个人的精神。如果气色纯正，但精神虚脱，好的气色也没有用；如果气色邪恶，但精神旺，邪恶气色也就不足为害了。

第四节　七色出没吉凶

气色共有青、黄、赤、白、黑、红、紫七种。看气色要看自然之气。自然气色就是在鸡鸣之后，天亮之前，人的血气还没有紊乱，没有进食，没有做事，尚未运动，尚未洗脸漱口的情况下，所见手面部的气色。气色都是早晨显于面部，晚上归于肺腑的。其形状大小也各有不同，有的像碎米，有的似松针，有的则如方章，圆如珍珠，或者形状像浮云、飞鸟等。

青色关系着人的忧惊；黄色则决定人有吉庆（黄色属土，土旺于四季，而且是胎养之气，因此是吉庆的福德）；赤色则主血光之灾和口舌是非；白色主损伤守孝等事；黑色则有牢狱死亡等凶灾。

青色刚刚显现时好像春蚕吐丝，比较浓重时则像养蚕之缘。赤色初显像火，颜色似朱砂一样红，退却时似垢累荷花叶。白色初显像抹上脂膏或涂了粉，退却时却似泥垢一般；黑色初显时像马尾一样疏散，颜色更像湿灰，退却时则像尘灰一样污暗。

辨别气色要徐徐细察，紫色无神光者不吉。年上有青黑色，其人不出三十七必有祸灾。气色只是浮在皮肤上，一年半载又不退去，其人家中必有丧事。年上和印堂处如有一点淡黄，其人将有喜事来临。

所谓气，可以养神形而化神，它在人的五脏六腑中循环周流，每七日一周期，发于五岳四渎之上，气实则寿，气虚则夭。

紫气的特点是成片，黄气则零散，青气像雾，红气在肉里，火气在皮肤上。这几种气，还要看其是厚还是薄。紫气大多贵人才有，普通百姓很难得到，有紫气者多是当官者，或是大富豪。如果紫气厚重，与红色相似，这是喜气。显出火气，则其人有灾。

人虽然形相不错，骨格奇贵，但若被杂气侵扰，就好像远处的奇峰秀景被云雾遮蔽，不可得见。可是一旦有清风吹拂，皓日当空，那就不但可以观览到奇峰秀景，而且还使人流连忘返了。

一、青色出没

青色的特点，初起时青如铜，色盛时青如草木初生，将退时如碧云散落。青色五行属木，旺于春季，休于夏天，死于秋天，相于冬季。青色发时，其人有忧患；青色横或青色润，则其人外亲家有凶事；青色沉或散，也不吉利。一般应验在十月、二月和六月，但要根据色的深浅进行推断。

二、白色吉凶

白色所在的部位不同，其所主休咎也不相同。若官员的印堂、天仓之处的白色如涂粉一般，其人肯定失职罢官。若面上色白而无光，其人不仅被罢官，且有重丧孝服。若面上的白色较深，耳孔也无异样，其人必将身亡。年上至两眼处都发白色，其人一年之内有凶祸之悲。印堂有白色侵入耳口鼻处，此人十天内重病而死。耳孔处有白色，其人多遭是非杀伤之惊。鼻准处有白色又圆又光，此人一年内死于水患。天仓白色连至耳处，其人聪明好学。印堂处有白色，其人多悲哀哭泣。鼻部年上的位置连到口处有白色者凶死。脸上有白色，则有刀兵之灾。司空处有白色，而且白得圆光，其人夏天有难，并有官司诉讼。人中处白色横穿过，其人将被药毒死。天中连接边地及印堂部位有白色，其人犯国法而入狱。悬壁四周有白色即将饿死。鼻子的寿上部位有白色，其人父母有病，但一定能治好。天仓直连至边地处有白色者，十天内被贼伤害。外阳部位至法令处有白色，其人二十一天内必触犯法律。父母宫和兄弟宫的位置上显现白色，其人有悲哀之事。寿上忽然显出白色，十天内财散；白色如钱大小，其人两年之内有大灾。天中呈现出干枯的白色，这是贫贱之命。印堂处有白色，其人贫困或无子孙。面上的贼部常带白色，其人将饿死。守门部有白色，九十天内死。山林部位常发白者，其人聪慧。后阁处有白色者，其人有悲哀哭泣之事。年上或颈下如尘烟一般发起白色，其人在一百天内犯刑身亡。

白色初显时像灰尘拂起，浓重的时候像散点的粉沫，或像白纸一样，将退散的时候，有如尘垢散开。白色在五行里属金，金旺于秋，休于冬，囚于春，死于夏。白色发、润、浮、散者不吉利。在秋天或巳、酉、丑日以及子、戌旬中应验。

三、黑色吉凶

黑色发生在天中处，其人定失官勋。黑色虽不至颧骨部位，但却是圆形，若是显示在鼻子的年上部位，主其人病魔缠身而死亡。天庭、牢狱及年上部位显出黑色，其人囚死狱中。高广下发现黑色，其人也一定身亡。黑色掠过太阳部位，凶险即将来临。黑色现于天庭外，则其人客死他乡。当官出身的人，一旦黑色显现在鼻准上，免不了要罢官，或者生病。鼻子的寿上部位有黑色掩遮着赤色，其人惨死。印堂部有黑色，其人必死。天中上有黑色，结果也一样。眉上月角骨处有黑色，像散点的麻子或豆粒，其人有病忧。耳孔处有黑色，一般不患病。普通百姓鼻准处有黑色，其人在春秋或夏季一百二十天内死于狱中。边地处至龙角骨处有黑色，其人一百二十天内将离开家乡。脸上有黑气像云雾一样，其人七天内死亡。眼角的妻妾宫处有黑色，不管是春夏还是秋冬，其人妻子必定难产。脸上的黑色入法令，其人妻子长期病卧在床。若忽然显出黄色来，其妻子的病一定痊愈。

四、黄色吉凶

黄色的发生与消退，就像春蚕吐丝一样，将要满盈的时候，其黄色所显有如马尾似的纹理不乱，快要退去的时候，则像柳絮之花团杂乱不清。黄色在五行属土，土旺于四季，死于春天，相于

周易·相学释疑

夏天，休于秋天，因于冬天。黄色还是胎里之气，发时便有喜庆好事。但黄色不宜入口，入口则有瘟病发生。黄色多应验在酉日或申、寅、午、戌日，应时一般不会有差失。但要根据色的深浅，远近来推定。

额上发生带状的黄色，其人官禄将升迁。当官者其法令、廷尉处有黄色通贯印堂部位，此种人所得职位都是正授的。印堂处的黄色平辅而散开，其人在官位有小麻烦。口、印堂、金匮处有黄色相连，其人只得校尉等武官。驿马处有黄色，主得饮食。春季黄色像散珠一样发在印堂部位，在官者一定升官加职，不在官者也会喜得横财，在七十天内肯定应验。在春天，从眉处到发际都显出黄色者，一定有喜庆大事。夏天黄色发于眼上和眉处，其人在道路上将得意外之财。平民百姓也一样应验。夏季里黄色发于眉下，其人有财发，妻子和儿孙也有喜事。夏季里黄色发于眼角鱼尾处和天仓上，形状像铜钱一般大，其人在官升官，百姓得钱。高广处黄色像细绦一样显起，其人在一百天内当做某方面长官，而在任上实行改革，建立新制度都是吉利的。印堂至山根、鼻准以及中正处，黄色像蒸雾一样盘旋出现，其人将被委以重任。耳孔处发出黄色像卧蚕一样，或显紫色，其人当年一定功成名就，仕途亨通。黄色显于印堂而光润者，其人七天内或加官晋职，是军职则一定受命为将军。印堂连及龙宫的部位有黄色而光润者，七旬之内其人加官。龙宫连子孙宫部位显出黄色，无论是官员还是百姓，三日之内当得钱财。天中处呈现出长约一寸长的黄色，至第七旬或者当上总理或部长之类官职，布衣者也能当上官。黄色若显在两颧部位，发向东侧者，宜向东方做官，要随所发方向推断。黄色要成点状，与紫色相同。两颧上有黄色者，若是应试一定考中，或有家信来，或将迁徙调动。耳门前后堂处有黄色，做文官的人可进职加官，武将或边关任职的人，则得大财。边地处以及眼角奸门处有黄色，七天之内将升官。

五、紫色吉凶

紫色的发生与消退，初现之时像兔毛一样纤细，浓盛之时像草一样重密，欲退之时则隐隐约约像轻烟笼罩枯木。紫色本身乃得土木之气，为四时胎养，同样旺在四季，没有休囚，只要发都是吉利的。意义也与黄色相同。

官员出身者，天中出现红紫气，七十天内将有加官之荣，并成家娶妻。若紫色移上鼻准，其人外任官职或迁改官职。天庭处显紫气，将获诏书，并得到封赏。天位有半个铜钱形状的紫气，五天内有喜事来临。法令处有紫色，其人有喜，九十天内必应。鼻准发出偃月形状的紫色，其人大喜，当加官进位。天中处发生像垂钩形状的紫气，一百天内将有加封，升官及物质嘉奖等。妇人若在天中左右发出点点如花的紫气，其夫将成为高官，本人成为高官夫人。印堂处有三道紫气直侵司空、天中之上，得罪官员当遇大赦免罪。普通百姓将得钱财，在二十一天内应验。高广处有半月形的紫气，五天内主其人有喜事。若紫气显在长男、中男部位，且时间较长，形状如虫，其人必生贵子。帐下有紫色像铜钱状，其人二十天内成名，因有阴功之德，故遇到灾害也无妨。若妇人天中处常见紫色，必为长寿之命。

六、赤色吉凶

赤色出没像刚刚燃起的火，将旺之时色如绛缯，欲退之色则如连珠而去。赤色在五行属火，火旺于夏，相于春，囚于秋，死于冬。赤色发时主有争讼等麻烦事。赤色润时其人有刑狱之灾。赤色细薄时，主有争论或被鞭打。多在寅日或午戌巳未等日应验。

当官的人驿马处显出赤色，当在三十天内加官进职。印堂处发出像钱状的赤色，其人百日之内有火灾或官灾。地库左右显出赤色的官员，当改官到远处任职。山根处有铜钱一般大的赤色，三十天内当任三品以上官职。武库部位发出虫形的赤色，其人百日之内被任命为文武兼职之官。天门处有赤色，其人二十天内有拜见国家领导人之喜。鼻子的寿上部位发出赤色，其色纹有如乱缘，当任监察部长之职。兰台部位有赤色，此人一月之内晋职加官。颧骨部位有赤色，外阳处是红色，鼻准呈青色，此人官职当有所迁改。若是外阳发红而鼻准不青者，则在六十日内应验。赤色从鼻子的年上部位发起来到印堂上，其人当失官职。鼻准有赤色，此人当在任上患病。普通百姓正口处有赤色，其人当患病。若刑狱处有赤色，当遭官灾。眉头有赤色也一样。从印堂至年上都显出赤色，其有争斗犯刑等灾难。赤色连通了左右两眉，此人九十天内必死。中正处有赤色，此人有争讼麻烦或妻子离别之事。耳边有赤色，主人多惊恐。山根处显出赤色和黑色，主其人有火灾或遭劫。

七、红色吉凶

在官者印堂部位显出红色或紫色，一定加官升职。印堂上有红色，科考应试，必定榜上有名。印堂处若显出红黄色来，其人将不拘于期限和品级资格而升官。山根处有红色或紫色者，当升官晋职。颧骨部位有一寸长明净的红色，八十天内当接受官印，主掌重权。驿马上有红色的官员也同样可以升官晋职。眼睛及眼角鱼尾处有红色，其人因有捉获之功而改官。天柱骨上有红紫色，其人若有大官举荐，将不拘资历而越级升官。人的正面如有红黄色显于帝位，当在国家任高职。正口发出红色，其人有喜庆之事。若天柱骨上泛起红黄色，是和尚或道士将升为主持或掌门。左眉头驿马处如发生比较鲜艳的红色则吉。若忽然皮肉生起，红色发于皮外，如同醉酒一般，这正是火色。而火色显于左眼目三阳处者，其家不得安宁，有骨肉方面的愁事。满面红色者一定荣华富贵。面部红色光泽者，则名声显赫，驰名遐迩，名扬四方。

第五节　五色定灾祥

看相观气，先要辨色。观察气色丝毫也不能偏差，否则必有谬误。此外还应根据五行五方来推究时节气候，以断定是忧是喜，是生是死，这样才能使相术炉火纯青。看气色是讲究日辰的，每一日的不同时辰都各有正色，正色之外的其他气色者属于不正之色。色不正则多少都有些损耗。寅时和卯时，也就是三点至七点整之前，是以青色为正色；巳时和午时，也就是白天九点至十三点之间，以赤黄为正色；申时和酉时，以白黄为正色；亥时和子时，则以黑色为正色。

气与色是有区别的，凡是气昏、气乱，以及浮、变、衰者，都叫死气。色对气的反映，部位不同，速度也不一样。反映最快的部位是鼻准至天庭之间，人中和地阁之际，眼睛的上下和眉毛的左右。得到正色且与形骨不克者，容易发福发贵，只是最怕被杂色遮蔽。实际气之上是不可无色的，但要像祥云衬托着太阳一样，温粹可爱，才能发贵。虽然骨法长得有可取之处，气色不正，骨法再好也没有用，灾害还是要随时降临的。

鬓额间的两条脉气如果显出青色，其人当有病患之忧。呈现红色，则有刑伤刀兵之凶。出现黑色，则其性命难保。发出白色，则其人儿孙早夭。只有出现黄纹，其人才大贵。此外，肤润者吉，肤燥者一生操劳。面部现出黑青色者，其人百日之内当有生命危险。出现白色者，离死期只有半年。面部紫色之中又有黑斑点，其人一月之内命归西天。面部仓库之处出现黄色，僧道之处显露紫色，在仕途者可做二品高官，普通百姓也有财发。黑气冲甲，一般都不吉。承浆处显现青色，善文者反而福禄不常。若是颧额处出现青色，出家人则不得安康。天庭处泛起紫气的人，仕途畅达，最好是做军职干部，掌握兵权。出家人和世俗百姓也多吉祥。鼻准处有白色，其人只能在本地做官，出家人则不吉利。

狱堂处泛起黑色和赤色，旬日之内将有牢狱之灾。面部全无赤色，其人合家转清贫。天中处有光润的黄色和赤色，主其人有忧惊。鼻准有钩状红色，其人破财，而且不利牲畜。眼睛生出网状黑色，二十一天内，主其人命入黄泉。眼角奸门处生起青色，千万不要沾染淫妇。奸门处有色状赤色，五旬内其人将死他乡。黑气生于太阳处，其人死于野外山林。三阳处有青色者不吉，须慎防。天庭处有紫色，贵人将升官。眼中忽生黄色，其人不久将死于路旁。承浆处泛起赤色，三天内要谨防刀枪相害。日月角时有黄色，其人财源广进。酒池处有赤色，虽有官，但二十一天内当有争讼是非。白色入于寿门处，其父母将离异。甲匮处生起红色，其人经常发财。

神色清湛，气色涵浮，骨格峻峭，神光一点，聚而不散，此人位高职显，而非平庸之辈。神气清浊交加者贵。若浊中有清，其人福寿高贵。清气怕寒，气浊但不要实，最怕骨毛粗俗。若气浊但骨好毛清，必是聪明之人，当辅佐国家，位居高职。若气浊骨神又浊，必是乞丐奴婢之命。气满而有神助，浮气难聚，筋轻重得当，也是国家食禄的官人。满面无气，五岳有神，有此真气者也是贵人。只要不干武职，必得全禄，一生多有恩荫而立稳官场。夜间看人眼有神光，坐立端稳，身瘦如玉琢，左肩高、右肩低，眼含真气，此是一品官员之大贵相。神情迫急，气色饱满，此人心胸粗犷，城府极深，是真正的男子汉大丈夫。骨气浊而神气清者，一生徒有文名而官场失意。神气浊而骨气清者，官场上大器晚成。形滞塞的人，相貌必然凝重。神凝的人两眉聚而不展。气积塞的人言语一定懒散。色拘滞的人面貌像尘埃。人一旦丧失了神情与灵性，以至于沉溺而不能自拔者，这就是将死之人了。

要推断病人之生死，可根据病人的气色而论。眼有神光的病人，一般不会死。气脱的病人，难保性命。天柱骨正，眼睛灵活者生；眼睛向下，颈部下垂者死。虽瘦而不憔悴枯萎者生，胖而无血气者死。面容喜悦而色正者生，悲悲泣泣者死。舌能沾湿嘴唇者生，舌头缩短者死。有风尚能闭口的病人还不会死，但口仍开着的病人，其命就不会长久了。神光上有黄色，而且明净的病人将好转，但黄色昏暗者必死。有黑青气斜入口者必死。喘息节奏较长者生，而急促者必死。声音响而滑者生，若声音短而涩者必死。人中处润泽的病人生，而干枯的病人必死。

第九章 四肢及其他部位

一个人的两只手，两只脚，称为四肢。在相学中，以四肢来对应春、夏、秋、冬四时，推断一个人的吉凶。四肢加上人的头部，称为五体。

一般来说，四时不调，则万物失衡；而四肢不端正，则其人一生困苦。五行星运不顺，没有规则，则其人会一世贫穷。一个人的手足，就像树木的枝干一样，如树木的枝节过多，必是不材之木。如果人的手足柔软又滑净，筋不露，其色泽白如玉，通直如木杆，平滑如青苔，柔软如绵，必是富贵之人。若一个人的手足粗大而硬，筋暴露，皮肤粗糙如土，硬如石头，曲如木柴，肌肉浮肿，必是贫贱之命。

第一节 四肢

一、手

人的手，是用来执持取拿东西的。如果人的手纤长，则其性格仁慈，好施舍；如果其人的手短厚，则其性格鄙吝，好拿取。手垂下长过膝盖的人，往往是盖世英贤。手短垂下不超过腰的人，一生贫贱。身小手大的人，有福有禄；身大手小的人，一生清贫。手薄又削的人，贫穷；手端厚的人，富贵。手粗又硬的人，下贱；手又软又细的人，清贵。手香暖的人，清贵荣华；而手又臭又污的人，卑下浊俗。

手指纤长的人，聪明俊俏；而手指短实的人，愚蠢卑贱。手指柔密的人，一生多有积蓄；而手指硬疏的人，一生破败。手指如春笋那样茁壮挺直的人，一生清贵；而手指像鼓槌那样的人，则是愚顽。手指像剥葱那样白的人，有食禄；而手指像竹节那样粗的人，则贫贱。手又薄又硬，像鸡脚一样的人，无智而贫；手倔强像猪蹄那样的人，愚笨而贱；手软如绵囊的人，至富至贵。手皮相连如鹅掌者，至贵至尊。

手掌长而厚者，尊贵；手掌短而薄者，贫贱。手掌硬而圆者，愚笨；手掌软而方者，聪明有福德。手掌四周高起而中间洼者，富有。手掌四周的肉薄，掌中间又平起的人，贫穷。手掌润泽的人富贵；手掌干枯的人贫穷。手掌红如血的人大贵；手掌黄如土的人下贱。手呈青色者贫苦；手呈白色者寒贱。手掌中间生有黑痣的人，有智慧而富有；而手掌中间及四周都生有纹理的人，则愚笨又贫穷。

大抵人的手欲软而长，膊欲平而厚。骨头以柔软圆润为好。腕关节以小为好，指关节以细为好。龙骨以长为好，虎骨以短为好。手的骨节粗大而凸露，青筋浮露而松散，纹线过于紧密，肉干枯，这些都是不好的手相。十指一般齐者，主财食无穷。手如虎曲，一贫如洗。男子手柔软似绵囊，能当上王公权贵；女子手如干姜，智慧福寿。十指润泽绵软，智慧福寿。手骨横则贱，十指润泽绵软，则智慧过人。手中骨小且歪斜，主贫寒。

手上纹理长得好的，显示出人的富贵。手上有纹理的人是好相。手上不生纹理的人，是不吉之相。纹路深而细的人有福；纹路粗而浅的人低贱。若掌中的三才纹（天纹、人纹、地纹）纹理清晰无破损者，表示此人有福禄之相。纵向纹理多的人，多有福禄。纹理细如绦的人，聪明智慧，能发达富贵。纹理粗糙的人，愚蠢贫贱。纹理杂乱的人贫寒。纹理散乱像糠的人，一生闲散快乐。有宝钱纹的人，必能富裕。有端笏纹的人，必能当官。

十指尖上有螺旋形纹的人富贵；十指尖上纹路不成螺旋，纹路破散的人贫贱；十指上有三个钩状横纹的人，是为官作威作福之相；十指上只有一个钩状横纹的人，是被人驱使的仆役。

手中出现龟纹的人，能出将入相，贵不可言。手上出现鱼纹的人，是清高的贤人，必能发达显贵。手贵之人，寿命长。有印纹的人能显贵。有田纹的人富足。有井纹的人，富甲一方。有十字纹的人能当官吃国家俸禄。有玉笋纹直达指尖的人，能名扬四海。有按剑纹加权印纹者，能当大将军统帅军队。有关节纹者，一生频遇凶险，灾祸无穷。有夜叉纹者，贫贱而有贼性，多为小偷小摸之徒。纹路本来形状好，但后来破坏了，称为有缺陷，是不好的纹相。

从手背看五指，指背都有横纹旋绕者，则可为官贵之人。若有竖的纹理贯于五指上者，则可为国家栋梁之才。相手背，食指之本为明堂，如有异纹、黑痣，则此人有才有艺，是高贵之人。若手背的纹理形成飞禽样或形成字体，则其有清显之贵。有绕腕纹周旋不断的人，其人倍受尊爱。绕腕纹又称为玉钏纹，若只有一二条玉钏纹的人，其人只有朝暮之荣华，不能长久。如有三条玉钏纹者，则会有翰苑之贵，男女皆同。其玉钏纹须得同匝于腕，如间断不匝，则无用。

二、足

脚长得端正、细长、柔软、滑腻，是富贵之相。如果脚长得不正，又短又粗、又薄又硬，就是贫贱之相。脚下没有纹理的人贫贱；脚心有黑痣的人富贵。脚长得又大又薄的人贫贱。脚长得小且厚的人生活好。脚心纹像眼睛的人，富贵会传给后代。脚心有螺圈纹的人，远近的人都说他好，有人缘。脚下理纹长有斑点的人贫贱。脚心纹理像乌龟的人会做大官。脚指又尖又长的人是好官。脚指一般长的人，名利双收。脚四周都厚的人，家里一定很富。脚心并排着三颗痣的人，一定为两省之大官。特别有权势又有钱的人，脚小而且很厚。特别贫贱的人，脚大又薄。

脚下细腻，软而多纹者，是贵相；脚下粗硬而没纹者，是贱相。脚心纹像鸡爪的人，可能在边疆当大官。脚下纹像绦绸一样又细又软的人可以当宰相。双脚五趾上有策纹的人，可做大官。脚板上有十字纹，并有策纹达脚趾的人，必有官福。脚板上有锦绣纹理的人，会有万钟食禄，终生衣食不缺。脚板上有像花树一样纹理的人，家中积财万贯。脚板上有像剪刀一样纹理的人，其人必是豪富，脚板上有人形纹的人，官高大贵，而且其官位在千官之上。脚板上有三策纹的人，福禄双全。脚上有螺纹的人，有官而贵。十个脚趾上，仅有两个脚趾没有螺，就可视为脚上有螺纹。而脚上有纹的人，其子孙多。十趾皆无纹者，多破散。足下有黑痣，必是富贵贤士。足下有龟纹者，一世清名。

第二节　其他部位

一、颈项

人的颈项，向上扶持着人的脑袋，下面依附着四体。上扶一首为之栋，下据四体为之梁，故人的颈项为人之栋梁。颈项丰圆坚实者，大富。颈项倾侧而小、细而弱者，就不能算是栋梁之材了。肥胖之人颈项宜短，瘦削之人颈项宜长。反之，若胖人颈长，瘦人颈短，其人不贫穷，即会夭折。人的颈项长短要适宜，若太长如鹅，短而如猪，或大如樱木，小如酒瓶者，都是不好的颈项。颈有结喉者，贫滞多灾。瘦人有结喉者，虽贫滞尚可维持生活；胖人有结喉者，多会招惹横祸。颈项细而长的，主其人贫穷。颈项斜而曲者，性弱贫苦。项后皮如绦者，主长寿；短而方者，主福禄。颈项有斑点而不光洁者，主其人性格卑鄙，命运多滞。颈项前临者，主其人性温和而吉；颈项姿势后临者，性格弱而面凶；颈项端正立而直者，性格刚正而福薄。颈项侧斜似马颈者，其人虽善良但却福薄；颈项长得曲如蛇颈者，其人心肠狠毒而贫穷；颈项圆长如鹤颈者，其人清贫；颈项圆肥如燕颈者，其人高贵。若颈项细小，似乎不堪头颅重负者，贫贱而短命；颈项粗细恰与头面相应者，主其人清贵。故曰："肥人颈短，瘦人颈长，名扬四方；肥人颈长，瘦人颈短，吉凶难定，背祖离乡。"

二、背部

背部的形相，以厚薄定人的一身安危，以其丰陷来断人生的贫富。故背长得平阔丰厚的人，一生无灾而有福。背部偏狭陷下的人，一生多困厄贫穷。背部有骨隆然耸起者，主其人可食丰厚的官禄。若背部形状像三甲那样的人，主其人荣贵长寿。背部丰厚突凸者，主福多子孙多。若背部斜薄而洼下者，主其人贫寒孤独。背部方而长者，主其人聪明而有智慧，有福泽。背部僵缩而短的，主其人无知无识而下贱。背部圆厚如团扇的，主其人至贵。背部洼，深如沟渠者，主其人至贫。若背部前看似仰，后看似俯而前者，不贵则富。

背部宜长不宜短，宜厚而不宜薄。背部坑陷，其人必然贫贱。背部平阔丰厚者，则主其人一生安乐。背部隆起，犹如背物，丰厚凸起者，主其晚年有福，多子多孙。背部扁薄者，主其人贫穷夭折。背部丰隆的人，福泽自然坚实。背脊扁薄者，则会克损寿命。背脊三甲垒字型者，荣贵长寿。

三、腰

人的腰部就像是腹部的一座靠山，可以保护腹部的安危。所以，腰部宜长得端庄挺直，宽而丰厚是有福禄的人的形相。若人的腰部长得扁斜陷下，狭窄单薄，则是卑贱人的形相。所以，腰部长得又短又薄的人，做事会成功也会失败。腰部长得广阔而长的人，保证始终有衣禄。腰部长得直而厚者，将会富贵双全。腰部长得又细又薄者，将贫穷下贱。腰部凹下坑陷者，主其人贫穷下贱。腰部袅而曲者，主其人淫贱低劣。腰部形状若蜥蜴腰的，主其人性格善良。腰部形状如黄蜂腰的，主其人性格卑鄙而奸邪。若臀部长得高而腰部陷下的人，主其人淫荡下贱。若腰部长得高而臀部陷下者，主其人贫穷。一般来说，腰部宜长得端庄阔大，臀部长得又平又圆，就相称了。

凡人行走时，腰部要显得舒缓轻盈；坐立时，腰要平直。从前面看去，腰部像负有东西；从后面望去，腰部呈现甲字型，都是好的腰相。如果看上去背部轮廓明显，而腰部轮廓不明显，像有背无腰一样，主其人初年事业平平，中年运气困滞。若腰部轮廓明显，而背部轮廓不明显，像有腰无背一样，则主其人创业之始比较艰难，但到了中年却会运气亨通。腰部和背部都长得好的，主其人富贵双全。毁辱不能及，利害不能动，此乃腰好也。腰背宜长得呈现甲字，好像负有东西一样，行走时显得轻盈，坐立时挺直平整。若腰部轮廓明显，背部轮廓不明显，主其人中年时命运看好。若背部轮廓明显，腰部轮廓不明显，主其人早年即已事业成功。

四、腹

腹部犹如人身上的炉冶，可以包裹肠胃，并消化万物。所以腹部宜长而圆，厚而坚，势如垂下，皮肉宜丰厚清秀。一般来说，腹部长得圆滚向下的，主其人富贵长寿。腹部下坠垂落的，主其人聪明智慧，就像能识透天机一样。腹部的形象属阴，并以能包藏东西作为贵的象征。腹部长得向上的，主其人卑贱愚昧。腹部长得向上而短的，主其人衣食短缺，饭不满碗。腹部滚圆犹如抱着一个婴儿，主其人有名声，四方闻名。腹部皮肉长得丰厚的，主其人少病而贵。腹部皮肉长得单薄的，主其人多病而贱。腹部长得小并下垂的，主其人大富；腹部长得大而下垂的，主其人名遍天下。腹部长得滚圆如抱婴者，声名远播国外，名扬四海。腹如雀腹者，主其人贫贱，无屋居住。腹部形似三甲，背部犹如三壬，都主其可以积蓄黄金、钱财。腹部皮肉丰厚下垂的，主其人富有。

五、胸

胸部，是人身的宫庭重地。胸部平坦广阔，则其人精神安宁，气息调和。如胸部倾陷，则主其人智慧短浅而气量小。所以，胸部宜长得平坦而长，广阔而厚，则其人必为智高福禄之人。如果胸部长得凸起而短，狭小而薄，则主其人神露而贫贱。胸部广阔能覆遮身子，主其人富贵。胸部比面部还要短狭者，主其人贫贱。胸部突然耸起的，主其人智力愚下。胸部洼而倾者，主其人贫穷。胸部平阔如砥石者，主其人英豪。胸部狭窄如锥者，主其人愚钝，谋虑难成。胸骨楞起如柴者，主其人贫苦。胸部凹落如水槽者，主其人贫穷而狠毒。胸中长有黑痣，主其人到万里之外当兵。胸中长有闪黑光的毫毛，主其人名播四方。胸部长得广阔而长的，主其人易积财富，得贵人的扶助，富贵荣昌。胸部骨肉长得匀称的，主其人仁智。胸部长得平正广阔的，主其人衣食俸禄丰足，富贵。胸部长得凹凸而狭薄的，主其人贫贱。男子胸部高昂，主其人愚笨，贫贱；女子胸部高昂，主其人淫荡。胸部狭窄而长者，主其人不可求望官贵福寿。胸比面短，主其人鄙贱。胸部显现黑紫气，主其人万里当兵。胸部广阔能够覆盖身子，主其人富贵成名。胸部皮肉长得不均匀，主其人天折。胸部皮肉长得匀称丰满，主其人名播天下。胸部长得有毫毛，主其人豪富而且贵。胸部长得偏斜、凹凸不平者，主其人将奔波劳碌终生。胸部骨肉长得高低不平的，主其人愚昧狠毒。

俗话说，"有心无相，相随心生；有相无心，相随心灭。"心为五脏之主神，形体外不可得见其心。其可见者，其心之外表也。心脏乃精神之宫宅，智慧产生的地方。所以，胸部宜长得宽平博厚，不宜长得坑陷狭窄。胸部长得宽博，主其人有很深的智慧。胸部长得窄狭的，主其人愚蠢识浅。心头（心窝处）生毛的人，性格刚毅豪爽。心头骨凹的人，性格贪婪而残酷。若心窝长得宽博平厚，主其人荣禄高升。若心窝长得坑陷偏侧，主其人贫弱天折。心地善良的，自会有福泽。心地凶恶的人，则会有灾祸缠身。凡人生得心地好而相貌不好，则相貌会随着心地变好；反之，一个人仅有相貌好，而心地不好，则好的相貌也会随着坏心而变坏。因此，人的心地宜坦然。给人看相时，可通过先观察其人的动静，再看他的心田。眼光透出善意的人，心地一定善良。心宽的人，心定气和言语也善，其人羡慕善举而接近君子，有好吃的东西就给别人分享，不喜欢接近小人，与人方便。治家有方，为人有德，不厌恶他人来乞食。经常克己利人，不追随他人作恶。听闻意外的事情不轻易惊动，与人交往不失信用。不经意改换行装，朴实大方。不露憎怒神色，做事周全。睡得安稳，受人恩惠不会忘记。度量宽宏，不诽谤善良，不陷害恶人，能济人急难，却不助强暴去欺侮弱小。做事尽量与众人相同，不标新立异，不忘记帮助旧朋友。不多说废话，也不乱说错话。常做好事不厌倦，能体谅他人的劳苦。经常做慈善之事，尽心尽力地救济有困难的人。总之，心地善良的人，多福泽，多善报；心地恶毒的人，必定会得到恶报，并且灾祸连绵不断。因此，要时刻牢记"因果报应"之理，"善有善报，恶有恶报，不是不报，时候未到，时候一到，必然要报"。故行善积德乃为人之根本也。

六、乳

乳房集人身血脉的精华，是全身血脉的窝穴，位于心胸的左右两边，是用来哺育子息的器官，也可作为辨别其人贵贱的表征。所以，乳房宜长得阔大而色黑，下垂而坠。不可长得狭小色白，曲折细小。乳房阔到一尺二寸，主其人至贵。乳房阔大至一尺，主其人次贵。乳头长得大，主其人有志气且多儿子。乳头长得小的，主其人懦弱绝嗣。乳头长得狭窄的，主其人容易贫贱。乳头长得曲折的，主其人难养儿子。乳头向上仰起的，主其人的儿子如珍宝一样宝贵。乳头向下低垂的，主其人的儿子像泥土一样，轻而缺乏子嗣。乳头发紫如桑葚的，主其人荣贵而多子孙。乳头细小犹如悬针一样的，主其人贫穷到财无一分。乳头单薄无肉的，主其人衣食不足。乳头坚实有肉的，主其人财帛丰隆。乳头生毛的，主其人多有见解。乳头长有黑痣的，主其人必生贵子。乳房长得圆满，呈紫色而下垂者，主其人富贵，多子多孙。乳房长得色白，而且又小又斜狭的，主其人穷困蹇滞。

七、肚脐

肚脐与筋脉、六腑息息相关。肚脐长得又深又阔，主其人有智慧，有福泽。肚脐长得浅而窄，主其人愚笨。肚脐向上的，主其人有福有智；肚脐向下的，主其人贫穷愚笨。肚脐长得低的人思虑长远；肚脐长得高的人，没有器量。肚脐大得能容下李子，主其人声名远播。肚脐凸出或浅小都不是好的相。脐为脏腑的外表。只宜长又阔又深，切忌长得又窄又小。肚脐长在上面的人有智慧，长在下面的人则愚蠢。

第三节　《金锁赋》与《银匙歌》

一、《金锁赋》内容

相法百家归一理，文字泛多难以撰。
删出诸家奥妙歌，尽与后人容易记。
六害眉亲心义绝，纔如秋月圆还缺。
克妻害子老不闲，作事弄巧反成拙。
山根断兮早虚花，祖业飘零足破家。
兄弟无缘离祖宅，老来转见事如麻。
眉高面黑神憔悴，爱管他人事挂怀。
冷眼见人笑一面，不知毒在暗中来。
乍逢满面有精神，久看原来色转昏。
似此之人终寿短，纵然有寿亦孤贫。
五星六曜在人面，除眉之外怕偏斜。
耳偏口侧末年破，鼻曲迎突四十年。
读尽诗书生得寒，文章千载不为官。

平生虽有冲天志，争奈莺雏翼未干。

面大眉寒止秀才，唇掀齿露更多灾。

终朝脚迹忙忙走，富贵平生不带来。

上停短兮下停长，多成多败值空亡。

纵然营得成家计，犹如烈日照冰霜。

下停短兮上停长，必为宰相侍君王。

若是庶人生得此，金珠财宝满仓箱。

形爱恢弘又怕肥，恢主荣华肥死期。

二十之上肥定死，四十形恢定发时。

瘦自瘦兮寒自寒，瘦寒之人不一般。

瘦有精神终必达，寒虽形彩定孤单。

色怕嫩兮又怕娇，气娇神嫩不相饶。

老年色嫩招辛苦，少年色嫩不坚牢。

眉要曲兮不要直，曲直愚人不得知。

曲者多学又聪俊，直者刑妻又克儿。

髭髯要黑又要稀，依稀见肉始为奇。

最嫌浓浊焦黄色，父在东头子在西。

议论争差识者稀，附于金锁号银匙。

眉高性巧能通变，侍卫公王在此时。

二、《银匙歌》内容

股肢无毛最是凶，两头如伏一般同。

虽有祖田并父业，终须破败受贫穷。

头痕瘢剥最为刑，罗网之中有一名。

若不克妻并刑子，更忧家道主伶仃。

相中最忌郎君面，男子郎君命不长。

女子郎君好淫逸，僧道孤独亦无妨。

眉毛间断至额旁，常为官非卖却田。

克破妻儿三两个，方教祸患不相缠。
好色之人眼带花，莫教眼睛视人斜。
有毒无毒但看眼，蛇眼之人子打爷。
无家可靠羊睛眼，却向他人借住场。
更有禾仓高一寸，中年犹未有夫娘。
眼下凹时又主孤，阳空阴没亦同途。
卯酉不加鸡卵样，只宜养子与同居。
下额尖了作凶殃，典却田园更卖塘。
任是张良能计策，自然颠倒见狼当。
眼珠暴出恶姻缘，自主家时定卖田。
更有白睛包一半，也知不死在床前。
下额翘大旺未年，旁城不佐也无钱。
数年荒旱不欠米，只因上下库相连。
鼻梁露骨是反吟，曲转此儿是伏吟。
反吟相见是绝灭，伏吟相见泪淋淋。
眼儿带秀心中巧，不读诗书也可人。
手足百般人可爱，纵然卖假也成真。
薄纱染皂出粟米，纵有妻房也没儿。
倘见山根高更断，五年三次路旁啼。
泪痕深处排一点，眼下颧前起一星。
左眼无男右无女，纵然稍有也相刑。
发际低凹幼无父，毫毛生角幼无娘。
左颧骨出父先死，不死不刑便自伤。
士人纱眼陷文星，豹齿尖头定没名。
任是文间过北斗，恰如木履不安钉。
眉重山根陷破财，更发三十二年灾。
土星端正终须发，土星不好去无回。
寒相之人肩过颈，享福之人耳压眉。

更有亲戚抬不出，只因形似雨中鸡。

大量之人眉高眼，眼眉相定不忧悲。

眉粗眼小不相当，寅年吃了卯年粮。

印堂三表是鉴基，只怕下长来犯之。

假如水星来救护，不教人受此寒饥。

上头须有些模样，不停不匀即坏之。

绵脚之人成小辈，蛮蹄姑子是婆姨。

八岁十八二十八，不至山根上至发。

有无活计两头消，三十印堂莫带杀。

三二四二五十二，山根上下准头止。

禾仓禄马要相当，不识之人乱莫指。

五三六三七十三，人中排来地阁间。

逐一推算看祸福，火星百岁印堂添。

上下两截分贵贱，仓库平分定有无。

此是神仙真妙诀，莫将胡乱教庸夫。

胡僧两眼名识觉，尽识人间善与恶。

不带学堂不是贤，莫把此法乱相传。

家风济楚眉清秀，局促之人库带纹。

抬登尘埃高一寸，只缘眉似火烧禽。

准间如橐红更生，或在西时或在东。

若得两头无克处，假饶凶处不为凶。

更有颐额开两井，准头须带两头缘。

仓库空陷不由人，休说良田多万顷。

大脚原来无折灾，髻头可折在层台。

耳聋眼患因羊刃，不折天年也有灾。

眉头额角如龙虎，龙虎相争定至愚。

接连仓库反为灾，鼻梁骨露不安居。

若是眉间从二指，此人开手觅便宜。

眼下若无凶星照，中年不禄亦手腴。
中年仓库看禾仓，禾仓有陷无屯储。
须要田轩狼库仓，库仓平满有禾余。
取人性命面上黑，换人骨髓眼中红。
见人欢喜心中破，人见眉皱太阳空。
有财不住无他事，因只仓库有长抢。
露井露灶不周全，那得浮生至晚年。
虽然不怕经官府，只无衣禄也无钱。
五三六三七十三，水星罗计要相参。
逐一分明定祸福，水星莫被土星覆。
数篇细语名金锁，推明祸福令趋躲。
试看人生无归着，耳大无轮口无角。
不在东街卖馄饨，即在西街卖烧饼。

第十章 面相新解

一、修心可以改变面相

面善之人，必仁慈和睦；眼露凶光之人，必性情刚烈；贼眉鼠眼之人，必有贼鼠之心。面善、眼露凶光、贼眉鼠眼的面相，都是人的内在心性表露于脸上而给他人形成的初始印象。这就是"相由心生"的道理。

人有怎样的心境和欲望，就会有怎样的面相特征，一个人的个性和心思都会通过其面部特征表现出来。内心残暴之人，即使其长相很好看，也不会被认为是好人；心胸宽广的人，即使相貌十分丑陋，也不会被当作坏人看待。

当地壳深处的能量积聚到一定的量后，必然会释放出地球表面，形成火山爆发的自然现象。人也如此，深藏不露的地壳就像人的内心世界，喷发而出的火山岩浆相当于人的面容，地球内部不同等级的岩层能量造就了多样化的火山外貌，人的五脏六腑所蕴涵的能量（气）也使人的相貌各不相同。面相学通过观察部位来推测人心，预言旦夕祸福。其实，人有什么样的心境，就会有什么样的表象，贼人有贼相，歹人有歹相，就像地壳里藏有需要释放的能量，急于爆发形成火山一样。人的面相是秉承父母遗传的基因而形成的，一个人出生时，其面部轮廓已经被定型，即使自己不满意，任凭百般努力，最终也难以改变已经被定型的相貌特征。但是，有高人引导，通过有意识调整心绪和提高修养素质，人的眼神、举止也会有所改变，这是面相学中不可忽视的"相由心生"的道理。

心理学研究也证明了这个道理。贪图私利的人，是奸诈的面相；易怒的老人，很难做出温和、慈祥的表情，暴躁和痛苦会在其面部肌肉上烙下永久的痕迹。因此，若想修得一副富贵逼人或安逸无忧的福相，则必须首先要修心。据史料记载，唐朝政治家裴度，他少时贫困潦倒。一天，裴度在路上巧遇一行禅师。一行禅师看了看裴度的脸，发现裴度嘴角纵纹延伸入口，恐怕有饿死的横祸，因而劝勉裴度要努力提高自己的修养和应变能力。裴度听从了一行禅师善意的劝告。日后，裴度又遇一行禅师，大师看裴度目光澄澈，面相已经完全改变了，告诉他将来一定能贵为宰相。这是一个"相由心生"的经典案例。

二、五官暴露人的心

一个人的心理活动会在面部暴露无遗，人一生中的富、贵、福、禄、贫、贱也都藏在耳、眉、眼、鼻、嘴里，并且会从面部器官的位置、色泽等泄露出来。

1. 看福在耳

耳朵是面相上重要的部位，一个人一生成长过程都记录在耳朵上。通过观察人的耳朵，不仅能够看出一个人幼年的运势、家境好坏、教育程度、心性好坏，也能够知道其将来的事业和婚姻，甚至一生最终的结果。

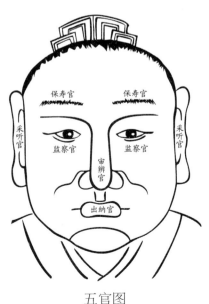

五官图

（1）耳朵的位置

耳朵的位置主要是根据耳朵与眉目比较高低来判断的。耳朵高是指耳朵的顶端部分高出眼睛，耳朵低是指耳朵的顶端部分低于眼睛。

耳朵高的人，智商较高，学习能力、创造能力都不错，而且从小就受到家庭良好的栽培和教育，有贵人运，年纪轻轻就能成名，也能轻易得到社会地位。耳朵低的人，智商不高，学习能力差，也没有受到良好的教育，贵人运差，缺乏理想，安分守己，工作只是为了获取钱财、追求温饱与物质享受而已。

（2）耳朵的比例

耳朵的大小代表一个人气量的大小。

耳朵大的人，很有气量，有很好的领导能力，善于管理，手段高明多变，不会墨守成规，而且会交际，不缺钱财。三国时期蜀汉开国皇帝——刘备，绰号"大耳儿"，敌手称他为"大耳贼"。据小说描述，刘备大耳垂肩，这显然有些夸张，但至少可以肯定刘备的耳朵确实大于常人，是耳朵的富贵之相。

耳朵小的人，气量不足，心胸狭窄，也没有企图心和野心，人际关系不好，讨厌陌生的人或事物，喜欢窝在自己的角落自娱自乐。适合成为学者，静心深入研究自己感兴趣的事情。

（3）耳朵的轮廓

耳朵轮廓清晰的人，理智聪明，精明能干，拥有准确的判断力，不会感情用事。

耳朵轮廓不清晰的人，笨拙，反应迟钝，喜欢发脾气，而且健忘性大，做事情反复，不会被人信任。但做事比较踏实，能够持之以恒。

耳朵贴脑的人，比较保守、踏实，安分守己，没有野心，但不擅长随机应变，做事时不会变通。

耳朵外翻的人，比较叛逆，喜欢挑战传统，挣脱束缚，有所创新。但是有时候显得于过"前卫"，行为举止怪异，别人接受不了。感情生活不稳定，三心二意，总想寻觅新鲜的对象。

（4）耳朵的耳垂

一个人的福禄，通常表现在人的耳垂上。

没有耳垂的人，没有福禄，需要靠自己努力奋斗才能够过上比较富裕的生活；没有贵人运，走不了捷径；固执，不容易接受别人的建议和意见，容易吃亏；留不住钱财，需要提前计划好晚年生活，以避免晚年出现经济紧张的情况。

耳垂厚大的人，有福气，忠厚老实，善于接受建议，有贵人运。因此平生麻烦少，不会为钱财而发愁，能够安享晚年。

2. 看名在眉

眉毛为五官之一。一个人运势的好坏，个性的优劣，在眉毛上有所表现；人际关系的情况，包括父母、兄弟、姊妹之间的关系及配偶子女之间的关系等，在眉毛上都有所表现。

虽然眉毛似是眼睛的附属，但是位于印堂边的眉头，在面相学上却是不可忽略的地方。

（1）眉毛的间距

两条眉毛之间就是印堂，两条眉毛之间的距离决定印堂的宽度。印堂代表着人的运势。

两条眉毛之间的距离以手指头为计量单位，能容两个手指头为最佳宽度，距离过长或过短都不好。

两条眉毛之间的距离太短，印堂显得过于狭窄的人，运势不佳，难得好的机遇，凡事都困难重重，束手束脚，无法大展身手。

眉毛的标准间距

两条眉毛之间的距离超过二指以上的宽度，属于距离过长的情况。拥有这种眉毛的人，优柔寡断，患得患失，行事随便马虎，容易被人怂恿而吃亏上当，处理感情问题很幼稚。

眉毛之间的距离过窄，运势会受到限制，无论做什么都无法大展身手，困难重重，不顺心。

（2）眉毛的长短

眉毛的长短以眼睛的长短为判断标准，眉毛长过目为最佳长度。眉毛长过目，即眉毛比眼睛长出一点。

眉毛太短或没有眉毛的人，比较孤僻，性情不稳定，时冷时热。虽做事果断，但过于重视私利，人际关系不好，感情不专一，虎头蛇尾。

眉毛太长或眉毛连成直线的人，比较固执，死板遵循原则，做事不懂变通，讨厌别人对自己指手画脚，刚愎自用，会因此而吃亏。虽为人正直，但过于强势，显得咄咄逼人，常遭人暗算，人际关系也不太好。

（3）眉毛的粗浓与细淡

眉毛粗浓的人，急躁，脾气不好，但心机不深，直来直往；对另一半有很强的占有欲，易发脾气，因此与另一半难免吵闹。

眉毛细淡的人，比较温和，有敏感神经质倾向，生活中斤斤计较，连一点芝麻小事都记在心上；只顾索取，不会付出，显得自私冷漠，对待另一半很顺从，非常情绪化。

（4）眉毛的形状

八字眉

八字眉就是左右眉毛的尾端均向下垂。

八字眉的人，心胸宽广，有容人之量，显得与世无争，但会因心胸过于宽广而懦弱怕事，常常被人瞧不起。对待朋友很热情，但不懂得拒绝狐朋狗友的无理请求而被拖累，特别容易染上酒色财气。

剑眉

剑眉就是眉毛尾端的部分上扬，整体倒立像倒八字一样，看起来很有英雄气概。

剑眉的人，个性直爽，正义感强，见义勇为，喜欢冒险增加经验；在工作中，突出的表现让人赞赏，但有时显得过于冲动，不够冷静，容易走极端，周围人来不及制止，就会造成无法挽回的结果，常令人大吃一惊。

三角眉

三角眉是比较常见的眉形，以男性居多。

三角眉的人，精力充沛，敢于面对挑战，即使身处逆境也斗志昂扬，责任感强，能够得到周围人的信赖。但是在人际交往上，容易无意中伤害别人，因此说话时应该温和、委婉，避免引发纠纷。

新月眉

新月眉的人，以女性居多，男性较少。

新月眉的人，感情细腻，有艺术家的气质，凡事考虑周到，人缘极佳，人际关系也很不错，若能把精力放在事业上，一定有所成就。新月眉人的缺点是，感情过于丰富，容易情绪化、理想化，会与现实脱节。

3. 看贵在目

目即指眼睛，眼睛为灵魂之窗户。在社交礼仪中，人与人之间第一次见面或打招呼的时候，给人留下深刻印象的，往往是一个人眼睛的形状及眼神。常常注视着对方的双眼，是因为对方的眼睛，不仅能够传达他的心思，体现他的个性，而且还能够表现出自己的行为举止。

眼睛为五官之首，通过观察眼睛的大小、位置、形状、眼神等等，能够推断出一个人的性格和品质，甚至推断出这个人的学业、事业、交友、感情、婚姻等方面构成的命运轨迹。眼睛是面相学的重点内容，学习面相学的第一步，就是要掌握有关眼睛的内容，并且能够应用在识人用人上，指导我们学习和生活。

（1）眼神要有力

眼神集中有力的人，给人精力充沛的印象。实践表明，眼神集中有力的人一定精力充沛、精明干练、积极向上，能够为提升自己而努力奋斗。即使自己身处逆境，也能自强不息，从而吸引贵人来相助，事业容易成功。

眼神涣散无力的人，给人无精打采的感觉，或懒散、不积极，不值得信赖。女人选老公、企业招下属或寻求商业伙伴，尽量别找眼神无力的人。

眼神游离的人，很容易给人留下没有精神的印象。懒散、不积极，很难获得周围人的信赖，运气也不好，人生的道路越走越窄。

（2）眼神不能闪烁

眼神闪烁不定的人，态度不诚恳，缺乏自信心，或有占人便宜的打算。眼神闪烁的人，在与人谈话时会左顾右盼。要提防有这种眼神的人，不然就会吃亏上当。

观察一个人的眼神是否有力和眼神是否闪烁，可以认识人的真正本性。眼神闪烁，就是指说话的时候，眼睛不是直视着对方，而是左顾右盼的情况。眼神闪烁的人，往往给人留下态度不诚恳或心不在焉的印象，这种人说话不算数，很难得到人们的信任，不要与这种人建立良好的人际关系。若要与眼神闪烁的人交往，就要时时警惕，暗中提防，才不会落入陷阱，吃亏上当。

（3）眼神要清澈

眼神清澈就是指眼睛里很少出现血丝，并且眼白和瞳孔界限清楚，黑白分明。清澈的眼神，能够给人留下深刻的良好印象。

眼神清澈的人，往往拥有纯洁的心灵，总是光明正大地做事。即使身处逆境，也会有贵人前来帮助。在工作中，能获得足够的财富，也能够正确地进行理财投资；感情上也不会出现困惑；无论做什么事情，都会顺利成功。

眼神不清澈的人，就是眼睛泛黄、泛红或者黑白不分明，头脑中总有很多的想法，无法拥有纯洁的心灵，不能安分守己。无论做什么事情，都不会顺利，即使努力工作，也会出现种种疑难问题。

如被别人拖累，无法留住钱财，判断力差，感情不坚定，反反复复，凡事不会有好的结果。

（4）眼睛的大小

一般地说，人们都喜欢大眼睛，认为大眼睛的女孩是美女，大眼睛的男孩就是帅哥。而小眼睛的人，就会给人留下不好的印象。其实，大眼睛的人有自己的优点和缺点，小眼睛的人也有自己的优点和缺点。

眼睛大的人，异性缘很好，但是喜新厌旧，通常家里有妻，外面还有妾。

眼睛大的人，热情开放，能和人迅速地建立起良好的人际关系，往往给人留下良好的印象。但有时像小孩子一样好奇心强，尤其在感情方面，三心二意，喜新厌旧，即使有异性对其产生好感，也无法建立稳定的恋爱关系，与对方争执的时候，不会忍耐，爱发脾气，幸好个性开朗，没有隔夜仇。在工作上，眼睛大的人有三心二意的态度，做事半途而废或经常换工作，事业上无法获得成功。眼睛大的人，适合从事外交、公关等经常与人打交道的工作。

眼睛小的人，比较沉稳保守，不喜欢和别人交心。缺乏周围人的帮助，有自卑感，消极，不够勇敢，保守，固执，遵守原则，有时显得很古板，让人不敢亲近，但思路很清晰，细心周到，不容易犯错误。眼睛小的人，适合做行政、策划等工作。

（5）单眼皮与双眼皮

双眼皮的人，外向，不怕陌生，敢于尝试，能在挫折中快速恢复。但是，会感情用事，莽撞，容易招惹不必要的麻烦。单眼皮的人，个性保守，坚守原则，行事前小心谨慎，不善于言语表达，不喜欢与人交流。但过于顽固。

人们普遍喜欢双眼皮，不喜欢单眼皮，因此医学整形项目中出现了割双眼皮这一项。其实，眼皮的单或双，只是表示性格上的不同，单眼皮有单眼皮的好处，双眼皮也有双眼皮的坏处。

单眼皮的人，一般比较保守，行事之前会先考虑计划，然后按照计划去执行，显得不够积极，并且本身不够热情，说话也不多，不会主动和人交往，因此在人际关系上需要加强。单眼皮的人会固执地遵守原则，但是又无法保证坚持原则的正确性。

双眼皮的人，一般比较外向，勇于尝试新事物，且没有害怕心理。在尝试新事物的时候会冒很大的风险，经常遇到失败挫折，但其心态积极向上，重视经验，为将来的前途奠定了基础。双眼皮的人普遍感情用事，虽然勇敢却也鲁莽，易招麻烦，让周围的人担心受惊。

（6）眼白的多少

从眼白的多少也能看出一个人的性格。眼白所占比例较大的人，尤其是"三白眼"，往往自负叛逆，以自我为中心，讨厌别人对他指手画脚。但是因为叛逆，不会被传统束缚，总能打破旧的框框；有强烈的企图心，也有不满和怨恨，但不喜欢表达内心。这种人心机很重，不会作奸犯科，就是脾气有些暴躁罢了。

（7）眼睛的凹凸

眼睛凹陷的人，比较保守自卑，喜欢藏在人群里面，不敢表现，做事也不积极，没有自己的看法，缺乏判断力，所以很容易被人诱导，受骗上当。

眼睛凸出的人，比较鲁莽暴躁，喜欢表现自己，尤其是喜欢评批和讽刺别人，抬高自己，导致人际关系紧张。脾气暴躁，不甘人后，精神很亢奋。

眼睛凹陷和凸出的人，性格都比较极端，眼睛凹凸适中的人，性格则比较中庸，为人处世也懂得分寸。

4. 看富在鼻

人的脸上有五岳，即北岳（额头）、南岳（下巴）、中岳（鼻子）、东岳（右颧骨）、西岳（左颧骨）。鼻子的位置在脸的中央，有"五岳之巅"的称号。人的自我意识、脾气、个性和运势，往往

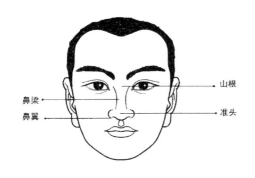

山根

鼻梁

鼻翼

准头

通过鼻子表现出来。鼻子丰隆挺直，代表一个人的运势越来越好，最后一定有权有势，获得荣华富贵。先天的财库就在鼻子上，所以鼻子能够影响一个人的物质经济生活。鼻子有山根、鼻梁、准头、鼻翼四个主要部位。

（1）山根

事业的基础主要表现在山根上，同时山根还表现人体健康的好坏。

山根高耸且没有疤痕或恶痣的人，有主见，有判断力，有贵人运，身体比较健康，所以事业基础稳固且发展得很好。

山根低陷的人，缺乏上进心，懒散消极，身体很容易生病，做人没有主见，容易受到朋友影响且被拖累，吃亏上当，甚至误入岐途，事业基础不好。需要努力奔波，多劳多得，事业发展很慢且没有多少成就。

（2）鼻梁

鼻梁中正的人，心地善良纯正，做事光明正大，人际关系好；事业、财运也都不错；人们愿意与其交往，恋爱对象的条件也挺好。

鼻子歪斜或鼻梁起节的人，心术不正，满肚子坏主意，喜欢占便宜，时时算计陷害他人，所以常常处于身败名裂的危境。

鼻梁较长的人，优柔寡断，做事拖泥带水，容易错失好机会，所以应该改进缺点，让自己更加积极果断。

鼻梁较短的人，鲁莽冲动，做事情总想走捷径，不够沉稳踏实，喜欢投机取巧、冒风险，所以容易遭受失败、挫折。

（3）准头

准头在鼻子中线唯一明显突出的位置上，代表经济能力的强弱。

人的经济能力的强弱，通常表现于准头上。

准头肥大且没有疤痕或恶痣的人，有经济实力，一生运势旺盛。通过理财、投资，能迅速积累丰厚的财富。

准头低陷或有疤痕、恶痣的人，经济能力很差，非常情绪化且反复不定，容易受别人影响；随便浪费钱财，而且理财能力差，会因负债而致破产。

准头浑圆厚大的人，重视感情，喜结交朋友，比较珍惜自己的另一半；光明正大，能轻易地获取钱财，遇事会开动脑筋。

准头尖且下垂的人，即有明显鹰钩鼻（即准头尖钩又下垂）的人，心机较深，手段毒辣，总想夺取人家的好处，最好敬而远之，不要与其结交成为挚友。

（4）鼻翼

鼻翼象征存放财富的地方，就像仓库。

鼻翼丰满厚实的人，一生不缺乏钱财，千金散去还复来，对朋友很大方，但不会放纵欲望，钱财方面也懂得节制。

鼻翼上有疤痕或恶痣的人，喜欢追求物质生活，是拜金主义，会受朋友拖累；鼻翼上有疤痕或恶痣的人，若正面再看见鼻孔外露，那么这个人开朗、乐观，没有心机，往往会因无法节制欲望而负债破产。鼻翼上有疤痕或恶痣且鼻孔外露的人，应该学会理财，才能够安享晚年，否则晚年生活会贫困乏味。

（5）鼻型

鼻形是指鼻子的形状。鼻形宽广而长，且鼻翼丰隆有肉，主财运强旺。鼻子尖小，鼻梁瘦削，鼻翼狭小等，皆主命运不好。

蜣螂鼻

蜣螂鼻相的人，即鼻子尖小丑陋，酷似蜣螂，主智力低下，命运不好。

狮子鼻

狮鼻即鼻子横而阔大，丰隆有肉，主聪明富贵。

缩囊鼻

缩囊鼻即鼻子短小，但鼻头和鼻翼特别丰隆，主老来得财福，可安享晚年。

鹰嘴鼻

鹰嘴鼻即鼻头无肉尖且向下，形如鹰嘴，主阴险、贪心。

鹤鹭鼻

鹤鹭鼻即鼻梁瘦削，鼻翼狭小，鼻尖，主中年易得大病，身体差。

阔长鼻

阔长鼻即鼻子生得长而阔，主其有非凡的技艺，意志坚强。

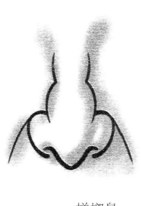

蜣螂鼻

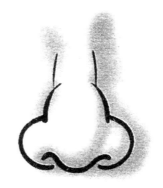

缩囊鼻

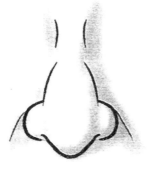

鹰嘴鼻

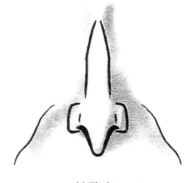

鹤鹭鼻

小型鼻

小型鼻，即鼻子特别小，主无心机和野心，不宜做官。

低小鼻

鼻低小即鼻子低小不显，主其无禄。

扁平鼻子

鼻子扁即鼻子低平无骨，主生性单纯，易吃亏。

低小鼻

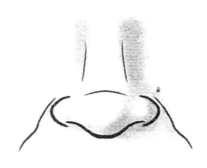

扁平鼻子

5. 看禄在嘴

人的福气大半在嘴巴上。通过观察嘴巴，能够知道一个人的个性、人际关系、事业、财运等，还能够知道其晚年运势的好坏。

（1）嘴巴的大小

嘴巴的大小，主要通过嘴巴与人脸的比例来断定的，大嘴在脸上占的比例较大，小嘴在脸上占的比例较小。

嘴巴大的人，有福气，心胸宽广，为人处世随和、自然，拥有良好的人际关系，很有领导才能，能够很好地进行管理；大嘴的人，事业心强，渴望成就一番事业并愿意为之奋斗，因此能够获得成功，积累大量的财富。

嘴巴小的人，心胸狭隘，为人处世没有良策，束手束脚，总是躲在传统的角落里不敢前进，无法适应环境，待人接物很有戒心，不善应酬，人际关系较差，没有领导才能。嘴小的人，专心从事行政事务或者研究开发类工作比较好。

无论嘴大还是嘴小，嘴巴紧闭时出现合不拢的情况，都是做人随便，缺乏原则性，生活奢侈糜烂，无法节制物质消费，甚至丧失信用；在感情上毫无忠诚可言，会同时与多个异性对象交往，且常常更换恋爱对象，甚至堕落到性泛滥的地步。

（2）嘴巴的厚薄

嘴唇厚的人，重视物质生活，乐于享受生活，对朋友很好，不会在意金钱上的得失。唯独感情方面，有很强的占有欲，嫉妒心强。

嘴唇薄的人，理智冷静，做事三思而后行，但很重视自己的利益，不允许他人侵犯自己的利益，自己也不会侵犯别人的利益。一旦自己的利益被侵犯，就会不惜一切代价进行反击，手段激烈极端。

（3）嘴形与色泽

嘴形即指嘴唇的形状。观察人的嘴唇形状，应注重嘴巴的棱角。嘴巴棱角即嘴角两旁的位置及与人中相交的位置轮廓。轮廓明显者就是嘴巴有棱角，轮廓不明显者就是嘴巴没有棱角。

嘴巴有棱角的人，积极乐观，善解人意，待人接物常带笑容，运势很好，能够平步青云，而且一生钱财富足。

嘴巴没有棱角的人，懒散马虎，没有上进心与企图心，沉溺于物质享受，不会勤勉工作，花钱也不会节制，可能会因负债而破产。

嘴巴的色泽红润最好。嘴巴红润的人，身体健康，人际关系也很好；嘴巴不够红润，甚至青紫或灰黑的人，身体不够健康，会经常生病，没有好的运气，还应提防意外事故的发生。

三、和善的面相特征

1. 耳朵

耳朵肥大圆润，双耳垂落如珠，有光泽，富贵；耳廓呈花苞状，长寿多福；耳朵色泽白净，聪明，有福气。

耳廓呈花苞状。耳朵肥大圆润且有光泽者，主富贵；耳廓呈花苞状层层包裹者，主长寿。耳朵呈花苞状、命门大、耳肉敦厚、色泽白净的人，头脑聪明，寿命较长，家中必有贤妻。

2. 眉毛

眉毛平直齐整，舒展顺直，不皱眉，开朗平和，贵人相助；眉毛细、弯、柔、顺，美丽如画，财运好，有贵人。

眉毛平直齐整的人，特别受欢迎。在日常生活或工作中，若得不到别人的帮助，别人还会给自己穿小鞋，则要注意自己眉毛的形状了。眉毛不仅代表着兄弟或朋友，还代表身边所有的人。演艺之人，他们的眉毛都生得平直齐整，让人无从挑剔，这就是眉毛吉相的价值。

3. 眼睛

双眼狭长、眼睛流动像珠宝般熠熠发光，神情具备，既有智慧又长寿富贵。眼睛呈细长的波浪形，眼神波动流转、劲拔有力，处世不迷糊，福泽绵延，有贵人相助，一生运势好。眼睛细长最佳，有智慧，富贵。

眼睛要像宝石般熠熠发光，并且细长，眼神劲拔有力。运势差的人眼神比较浑浊，运势好的人眼神十分灵动。眼睛细长为吉，形短的眼睛难于流经百里，既无智慧，又无富贵可言。

4. 鼻子

鼻子中正，不偏不倚，为人正直光明；鼻翼挺拔、饱满、肥厚，财运亨通。山根丰圆，笔直有力，有财富基础。

鼻型中正、隆厚，山根挺直，鼻翼厚实，鼻子肥厚、饱满，才算为大吉之相。若生意人的鼻子长相不吉，且眉间和鼻根色泽黯淡，则其生意前景也会黯淡无光。山根要厚实，如能朝下笔直有力贯通下去，鼻梁、鼻头、鼻翼形状都很好，才能奠定财富的根基。山根像一切事物的根，像参天古木的根部，像神庙圆柱坚实的底部。山根生得好，会给人带来精彩人生。

5. 口（嘴）

嘴巴有棱角、唇纹有迹可循的人，有上进心，运势很好，一生财富丰足。嘴巴色泽红润，身体健康，聚拢人气，人际关系很好。

嘴巴不歪斜、形状优美，嘴唇闭合时没有缝隙，嘴唇纹理清晰且颜色红润有光泽。拥有这种面相的人，心思纯粹，聪明伶俐，没有害人之心；对物质生活没有太大欲望，能够积累丰厚的财富，亲子关系良好，能够得到子女的尊重和孝顺，能够安享晚年。嘴巴歪斜，嘴唇闭合时会留下缝隙，嘴唇黯淡，或疤痕恶痣。拥有这种面相的人，浮躁冲动，不安恐惧，情绪容易紧张，状态很不稳定，无法安享晚年，可能会成为乞丐。

6. 下巴

下巴厚实，长而圆润，才是吉相。下巴是土地，肥沃辽阔的土地更适合树木和庄稼的生长，更能聚拢人气。尖锐突出之地让人无法立足，聚拢不了人气。因此，下巴以厚实、圆润为福相，而以短而尖瘦为凶相。下巴两边下颌骨特别发达，为四方下巴，从背后都能看到下巴边缘，这种人欲望强烈，不达目的誓不罢休。千万不要跟有四方下巴的人发生争斗，否则受伤的是自己。

综合面相五官的组合，可看出佛祖的面容体现了最好的面相特征。释迦牟尼佛祖雍容的面庞，眼神波动流转，鼻翼挺拔肥厚，唇纹有迹可循，双耳垂落如珠，集合了所有福相的特点。佛祖是修得善心，才得福相的。

四、面相术语

面相学上的术语，十分形象地概括了某些部位的特点。如天在上面，人的额头在人体的最上部，故天仓即指额头；地在下面，人的下巴在人面的最下部，故地阁即指下巴。天圆地方，故额头宽广平圆、下巴丰阔浑厚者，为最佳形象。

1. 八相

八相指相学上的八种相格。《神相全编》的《观人八相法》中，将人的面相分为威、厚、清、古、孤、薄、恶、俗八种相格，每种相格都各俱特征。

2. 二仪

仪指规矩。在相学上，头圆耸向天则具备天的准则，足方厚如地则具备地的准则。这便是二仪的具体内涵。

3. 法令

法令纹是指从鼻翼两侧延伸向下的纹路。法令纹深长者，忠厚且能长寿；若法令纹入嘴角，则为恶相。

4. 六府

六府分布在人面部左右的两辅骨、两颧骨、两颐骨。六府为聚敛财货之所，为人类养生的根本。后来，从"天地人"合一的思想观念出发，将六府引入面相学，视为面相中六个部位的别称，并认为根据这六个部位的虚、实、盈、亏情况，可以测断人一生的禄、命、财、情。

5. 伏犀鼻

伏犀鼻指鼻梁高耸齐额，为显贵之兆。

6. 扶桑骨

扶桑骨指太阳穴之骨。此骨宜丰满隆起。《神相全编》曰：太阳穴有骨，名曰扶桑骨，主富贵。

7. 辅角骨

辅角骨指两眉棱骨隆起横伸至发际，又名辅骨、龙角骨、月角骨。此骨高隆者，早年荣达。

8. 鬼躁

鬼躁指筋骨轻浮软弱之相。其具体情形为：筋不束骨，脉不制肉，起立倾倚，好像没有手足。

9. 黑子

黑子即痣，包括黑痣和朱痣。人生黑子，如同山生草木，地处堆阜。山美就会生得佳木，地劣才会出恶阜，黑子长在不同部位也能代表不同的前程。

10. 三才

三才指天、地、人三者，是相学中对额、鼻、颏的别称。面相学借用三才之说，来阐释人的面相：将人的额头比喻为天，天欲张，所以额以阔圆者为贵格；将鼻比喻为人，人欲强壮，所以鼻子端直者长寿健康；将颏比喻为地，地欲方，故下巴丰阔者财源滚滚来。

11. 火色

火色指面上的气色潮红，像火一样。面相呈火色，象征人短寿。

12. 四学堂

四学堂是指面相中可以测断人的贤、愚、福、祸的四个部位。四学堂关系到人生命运的四个不同方面：一是官学堂，即为眼睛，长而清为官贵；二是禄学堂，即为额头，广阔而丰者富贵；三是内学堂，即为门牙，当门的两颗牙齿周正而密者主忠信，疏缺而小者主狂妄；四是外学堂，即位于右耳门之前，丰满明润主文章声誉，昏沉者下愚。

各学堂形相佳者，富贵双全，福寿兼得，且学有所成，声名远播；若各学堂部位形相残缺，就难免艰辛劳碌，命途蹇滞。

13. 八学堂

八学堂是面相中据以测断人的吉凶贵贱的八个部位。八学堂分布于头面各部，分别为：高明学堂，指头部，头圆或有异骨为贵；高广学堂，指额头，宜明润骨方；光大学堂，指印堂，最好明润平坦，没有伤痕；明秀学堂，指眼睛，宜眼珠漆黑澄澈，眼神含藏不露；聪明学堂，指耳朵，宜有比较明显的耳廓，颜色红白黄为佳；忠信学堂，指牙齿，整齐，稠密，且洁白如霜，为贵；广德学堂，指舌头，宜长至准头，且红纹较长；班笋学堂，指眉毛，此部位宜有横纹。

八学堂关涉人生命运的各个方面，若某学堂的形相符合上述相法，则人生的命运就通达，反之则不佳。

14. 面相八卦

面相八卦是指以八卦的名称喻指面部上下左右及四角的八个部位。面相八卦是结合五行，根据所在部位的气色来推断人的命运吉凶。

15. 匿犀

匿犀一指耳门骨丰起。此为贵相，为高官厚禄之兆。另指当额上入发际隆起，即伏犀，也为贵相。

16. 兰台

兰台指左鼻翼。又名金匮、仙库。兰台与右鼻翼（廷尉）光洁丰隆，家产殷实而多储积，且博学多才。

17. 流年运气

流年运气指人每年的运势。相术中流年运气能从面部九十九个部位测断而得，每个部位各主一年运气。

18. 五星六曜

五星六曜原为宇宙天象，相学家将其与人的颜面部位相配，测断人的命运。五星即金星、木星、水星、火星、土星，分别指代左耳、右耳、口、额、鼻五部；六曜即太阳、太阴、月孛、罗喉、计都、紫气五部，分别指代左眼、右眼、山根、左眉、右眉、印堂。

金星、木星为耳。耳朵轮廓分明、色白过面、大小均等者，为聪明、富贵之人；耳朵翻反侧窄、大小不均，为损田破财、蠢笨无知之人。

水星为口。口型方正、唇色红润、人中深阔端直者，为文章俊秀、少年及第之相；嘴角垂尖，薄而无棱者乞食求生。

火星为额。额头广阔者，高贵富足、儿孙满堂；额头尖陋多纹者，一生贫困潦倒，损妻破财。

土星为鼻。鼻准尖厚、鼻梁端正者，为福寿俱全之人；鼻准尖薄、鼻梁歪斜者，一生孤独贫穷，难有出人头地之日。

太阳、太阴为目。眼睛黑白分明、光彩夺人者，身居显位，百事俱顺；眼睛枯黄、目光无神者，刑克长幼，多厄短命。

月孛星为山根。山根端直晶莹者，为忠臣贤士之相；山根狭而尖者，为多灾败家之相。

罗喉、计都二星为眉。眉宽广、清秀、细长者，衣禄丰足；眉头纹破或两眉相连者，坎坷多难，骨肉难全。

紫气星为印堂。印堂圆润如珠者，为大富大贵之人；印堂狭小有纹者，为不学无术，衣食萧条之相。

19. 三凹鼻

三凹鼻是指从鼻梁到准头有三处曲折的鼻相。为孤独、贫困之兆。

20. 天表

天表是古代史学家、相学家对帝王仪表的别称。在自然宇宙系统中，古人以天、日为至尊；在社会人事网络中，以帝王为最贵。从天、人合一的思想出发，古人将两者结合，以天、日来象征帝王的姿貌仪表。

21. 悬胆鼻

悬胆鼻即指从印堂隆悬垂至准头的鼻相。悬胆鼻相，准头完美如猪胆，此为最佳鼻相，身份必定尊贵。

22. 准头

准头指鼻尖，为十三部位之一。从鼻尖可以测断人的体质、心性及命格。准头肥圆者，丰衣足食；准头尖薄者，孤贫削弱。

第十一章　脸上部位的秘密

第一节　五官

五官的形状、大小、气色及其附近的纹路等信息，都与人的命运相关，是人脸上构成吉凶的主要因素。观看人相，除了要观察面部整体形态外，还应对面部的耳、眉、眼、鼻、嘴进行详细的论断。

一、耳朵

判断一个人是否有福气，主要看耳朵。从耳朵的相理，不但能看出一个人幼年运势优劣、家境的顺逆、心性的好坏、受教育的程度等，而且还可以借此预言将来是否能获取功名利禄，享受荣华富贵。耳朵记录了人一生成长的运程。

1. 耳朵柔软者性情随和

耳朵柔软的人，为人处世随和，人际关系良好。但是过于重视个人空间，不愿意被别人打扰。耳根子很软的人，会轻易相信他人之言，因此容易吃亏上当，尤其是钱财经常蒙受损失。

2. 耳朵刚硬者事业有成

耳朵刚硬的人，很有骨气，有主见，有智慧和魄力，会渐入佳境，成就事业。但是，有时候显得霸道和咄咄逼人，让周围的人感到很不舒服；做事往往一意孤行，固执己见，很难听取他人的意见，因此无法获得贵人的帮助，做事会非常耗费精力。

3. 耳朵生毫者聪颖长寿

耳朵生毫毛的人，聪颖好学，健康长寿。喜欢追求新知识，视野开阔，能够获得贵人帮助，事业、社会地位日益提高，个人名声也日益远扬。耳朵生毫毛的人，非常适合早年白手创业。

4. 招风耳者神经质也

耳朵招风，为招风耳。生有招风耳的人，喜欢搞怪，喜欢出风头，容易成为焦点人物或大家娱乐的开心果。从表面看，有招风耳的人很随和，事实上其内心很倔强，固执己见，不愿意让步，有神经质倾向；会怀疑别人，与人相处时不善于协调、沟通，而且讲话很直率，语言缺乏委婉，容易引起别人误会和发生冲突。

5. 耳朵贴脑者聪明诚信

耳朵贴脑的人，聪明灵敏，沉默寡言，做事认真负责，对待朋友很好。

耳朵贴脑的人，诚恳、讲信用，与朋友之间能互相帮忙。在事业上，具有很大的竞争力，不被传统拘束，勇于突破，随时改进自己的思想观念，跟得上时代的步伐，能开创一番事业。

6. 耳朵位置高者聪颖灵活

耳朵位置高的人，天生聪颖，脑筋灵活，擅长舌辩。具有很强的记忆能力，读书成绩也非常优秀，年轻时就能出人头地，要么继承家业，要么自己开创一番事业。善于拉拢人心，也善于好好和人协调沟通，是天生的领导者。

7. 耳朵位置低者反应迟钝

耳朵位置低的人，反应迟钝，脑筋转得比较慢，因此没有太大的学习兴趣。渴求物质享受，会用很多的精力追求物质财富；容易和人相处，人际关系不错，但是判断力比较差，会偏听偏信，容易受别人欺骗和利用，致使财物蒙受损失。

8. 耳朵小者胆小怕事

耳朵比较小的人，胆子也比较小，缺乏自信心，即使对事物很感兴趣，也不敢轻易尝试，属于做事小心谨慎的人。耳朵小者，小心谨慎，做事的时候容易徘徊，杞人忧天。因此，应在工作中磨炼、激发潜能，培养自信心。

9. 耳朵大者行动力强

耳朵比较大的人，胆子也比较大，早熟（早立志向），充满自信心。做事情善于动脑筋，比较灵活，而且行动力强，喜欢到外地旅行，扩大视野。在人际交往中，耳朵大的人一方面喜欢与人沟通，另一方面也很喜欢奉承，深受别人的肯定和欢迎。

10. 耳廓外突者个性叛逆

耳廓外突的人，在少年时代往往个性叛逆，喜欢惹是生非，不喜欢读书，没有上进心，其父母往往会因此担心、烦恼。显然没有贵人运，无法走捷径，白手不容易起家，事业要经历很长的波折后才能出人头地。

11. 耳轮缺角者命运坎坷

耳轮缺角的人，小时候身体虚弱，容易出现健康问题，让父母担心烦恼。在求学阶段，容易受到不良影响，误入岐途，且一旦学坏了就不能回头，一生命运坎坷，起起伏伏。

12. 耳朵削薄者运气不佳

耳朵削薄的人，出身不好，家庭困苦，幼年时就担负起养家的重任，在外奔波劳碌。没有贵人运，无法走捷径，很晚才能出人头地。钱财不足，努力奋斗赚取钱财也比较艰难，福气薄弱，横财无缘。

13. 耳朵厚实者重视公益

耳朵厚实的人，讲求信义，重视公益，甚至会为公共利益而牺牲奉献，不求任何回报。懂人情道理，重视朋友理义，感情方面比较顺利融洽，能够得到别人的关心爱护；若是女性，则婚后会成为得力助手，主管家庭大权。但是，有时候很固执，人情上也不懂得变通。

14. 上耳廓尖突者孤僻冷漠

上耳廓尖突的人，脑袋聪明，防卫之心很重，从不轻易相信他人之言，因此会变得孤僻冷漠。很容易排斥陌生人的面子，亲近的朋友也很少，在事业上喜欢一个人独立奋斗，不喜欢依赖别人，一个人独占成果，不愿意与人分享，自私自利。

15. 耳朵丰润者佳运常随

耳朵丰润的人，出身很好，家境平安富裕，生长环境良好。因此很有才华，自信心十足，身体健康，精力充沛，能够长寿。在事业上，能得到贵人帮助，很少遇到困难阻碍，容易获得较高的社会地位，声名远扬。

二、眉毛

1. 眉毛粗浓（龙眉）者心胸宽广

眉毛粗浓的人，往往浓眉大眼，是好的征兆。此眉相之人，胆识过人，为人心胸宽广，并且有很强的事业心，凡事都会积极主动地去做，容易从团队中脱颖而出，跃进领导管理阶层。善于处理人际关系，懂得拉拢人心，比较好客，因此能获得朋友的支持和资助。

2. 眉毛间距狭窄者背运不顺

眉毛间距狭窄，是一种恶劣的眉相。相术古籍曰："双眉锁印，运势不开。"眉毛间距狭窄的人，各方面都不是很顺利，就像是被一种肉眼看不见的魔力限制了一样。这种人情绪很不稳定，易波动，受到外界刺激时就会做出荒唐的举动。还有很强的嫉妒心理，会跟别人发生口角摩擦，往往由于不得人心很少有人能替其解围。

3. 眉毛间距适中者公正诚信

眉毛生得间距适中的人，心胸开阔，开朗大方，为人处世公正。处理任何事情都能掌握分寸，保持中庸，恰到好处，不偏激，不执拗，因此事情能得到圆满解决。在人际交往上，诚实，讲信用，因此自己有困难的时候，能得众人的帮助走出困境。

4. 眉毛长者温和敦厚

眉毛较长的人，性格温和、敦厚。观察事物细致入微，做事情总是提前规划，按部就班，不会盲目冲动行事；对待朋友体贴入微，关心照顾，因此人缘很不错，能得到众人的支持和帮助，做起事来顺风顺水。感情进展平顺，结婚后家庭生活幸福美满。

眉毛长短的吉凶断：眉毛长过眼睛，智商高人一筹，学习能力强，吉断；眉毛长至两鬓，刚愎自用，固执己见，不受别人欢迎，凶断；眉毛短于眼睛，孤独，没有贵人运，人生较多波折，凶断。

5. 眉毛短者性情急躁

眉毛较短的人，性格急躁，没有耐性，一旦认定了目标就立马行动，以至于乱了方寸，往往事倍功半。事前不懂制订计划，行事中陷入被动局面，既碍了事情，又会使自己陷进人际关系的僵局。性格急躁，情绪波动很大，容易导致婚姻出现危机。

6. 眉毛压眼者暴躁固执

眉毛长得粗浓，且眼睛与眉毛的距离太近，称为眉毛压眼。眉毛压眼的人，脾气暴躁，易冲动，行事不能冷静，往往容易误失良机，弄巧成拙。这种人还很固执，听不进别人的劝告，就像井底之蛙一样总以为自己是对的，因此常常遭受失败的下场。事业运和财运都会大起大落。眉毛压眼的人，要学会自我反省，从失败中汲取教训，要懂得节制、规划，才能使人生重新精彩起来。

7. 眉眼间距开阔者能胜重任

眉毛与睛睛的间距开阔的人，心胸宽广，有很强的包容心，做任何事情都能深谋远虑、提前计划。财运方面，能获利和添购房屋等；人际关系上，善于沟通协调，能合理地化解人与人之间的纷争，使双方心平气和，心悦诚服地归服于自己，因此成为众人心目中的贵人，能胜任领导职务。

8. 眉间有纹理者凶险

眉间纹理如水波形的人，一定经常犯错，甚至犯官非。

眉间纹理是直横纹的人，喜好赌博、酗酒，是极为凶险的征兆。

眉间有皱眉纹不吉。皱眉纹即指人经常攒起眉头，眉间会形成散乱的纹理，容易招来祸患。

眉毛有缺口，称为缺眉。眉毛有缺口的人，为人不太真诚，难得到真挚的友情。

9. 眉毛间断者性格孤僻

眉毛中间有间断的人，性格很孤僻，喜欢单打独斗，不喜欢利用群体的力量开创自己的事业，与六亲的关系也很疏远，凡事都靠自己的力量去打拼，不寄托于长辈的荫庇与帮助。

眉毛中间有间断的人，有坚强的意志和很强的打拼能力，即使事业刚开始时困难重重，十分辛苦，也能挺过最困难的日子而渐入佳境，迈上康庄大道。在个人感情、婚姻方面，容易使家人误会，从而影响感情的稳定发展和家庭和睦，需要花费心思经营。

10. 眉毛稀疏者缺乏主见

眉毛稀疏的人，个性不强，缺乏主见，凡事都会依附于别人，甚至随波逐流。这种人不重视物质生活，而重视精神生活，渴望感情融洽，但往往事与愿违，经常被人欺骗，失败后又不能自我反省、汲取教训，而是执迷不悟，重蹈覆辙。

11. 新月眉能逢凶化吉

新月眉，是上好的眉相。新月眉之人，心地善良，脾气温和，会体贴人，遇事会替别人着想，有牺牲奉献精神，因此能赢得真诚的爱，会得到贵人帮助，即使遇到凶险，也能逢凶化吉。一辈子享受天伦之福。

12. 一字眉者侠肝义胆

一字眉，是英雄眉相。一字眉的人，有侠肝义胆，喜欢打抱不平。只要看到他人受到威慑，就会义不容辞地拔刀相助，是大家心目中的贵人。但是，由于其个性太过刚强，喜欢一意孤行，很容易与别人产生摩擦，自己各方面的事情进展都会不太顺利。

13. 三角眉者精明能干

三角眉相的人，一般都很有才华，精明能干，心机很深，并且喜欢学习，善于钻研新事物。在人际关系上，能结交很多好朋友。其缺点是：太过逞强好胜，容易遭人妒恨，陷入孤立无援的局面。

14. 眉形带勾者心机颇深

眉形带勾的人，有雄才大略，为人心机很深，凡事不是直接说明，善于利用身边的资源为自己营造有利的局面，达到水到渠成的效果而取得成功。其实，这种人很斤斤计较，重视权势和物质享受，喜欢争权夺利，但在与人交往时不会暴露其心态。

15. 八字眉者衣食无忧

八字眉相的人，生活上过得很富足，衣食无忧，家里积存钱财一辈子都享用不尽；但生性悲观，郁郁寡欢，凡事拿得起而放不下，因此事业不会有大的进展。

八字眉的人，会尽心尽力地去满足朋友的要求和期望，值得信任；感情上会处处为对方着想，默默奉献，但婚姻依然不幸，即使娶了几任妻子，也不能白头到老。

16. 剑眉者业绩辉煌

剑眉，是一种做官的眉相。剑眉之人，艺高胆大，喜欢冒险，积极创新求变，很受领导者赏识，因此能尽展其才华，做出惊人的业绩。感情上，不懂得温柔委婉，总是直来直去，往往让人哭笑不得。

17. 眉毛间距过于宽大者为平庸之辈

眉毛间距太过开阔的人，性格随和，凡事不与人计较，但事业心不强，抱着得过且过的心态混日子，因此一生不会有太大的成就，而只是一个平庸之辈。人际关系差，判断能力也不强，遇到事情难分黑白而轻易相信他人，容易被人利用，损失惨重之时后悔不及。

18. 眉毛高低不一者反复无常

眉毛一高一低的人，个性反复无常，遇事会情绪化，高兴之时突又愤怒万分，有点像小孩子。与人打交道时，不懂得压制自己的不良情绪，不管对方的立场如何，总是从自己狭隘的角度去行事，难于沟通、协调，人际关系很紧张。也不会处理感情方面的事情，当与对方意见不合而发生争吵冲突时，不善于运用积极合理的方法去解决，最后弄得分合都难于收拾的结局。

19. 眉毛螺旋者思维混乱

眉毛如螺旋，显然是一种不好的眉相。眉毛螺旋之人，思维没有逻辑，行事反复，做事任凭激情且只能保持三分热度；还缺乏自信心，善恶不分明，不会委婉处理人际关系，态度倔强、刚强，难免会因此吃亏上当。

20. 柳叶眉者乐善好施

柳叶眉的人，性格温和，乐善好施，热心助人，不恃强凌弱，不巴结逢迎，并且忠贞不渝，是个重感情的人。这些优良品格，会赢得良好的人际关系，再加上其温柔体贴，敢于牺牲奉献，因此会拥有幸福美满的婚姻家庭生活。

21. 眉尾杂乱者天生将才

眉毛粗浓且眉尾杂乱的人，有将领才华和领导天才，又有很强的权力欲望，喜欢指挥、领导他人。缺点是：缺乏恒心和毅力，遇到困难时就会打退堂鼓。

三、眼睛

眼睛是心灵之窗，眼睛的大小、形状和神气，会给见面之人留下第一印象。在五官中，眼睛占有特别重要的地位，眼睛的位置、眼形、眼神、高低及大小等，不仅代表一个人的个性，还显示其人生运势的起伏高低（包括事业、功名、财富、感情、婚姻）。

1. 眼睛凸出者占有欲强

眼睛部位向外凸起的人，性格比较急躁，有很强的占有欲，其贪婪的性格会导致与人发生冲突，造成人际关系紧张。这种人会因一点小事翻脸不认人，即使自己做错了事并遭受了很大的挫折，也不会检讨和反省自己；凡事会把责任推给别人，不会从自身找原因并积极地改正缺点，在遇到困难时没有人愿意帮助。

2. 眼睛凹陷者懒散被动

眼睛部位凹陷的人，很懒散，处理事情的时候很被动，好吃懒做。还会经常在外面招惹麻烦，因没有能力承担责任而由他人收拾烂摊子，身边的亲朋好友经常受到其连累而痛不欲生。

3. 眼睛斜视者十足小人

眼睛斜视，是指人在看东西时，眼睛有斜视的情况。眼睛斜视的人，有很深的心机，为人老练深沉，有偷偷摸摸的心性，做事情总是当面一套而背后一套，往往让人防不胜防。为了自己眼前的利益得失，经常暗算他人，是个十足的小人。这种人自私自利，疑心很重，即使是身边的亲信也会怀疑的；不愿意跟朋友分享好处，因此没有人愿意与其来往，致使自己陷入孤独寂寞、无所依靠的境地。

4. 眼睛大小不一者心态不平衡

眼睛长相大小不一的人，思想斗争很激烈，思绪混乱，心态很不平衡，心力交瘁，会经常发牢骚，埋怨别人，言行不一。感情方面也很不协调，会跟朋友争执吵闹，又想从朋友那儿得好处，经常请客诉衷，最后落的偷鸡不成蚀把米、鸡飞蛋打的无耻下场。

5. 眼睛小者保守谨慎

眼睛小，是相对于面部大小的比例来说的。如果一个人的眼睛在面部所占的比例较小，那么这个人做事比较保守，凡事都会小心谨慎甚至瞻前顾后，不敢冒险，缺乏进取精神，对陌生的人、事、物都抱着排斥心理，难于接受新生事物。

其主要缺点是：心胸比较狭隘，不能包容人，很难让他人信服，因此不适合担任领导者。

6. 眼睛大者爽朗和善

眼睛大，是相对于面部大小的比例来说的。如果一个人的眼睛在面部所占的比例较大，那么这个人的性格比较爽朗，接物待人大方、和善，凡事不会斤斤计较，且容易接受新事物。其缺点是：虽然做事情积极主动，但没有长久的耐性，三分钟过后就会失去原有的激情，不能坚持不懈地做下去，难以成事；这种人喜新厌旧，生活也比较奢侈浪费。

7. 眼睛细长者精明能干

眼睛细长的人，比较精明能干，凡事都会认真考虑、思量，眼光深远独到，自己决定的事情一定会努力去做，很少受到他人的干扰影响。这种人是天生的谋略家，有敏锐的判断力，并且对事情判断都很准确。

其缺点是：个性比较固执，听不进别人的意见，常常拒人于千里之外，给人难以接近的感觉。

8. 眼睛圆大者容易被朋友出卖

眼睛圆且大的人，有很强的好奇心，对人、事、物都充满兴趣，并且会主动去接触了解；其主动积极的性格会吸引很多人，因此眼睛圆大的人有良好的人际关系，可通过接触各种人来增长自己的知识和见解，对以后的事业壮大有很大的帮助。

其缺点是：容易轻信别人，会被朋友出卖，或受朋友的牵连与拖累，给自己的生活增添不必要的麻烦和困扰。这种人须慎重交友。

9. 眼睛浮肿者拙笨迟钝

眼睛浮肿且有多层眼皮的人，很拙笨，反应迟钝，遇事缺乏主见，很容易受他人影响。分辨能力低，在结交朋友时分不清真伪，容易落入小人的圈套，使财物上遭受一定的损失。事业上虽然很吃苦耐劳，任劳任怨，但是由于不懂得变通创新之理，也不会有太大的成就，只好做普通员工，接受他人的领导。

10. 眼睛间距宽大者性格随和

两眼之间距离宽大的人，性格很随和，生活也很随便，不会刻意追求物质生活享受；在与人相处时，也能沟通，不会斤斤计较，人际关系和谐。缺点是：缺乏判断力，不够精明能干，容易被他人利用而成为利益的牺牲者。

11. 眼睛间距狭窄者心眼小

两眼之间距离比较狭窄的人，心胸不开阔，凡事都放在心里，整天提心吊胆的，担心出现不好的结果；缺乏自信心，但有很强的警觉性，不会轻易相信他人，不喜欢与外人接触，也很少与朋友来往；性情急躁，做事时鲁莽冲撞，常常使自己陷入被动的局面。

12. 眼角下垂者低调如老黄牛

眼角下垂的人，生活低调，与人相处时不喜欢出风头，总是像老黄牛一样默默地努力工作。工作细心，遇到棘手的问题能认真思考、分析，直到解决为止。

缺点是：自信心不足，做事情时畏首畏尾，不够积极大胆。感情曲折不平，很晚才会有结果。

13. 眼角上扬者智商高

眼角上扬的人，头脑灵活、聪明。尤其脑子里有出人意料的鬼点子，能够迅速地为周围的人解决束手无策的疑难问题，因此被人叫作鬼灵精。

眼角上扬的人，不仅智商高，能替别人解决问题，而且情商也很高，懂得人情世故，能推销自我。因此人缘极佳，可成就一番大事业。

14. 眼尾上扬者能干大事业

眼尾上扬且眼睛又细长，称为丹凤眼。丹凤眼是美人的标志，会让人魂不守舍，能吸引住周边的异性，并得到他们的追求。眼尾上扬的人，精力旺盛，悟性很好，好学上进，凡事见解深刻，非一般人所能及，因此能干出一番轰轰烈烈的事业。

缺点是：自信心过强，能言善道而常常遭小人嫉恨、暗算。应注意，平时行事要保持低调，免得遭受枪打出头鸟的下场，耽误了美好前程。

15. 眼睛白少黑多者光明磊落

眼睛黑白分明且黑瞳比较多的人，其精神状态稳定，做人光明磊落，处事公正，能使众人信服，能得到别人的肯定与支持。由于有人支持，凡事无往不利，能成就一番大事业。

人的眼白较多，黑瞳较小的，是不好的征兆。这种人缺乏自信，常常胡思乱想，疑神疑鬼，人际关系紧张，经常与人发生争吵，感情婚姻不顺利，一辈子凄苦无助；另一方面，给人的第一印象很不好，让人难以亲近。

16. 三白眼者冷漠自私

三白眼有两种：一是上三白，二是下三白。三白眼的人，性格冷漠无情，但思维非常敏捷。从表面上看，好像这种人对周边事物漠不关心，其实很重视个人利益，内心时时都在关注着个人的得失，并希望维护自我尊严。为了满足私欲，三白眼的人会出卖人格，与这种人交往时要特别小心，否则将会受牵连拖累。

上三白眼和下三白眼的区别

（1）上三白眼是黑眼珠靠下方，眼睛里的左、右和上方都露出眼白。上三白眼，也叫蛇眼。有上三白眼的人，个性阴险狡诈，心狠手辣，平时不爱说话，表面很温和，但每逢利害关头就会暴露出本性。很多罪犯分子都是这种眼形，因此上三白眼也叫犯罪眼。

（2）下三白眼是黑眼珠子靠上方，眼睛里的左、右和下方均露出眼白。由于眼的左、右、下三方都是眼白，所以称这种眼为下三白眼。有下三白眼的人，性格豪迈，重义气，自我意识很强，一旦认定了奋斗目标就会不择手段地采取行动，容易出人头地，但中年会有破财或大难。

因三白眼之人喜欢驾驭他人，喜欢炫耀自己，故古时候称"三白眼有剑难"。

17. 眼睛形状的吉凶

眼睛是人体中最重要的器官，也是面相五官中的重中之重。下面根据眼睛的形状，说明不同的性格和命运走势。

羊目——眼睛虽大却露眼白，呆滞，多有刑灾。女性有羊目，会有婚外情等色祸。

猪目——眼睛浑浊，眼周浮肿，常瞪视，粗笨愚鲁，命无福泽。

鱼目——眼睛像鱼眼睛一样圆，没有光彩，一生多有凶险。

猴目——眼眶凹下去，眼窝无肉，其人一生多贫困。

蜂目——眼珠赤黄，显出眼白，如果再声音沙哑低沉，那么多为杀戮型人物。

鸡目——睛睛圆，眼珠大，但眼神呆滞，此人有贼性，喜欢偷盗。

蛇目——眼角和眼尾尖斜，睛珠细小，此人有偷盗之性，爱偷鸡摸狗。

龙目——眼珠漆黑浑圆，眼神不怒而威，有贵气，是显贵之眼相。

凤目——眼睛秀而长，眼尾微微上扬，有贵气，是大贵之眼相。

一字目——眼睛下睑如一字平直，定是个公正无私的理性型人物。

三角眼——眼睛形状呈现三角形，此人心性凶狠，须多加防范。

大小眼（阴阳眼）——两眼大小不一，心绪不平衡，喜欢埋怨，生活中怨恨多。

18. 单眼皮者沉着冷静

眼睛是单眼皮的人，性格沉着冷静，思维敏捷。做事情有条有理、有根有据，很理性，不会感情用事；在处理人际关系时，也能以理服人，公私分明，不会记仇。行事低调，即使才华横溢也懂得谦虚礼让，不会纵情恣意地炫耀才华，也不会刻意地奉迎巴结他人。

19. 双眼皮者热情奔放

眼睛是双眼皮的人，性格热情奔放，激情澎湃，对新奇的事物充满兴趣，性格外向。不忍耐寂寞和孤独，很喜欢跟人交谈、接触；很讲信用、重义气，因此有很好的人缘。

20. 眼睛水汪汪者易惹桃花

眼睛水汪汪、炯炯有神的人，肾水很充足，生殖器功能发达，性感动人，往往会使异性无法招架而百依百顺。

缺点：心思不够纯正，会以自己的美貌去诱惑别人，达到自己所追求的目标。因此常招惹桃花纠纷，使自己陷入困境和尴尬的局面。这种人在与对象交往时，若不把握好利弊，就会造成人财两失，耽误了宝贵的青春，悔恨一生。

四、鼻子

俗话说："看富在鼻。"鼻子在面部中央，有五岳之主的称号，在面相学上占有重要地位。鼻子象征着人的自我意识，显示着人的财富、脾气和性格。鼻子是先天的财库，直接影响着人的物质生活，考察人才应以丰隆挺直的大鼻子为最佳。鼻子丰隆挺直的人，能步步高升，最终一定有权有势。

鼻子与其他部位配观法：鼻子不高不低，鼻翼丰满，鼻梁隆起。颧骨不宜平陷，宜饱满有肉包裹。面颊不宜狭窄，否则鼻子高挺，只会孤立无援。嘴巴不宜过小，鼻大口小晚年定有厄运。眼睛细长，眼神显灵气。法令纹宜长不宜短，不宜中断，鼻配深长的法令纹，大权在握。

鼻子有色的断法：鼻子有色者身体有病。鼻梁疏泄不通，鼻子发黄，是肺寒、邪气旺盛造成鼻塞而引起的鼻腔发炎。用药过多，会引起鼻子发红。鼻子呈紫红色，多是心血管或高血压引起。

1. 鼻孔小者心思缜密

鼻孔小的人，非常精明，心思缜密，做事谨慎，城府很深，对事情会真知灼见、佯装清纯，让人防不胜防。这种人很小气，像铁公鸡一样一毛不拔，但对自己有帮助过的人毫不吝啬。

2. 鼻头下垂者无经济头脑

鼻头下垂的人，很有主见，非常聪明，鬼点子很多，并且懂得人情世故，善于与人沟通相处，再加上说话幽默风趣，很惹人喜爱。

缺点是：爱计较，嫉妒心强，当别人比自己强时，自己心里就难受；没有经济头脑，投资理财缺乏创意，不能发大财。

3. 鼻翼丰满者荣华富贵

鼻翼丰满，是一种贵相。鼻翼丰满的人，不仅心地善良，而且包容量大，人际关系良好，能成就一番事业。智商也很高，对任何事情都有自己独到的看法，人格魅力很强，有好多人追随着他。财运相当好，是个理财高手，因此一辈子享尽荣华富贵。

4. 鼻梁宽阔者适合做单位领导

鼻梁宽阔的人，性格乐观积极，有主见，有理想，有抱负；具有百折不挠的精神，有恒心和毅力，有行动力，承压能力强，遇到艰难险阻时也不会退缩求全，而是努力寻求解决的办法，所以能成就一番事业。鼻梁宽阔的人，适合做业务工作或担任单位领导人。异性缘也会很好，能找到称心如意的伴侣。

5. 鼻梁起结节者阴险小人

鼻梁上有起结节，是面相阴险的征兆。鼻梁上有起结节的人，很有心机，喜欢占便宜，见利忘义，为了达成自己的目标会不择手段。警戒心理很强，说话不切实际，让人摸不着脑袋，很招人讨厌与排斥，属于阴险小人。

6. 鼻子低陷者天生奴才

鼻子低陷的人，思想很单纯，意志不坚定，没有事业心，而且懒惰，总是期望不劳而获，很像处处依赖别人的阿斗一样。自己无法创业，当遇到一点挫折时，就会到处诉苦求援，乱了方寸，这是天生的奴才相。感情上也会遭人欺骗，造成人财两失，结婚以后也会有外遇，一辈子不得安宁，显然是这种性格带来的悲剧。

7. 鼻孔朝天者豪爽大方

鼻孔朝天的人，性格豪爽，为人慷慨大方，不拘小节，重义气，金钱上也毫不吝啬，愿意帮助别人渡过难关。这种人很懂得享受生活，而且会奢侈浪费。

感情方面需要谨慎，特别是在选择对象的时候，要防止钱财蒙受对方的欺骗。理财上也要提前规划，以防老年经济拮据。

8. 鹰钩鼻者心狠手辣

鹰钩鼻兼三角眼的人，心狠手辣，别人都会对其敬畏万分。鹰钩鼻相的人，性格固执、倔强，而且心机深，有计谋，对于自己想得到的东西都会用尽各种办法并不惜采取不正当的手段，因此在社会上结怨较多，若弄不好就会落个众叛亲离的下场。

9. 鼻子肥大者事业心强

相对于面部来说，鼻子比例较大的人，自主性很强，有事业心，做事积极努力，能纵观全局，为争取自己的最佳利益而采取的行动让人刮目相看。性格豪爽，朋友很多。对待朋友大方、热情，不拘小节，朋友遇到困难时会鼎力相助，直至渡过难关，因此得到众人的推崇与信服。

10. 鼻子小者碌碌无为

相对于面部来说，鼻子比例小的人，性格内敛，不善于表现自己，思想陈腐守旧，做任何事情都是小心谨慎，甚至唯唯诺诺，犹豫不决；常常失去机会，后悔不已。从表面上看，这种人似冷漠无情，实际热情如火，不易被人发觉而产生误会，因此朋友很少，社会上跟他来往的人也很少，再加上事业心不强，致使其一辈子碌碌无为。

11. 鼻孔大者宽容体贴

鼻孔大的人，心胸比较开阔，凡事看得开，能包容人。这种人很懂得享受生活，懂得爱惜自己，对朋友关心体贴，能让人如沐春风、心情舒畅，再加上很会拉拢人心，因此朋友很多。

缺点是：判断力差，又没有经济头脑，凡事不会提前规划，因此会饱尝破财的滋味。

12. 鼻子长者适合做秘书

鼻子较长的人，思维缜密，做事周到，凡事考虑细致，最适合做秘书、会计等要求细致的工作。

缺点是：鼻子较长的人，太逞强好胜，而且做事总是以自我为中心，让人很难接受；还爱夸海口，但做事又不能当机立断，一旦遇到辣手的问题时，就会影响事情的进展。这种人追求完美，在挑选对象时苛刻有加，因此婚姻生活难得幸福。

13. 鼻子短者适合基层工作

鼻子短的人，很聪明，脑袋灵活，思想健康。但是性格不够沉稳，内心浮躁做事马虎大意，常给人以不安全感，无法委以大任，因此事业上升迁很慢，只能在基层担任一些无关紧要的工作。鼻子短的人，对男女之间的感情也不够重视，若有若无，选择恋爱对象时只凭感觉行事，即使失恋了，也不会伤其皮毛。

五、嘴巴

嘴巴暗示一个人的福禄、晚年运势、个性、人际关系、财运等。大嘴巴的人，官运亨通，富贵一生；小嘴巴的人，能守小财富；嘴角下垂的人，不善交际等。因而在选择人才时，应仔细观察人的嘴巴形状、大小等。

嘴巴及其四周气色征兆：

双唇厚肿，显现青色带黑，身体健康出现问题。如果是久病之人，就会有生命危险；嘴巴周围，显现黄明色，正走横财运；嘴唇下一带显现黑色，若在春天，则病情加重，甚至有生命危险；左边脸颊到嘴巴微青色，若是孕妇，则会生儿子。

右边脸颊到嘴巴微红色，若是孕妇，则会生女儿。

1. 嘴唇厚者老实敦厚

嘴唇厚的人，老实敦厚，不爱逞强出风头，但缺乏理性，凡事只靠个人的喜恶感觉行事。讲究生活质量，喜欢使用高档精品，不惜花费资金，难于节制。感情上很执著，但有花心倾向。

2. 嘴巴歪斜者事业受阻

嘴唇歪斜的人，心术不正，个性阴沉，歪点子很多，总想占人便宜，人们都不愿意与其交往。会经常与人发生口角，甚至产生激烈的冲突，事业上也会处处受阻，失败了又不爱听他人建议，因此一生不会有大的成就。

3. 嘴唇有皱纹者喜欢物质享受

嘴唇有皱纹的人，喜欢物质享受，因而全心全意地赚钱。重视感情，关心朋友，但常有金钱麻烦和感情纠纷。干事业的时候，需要下很大工夫，奔波劳累，才能有所成就。理财上，到了晚年容易出现问题，需要好好规划，避免老年陷入困境。

4. 嘴角上扬者事业发达

嘴角上扬的人，积极乐观，遇到挫折也不会灰心丧气；无论做什么事情，都表现得很积极，也勤于学习，拥有多种才艺和经验。对待朋友很好，不会吝啬金钱，因此人际关系良好；运气很好，能够得到贵人帮助，事业飞速发展。嘴角上扬的人，即使遇不到贵人，也能稳步前进。

5. 嘴唇太薄且鼻头削尖者出语伤人

嘴唇太薄、鼻头削尖的人，喜欢揭人伤疤，讲话的时候言语带讽刺，经常惹是生非，招人反感，也会因此遭受灾祸。不擅长理财，投资经营生意时会做出错误的判断，并且没有贵人相助，因此常常面临困境，甚至破产、欠债。

6. 上嘴唇突出者骄傲自负

上嘴唇突出的人，好逞口舌，喜欢和人争辩是非，并以此来证明自己观点。但说话显得小气，带有藐视的态度，常常给人留下骄傲自负的印象。因此很难交到真心朋友，人际关系不是很好。

7. 下嘴唇突出者缺乏团队精神

下嘴唇突出的人，个性刚强，独立自主，不喜欢依赖他人。由于过分追求个人利益，忽略集体，缺乏团队合作的精神，因此发展事业需要耗费很大的精力。个人感情上，心胸狭隘，疑神疑鬼，常常让对方受不了，缺乏安全感，很难维持下去。

8. 上下嘴唇无法紧闭者优柔寡断

嘴唇无法紧闭的人，个性急躁，容易和人结怨，并且重视个人利益，喜欢占别人的便宜，因此人际关系很差。在开展事业或理财过程中，犹豫不决，无法当机立断，往往错失良机，凡事难以成功，晚景凄凉。

9. 上下嘴唇都突出者容易得罪人

上下嘴唇都突出的人，比较任性，在人际交往中常常得罪别人，因此很容易招惹麻烦和发生纠纷。重视物质享受，有金钱崇拜的倾向，在理财方面喜欢投机取巧，但是缺乏运气，总是事与愿违，遭受损失。

10. 嘴巴宽大者将帅之才

嘴巴宽大属于一种吉相，俗话说："嘴巴大，吃四方。"嘴巴宽大的人，心胸开阔，出手大方，粗犷豪放，善于与人交换意见，听取他人的建议。因此，很得众人信服和追捧，不仅朋友遍天下，而且是个可以重用的将帅之才。这种人官运亨通，富贵一生。

11. 嘴巴窄小者善良幽默

嘴巴与面部的比例显得很小的人，有一颗善良的心，性情很随和，且幽默风趣。这种人善解人意，不会贪图利益和计较得失，虽然口碑很好，但是不会向别人提出无理的要求，因此人们都愿意与其交往。

缺点是：不善于理财，不敢冒风险，因此不会积累大的财富，一生只能守些小财。

12. 嘴唇薄者天生演说家

嘴唇很薄的人，聪明，机智，口才很好；善于学习，能把所学的知识与实践相结合，融会贯通，从而形成一套自己的人生哲学。渊博的学识再加天生的能言善辩之口才，很有号召力和影响力，是天生的演说家和推销员，很适合靠嘴巴吃饭的工作。缺点是：比较小气，会计较个人得失，给人自私自利的感觉，让人不愿意与其接近。

13. 嘴角下垂者事业难成

嘴角下垂的人，固执己见，不擅长和人交际，喜欢独来独往，因此事业没有贵人帮助。但是，这种人勇于突破旧的观念，也能吃苦耐劳，所以需要经过长时间的努力和奋斗，才能够成就事业。嘴角下垂者获取钱财的机会不多，因此在理财方面要谨慎，避免投资失败造成的钱财损失。

14. 嘴角纹路向下延伸者善恶分明

嘴角纹路向下延伸，就是长寿纹，人有此纹确实能够长寿。嘴唇纹路向下延伸的人，善恶分明，做事果断，但是不善于变通，易给人以固执的感觉。重视物质享受，也很重视人际关系，在感情交流和物质利益上，愿意花费较多的精力。在交际中，有人冒犯自己时，也不会忍让。

第二节　颧骨

颧骨是判断一个人独立心强弱的部位，由于颧骨的形状不易捉摸，而主要是看其外部形态和色泽如何。

1. 颧骨突出者富有冒险精神

颧骨突出的人，权力欲和自尊心都很强，喜欢指挥别人，常常因被别人讽刺嘲笑而勃然大怒。人际关系不和谐，当周围的人与其有矛盾时，就会用极端卑鄙的手段进行报复，即使原本有良好的关系也很难维持了。但是，颧骨突出的人富有冒险精神和进取精神，在事业上只要积极、努力去做，就能获得较为理想的成就。

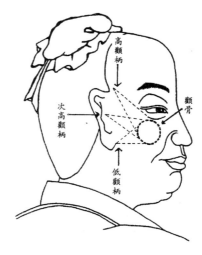

颧骨部位图解

2. 脸颊削瘦者有志难伸

脸颊消瘦的人，没有贵人运，凡事都要靠自己努力去做，一生奔波、劳累；不但没有贵人帮助，而且身边还常有小人干扰，很容易拖累自己。一生运势不理想，直到中晚年依然有志难伸，金钱上困顿不堪。

3. 颧骨无肉者蛮横霸道

颧骨无肉、颅骨突起的人，刚愎自用，独断专行，不喜欢被他人约束，想怎么做就怎么做，不会考虑别人的感受，会给人留下蛮横霸道的印象。没有贵人运，因此遇事不顺时会唉声叹气，甚至会怨天尤人。

4. 颧骨低平者淡泊名利

颧骨低平的人，消极悲观，淡泊名利，不喜欢追求物质享受；

与人相处不融洽，思想难于沟通，人际关系差。不善于变通，无法承担重任，缺乏领导者的气魄，因此不适合担任领导职务，也不适合自行创业。

5. 颧骨饱满者适合从政经商

颧骨饱满的人，心胸开阔，交友广泛，常常得到周围人的支持和帮助。事业心非常强，且精力旺盛，活力充沛，工作上也会全力投入，因此足以担任重要的领导职务，也能够自行创业。若从政和经商，则可平步青云。

6. 脸颊有酒窝者多才多艺

脸颊有酒窝的人，反应灵敏，喜欢学习，工做能力强，多才多艺，而且善于在众人面前表现自己，能够吸引众人的目光。人缘很好，但是缺乏语言表达艺术，说话不懂得避开锋芒，直来直往，在感情和人际关系方面常常吃亏。

7. 脸颊僵硬者难于管理

脸颊僵硬的人，表情呆板，显得死气沉沉，不易亲近，人际关系很差，而且喜欢独来独往，不受拘束，是工作中难以管理和掌握的"刺头"。脸颊僵硬的人，富有极强的忍耐力，在工作中遇到难关时，总是咬紧牙根，想办法撑过去，所以属于竞争力强、难于管理的人。

8. 脸颊丰满者声名远扬

脸颊丰满的人，开朗活泼，不拘小节，容易亲近别人，也喜欢谈天说地。但为人却并不轻浮，做事脚踏实地，不会投机取巧，有耐心和恒心，能够实现自己的远大目标。种瓜能得瓜，种豆能得豆，中晚年后能成就事业，声名远扬。

第三节　印堂

在面相学上，印堂所占地位比任何部位都高，它代表着一个人一生的荣辱与得失。印堂称为命宫，意指一生的性命皆系于此。观看印堂，可以透视人的贫富、贵贱、心性、事业、六亲和身体健康等情况。

1. 印堂有悬针纹者鲁莽急躁

印堂悬针纹，即指印堂部位出现一条好像针插着的直纹。印堂有悬针纹的人，鲁莽急躁，没有耐心及恒心，做事草率，固执己见，不愿意听取他人的意见，一生运势起伏不定。三十岁前后印堂出现悬针纹，会发生事业危机，要谨慎。

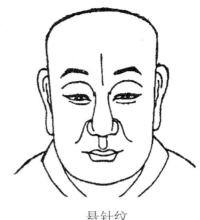

悬针纹

2. 印堂双直纹者脑子发育良好

印堂双直纹，即指人皱眉头时印堂部位所现的两条竖直的清晰纹路。这是印堂唯一善纹。印堂部位有双直纹的人，脑组织发育良好，思路细腻，考虑周详，保守秘密，适合从事科研工作或攻研学术，但是自信心不足，担心做不好事情，容

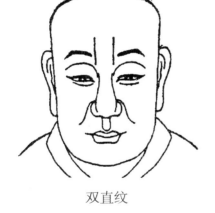

双直纹

易自寻烦恼。与人相处时很拘谨，人际关系不是很好。

3. 印堂八字纹者适合做学问工作

印堂有八字纹的人，消极悲观，心胸不够开阔，社会交往上缺乏手腕。但是，学问高超，思考事情谨慎，很

八字纹

171

适合从事科研工作或攻研学术，这样能够充分发挥自己的才能。

4. 印堂川字纹者劳碌刑克

印堂有川字纹的人，正义感强，遇到事情愿意挺身而出，帮助弱小。缺点是：奔波劳碌，中年克妻（夫）再三，多灾多难，晚年难享清福；爱面子，受不了别人批评讽刺，不能完全发挥自己的能力；容易冲动，对自己的感情婚姻很轻率，不利于感情或婚姻的巩固和发展。

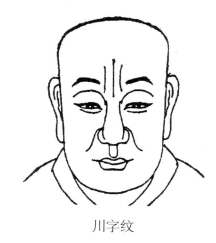

川字纹

5. 印堂三忌

印堂平满润泽为吉。印堂长黑痣，容易惹官司；眉交印堂（两眉长至印堂），会损运气和寿命；印堂凹陷、狭窄或色暗，24岁以后运势坎坷。

第四节　山根

1. 山根有横纹者脚踏实地

山根出现多条横纹的人，独立性强，早熟。很早就离乡背井到外地奋斗，但是会经历许多的困难阻碍。到中年，困难仍有增无减，但是由于脚踏实地，懂得节俭，也会小有积蓄。

2. 山根十字纹者重视精神生活

山根有十字纹的人，比较讲究物质享受，也重视精神生活，积极追求心灵的满足，尤其是宗教信仰非常虔诚。比较敏感，但有些神经质，让人接受不了。没有贵人运，常常会发出怀才不遇的感慨。

3. 山根横直纹者事业工作不顺

山根有横直纹，即指横纹直纹交错于山根部位。山根有横直纹的人，容易情绪化。创业时会遇到很多困难和阻碍，最终导致创业失败；工作不顺利，面临单位裁员的时候，一定会难以幸免被裁。感情方面不善于沟通、协调，为维持感情或婚姻的稳定，平时需要注意控制自己的情绪。

4. 山根凹陷者奔波劳碌

山根凹陷，即指鼻梁与印堂交接处出现凹陷。山根凹陷的人，不但没有贵人帮助，还会被小人设下障碍进行破坏，因此凡事都要靠自己奔波劳碌，种瓜不能得瓜，种豆不能得豆，收获甚微，生活很困顿。到中、晚年后，感情容易发生危机，负债累累。

第五节　额头

在面相学上，额头的宽度、高低、形状、纹路等皆象征着不同的含义。如额头高耸平阔者，必然家财丰厚，社会基础良好；额头长痣的人，说话不慎就会得罪领导，得不到提拔。

额骨形状和吉凶：

额骨有肉包裹，骨头才不会粗现外露，即骨、肉均匀方为吉断；肉少骨露或骨平肉多，都是不好的额相。

额头上骨头凹凸不平的人，一生命运坎坷，运势起伏不定。

额骨高突如山峰的人，性情怪异、孤独、不合群。

额骨低陷是凶相，会一生破落无成，如果额骨凹陷太深，就会在年轻时病危或死亡。

1. 额头方形者完美主义

额头方角形的人，不爱幻想，重视实际生活，做事有条有理，非常坚持原则，属于完美主义者。但脾气暴躁，性格倔强，缺乏温柔浪漫，因此在感情上，与对方难于沟通、协调，长时间相处后必有裂痕。

2. 额头椭圆者不适应新环境

额头椭圆形的人，天生温和，心胸开阔。会厚待朋友，朋友有什么困难和要求，都会尽心尽力地满足，因此常常会受到人情的牵绊，给自己添加烦恼和压力。适应力差，不适合到外地工作，因为需要花费很长的时间才能适应新环境。年过中年，运气比较顺利。

3. 额头宽阔者精力充沛，事业心重

额头宽阔、头发卷曲且发红的人，精力充沛，活力十足，喜欢冒险，追求刺激。但是不擅长处理人际关系，不能够明辨是非，态度先于行动，因此会被人怂恿利用，当枪来使用，损人又不利己。

额头宽阔的人，通情达理，知进知退，懂得分寸。能得到长辈的疼惜，还会得到来自各方面的资助，生活平顺；女性额头宽阔，拥有很重的事业心，为了事业而经常会在外面奔波，因此对家庭照顾不周，以致对婚姻的维持十分不利，夫妻之间常会因此而发生争吵。

宽阔额相

4. 额头凹凸分明者行事果断

额头凹凸分明，即是人的从侧面观看，额头顶部到鼻梁位置有明显的高低起伏之状。额头凹凸分明的人，很固执，认准了要做的事情就会马上着手去做，用十头牛也拉不回来。行动不喜欢受周围环境的影响和约束，有冒险精神，喜欢尝试新事物、新方法；又有很强的开拓意识，并且行事果断，不怕艰难险阻，工作上的竞争力很强。

5. 额头高耸者基础扎实

额头高耸的人，聪明灵活，学习能力强。而且出身不错，家境富裕，能够获得很好的培养，因此各方面基础扎实，在将来的发展竞争中能够占很大的优势。这种人想法很多，但是判断力差，有时候会犹豫不决，给人留下过于理想而又不切实际的印象。

6. 额头圆广者权力欲重

额头圆广的人，智商很高，善于权谋，能够深入、透彻且正确地分析人事。权力欲重，会拼命争取掌握权力；事业心强，越战越勇，在遇到困难挫折时，不仅不退缩，反会激起心中的斗志而更加努力奋斗。

7. 额头低窄者见识少

额头较低窄的人，脑筋迟钝，见识有限，做事拖拖拉拉，还会推卸责任。工作上没有事业心，也缺乏冲劲，没有贵人运，得不到赏识和提拔。若再加头发浓密，则为人鲁莽急躁，容易独断独行，做事不考虑他人的感受。

圆形标准额

8. 额头发际尖者怀才不遇

额头发际尖，即额头的发际出现美人尖之状。这是不理想的面相。额头发际尖的面相，印堂受到冲克，即使满腹才华也难于得到发挥，会经常地更换工作。感情方面，选择对象时会胡思乱想、摇摆不定，还会不断地变换交往对象。

低窄额

9. 额头隆起者富有雄心壮志

额头隆起，即指辅骨和眉棱骨均隆起，以辅骨为主，也叫辅骨插天。额头隆起是一种吉相。额头隆起的人，富有雄心壮志，气宇轩昂，具有英豪气质，性格爽朗，机智幽默，个性魅力很强，很受人欣赏和爱戴，适合做领导，并能成就一番伟业。

10. 额头圆凸者有文学气质

额头圆凸饱满的人，记记力强盛，想象力丰富，有文学气质。

并且有很强的创造能力，多才多艺，如果潜心研究一门学问很容易成为专家。善于处理各种人际关系，交结朋友很多，也能获得父母、长辈的支持。

11. 额头有弯曲纹者清廉正直

额头弯曲纹，即指额头上生有三条横纹，且横纹的两端都向上弯曲，又叫偃月纹。额头有弯曲纹的人，正直清廉，行事坚守原则，恪尽职守，鞠躬尽瘁，不图回报。这种人稳健老练，很适合担任公务或管理监督等职务。

12. 额头有横杂纹者杂念太多

额头横杂纹，即指在额头上生有很多凌乱、断断续续的皱纹。额头有横杂纹的人，考虑问题比较多，有些神经质，疑神疑鬼。由于考虑担忧无聊的事情太多，把自己搞得非常疲惫，整天烦躁不安，

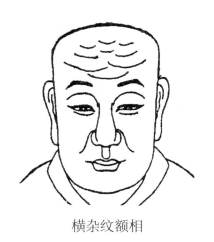

横杂纹额相

从而影响到周围人的安宁，应避而远之。这种人一生中很少有贵人相帮，只能靠自己劳碌奔忙，但是晚年能享清福。

13. 额头有三横纹者意志力强

额头上有三横纹，称为伏犀纹。额头有三横纹的人，性格上有很多优点，可以重用。这种人性情敦厚，能获取众人的信赖，而且意志力坚强，能吃苦耐劳，喜欢学习，善于接受新事物，而见解深刻精辟，有厚积薄发之势。当机会到来之时，这种人会果断出手，无人可敌，从而能轻易地成就一番事业。

伏犀纹额相

14. 额头有纵横交错纹者艰难险阻

额头纵横纹，即指额头上的皱纹纵横交错、杂乱无章。额头纵横纹的人，喜欢依靠个人的力量单独去奋斗，不愿借用团队的力量为己所用，因此一生会遭受很多艰难险阻，经受各种挫折考验，尝尽人世间的酸、甜、苦、辣，最后因无助而消沉，独木难支，陷入失败的深渊。但是，这种人经过生活的拷打锤炼后，会变得坚强、刚毅，最后还是能够成功的。

15. 额头平坦者判断力差

额头平坦的人，智力平平，即使有所经历也不会从中悟出深刻的见解，思想平庸保守；再加上生性内向，不活泼，显得木讷呆板，常常处于被动挨打的地位。这种人判断力差，且缺乏主见，因此麻烦与纠纷总是如影随形，让其难以摆脱。在此建议额头平坦者，要慎重交友，免得在感情和金钱上遭受不必要的损失，致使自己血本无归。

第六节　舌头和牙齿

在面相中，牙齿和舌头是用来观察人的口才、性格、品性的。牙齿长得好的人，聪明、伶俐；牙齿长相不整齐的人，大多口无遮拦，喜欢搬弄是非。

舌头大而薄者，有滔滔雄辩之才，若经过锻炼，则可成为大名鼎鼎的演说家。

舌型吉凶断：

舌头长又厚，品德高尚。

舌头尖又长，觊觎别人财产。

舌头短又粗，成事不足，败事有余。

舌头长又薄，欲望多，但行动太少。

舌头短又尖，贪得无厌。舌头有力劲拔，官运亨通。

舌头颜色发黑，心术不正，阴险凶恶。

舌头颜色鲜红，招财进宝。

舌头发白灰色，一生穷困潦倒。

舌头有黑点，喜欢说谎话。

舌头大而口小，命运多舛。

舌头小而口大，或舌大而口小，天生愚钝。

一、舌头

1. 舌大且方长者正人君子

舌头大且方长的人，行事光明磊落，讲求仁义，是个正人君子。

相反，舌头长且狭窄的人，虽然海阔天空，但是没有真才实学，做事不切实际，即使口吐莲花，也很难赢得他人信赖。这种讲话滔滔不绝的人，很难结交知心朋友，要注意分辨，一开始时不要与其交往太过亲密，以免受到牵连。

2. 舌大且削薄者是雄辩家

舌头大而削薄的人，聪颖智巧，口才犀利，很有说服力，是难得的雄辩家，适合做谈判、主持公务、外交等方面的工作。缺点是喜欢散播谣言，损坏别人的名声，给人心理上造成巨大的伤害；男性会流于狡辩之徒，女性会流于长舌妇之列。舌头大而短的人，胸无大志，游手好闲，不务正业，属于饥不择食的类型。

"嘴小吃粮仓"，是说嘴小的人没有什么本事，只能勉强维持生计；舌头大而嘴巴小的人，天生木讷愚钝，不善于言辞，行动也不积极，让人讨厌，人际关系极差，任人欺凌。舌头小而嘴大的人，说话很随便，好像不经大脑考虑，出口必伤人，会因"祸从口出"给自己带来许多麻烦，没有人愿意与其交往。舌头上有川字纹的人，不贪婪，知足常乐，能够积存并守住财富。

3. 舌头红润者运势平顺

在实质上说，中医学从舌头来看一个人的健康状况，跟面相学借鉴舌头观看人的运势是相通的。舌头红润如丹砂，是身体健康的标志，说明这个人有很强的抵抗力，很少生病找医生，时运比较平顺，收入稳定，生活富足；舌头颜色黯黑的人，健康欠佳，有中毒的可能，运势也不顺，命运坎坷，一辈子操劳无度却终无所获。命运是会捉弄人的，当一个人很倒霉的时候，还很容易招惹官司和小人，真是"屋漏偏逢连夜雨"，人世凄凉，苦海无边。

二、牙齿

1. 牙齿歪斜者个性急躁

牙齿歪斜，即指牙齿切面参差不齐，也称为暴牙。这种牙相，会给人以一种心术不正的感觉，主要是自私自利，并且为了个人私利会寸土不让；再加上个性急躁，处理事情比较情绪化，因此很难与人有效地沟通，人际关系很差，当然事业发展也比较缓慢。

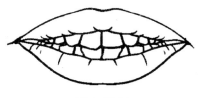

牙齿歪斜

2. 牙齿尖锐者阴险狡诈

牙齿尖锐，会给人以奸诈的感觉。确实，牙齿尖锐的人，是十分阴险狡诈的势利小人，不讲诚信，变化多端，为了个人利益不惜出卖朋友，很难取得别人的信任，事业上不会有大的作为。由于这种人自以为聪明，凡事总爱投机取巧，因此经常落得个鸡飞蛋打、人财两空的悲惨下场。

3. 门牙过大者有勇无谋

门牙太大的人，身体健康、强壮，精力旺盛，凡事积极主动，敢于挑战，不畏艰难，大有气吞山河之势。缺点是：只有气势而不讲究策略，有勇无谋，仅凭一腔热忱蛮干，不懂得提前

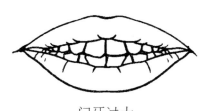

门牙过大

规划，缺少高瞻远瞩的谋略，因此会吃大亏；尤其是理财投资方面，会出现大赚大赔的现象。

4. 牙齿多者健康福禄

一个人牙齿的多少与其名声、地位成正比。牙齿多的人，福禄丰隆，衣食无忧，身体健康，生活快乐。

牙齿多

5. 牙齿少者运势低沉

牙齿少的人，一生运势低沉，还会给人一种小气的感觉。实际上，这种人的确很小肚鸡肠，凡事斤斤计较，疑心重，又爱钻牛角尖；再加上胆小怕事，因此成天郁郁寡欢。

6. 牙齿整齐者聪明伶俐

榴子牙是种吉利的牙相。牙齿生得像石榴一样整齐的人，身体健康，聪明伶俐，性格爽朗，行事大方得体，不忸怩作态，很惹人喜欢，人际关系良好。虽然牙齿生得整齐，但是其颜色焦黄或枯黑，说明此人体质虚弱，事业运和婚姻运都不理想。

榴子齿

7. 门牙漏缝者开朗乐观

门牙有缝隙的人，性格开朗、乐观，天天笑呵呵的，做事不愿意受人约束，总是优哉游哉，自我陶醉。不懂得通过应酬来积累人脉，因此人际关系淡薄，靠自己白手起家，历尽艰辛。

门牙漏缝

8. 虎牙突出者奢侈腐化

虎牙突出的人，性格外向、活泼，喜欢到外面游玩享乐，奢侈浪费。在朋友交往方面，来者不拒，不懂得"防人之心不可无"的道理，因此容易被小人暗算或受朋友拖累，造成名声和钱财均受损失。即使广结善缘，但朋友杂多，也不可能挽回损失。

虎牙齿

第七节　人中

人中是指鼻子以下，嘴唇上面的一条竖直沟纹，是人体上重要的生理关卡。人中代表着人的生命力、生殖器官的旺衰情况，也表明人生运程是亨通或困滞，子息的多寡与孝顺等。人中像沟渠水道，若深、长、阔者，则水流必通畅，人生运势平稳，财富必丰厚；相反，若人中浅、短、窄，则水会壅塞而造成泛监，遭遇灾祸或劳碌奔波。

1. 人中有横纹者健康不佳

人中横纹，即指人中有横式纹路划过。人中有横纹是凶相，预示着人生中会有灾祸发生，应该特别加以小心，尤其是在健康方面会出现意想不到的难题。家庭不和睦，与子女之间会有代沟、嫌隙。

2. 人中上窄下宽者可白手起家

人中上窄下宽的人，大多数出身寒微，家庭不能给予良好的教育条件，也很难接受基本的学校教育，年少时就会被迫出外谋生。"穷人的孩子早当家"，在困苦的家庭环境中，铸就了坚韧的性格和白手起家的能力，中年以后会渐入佳境，晚年可以享受福禄、颐养天年，这是老来得福的命运格局。

3. 人中上宽下窄者难成大事.

人中上宽下窄的人，性格不好，但很敏感。这种人能揣度别人的心思，但是有时会疑神疑鬼，显得神经质，身边的事情都看不上眼，不愿意去做，容易让人心里不舒服；人中上宽下窄的人，性格不稳定，干什么事情都不会有长进，常常变换工作环境，难于成就大事业。不会理财，更不会做合理的投资规划，最后寅吃卯粮，败尽家产。

4. 人中深长者敢于奋斗拼搏

人中深长，即指其轮廓像凹下去的深沟一样，清晰可见。人中深长的人，忠厚老实，待人态度恭逊、热心、有礼貌，因此人缘很好；有恒心，有毅力，有耐性，具有奋斗拼搏的精神，因此中年后事业会发达，晚年更吉祥，福禄寿三全。

5. 人中短浅者懒散被动

人中短浅，即指的人中短又浮浅，轮廓不清晰。人中短浅的人，性格懒散，做事情没有恒心，容易半途而废；没有事业心，不求上进，没有独立自主的精神，凡事拖拉被动，总希望别人来帮自己；这种人不会有大的作为，也挣不到钱，中晚年运势更差，若再家居风水不佳，则容易落入无法收拾的残局。

6. 人中无沟者没有本事

人中无沟，即指人中纹沟平平，没有轮廓。人中无沟的人，性格内向保守，行事拘谨木讷，不善于与人打交道，总是单枪匹马地孤军奋战，不会有大的作为；讨厌繁琐的事务，不负责任，出了差错总是想方设法为自己辩护，推脱责任；这种人很难讨得同事和领导的喜欢，职务升迁也很难，一辈子只能做些无关紧要的小事或给人打杂工。

7. 人中细狭者气量小

人中细狭的人，气量小，容不得别人的点滴过错；爱吃醋，爱计较，小气自私，对朋友很吝啬；还不善言谈，不能与人有效地沟通；不愿意坦白自己的过错，抱残守缺，最后遭众人嫌弃，避而远之，拒绝来往。这种人不会反省，通常在郁闷压抑中度过一生。

8. 人中宽阔且深长者事业蒸蒸日上

人中宽阔深长的人，命里藏富贵，这是大吉之相。性格豁达大度，能包容各种人的缺点，凡事都能看得开，不计较，帮助别人不计报酬。再加上其坦率真诚，不喜欢钻牛角尖，人们都愿意与其结交朋友，并且能得到众人的尊重推崇，因此事业蒸蒸日上。

9. 人中椭圆形者无领导能力

人中椭圆形是身体不佳的征兆，可能有遗传病，最好能去医院做全面检查，及时治疗。人中椭圆形的人，没有一点社交技巧，更没有领导能力，连自己的子女、晚辈都不能管教好，家庭不和睦，经常与家人发生口角冲突。人中椭圆形的人，即使靠机遇当上了单位领导，也没有能力带领部属好好地工作，最后会被迫退位。

10. 人中弯月形者嫉妒心强

人中弯月形，即指人中有弯曲的现象。人中如弯月形的人，心胸狭隘，嫉妒心强，看到别人比自己过得好就会火冒三丈，想尽办法搬弄是非、无中生有地破坏别人的名誉，所以会得罪人而遭人唾弃，甚至招来小人陷害。这种人遇到困难的时候，是不会有人愿意助其走出困境的，甚至会把他当作落水狗而加以痛打。一生官司诉讼缠身，不得安宁，晚年凄凉，这是轮回报应、自作自受的结局。

11. 人中偏斜者喜欢搬弄是非

人中偏斜是凶相。人中偏斜的人，喜欢议论别人的长短，在背后添油加醋地搬弄是非，给人的名声造成无法挽回的损失，使人精神上背上沉重的包袱；害人害己，最后遭人唾弃，严重者会有官司诉讼缠身，不得安宁。

妇女人中偏斜者，怀孕时候会有危险，容易发生流产或难产的事情，即使是顺利生产也不能算是大吉，因为孩子长大后比较叛逆，无法管教。

12. 人中十字纹者自高自大

人中有十字纹的人，比较重视精神生活，是一个精神的贵族，而且意志力也比较坚定。由于其重视精神生活，性格显得孤僻，不愿与人交往，自命清高，自高自大，因此很难觅到适合的生活伴侣。即使结婚生了孩子，也无法与子女相处沟通，不会享受到天伦之乐。这是性格造成的悲剧。

13. 人中吉凶相汇总

人中连接鼻和口，聚气为佳。人中形状如水滴深明者为吉相，人中有纹理、不分明者为凶相。

人中短小，贫贱。人中短小促缩的人，贫贱早夭。

人中突凸，命短。人中高突且肉厚的人，寿命短。

人中平长，无子。人中平长的人，无子；或有子，但不得子力。

人中分明，运势好。人中分明清晰的人，正直无私，一生运势强盛。

人中窄，贫寒。人中窄如一线的人，贫寒。

人中下宽，老来有福。人中上窄下宽的人，早年困滞，老年兴旺。

人中深短，寿命短。人中短而深的人，晚年方能得子，或短寿。

人中的中间高，子晚。人中两头低而中间高，晚年方能得子。

人中宽阔，功名早。人中宽阔的人，青中年就可立功名。

人中无形或消失的人，当奴仆，会损害主人。

人中形如甓（砖）筒的人，预示荣禄，要高迁。

人中偏，妨父母。人中向右偏不利父亲，向左偏不利母亲。

人中曲，性狡猾。人中弯曲的人，心性狡猾，且贪恋性爱，淫欲旺盛。

人中浅，破财。人中浅的人，容易破财，运气困滞。

人中上宽，早年运好。人中上宽下窄，初年运旺，到老孤单。

人中小深，性情急躁。人中小且深的人，做事急躁，与人相处不和睦。

人中如破竹，贵显。人中形同破开竹子的仰面，预示贵显并有晚福。

人中深长，寿命长。人中深且长，不仅寿命长，还会事事亨通。

第八节　法令纹

法令纹是指左右鼻翼旁边向下倾斜延伸而下的两道纹路。在面相学上，法令纹代表一个人的社会地位、职业、性格、态度等。通常情况下，人到了中年以后才有法令纹，因为中年以后的人在社会上已拥有一定的名望和成就。法令纹代表人对社会的态度，也能反映出人在职场的命运。若想知道自己的职场运势，就拿起镜子瞧瞧自己的法令纹。

1. 法令纹不明显者市井之相

法令纹不明显，是小市民的面相。法令纹不明显的人，对人生没有规划，工作上常常处于被动状态，只好采取"做一天和尚撞一天钟"的态度，得过且过，一生平平，难有升迁发达之日。

2. 法令纹抱嘴角者脾气古怪

法令纹过嘴角，即指左右鼻翼旁边的纹路经过嘴角旁向下延伸，涵盖整个下巴部位。这种人脾气古怪，而且还总是自以为是，刚愎自用，所以往往是得罪了别人还不知道，严重者会有口角纠纷，树

法令纹不明显

法令纹抱过嘴角

敌太多，最后导致人际关系紧张，事业上不会有大的发展。但健康状况良好，能长寿。

3. 法令纹分岔者是商业奇才

法令分岔纹

法令纹分岔的情况，叫作金缕纹，这是一种贵相。法令纹分岔的人，有雄才大略，是不可多得的商业奇才。这种人不仅有宰相撑船的气度，而且多智多谋，交际手腕高明，经商或从政都会一帆风顺，能成就一番大事业。

4. 法令纹有横纹者六亲无靠

法令纹中间有横纹，即指法令纹中间有横纹划过。法令纹中间有横纹的人，祖宗财运被拦腰砍断，六亲无靠，不可能依靠祖上的德来发展事业，要想出人头地只能依靠自强不息。这种人重名利，为了自身的利益会经常与人发生冲突，造成人际关系不和谐，须提防小人暗算或意外灾害。

5. 法令纹有数条者适合当助理人员

法令纹有数条，即指法令纹旁边还有平行的细小纹路。法令纹有数条的人，有勤俭节约的美德和努力奋斗、积极向上的精神，能赢得上司的青睐和奖赏。缺点是：不懂得放权用人，事必躬亲，不果断，因此不适合做领导者，只能当副手。

法令纹深长过嘴

6. 法令纹深且长过口者名利双收

法令纹深且长的人，精力旺盛，大脑冷静，思路清晰，做事有条有理；再加上认真负责的态度，能出色地完成任务，获得大家的一致称赞和好评。这种人做学问时，能够深入钻研，学有所成，受人敬仰与尊重，并且随着年龄的增长，权威越来越高，名利双收，一生尊贵。

7. 法令纹八字形者事业平稳

法令纹成八字形的人，淡薄名利，没有野心，生活悠闲、快乐，属于知足常乐类型的人物。这种人有常人难以达到的能力，能在谈笑之间把一切事情搞定，事业能平稳发展，因此人们都愿意与其打交道。中晚年以后，可以安享清福。

8. 法令纹入嘴角者易受打击

法令纹入嘴角，是天生的一种凶相。法令纹入嘴角的人，性格怪癖，心胸狭窄，总是整天担心一些无所谓的小事，杞人忧天，惶惑不安，并且经受不住挫折的打击，失败了就会一蹶不振，心灰意冷，长期处于压抑、苦闷之中，健康必然会受到很大的影响，导致短命。

第九节　下巴

面部的下方就是下巴，也称地阁。下巴象征人的财富和田宅，暗示一生中的晚年运。人力资源管理方面，从一个人的下巴相理能观察这个人的才华、领导能力、权力意识和工作态度等。因此，单位在选聘人才时，一定要睁大眼睛看看应聘人员的下巴是否丰肥润泽、有气势。

1. 下巴尖小者三分钟热度

下巴尖小的人，好奇心强，虽然喜欢学习，兴趣广泛，但是缺乏耐性，做事情只有三分钟热度。这种人反应较为灵敏，口才尚好，说话风趣幽默，初次接触就能给人以极大的好感。但考虑的问题比较多，有点神经质，疑神疑鬼，人们都不愿意与其交往，很难觅到另一半。

2. 下巴凹陷者有艺术天赋

下巴凹陷，即指下巴中间存在凹入低陷的情况，好似两个下巴。这种人富有创造性的艺术天赋，有很强的审美能力和文采。缺点是：不安分守己，感情不专一，喜新厌旧，恋情和人际关系很难维持，应加强与恋人的沟通，才能使婚姻美满长久。

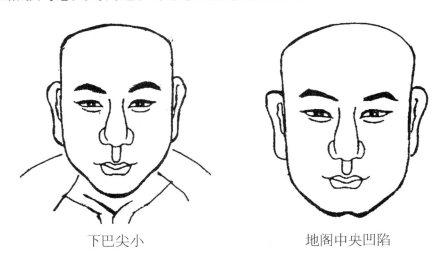

下巴尖小　　　　　　　　　　地阁中央凹陷

3. 腮骨畸形者喜耍小聪明

腮骨畸形，即指下巴呈现不规则的形状。这种人喜欢耍小聪明，占小便宜，自以为口才好而到处张扬卖弄，遭人反感，因此会经常与他人发生纠纷。没有耐性和毅力，凡事无法坚持到底，难以委托重任。

4. 腮骨歪斜者运势起伏很大

腮骨歪斜，即指一边高、一边低，或腮骨形状不对称。腮骨歪斜的人，运势起伏很大，人生变化也多，一生要面对很多折磨与苦难；平时劳作，获得的报酬很微薄，因此心态上不平衡，常常处于烦恼、苦闷之境地；也容易遭受朋友牵连拖累，影响到婚姻家庭生活的幸福。

5. 腮骨尖突者残忍毒辣

腮骨尖突，即指从脑后可以看见腮骨。这种人极端危险，脾气很暴躁，残忍毒辣。若年少时管教不好，长大以后就会不务正业，到处惹事生非，闹得鸡犬不宁，渐而变成一个不可收拾的烂摊子。若年少时教育得当，就会把其残忍毒辣的本性扭转过来，再以强劲之势使其发奋图强，一往无前，会干出一番令世人惊叹的伟大事业。

6. 下巴圆突者权力意识强

下巴圆突，属于地阁方圆的面相，这是富贵之相。这种面相的人，有很强的权力意识，并且掌握分寸恰到好处，富有人情味，又善于处理人际关系，人们都愿意听其指挥，因此一生的事业、生活都会很顺利。

7. 下巴短小者自卑保守

下巴短小的人比较保守，不愿意表达自己，显得高深莫测，给人以神秘的感觉。缺点是：自信心不足，做事不果断，往往抓不住良好的机会。

8. 下巴拉长者聪明善谋

下巴拉长的人，精力充沛，脑袋聪明，反应灵敏，善于谋略，又有事业心。遇到困难时，能顶得住压力，寻找突破的契机，有使事业起死回生的能力，因此很有群众魅力，适合做领导者。缺点是：是非曲直表现得很固执，难免会因一时冲动而得罪他人，因此要学会克制自己的情绪。

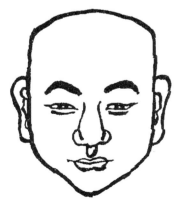

地阁短小

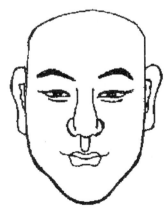

地阁拉长

9. 下巴宽圆者福禄寿三全

下巴宽圆的人比下巴圆突的人命运更好。这种人个性敦厚、老实，为人古道热肠，态度大方，处事稳重圆通，喜欢交朋友，善于采纳别人的意见，适合担当领导职务。即使自己创业，也会有一批追随者，能成就一番事业。晚年福禄寿齐全，可以颐养天年。

10. 双层下巴者偏财运旺盛

双层下巴的人，心宽体胖，性格温和，很有绅士风度。凡事不计较，更不会记恨寻仇、有仇必报，豁达大度，能体谅人；偏财运很旺盛，又善于理财、投资，晚年也会发达贵显。

11. 下巴方正者是典型的实干家

下巴方正的人，踏实可靠，充满正义感，愿意帮助弱小，因此会收到来自社会上的回报。这种人做事情一步一个脚印，按部就班，不浮夸，不吹嘘，不投机取巧，是典型的实干家。

12. 腮骨圆满者有经济头脑

腮骨圆满，即指腮骨有突出且有肉包覆盖，显得圆润丰满。这种人有胆量，有魄力，事业心强，敢于冒险，不管是自己创业还是在社会上公干，都能胜任领导职务，成就一番事业。这种人有经济头脑，理财投资规划都很切合实际，能给自己带来丰厚的利润，晚年生活会很富足。

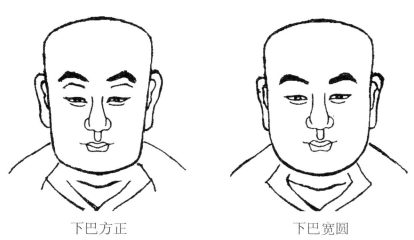

下巴方正　　　　　　　　　　下巴宽圆

第十二章　面相蕴藏着千般人心

1. 说话谈笑齿龈露，个性柔和像傻瓜

女性说话或者谈笑时，上齿龈明显露出，其性格柔顺温和，待人亲切不失开朗，但缺乏诱惑抵抗力，会给人留下不灵活的印象。但是，这种人内心深处藏有对于金钱和感情的强烈企求，为了满足自己的需求，会不择手段地做事。

女性说话或者谈笑时，下齿龈明显露出，其天性比较冷漠，爱冷笑，人际关系不是很好。

2. 耳朵垂珠厚大，财运人际特好

耳朵垂珠厚大的人，财运和人际关系都很好，能继承大笔遗产。贵人运也不错，陷入困境时会有贵人帮助，能逢凶化吉。

人的耳垂越大越有运气。如果耳垂大而且特别柔软的女性，善良温和，待人也和善宽厚，有良好的人际关系，也非常有福气；尤其对待比自己地位低的人（如晚辈、部属等）更是和蔼可亲。

3. 下巴饱满圆厚的女性，旺夫贤内助

下巴丰满厚实的女人，不仅性格乐观开朗、温柔敦厚，风范十足，而且能够给丈夫带来好运并且帮助丈夫处理家庭和事业上的事务。尤其是双下巴的女性，给丈夫带来好运最为显著。下巴丰满厚实的女人，会成为众多异性梦寐以求的终身伴侣。

下巴肉过多且有点下垂的女性，非常热心，有正义感，有路见不平、拔刀相助的气概。但是会在无意间惹上麻烦，只得一时的爽快而耗费大量的精力。

女性下巴丰满厚实，如果再加声音甜美柔和，那么其性格温柔体贴，结婚后绝对能够成为理想的贤内助。

4. 由字脸型，物质欲望重

额头的前额显得比较窄小，下巴、腮骨却很厚实宽大，形象很似汉语中的"由"字，称为由字型脸。有由字脸型的人，身材很丰满，且很有肉感。由字型脸者贪恋物质生活。由字型脸的女性，做事情时善于动脑筋，举止像男人一样粗犷，并且对物质享受有着强烈的追求，显得很贪心，无法抵挡来自外界的诱惑，因此经常判断失误，难以守住钱财。

5. 鼻子短小塌陷，思考能力差

鼻子短小塌陷，即指鼻子在脸上所占的比例较小，而且鼻梁向下凹陷，整体鼻子缺乏气势。

鼻子短小塌陷的人，长相很像小孩子，皮肤细嫩柔滑，没有主见，也不擅长思考，很容易被朋友左右；若还有尖鼻头，是小孩子常有的朝天鼻，这种人有小孩子般的幼稚。

6. 人中清晰且深长，豪放侠义

人中清晰深长，必须具备四个条件：第一，鼻端和嘴巴之间，由上而下变宽；第二，左右线形笔直而且清晰；第三，人中上没有出现痣、横纹、斑点、凹凸等情况；第四，人中的长度至少一公分半。只有符合这四个条件都满足的，才称得上人中清晰深长。

人中清晰深长的女性，聪明过人，过日子精打细算；做事不三心二意，更不会半途而废，敢想敢做，很有气魄；人品优良，做事光明正大，潇洒磊落，讲义气，颇具侠女风范。

7. 鼻子笔直高挺的女性，人中之凤也

鼻子笔直挺拔，山根高隆，鼻翼丰满，是十足的大贵之相。

鼻子笔直挺拔、山根高隆、鼻翼丰满的女性，非常有贵气，气质也高雅大方，多半嫁得很好的丈夫，不是当官的夫人就是富商的太太，是人中之凤。

但需要注意，这种面相的山根部位最好不要过于高隆，否则就会偏于固执，坚持自己的错误观点，也不肯悔改，一条路走到底，

特别对恋爱和婚姻非常不利。

富贵面相：鼻子高挺、声音甜美、下巴饱满、耳垂厚大、人中深长。

8. 嘴巴大，器量大，做事有气势

嘴巴比鼻子两侧的鼻翼宽大，并且嘴唇宽又厚，是大嘴之相。嘴巴大的人，器量也大，性格开朗爽直，做事很有气势。

嘴巴大的女性，性格偏向男性化，做事的时候分外具有男子气概。如果女人嘴巴大，再加嘴角上弯，整体嘴唇形状优美，那么该女人一定大富大贵，执着于追求事业，生活上也注重品质，吃用都格外重视质量。

9. 申字脸型，追求时尚，酷爱打扮

申字脸是指两个脸颊很丰满，下巴有点尖，介于鹅蛋脸跟瓜子脸之间的脸型。

拥有申字脸型面相的人，崇尚流行事物，追求时尚，喜欢逛街，酷爱打扮，而且本身对美的事物很感兴趣，流行敏感度也很高，为了美而花费大量的时间、金钱，也无怨无悔。但申字脸型的人，喜爱血拼。

10. 耳朵无垂珠，浪漫情调，不会积蓄

耳垂代表福气。没有耳垂并且耳朵上方的耳廓大的人，尤其沉迷于精神世界，向往艺术，文学，充满轻松悠闲的浪漫情调。

没有耳垂的女性，不会积蓄，手里总攒不下钱，购物没有节制，兴致一来就大肆挥霍，属于绝对的感觉派。感觉良好时，可以毫不犹豫地一掷千金。

11. 眼下泪堂青黑，易陷色情漩涡

泪堂位于眼睛的下方，代表一个人的纵欲程度。泪堂发黑，俗称的黑眼圈。泪堂只是暂时发黑，是平时睡眠不足，但如果泪堂常年呈现青黑色，那么大多数是纵欲造成的。

如果三十岁左右的年轻人就因纵欲造成泪堂发黑，那么必然对

循环系统的机能产生不良影响，最糟糕的影响就是将来难以怀孕。

12. 鼻子鹰钩，性情难捉摸，邪恶的标志

邪恶者的标志——鹰钩鼻。鹰钩鼻一向是邪恶者身上的"胎记"，无论是西方童话故事中歹毒的女巫，还是万圣节大街小巷的魔鬼面具，都无一列外地高耸着鹰钩鼻，人们潜在地受到了面相学的影响，才塑造了这种形象。

鹰钩鼻的女性，头脑冷静，仪态高雅，魅力十足，非常有女人味。

鹰钩鼻人的缺点是，以自我为中心，非常看重自己的实际利益，显得自私自利，一般人应敬而远之。

从民间留传有关鹰钩鼻的俗语中，可以看出鹰钩鼻的人物形象给人们留下了"城府深、擅算计"的深刻印象，如"鼻准如钩财上毒""鼻准尖抖、心事加钩"等。

鹰钩鼻不是好面相，但是如果鹰钩鼻上的肉比较多，鼻子显得很丰满，那么这种面相还不是特别糟糕，即使不好也不会很差。如果鹰钩鼻瘦削，看起来没有肉感，那么这种面相就是最极端的鹰钩鼻。拥有这种鹰钩鼻的女性，刻薄自私，平时相处很有魅力，一旦出现利益冲突，就会变得很可怕，其冷酷寡情表露无遗。

13. 耳朵形状小且肉薄软，缺乏主见

耳朵形状小且肉薄软，即指耳朵上少肉，很薄很软，从外表看显得弱小，不是好相。拥有这种面相的人，生活不是很好，还有可能先天不足，身体孱弱多病，自信心不足，没有自己的想法，总是依赖他人，懦弱懈怠，不敢承担事情，心烦意乱，缺乏安全感。

14. 嘴唇红润牙齿白，温柔体贴解人意

牙齿白皙，排列整齐，大小也适中，再加上嘴唇红润，就是常说的"唇红齿白"。

唇红齿白的女性，如果再加声音还优美柔和，那么一定温柔体贴，善解人意，性情柔和稳定，喜欢过平平淡淡的生活。

15. 毛发柔软的女性，辅助型人才

毛发细软的女性，性格温和，容易和人妥协，又擅长调节自己的心里，不会钻牛角尖，是非常棒的辅助型人才。但是，如果女性只是头发细软，而眉毛却很粗硬，那么其个性比较强硬，不轻易妥协。

16. 眉尾螺旋卷的女性，喜怒无常，粗鲁野蛮

眉尾出现螺旋卷的女性，通常很孤独，属于面相学常说的"双父双母命"，可能是养女，也可能身世很曲折。

眉尾出现螺旋卷的女性，喜怒无常，彪悍凶狠，举止行为粗鲁野蛮，爱憎分明，极端缺乏女人味。

17. 两眼大小不一的女性，个性敏感，反复无常

左眼和右眼的大小不一样，外观很不平衡，左眼代表内部心理，右眼代表外部行为。左右眼大小不一的女性，本身的情绪往往也不平衡，性格反复无常，对外界的事物非常敏感，一点风吹草动也不放过，适合从事专注于细微的艺术工作，比如绘画、设计等。左眼比右眼大的女性，外刚内柔；右眼比左眼大的女性，外柔内刚。

18. 身体前倾的女性，没有耐心，虎头蛇尾

身体向前倾，是指人走路的时候，头和身体不在一条直线上，而是头在身体前方。

身体向前倾的女性，没有耐心，做事总虎头蛇尾，开始做得很顺利，到了后来就慢慢陷入困境，无法自拔。而且开始做事情的时候，必定满腔热血，行动力充足，做出的事情又好又快，但是过于追求速度，在过程中会出现很多漏洞，到了后期就会出现异议，此时热情已经耗尽。遇到问题不会深入思考，只是简单的改弦易张，朝三暮四自然不会有好的结果。

19. 鼻子小颧骨高的女性，固执己见不认输

颧骨较高、鼻子较小的女性，对事业有着强烈的追求，希望能够掌握权力，但本身又不果断、缺乏毅力和自信；个性好强，不会

承认缺点，遇到失误，依然固执己见，不会认输，与人之间不容易沟通。

20. 额头多乱纹的女性，做事犹豫不决

额头上有杂乱皱纹的女性，性格反复无常，无论做什么事情都定不下主意，犹豫不决。额头凹凸不平的女性也是如此。

21. 嘴小且唇薄女性，能言善道，心胸开阔

嘴唇小而薄且嘴角很长的女性，能言善道，心胸开阔。但是如果嘴角不够长，虽然能言善道，心胸却稍显狭隘，有些小家子气。

22. 眼尾钩圆的女性，狡诈阴险，有心计

一般情况下，眼睛尾部的上眼皮和下眼皮交界的地方，都收起呈一条直线，但是如果上眼皮和下眼皮交界的地方，相交出弧线呈钩圆状，眼睛显得圆圆的，也很灵活，就是面相中的"眼尾钩圆"。眼尾钩圆的人，狡猾不老实，不是好面相。

眼尾钩圆的女性，城府很深，也很有心计，阴险狡诈，随机应变能力强，习惯在不动声色间施展手段，为了达到目标会不择手段。

这种女性与人相处时，诚恳有礼，但是很有城府，眼神总是飘忽不定，不敢正视对方，不老实，喜欢动坏脑筋。

23. 声音洪亮且厚实，沉稳镇定女强人

声音洪亮厚实，就像钟鼓的声音一样洪亮大气，是"贵人之声"。拥有这种声音的女性，性情沉稳镇定，面对再大的事情也面不改色，心情再紧张及悲痛，也能维持仪态的镇定，属于典型的女强人。唯独在感情上，表现得很笨拙，不擅长也不喜欢与异性相处。

24. 眉毛稀疏散乱的女性，反复无常，利益第一

眉毛稀疏散乱是指眉毛形状散乱，尾部的眉毛稀疏散乱，整条眉毛好像只到眼睛的中间那么长。

拥有这种面相的女性，随着自身感情的变化和利益的得失，其

待人接物也反复无常，即使亲切温和，很有礼貌，也只是暂时的。

25. 嘴唇厚实嘴又大，为人忠厚讲道义

嘴唇形状饱满，很厚实，而且轮廓清晰，而且嘴唇和其他部位颜色分明，这就是面相学上说的"牛口"之相。"牛口之相"是好相。古书云："口如牛唇，必是贤人，非特口德，又且性纯"。

嘴唇厚实且嘴大的女性，性格温柔敦厚，说话做事都很有礼貌，对自己的要求比别人更加严格，不喜欢搬弄是非，为人忠厚讲道义。

26. 目下卧蚕一字平的女性，耿直磊落

目下一字平，是指眼睛下的卧蚕处直直的，像一条横线。

目下卧蚕一字平的女性，比较严肃，遵守原则，黑白分明，不会混淆是非，做事也光明正大，直截了当，常显得很率真；眼神也很正直沉稳，能够让周围的人信任依赖，但没有女人味，会给人留下过于自立刚强的印象。

27. 耳门宽大的女性，聪明豁达，见解过人

外耳通向内耳的洞口就是耳门。面相学上有一句谚语：耳门宽广，聪明豁达。耳门宽广属于好相。耳门宽大的女性，胸襟宽广，热爱学习知识以及喜欢寻求对未知事物的真相，见识广博，见解过人，早早建立起自己的世界观、价值观，并不容易被人蛊惑、动摇。

28. 眉毛一字的女性，才华过人，外柔内刚

眉身特别上扬，到眉尾部分却突然下降的眉毛，就是一字眉。

一字眉的人，直爽率真，为人处世可以成为楷模，做事认真细致，不留一丝漏洞，并且能够始终如一，坚持到底；能够明辨是非，正义感强，见义勇为，说话也直截了当，一是一，二是二。

眉毛比较粗硬的一字眉女性，个性很强硬；眉毛比较细软的一字眉女性，那处事就比较变通，外柔内刚。

拥有这种面相的女性，聪明过人，心思巧妙，对事业有着强烈

的追求，一旦做起事来不达目的誓不罢休，是典型的"女诸葛"。

29. 人中深长的女性，心灵纯真美丽

人中深长，两条直线的间距由上向下逐渐变宽，而且纹路很清晰，相对而言是好相。但是如果纹路有些模糊，就是不好的面相了。

人中深长的人，善良敦厚。如果女性人中深长，那么必定心灵纯真美丽，做事百折不挠，很有毅力，为人处世稳健成熟，不会幼稚偏激，也不会被感情左右，总能得到大众的认可，能够成就事业，身体健康，会生出聪明可爱的孩子。

30. 下颚中间略凹入的女性，感情丰富，有浪漫情调

下巴中间略凹入而两边高的女性，感情丰富，具有浪漫多情气息，但是在感情关系上占有欲强，会怀疑对方，感情生活不很稳定，适合从事艺术这类关于美学的工作。

31. 小口合不拢的女性，反应迟钝，逆来顺受

小口是指嘴巴的长度比鼻子的宽度要小。嘴巴不仅小而且还合不拢的女性，单纯迟钝、眼光狭隘，想得比较少，做事没有章法条理，有些小家子气，身体不健康，也不会拥有很多钱财。但很能忍耐，处于逆境时能咬牙忍耐，顺从命运。

32. 眼睛小如豆的女性，狭隘内向又被动

眼睛小得像豆子一样没有眼尾线的女性，很保守、狭隘，消极怠惰；没有好奇心，也不愿意面对风险，安分守己，打定主意后就不会再做改变，遇到问题只想不做，喜欢依赖别人，又不愿意全然信任，显得小家子气。

眼睛小如豆的的女性，若眼神还飘忽不定的话，则必定心胸狭隘，睚眦必报，与之相处时需要注意。

33. 下齿龈往后收的女性，意志不坚定，随波逐流

下颚比上颚低陷的女性，软弱消极，做事总被别人或者周围的事情所干扰，意志极其不坚定，随波逐流，比起自作主张更喜欢听

人安排，没有主见，别人说什么就是什么，总是被当做跟班或者替罪羊。

34. 下颚地阁窄小的女性，防御心强且多愁善感

脸上腮骨不发达，脸型瘦削，下颚自然就窄小。

下颚地阁窄小的女性，比较敏感，很多事情都放在心里，很重视别人的意见，对陌生事物充满警惕，不敢主动和人打交道。但是一旦有人向她们表达善意，就会非常依赖对方，非常多愁善感，容易陷入情爱世界而无法自拔。

35. 鼻型特别大的女性，见解高明，极端固执

鼻子大的女性，主观意识强，凡事坚持自己的观点，不愿改变。

女性鼻型特别大，但是如果颧骨还比较低，那么就会由固执己见变成顽固不化。这种女性非常自负，总认为自己完美无缺，见解高明超人一等，即使出现问题，也从不自省，而专从别人身上找缺点。

36. 下巴形状似畚斗的女性，聪明灵巧，极度自恋

下巴偏长、形状像畚斗的女性，聪明灵巧，热情开朗，满腹才华，很自信，勇于表现自己。但是因为以自我为中心，过于自恋，做事只从自己的角度出发，不善于与人沟通，忠于自我，不会妥协，因此人际关系也非常紧张。

37. 由字脸型的女性，性格鲁莽，有冒险精神

额头比较窄小，下巴却很厚实宽大的脸型，就是由字脸型。

由字脸型的女性，性格鲁莽，很有冒险热情，行为举止不会注意细节，有些男孩子气；特别喜欢与人交流，说起话来滔滔不绝，能自圆其说，自有一番道理，有时候甚至能让人拍案叫绝，是很有个人特色的类型。

38. 间歇眉的女性，喜怒无常，感情脆弱

间歇眉是指眉毛散乱不均，排列很不流畅，从远处看时断

时续。

间歇眉面相的女性，感情脆弱，有点神经质，常常被情绪左右，喜怒无常，对世界充满警惕，没有安全感；不愿意信任或者依赖别人，不会拥有良好的人际关系，眼界很高，注重自我，也不乏心机。

39. 鼻子形状尖细的女性，天生军师

鼻子尖细的女性，有很强的分析能力，能够一眼看透别人的心思，做事的时候擅长借势，为人处世不固执，城府极深，懂得变通，很有谋略，是天生的军师型人才。

40. 鬼齿之人，恨意满腹，阴险狡诈

人的牙齿少于 30 颗，会行衰运；超过 32 颗牙以上者，属好命之人；只有 28 颗或以下，在命数中打分最低的。嘴巴微张，能看见 7 颗牙者为最美。

鬼齿是指牙齿长得乱七八糟且歪歪扭扭带有点尖，门牙不像门牙，虎牙不像虎牙。

拥有鬼齿面相的女性，必定不是好人，阴险狡诈，爱搬弄是非，喜欢让周围人的关系变得紧张，总觉得别人对不起自己，有事没事都在算计着别人，甚至想方设法报复。

41. 印堂狭窄的女性，生性猜疑

印堂上出现疤痕，人的官运必定受损；印堂狭窄，猜疑心重。

印堂狭窄的女性，无论想法还是做事总能出人意料，很有创新意识，能够独领风骚，但是过于独特，容易钻进死胡同，把路越走越窄，导致心胸狭隘，总是猜忌周围人，一点小事也会念念不忘，对世界充满警惕。

42. 眼睛赤黄的女性，急躁固执

眼睛赤黄是指眼睛不是黑白分明，整体看上去颜色比较淡，出现很多血丝。

眼睛赤黄的女性，脾气暴躁，顽固不化，而且喜欢孤注一掷。

工作的时候，心不静，总是三心二意的；遇到问题时，喜欢推卸责任，身体、精神不好，自律能力差，易走极端。

43. 齿列向内凹的女性，性格怪胎

上下齿列向内凹的女性，性情怪异，心术不正，不是过于冷淡就是欲求不满。无论是事业还是感情，反复不定的举止行为总会令人无所适从，最后一头雾水。最好不要和这种人打交道。

44. 柳叶眉的女性，温柔善良又有礼

拥有柳叶眉的女性，心肠很软，泪腺分泌特别丰富，很容易被人或事所感动，导致眼泪不断。这种女性温柔善良，与人相处时很有礼貌；自处时，柔情似水，世间实在少有。

45. 田字脸型的女性，慈善大方，心胸开阔

田字脸是一种方中带圆的脸型，脸上的肉很丰满，腮骨突出，额头也是方形。田字脸形的人，心地会跟额头一样宽阔，对待朋友大方豪气，在交际应酬时又能心思细密，是会帮朋友渡过难关的慈善家。

田字面相的女性，心思细密，能够体谅朋友，甚至帮助朋友摆脱困境，而且心胸开阔，做事大方，喜欢和人交朋友，怎么交际应酬都不觉得厌烦。

46. 双下巴太长的女性，善于交际应酬

双下巴和人身体的胖瘦没有关系，瘦人也有双下巴。

双下巴的女性，热情活泼，不拘小节，喜好享乐，喜欢和各种各样的人交往做朋友，热衷于交际应酬。

双下巴太长的女性，往往过于热情，加上好客和喜欢表现自己，会不自觉地和周围的异性调情，因此可能会陷入复杂的恋情中。这种人虽然不拘小节，却不愿意轻易改变自己的认识，顽固不化，感情太过丰富，反而深受其害。

47. 眼睛晶莹若水的女性，性感豪放，喜好淫色

眼睛晶莹若水，是指眼睛清澈明亮，含情脉脉泛出水光。

眼睛晶莹若水的女性，往往离不开夫妻生活。如果女性眼睛中的含水量过高，看上去好像要滴下来，是面相学中的"眼水泛滥"型人物。拥有这种面相的人必定喜好淫色。

48. 耳朵红于面颊的女性，性欲旺盛

耳朵比脸颊白润得多的人，身体健康，也有很好的运气。

如果女性耳朵颜色长期比脸颊都红润，那么这种女性一定沉溺于性欲，无性就无爱，属于为了性生活而恋爱结婚的类型。性欲旺盛的女性，耳朵红润，毛发浓黑。除了耳朵红润外，女性毛发浓黑也是性欲旺盛的重要象征。

49. 目字脸型的女性，事业不输须眉

脸是长方形，且额头是方形，下巴是方形，就是目字脸。

在事业上，目字脸型的女性不让须眉，表现出不亚于男性的果敢与工作能力。下班休闲娱乐的时候，其女人味就会充分展现出来，颇具都市女性成熟智慧的性感风情。她们喜欢炽热狂野"不在乎天长地久，只在乎曾经拥有"的爱情。

50. 眼神飘忽不定的女性，观察力敏锐

眼神飘忽不定的女性，有些神经质，偶尔很躁动，完全无法控制自己的情绪和行为，显得很情绪化，容易给人留下神经兮兮的印象。在脑子里，总是天马行空，想法很多，但也仅限于想象，无法在行动上体现出来，就算使坏也算不上什么坏人。眼神飘忽不定的女性，往往观察力非常敏锐，能够洞悉别人的心理活动，经常让周围人感到害怕。

51. 桃花眼的女性，难免感情纠葛

桃花眼型的女性，个性随和，待人亲切，没有戒心，与人交往时没有主见，也不敢表达自己的想法，容易被别人牵着鼻子走。

这种眼型的女性，应该勇于表达自己，勇于拒绝自己不愿意做的事情，避免出现感情纠葛。

52. 两眉间隔太宽的女性，感情随便易堕落

两条眉毛之间的距离比两个合并手指宽度要宽许多的女性，无法慎重地对待感情，感情上难免有些随便。两眉间隔太宽，如果再加八字眉（即眉毛尾端向下垂），那么这种女性不仅随便，还没有主见，人云亦云，面对金钱的诱惑显然缺乏抵抗力，会因此而堕落。

第十三章 快速推断人心的妙诀

一、脸部是命运吉凶的标记

1. 额头宽阔饱满，少年得志，长大必登高位

额头代表着人的地位和权势。因为，额头上有着面相里很多重要的部位，如天庭、日月角，边城、山林等。

如果人的额头高耸、饱满、厚实，或头骨坚硬皮肤有光泽，那么此人少年得志，年轻时候就已经有了一定的名气。如果人的额头长得很好看，那么能够掌握权力，从政的能成为高官，经商的能成为富翁。如果人的额头宽阔，那么一定聪明过人，大脑发育得比一般人要好得多，思维能力非常强，但是这种人的后脑千万不能削薄，否则必定冷酷无情。

2. 眉毛清秀色泽佳，富有智慧，时来运转

眉清目秀是指眉毛长得有光泽、光彩，或眉毛长得细而浓密，或眉毛颜色偏浅、眉毛顺着眉形走，而且整体形状完好，或眉头颜色偏浅、眉毛柔软温顺，或眉毛顺着眉形上扬，或眉尾形状渐渐变细收拢。

眉毛清秀色泽佳的人，乐观开朗，善良友好，不会嫉妒他人；富有智慧，可以从别人或自己的失败中吸取经验，即使处于困境，也能保持积极乐观的心态，等待时过境迁，运势转好。

3. 双颧高耸明亮，能力高超，官运亨通

一个人的颧骨，能表现其管理能力和事业心。如果人的两边颧骨都很高，那么此人一定意志坚定，管理能力高超，为人处世也很有方法，即使身处人多事杂的单位，也能脱颖而出。

在面相学上，双颧插天仓是相当好的面相，拥有这种面相再加鼻子也长得很好的人，一定有权威，能震慑下属而让下属心甘情愿

听命。如果颧骨高而鼻子长得低陷，那么即使此人登上了高位也并非好事，可能会因威而失权力，受到下属拖累。

4. 耳朵高于眉毛，本身聪明过人

耳朵位置高的人，天生聪颖，具有很强的学习能力，本身也追求成功，因此能够不断地发挥自己的潜能。

耳朵的位置高于眉毛的人，年纪轻轻就已经拥有一定的地位和名声，善于和人协调沟通，无论什么时候待人接物都很有分寸。要么家世良好，要么祖宗有德。

5. 下巴肉丰圆满，晚年运势显发

在面相学上，下巴也称为"地阁"。地阁饱满厚实的人，温和敦厚，喜欢与人交往，拥有良好的人际关系。如果地阁、饱满、厚实，再加脸上出现"成功纹"（即左右腮骨处分别出现两条笔直的深纹），那么此人必定踏实肯干，做事情也很主动，口碑很好，即使一时处于逆境，也能苦尽甘来，越到晚年运势越好。

二、凶灾临身的面相

凡是凶灾上身的人，都会诸事不顺、力不从心，很难担当大任，最好不要经商。自救的唯一办法是：修心养性，多行善，多积阴德。

1. 福堂气色晦暗，难积钱财，切莫经商

一个人的人际关系情况主要表现在内外福堂上，而外福堂主要代表的是一个人的财富。

眉骨高耸的人，小有资产，不会为钱财而发愁。福堂很瘦削、只能看到骨头的人，热衷购物，花费很大，属于有钱财也爱花钱的类型。福堂受到损伤的人，很难攒下钱财，最好不要经商。

2. 印堂青黑或发红，凶灾容易上身

一个人的精神聚集在印堂上。印堂暗黑、发青的人，需要时时小心，注意安全，防止意外事故的发生，尤其要注意交通事故；也不要和陌生人独处。印堂暗红的人，要避免因为口舌之快而引发纠

纷，甚至闹上法庭。

3. 眉与眼间距狭窄，性子急，凶灾易上身

眉毛和眼睛之间的距离很大（即田宅宫宽阔）的人，乐观开朗，有韧劲，能忍耐，能够拥有自己的房屋。

眉毛和眼睛之间的距离较小（即田宅宫狭窄）的人，性子急，做事没有耐心，希望能够尽快得出结果，不适合从事投资理财的工作。不过，这种人适应力强，做事情也很爽快，周围的人很喜欢他，但是没有办法拥有自己的房屋，只好租借别人的屋子居住。田宅宫象征着家庭情况，田宅宫长得不好的人，和家人难于相处，家庭关系有些紧张。田宅宫上出现斑、痘、疤的人，与家人的关系很差，会因种种问题发生冲突。

4. 耳朵单薄色暗，疾病潜伏于身

面相学和医学上，都可以通过观察耳朵判断一个人的身体状况。

耳朵单薄的人，先天不足，身体虚弱多病。耳朵颜色发暗的人，要么身体有病，要么有病毒潜伏在身体里。

耳朵颜色发暗又发青的人，肾脏功能不正常。耳朵躁红的人，心脏血管不好。

5. 山根低陷青暗，疾病潜伏，容易发生意外事故

山根上出现横纹或凹低的人，运势不佳。无论做什么事情都不会很顺利，心有余而力不足，因此时常心怀忧虑，心情不好。

山根颜色发青、发暗或有痣的人，身体不够健康，可能有疾病潜伏，而且容易发生意外事故，造成身体受到伤害，因此非有要事最好不要出门。

三、能成大器的面相

1. 面有伏犀骨，能成大器，多为政界高官

靠近眉身的眉骨上方一直延伸到发际的部位，就是伏犀骨。面

有伏犀骨的人，很有领导才能，能让周围的人听从自己的意见，一般能够成为政界的高官。

2. 双耳贴脑，勇于开创，事业有成

人的五官，随着一生的不同年龄阶段也会慢慢地发生变化。相对而言，耳朵的改变是最缓慢微小的，如果想知道一个人在不同年龄阶段的智慧、健康、遗传、心性等，就一定要好好观察耳朵。

耳朵大，代表着长寿；耳轮耳廓清晰明显，代表着身体健康，大脑发达，思考能力强，善于学习。如果一个人的耳朵贴脑，那么其不容易被传统拘束，勇于突破，能够开创一番事业；如果一个人的耳朵长得好看，那么其一定善良聪明，能够和朋友互相帮忙，勇于接纳朋友的意见，赢得周围人的信任。

3. 眼皮内双，读书聪明，事业容易成功

眼皮内双的人，安静沉稳，内涵秀气，热情开朗，善于表现自己。

如果眼皮内双的人拥有深邃的眼神，那么这个人一定能够安下心来工作，不怕艰难险阻，最适合做学问或进行科学研究的工作。事实上，高科技研究人员和做学问的知识分子，大多是拥有这种面相的人。

4. 鼻若悬胆，聪明理智，事业易获成功

悬胆鼻是指鼻子的山根挺拔，鼻梁上没有出现凹陷，准头和两侧鼻翼都很饱满，好像悬着的猪胆。

悬胆鼻面相的人，聪明理智，思考问题有条理，积极进取，肯为事业而努力奋斗，因此能够获得成功；身体机能完好，可以幸福到晚年，非常长寿。

5. 嘴角长，且人中和嘴唇相交成明显的三角洲

嘴角比较长、嘴巴形状清楚的人，乐观开朗，为人处世比较圆滑，总能把事情做得很好。嘴角长，而且人中和嘴唇相交会成一个明显三角洲的人，很会说话，能言善道。如果这种人的嘴唇还很薄，那么虽然聪明过人，但是说话刻薄，待人处世也很挑剔，显得恃才傲物。

四、女强人的面相

1. 额头又高宽，胸襟宽广，野心勃勃

额头高耸且宽阔的女性，胸襟宽广，很有人生追求，不愿意成为传统的家庭妇女。如果额头的皮肤还有光泽，那么拥有这种面相的女性，能够在事业上获得成功，不适合和人组成家庭共同生活，是不利婚姻的面相，就是古人常说的"照夫镜"。

2. 方脸的女人，天生威仪，顽固不化

额头是方形，下巴也是方形，就是常说的方脸。拥有这种面相的人，很有威仪，能够让周围的人心甘情愿跟随，是天生的领导者，但是很固执，有些顽固不化。如果方脸再加眉毛浓密及眼睛大，那么这个人一定很干脆利落，也很有男人味。

一般而言，额头是方形的人，讲求实际，也很有能力；下巴是方形的人，聪明果断，能够坚持自己的正确观点。

3. 法令纹如钟形，老成持重，善于统御领导

法令纹像一个清晰的钟形的人，老成持重，沉稳干练，很有领导才能，做事很有条理，能够让人心服口服。

法令纹过于深刻清晰的人，很有责任心，往往沉溺于工作中，废寝忘食，而且出现问题后也不怕承担责任，习惯独断专行，因此有些专制，看待问题更重理性，忽略感情。

4. 上嘴唇厚过下嘴唇，坚韧不拔，前景美好

上嘴唇比下嘴唇厚的人，待人热心，本身也很有能力，坚韧不拔，能够吃苦。可惜视野不够开阔，做事总有些盲目冲动，而且看待问题非常片面，总以自己的角度出发，很难接受别人的意见。

5. 颧骨发达，事业心强，追求权势和地位

颧骨高的人，很有野心，不甘于平淡、默默无闻的生活，总

是希望光芒万丈。颧骨和鼻头一样高的人，很有责任心，愿意突破自我，拥有权势和地位，即使是女人，做起事来也绝对不会比男人差。

五、心高气傲的面相

1. 鼻梁细纹明显，精明能干女强人

鼻梁上的细纹称为"肝肠寸断纹"。一般说，鼻梁上的细纹是看不出来的，只有在笑的时候才会在鼻梁上呈现 V 字形或面条状的小细纹。

鼻梁上的细纹非常明显的女人，精明能干，行动力强，工作做得很出色，属于女强人。

如果这种细纹很淡，那么这样的女人很温柔，是一种福相，给人一种柔情似水的感觉，会引起男人的怜爱而去追求她。但是，由于鼻梁上细纹很淡的女人太过柔弱，所以处境很被动，做事盲目，容易发生三角恋、四角恋的关系。表面上看，这种女性很开朗，其实却为私情所困，处于寂寞幽怨中，无法掩藏其愁思而生出的淡淡细纹。

2. 勾人狐眼的女性，爱情重于一切

狐眼是指眼睛长得像狐狸的眼睛一样，有勾人的眼神，狐狸精或许就是从这儿得来的。

有勾人狐眼的女性，从青春期开始就把重心放在谈情说爱上，基本上没有事业成就可言，所以一旦进入恋爱就会全部投入。如果受到挫折，就会承受不住打击。另一特点是爱妒忌、多疑，占有欲很强，总是把爱人的臂弯当成自己的避风港，天生就是为恋爱而生的女人。

3. M 型美额，感情细腻，难以负荷

额头厚实，额角浑圆，发际呈圆弧状，就是 M 型额头。

M 型额头面相的人，很有艺术细胞，感情也很细腻，但有神经

质倾向，伤春悲秋，多愁善感。如果 M 型额头再加眉毛很浓密，并且眉棱骨突出或习惯皱眉头，那么往往忍受不了别人的批评，总会将别人的看法放在心里，难以负荷。

4. 耳朵轮廓飞反，受人喜爱，可当小集体的头头

耳朵硬，而且耳朵的内轮高于外廓很明显，就是"轮飞廓反"。

轮飞廓反面相的人，从外表看很冷酷，虽然在家里喜欢掩饰，但是出了家门，就变得开朗好动。能够承担起责任，很受周围人喜爱，经常引导周围人提意见，算得上是小集体里的头头。

5. 菱角口，乐观开朗，争强好胜

上嘴唇和下嘴唇都丰满有肉，嘴唇轮廓清晰，嘴角尖不会下垂，就是"菱角口"。

菱角口面相的人，乐观开朗，而且不甘于人下，争强好胜。如果这种人能够避免自己的缺陷，适合从事公关工作，就能成就事业。因为，拥有菱角口的人闭嘴的时候，嘴角会出现明显的小口，这种人有些自大，喜欢通过幻想来掩饰自己的自卑，突出自己，所以显得瞧不起人而且非常叛逆。

6. 眼光常向上，很骄傲，不愿意屈于人下

喜爱向上看的人，很骄傲，自认为高人一等，不愿意屈于人下。

如果眼角处出现一条鱼尾纹，那么就高傲过度，开始憎恨世俗。眼珠凸出或者眼光外露的人，往往比较冲动鲁莽。

六、恩将仇报的小人面相

1. 眼白太蓝，鲁莽冲动

眼白的颜色偏蓝或眼睛很朦胧好像带着雾气的人，神经有问题，千万不能受到挫折，因为一旦事情不符合自己的想象，情绪就会发生剧烈波动，就像不定时炸弹一样随时可能引爆。拥有车轮眼或火轮眼的人，鲁莽冲动，偏激固执，完全没有理智，不仅伤害到自己，更容易伤害到周围人，因此应该敬而远之。

2. 鼻梁露骨且少肉，个性急躁难包容

鼻子显得很尖的人，爱慕虚荣，死要面子，为了隐藏内心的敏感神经，总是表现得很冷静、看得开，而且也很有魅力。

鼻子显得很尖的人，如果鼻梁骨还突起，骨头很明显且上面没有多少肉，那么必定鲁莽冲动，以自我为中心，不会体谅别人，也不会容忍他人犯错。

3. 眉毛稀疏，个性刚烈，复仇天使

眉毛稀疏并且聚拢成一撮的人，性情刚烈，脾气火暴。

眉棱骨凸出的人，自尊心强、脾气暴躁。两条眉毛之间距离过窄的人，没有气量，不能容忍人事。

眉毛稀疏好像没有眉毛的人，冷酷无情，待人刻薄。眉毛向上挑起，眉尾散乱不聚拢，成尖刀眉的人，也是如此冷酷无情，待人刻薄。

眉尾好像螺旋的人，性情不定，异于常人，与之相处最好谨慎，不宜轻易冒犯。

4. 脑后见腮，手腕强硬，恩将仇报

一个人能否坚持自己的看法，往往通过颐骨来表现。

看不出颐骨即颐骨不明显的人，随和、没有主见，不容易和人发生冲突。脸部方形颐骨明显的人，五行属金，有着强大的意志力，手腕也很高强，虽然算不上坏人，但是非常容易和周围人发生矛盾，被周围人抵制。

从头部后面向前看，能够看到颐骨外翻有尖角露出的人，阴险狡诈，睚眦必报，总能抓住时机进行报复，与之相处需要小心谨慎。

5. 两颧尖突，面恶心恶

颧骨上的肉少导致颧骨露出显得很尖锐的人，自私自利，渴望

能够掌握权力，做事行为举止肆无忌惮，嚣张跋扈，是表里如一的大坏蛋。

泪堂紧绷，看上去好像没有多少肉的人，也同样是表里如一的大坏蛋。

七、过河拆桥人的面相

过河拆桥的人，有自私自利、花心享乐、冷漠无情、不择手段的特性。这种人会给单位领导、同事、朋友带来巨大的威胁。

1. 狼行虎吻，城府深沉，凶恶狠毒

在行走中回头的那一瞬间，只有头颈转动的情况就是狼行。习惯随时咬牙，远看笑容可掬，近看似怒非怒，笑容不够真诚，或者突然冷笑、言不由衷的情况就是虎吻。

狼行虎吻的人，心机深沉，难以揣测，凶恶狠毒，个性凶狠，绝情寡义，最好不要和这种人交往。

2. 三白眼，冷酷无情，活得不耐烦

三白眼的人，冷酷无情，表面看起来对周边事物好像漠不关心，事实上很重视个人的利益。内心时时关注着个人的得失，有着强烈的欲望，且愿意为此而积极努力，意志坚定，并且为达目的而会不择手段。

3. 眉毛间歇，薄情寡义，阴险狡猾

眉毛颜色淡却形状优美的人，温和，有涵养，只是和家人之间关系不够亲密。

眉毛颜色淡且没有轮廓、杂乱不堪的人，往往只关注自我，薄情寡义。头发浓密唯独眉毛稀疏的人，更加无情无义。

间歇眉是指一条眉毛中出现一个或几个间断。间歇眉面相的人，阴险狡猾，和周围的人关系紧张。

断心眉是指眉毛粗硬，眉头细，顺着眉形慢慢变宽，一直延伸到发际。断心眉面相的人，不懂人情世故，很容易被周围人孤立，

出现问题也没有人帮忙，人际关系不好。

4. 唇薄不均匀，喜欢享乐，过河拆桥

上下嘴唇厚薄不均且下嘴唇比较厚的男性，表面热情主动，其实只是重视享受、喜欢享乐的感觉派。

上下唇薄不均匀且下嘴唇比较厚的人，不轻易显露内心的想法，并且忠于自我，跟着感情走，见一个爱一个，容易脚踏多条船，欺骗女性的感情。嘴唇薄并且上下均匀的人，也是如此。

5. 鹰钩鼻者易使坏，过河拆桥

鹰钩鼻是指鼻头尖锐像钩一样。有鹰钩鼻的人，以自我为中心，非常看重个人利益，比起过程更重视结果，比起别人更爱自己，显得无情无义。拥有这种面相的人，如果鼻子还很少肉，那么就更加孤僻怪异，冷酷无情。

八、富有艺术气息的面相

1. 前额厚，枕骨厚宽丰圆，悟性恨强，适合搞学术

前额厚、枕骨宽阔丰圆的人，天资聪颖过人，有很强的悟性，脑子里充满奇思妙想，很适合作学问，搞学术研究。这种人往学术方面发展，会变成大学者或大文豪，或成为一个大学问家；如果往其他方面发展，就不会有大的建树。

2. 额头宽阔，大脑发达，善于推理思考

额头宽阔的人，大脑发达，尤其擅长理性思维。额头宽阔还凸起的人，更是思路严谨有条理，在数学物理等理科或建筑、空间美学等注重空间想象力的学科方面都能够取得好的成就。但是，这种人往往思虑过度，有些杞人忧天，而且繁多的想法也会影响临时应变的能力，关键时刻不够果断，显得有些优柔寡断。

3. 左右眼不一，才华出众，富有创意

左眼和右眼大小不一，就是指雌雄眼。

拥有雌雄眼面相的人，性情反复不定，下不了决定，但多数能

够拥有幸福的家庭；看待问题总是有些悲观，观察力强，感觉敏锐，直觉非常灵验，具有很好的艺术天赋，与众不同，富有创意。

4. 下巴中央凹进一条线，艺术审美能力强

下巴的中央出现一条凹进去的直纹，这就是常说的艺术家下巴。拥有这种下巴的人，很有艺术细胞，在艺术方面的表现力、创造力等都很有才能，在衣着、饮食、恋爱方面的品位也较独特。完全能够胜任考验审美能力的工作，适合从事美发师、建筑师、画家、文学家、演员等工作，但是因为自身的敏感性格，总是怀疑别人针对自己。

九、胆小怕事的面相

1. 耳朵过低且歪斜，跟着别人走，胆小怕事

耳朵尖比眼角的位置低的人，一般不是很聪明，对读书比较缺乏兴趣，胆小怕事，很难有所成就。拥有这种面相的人，如果耳朵厚实、轮廓明显，那么这种人还可能会有技术方面的特长；如果耳朵的轮廓不清晰，内轮看不清或耳朵薄、不正，那么这种人就容易跟着别人的思路走。

2. 鼻子太长，警惕性高，做事优柔寡断

鼻子的长度比三停的平均长度短，就是鼻子短；鼻子的长度大于三停的平均长度，为长鼻。

鼻子长得比较短的人，鲁莽冲动，做事情不经过深思熟虑就下结论，做事速度很快，直觉敏锐，但是因为性格冲动，做事草率，判断事情容易出现问题。

鼻子长得比较长的人，考虑问题比较周到，也能够做出正确的判断或者决定。但是鼻子太过长的人，思虑过度，对事物过于敏感，对外界充满警惕，急需安全感，想得太多，就会犹豫不决，很容易走进死胡同，并为此而忧愁痛苦，感情方面尤为突出。

3. 眉毛长过眼，做事拖拖拉拉

眉毛比眼睛长的人，对感情不是很重视，动作缓慢琐碎，说话

也不干脆利落，待人处世总是拖拖拉拉。虽然眉毛比眼睛长，但是眉形是八字眉的人，就一般没有主见，总是讨好别人，显得很谄媚。

4. 眼神涣散，愚笨迟钝，缺乏主见

眼神涣散、眼小无神、瞳孔发黄、眼白上出现血丝、黑白不够分明的眼睛，不是好的面相。拥有这种眼睛的人，愚笨迟钝，缺乏决断力，优柔寡断，头脑一片混沌，没有自己的看法，只能听从别人的意见，并且习以为常，容易被人怂恿，成为替罪羊。

5、嘴巴扁小且不合，安分守己，不敢惹事

嘴巴的大小，一般都是以鼻子的宽度作为标准。

嘴巴小并且口角也小没有口角线的人，安分守己、不敢惹事，容易依附或者依赖周围的人，做事总是小心谨慎，能够胜任需要仔细检查的审计、校对等工作。

嘴巴合起来向下拢的人，容易钻牛角尖，有自杀倾向，而且攒不下钱财。所以拥有这种面相的人适合面带微笑，让嘴巴合拢，口角上扬。

十、桃花心性的面相

1. 眉尾跳舞，异性神魂颠倒，花花公子

带桃花的面相，就是眉毛好像在跳舞一样，长得有些杂乱，显得很不整齐。春心眉是指眉毛长得很细，而且后半段眉毛都向下垂，有春心眉的人很有魅力，总能让异性神魂颠倒，自己又没有抵抗力，属于花花公子的类型。长有黄色眉毛的人，也很好色。

2. 鼻头上有痣，风流成性，易惹桃花祸

鼻子的准头特别饱满硕大厚实有肉的人，身体不错，对性有着强烈的需求，风流成性，朝三暮四。在鼻翼、鼻梁、准头上有痣的男人，出门在外很容易惹桃花，而且是烂桃花。

3. 天生卷发，性欲旺盛，喜欢打猎

天生长有卷发的人，风流成性，拈花惹草。按照生理学的说法

来解释，卷发的人天生性欲旺盛，对异性存在霸占的心理，就和自然界的雄性动物为了很多雌性动物而争夺霸主地位一样。

4. 嘴唇厚又长痣，花样百出，桃花相也

大嘴巴或厚嘴唇的人，有很强的性欲。如果嘴唇很厚实并且上面出现了痣，那么就是传说中的桃花相。还有一种桃花相，就是在鼻子和嘴唇之间的位置出现痣。

5. 眼睛常放电，婚姻不顺，脚踏数条船

桃花成性的人，主要表现为瞳孔是琥珀色的，眼睛里面好像含有很多水，加上泪堂饱满，眼尾下垂，奸门上出现直立纹或痣等情况。

在眼角鱼尾纹的地方有痣的人，很有异性缘，也很走桃花运。如果痣长在右脸，那么此人即使结婚也会在外拈花惹草；如果痣长在左边，那么此人婚姻不顺利，夫妻关系紧张，极有可能离婚；如果奸门上出现直立纹，那么此人三心二意，婚后总是出轨，甚至在外养二奶；如果有一层淡淡的黑气围绕在眼睛周围而且并不是黑眼圈，那么此人必定沉迷性欲，纵欲过度。

十一、豪爽好客者的面相

1. 嘴大能容拳，贪得无厌，经商只图钱

嘴巴很大，甚至能够把拳头放进去，是牛口。

牛口的人，活泼开朗，身体素质也相当好，做事大方，豪爽好客，对朋友更是豪爽。但是，也有贪得无厌、好高骛远的一面。如果经商就会充分展现出资本家的特性，为了金钱利益，不在乎侵占他人利益，什么事情都做得出来，独断专行。

长有牛口的人嘴巴轮廓不够清晰，虽然能够有所成就，但是总是起起伏伏，一步天堂一步地狱，最后是成功还是失败也说不准。牛口太大，五官显得过小，就不是好事，会让身体各个器官的状态出现不平衡。

2. 地阁饱满结实，豪爽好客，工作狂热

嘴巴的左右两边是部属宫。部属宫发达的面相，代表领导才能和管理能力很强，并且能够任用合适的人一同冲锋陷阵；下巴厚实有肉、双下巴、双脸颊，腮骨的位置上长有一块赘肉的人，豪爽好客，对工作有很大的热情，热衷于扩大事业。

3. 狮子眉，天生豪爽，我说了算

狮子眉是指眉毛浓密厚重，长又宽，位置长得有点高，呈弧形，中间会出现一些竖生翘出的毛，看起来很有威严。

狮子眉的人，天生豪爽，不拘小节，对自己认为不够格的事物不屑一顾，就算钱不多也要吃好用好，不会退而求次。事业上很有上进心，胸襟宽阔，讨厌耍小聪明及说谎的行为，但是部下犯了错误就会抓住不放。待人接物，不拘小节，也很有礼貌。

十二、愈挫愈勇者的面相

1. 嘴唇轮廓分明，企图心旺盛，事业心很强

嘴唇轮廓清晰分明，指的是下巴丰满、人中深又长、嘴唇棱角分明且边缘清晰。嘴唇轮廓清晰分明的人，事业心很强，比较重视仪容仪表，穿着得体大方，常常给人一种很威严的感觉。

2. 天生一字眉，忠臣和硬汉

一字眉就是剑眉。一字眉的人，性格刚强倔强，疾恶如仇，忠贞不二，不会屈服于外来压力，反而在压力面前有更强的爆发力，积极奋战到底，直到胜利，是典型的忠臣硬汉形象。缺点是：太过刚强而不懂柔和，反而易败。

3. 鼻子两翼怒张，脚踏实地，大手笔人物

鼻子两翼怒张是指鼻管长得丰隆、有势，鼻翼略微提起，鼻头有向前冲的气势。

鼻子两翼怒张的人，很有个性，做事情不造势，而是脚踏实地注意实际效果，遇到困难也不是灰心丧气，而是冷静地分析原因，

积极寻找反败为胜的方法，而且做事情很大气，讲究大格局，有气吞山河之势，可谓是大手笔的人物。

4. 天生王字脸，不满足现状，愈挫愈勇

脸长，从颧骨到下巴，就像倒过来的等边梯形，这种肌骨混合型的脸就是王字脸。

拥有这种面相的人，精力充沛，爱说话，也很有想法，什么事情都愿意尝试，而且说干就干，个性好强；宁可抱着错误的观点，也不愿意向人低头，不满于现状，希望能够过上更好的生活，在工作上一旦自我感觉良好，就会向上司要求更好的待遇。

5. 眼睛下三白，做事不肯轻易罢休

眼瞳下三面露白指的是下三白眼。

下三白眼的人，积极上进，努力不懈怠，认准了目标就会立即付诸行动，尽全力去完成。若眼尾有多条鱼尾纹者，很勤奋，但是劳碌却不会有大的收获。如果鱼尾纹多且往下垂，这是典型的劳碌命。反之，若是鱼尾纹往上扬，则说明其会力争上游，有所成就。

十三、随和友善的人

1. 眉毛像新月，心地善良，重感情

眉毛像新月，也是月牙眉。新月眉和柳叶眉也很类似，这种眉型很漂亮柔媚，尤其是笑起来时弯弯的形状很有吸引力。新月眉再加气质斯文的人，有很强的审美鉴赏能力，为人心地善良，重感情。

2. 耳珠垂肩，心肠柔软，随和友善

耳垂靠肩是指耳垂大，并且耳垂大约占整个耳朵的二分一。如果耳朵下半部分超过嘴角，就叫作垂肩耳。

耳珠垂肩耳相的人，心肠柔软，愿意帮助别人。如果耳朵长得倾向于贴近脑袋，说明其个性沉静保守；如果长得再向外露，则其比较热心公益事业；如果耳垂上有痣，则说明聪明伶俐，又尊长爱

幼，能有所作为。

3. 地阁饱满，重感情，凡事以和为贵

相学上常用"天庭饱满，地阁方圆"来形容伟人。其意思是说这样的人有福气，是干大事的人，这是古人总结出来的观相经验。

一般来说，地阁饱满而有下颚的人很憨厚，重感情，与人意见有分歧时会用理性的态度解决，而不是争执或反目，很懂得以和为贵的道理；而且对家人、晚辈照顾得也较周到。地阁饱满有肉并且形状优美的人，晚年运势会非常好。

4. 皮肤白，身体圆，不拘小节，很好相处

皮肤白皙，脸圆形，身体圆鼓鼓的很有肉感，这样的人性格活泼开朗，很随和，不挑剔，不拘小节，是个很好相处的人。但缺点是有些马虎，做事随兴，有时候显得没有原则。

十四、任人宰割的善良者面相

善良固然是难得可贵的优秀品质，但是当代社会上的奸诈小人、恶毒泼妇实在是太多了，善良的人处世做人也有难度。俗语说："人善被人欺，马善被人骑。"八字眉、小下巴、两眼无神者，是善良的小绵羊。

1. 两眼无神，天生愚钝，缺乏主见

俗话说"眼睛是心灵的窗户"，从一个人的眼睛可以看出这个人的一部分性格。两眼无神是典型的没有主见的面相，这种人天生愚钝，就是很简单的事也会被其搞得很复杂，使自己摸不着头脑。因此，这种人容易受人摆布，为别人服务，即使长相出众也是没有用的，徒有其表。

2. 八字眉，心胸宽广，不会择友

八字眉的人，心胸宽广，热心助人，但不懂得拒绝别人无理的要求，在朋友选择上也欠考虑，所以总是无法清静，陷于别人的琐事中而影响了自己事务的处理，严重的话有可能会受朋友牵连或财

务上陷入危机。

如果眉毛毛质粗黑，那么其点子很多，爱帮人家出主意，算是朋友中的意见领袖；如果眉毛毛质柔软，那么说明其无法把握自己的命运，总是随波逐流，人云亦云，不会有什么作为。

3. 下巴尖小，直筒子，说话做事不经大脑思考

下巴尖又小的人，自卑，还很敏感，有点神经质；凡事缺乏自信，这种消极情绪也会影响其行动力，使本来可以做成功的事也会陷入失败的僵局。

如果下巴尖小到从侧面看不出来，那么说明其没有一点意志力，而且说话做事不经大脑，有啥说啥；遇事不冷静，易冲动，不经论证就下结论，匆忙下决定，显然会误了大事，给自己造成无法挽回的损失。适合这种人的职业是推理、研发、艺术、创作等。

4. 下嘴唇太厚，一意孤行，容易上当受骗

下嘴唇厚分为三种情况：即上嘴唇比下嘴唇厚、下嘴唇比上嘴唇厚、下嘴唇过厚并有点松弛。

上嘴唇比下嘴唇厚的人，喜欢以自我为中心，不愿付出，只想被别人关心爱护。

下嘴唇比上嘴唇厚的人，喜欢沉溺于别人的厚爱，会不加分辨地照单全收，而且也无法克制自己明知是骗局的诱惑。这种人还很顽固，总是一意孤行，不撞墙壁不回头。

下嘴唇过厚并有点松弛的人，比前两种情况更甚，简直无法救药，只能用愚昧来形容了，这种人在感情、事业、人际关系上都很容易受骗上当，但命里就注定了，其很难逃脱命运的反复捉弄。

十五、会泄露秘密的人面相

1. 牙齿突暴，爱搬弄是非，容易泄露秘密

牙齿突暴是指人还没说话，就能看见舌头而且牙齿明显突暴。这种人喜欢玩弄口舌是非，总是夸大或歪曲事情的真相，并以此为

乐，最后害人害己。

2. 男性发女声，个性怪异，会泄露秘密

男性发女声是指男性说话的声音很阴柔，尖声尖气的，像女人声音，也就是平常所说的娘娘腔。这种人反复无常，好使计谋，排除异己，有言语刻薄的不良习性。与别人接触时，很容易让人反感，主要是其声音与性别不一致，怪里怪气的。

不管是男性说话像女声，或女性说话像男声，还是其他给人一种整体不协调的感觉的特质，都是一种非正常的现象，其阴阳怪气会影响一生的命运，给其带来很多难以言说的苦恼和命运的坎坷曲折。

3. 眼球凸出，多嘴多舌，做事不顾后果

眼球凸出的人，反应灵敏，性格直爽，但缺乏判断力，不会对事情全盘考虑，进行整体规划，而总是盲目决断，行事冲动，说话不顾后果，造成无法挽回的损失，应注意说话做事三思而后行。

如果眼球突出再加上眼神飘忽不定、眼睛转个不停、东张西望等，那么这个人必是捣蛋鬼，会趁机作怪、戏谑他人。

4. 耳垂尖小，好奇心强烈，守不住秘密

耳垂尖小的人，心里压不住事，守不住秘密，喜欢传小道消息，喜欢揭露和议论别人的隐私；而且还有很强烈的好奇心，凡事总要打破沙锅问到底。在生活中遇到这种人，一定不要把自己的老底摆出来，免得使自己成为他人的笑柄。

十六、爱好投机赌博者的面相

1. M型额头，爱好投机

M型额头、眉棱骨又高、左右日月角特别明亮的人，有超强的第六感，即对事情的预测判断不需要学识经验而优于常人。这种人很善于投机取巧，偏财运极佳。

2. 鼻翼一大一小，天生爱好赌博

鼻子两翼一大一小是典型的赌徒形象。鼻子两翼一大一小的人，不务正业，会到处聚众赌博。两鼻翼大小不一，再加鼻孔有鼻毛外露，说明赌博总是输的多，越输越赌，最后倾家荡产。

十七、操劳忧郁者的面相

1. 皱眉肌发达，操劳忧烦

在额头上方的皱眉肌，不是先天生成的，而是由于工作强度过大，用脑过度，长期伏案工作，肩部太过劳累所致。

女人皱眉肌太过发达，说明其肩部长期酸痛、僵硬，应注意休息保养。

2. 发际弧度参差，心乱忧烦

额头发际弧度参差指的是两侧的发际特别低，头发把太阳穴包住了，同时额际的弧度也参差不齐。这种额相不是先天生成的，而是由于长期思绪繁杂无法排解所致。

额头发际弧度参差的女人，多半幼时家庭不幸福，父母粗野有不良的嗜好，甚至有暴力倾向，家中吵吵闹闹的总是不得安宁，受家庭拖累，长期心绪不宁就形成了这种额相。

3. 眉遮印堂，小心眼，脾气大

眉遮印堂的人，多半眉毛浓密，使印堂显得过窄，不到一指的宽度。眉遮印堂的女性，感情很丰富，但爱钻牛角尖，还小心眼，不能包容人，有很强的占有欲望，所以容易情绪化，并且脾气也很大。

十八. 各种人的面相特征

1. 眼睛大而无神，思维混乱，自卑空虚

眼睛大的人，性格活泼开朗，喜欢交际，热情似火，给自己和他人都能带来快乐。但眼大无神就不好了，说明其思维混乱，缺乏自信心，内心总是有不安全感。努力做事也不能令他人满意，常常

感觉寂寞、空虚而又摆脱不掉这种消极心态。

2. 脸庞瘦且小，交际圈小，爱钻牛角尖

脸庞瘦小的人，很理想化，一点都不现实，也不喜欢交朋友，人际圈子很小，还爱钻牛角尖。因此，总是沉溺于个人世界里做白日梦，梦醒后更感觉到现实的可怕，感觉人世凄凉，自己更是孤独寂寞。如果生活稍不如意，就感觉到自己是世界上最凄苦的人，甚至把自己设想成是悲剧中的主人公。

3. 田宅宫凹陷，少言寡欲，喜欢胡思乱想

田宅宫是指眉毛和眼睛之间的部位。田宅宫位凹陷的人性格沉静，少言寡欲，喜欢胡思乱想，但总是把心思藏在心里而不愿与人分享沟通，不喜欢分享心情，就是与朋友之间关系也很淡。

4. 人中有横纹，情寡缘薄，不想结婚

人中有横纹的女性，命运不会很好。如果人中有横纹再加人中不清晰，那么说明其在妇科方面有障碍，有不孕、难产的可能性。其性格也不好，脾气急躁，做事不果断，说话没有分寸和条理，几乎没有异性缘，就是将来结了婚也不会有幸福，丈夫不负责任或被丈夫冷落等，因此人生充满绝望，严重者可能会坚持独身主义。

5. 耳朵轮廓反，情寡缘薄，喜欢唱反调

耳朵轮廓反的人，性格活泼好动，爱表现自己，但又很叛逆，喜欢辩论，辨不出输赢就不罢休，所以很遭人讨厌。

耳朵轮廓反的女性，与异性无情缘。因为其个性太强，脾气又大，考虑问题太过主观，而且多事，还缺乏包容心，所以男人都不太喜欢与其交往。

6. 眼球凸出，情寡缘薄，爱唠叨

两个眼球向外凸出很明显的人，有些神经质，爱唠叨，反反复复，喜欢说东家长、西家短。这种人做事情也有头无尾，忘东忘西，让人感觉非常琐碎。

7. 泪堂部分枯陷，没有浪漫情调，郁郁寡欢

泪堂部分枯陷的女人，没有情调，更不懂得浪漫，在与异性相处的温馨时刻也是正襟危坐，刻板木讷，不能引起人的兴致。将来结婚了，也不会得到老公的宠爱，甚至还会长期被冷落，天天郁郁寡欢。

8. 女性有男声，好胜心强，让人反感

女性有男声的人，缺乏女性的温柔，有大丈夫气慨，热情大方，爽快开朗，泼辣大胆。第一感觉上就让男性排斥，其个性具有中性气质，倔强，好胜心强，凡事得理不饶人，不懂得妥协让步，而是直接以尖刻挖苦的语言对人进行反攻，所以很让人反感。

9. 鼻子有节，以自我为中心，独自奋斗型

鼻子有节是指鼻梁上有一块如竹节般凸起的部位，从侧面看有一凸点。鼻子有节的人，性格很古怪，还很倔强，总是以自我为中心，喜怒无常，所以人缘很差，属于独自奋斗型的。

鼻子是与肝胆相连的，鼻子上有节说明其肝胆有问题，应该到医院进行治疗，以防影响以后的生活和情绪的稳定。

10. 颧骨发达，事业心强，权力欲望，精力旺盛，霸道

颧骨是指两边眼睫毛下面突出来的骨骼，左右各一块。颧骨发达是指颧骨长得高，明显突出。颧骨发达的人，有很强的事业心和权力欲望，精力旺盛，勤奋努力，积极上进，不甘屈居于人下，所以会有所作为。

颧骨高的女性，很霸道，是个女强人。在家里处处为先，让丈夫没有地位；在外面争强好胜，喜好管东管西，所以婚姻多不顺，事业上也不会有大的起色。

11. 奸门缺陷，情路曲折

奸门是一个人感情是否顺利的标志。奸门有缺陷的人，感情之路不顺利；奸门部位光亮平滑的人，才会感情美满幸福。

女性奸门部位有痣，说明老公会另有新欢，从而遭受冷落甚至

抛弃。右边奸门有痣的女性，性欲太旺盛，不安分，容易红杏出墙；有疤和灰黑色的痣，说明结婚后会有外遇，很难从一而终。

12. 眼尾下垂成八字，爱虚荣，善伪装

眼睛尾部垂下成八字形是一种不诚实的坏面相。这种面相不光使人整体显得不协调，而且也给人不安全感，无法取得人的信任。

眼尾下垂成八字的女人，虚荣心重，总是掩饰自己不理想的地方，而千方百计把自己吹嘘成很有地位和身份的人，以获得他人的认可。

13. 眉尾稀疏，半途而废

眉毛尾部稀疏有两种情况：第一种是眉毛浓而尾部稀疏，这种人感情深厚，有志气，比较豪爽，有才气，并且为人正派作风开明，有拼劲和冲劲，但遗憾的是徒有爆发力却没有贯彻力；女性有此眉相的人会比较薄情寡义，感情上起伏不定，且身体气血不调。另一种是眉毛浓而颜色枯黄、尾部稀疏。

14. 嘴大合不拢，标准吹牛王

嘴大合不拢是指一个人在讲话或吃东西时牙齿外露，唾沫飞溅，嘴唇总是合不拢。

嘴大合不拢的人，爱表现自己，夸夸其谈，喜欢抢人风头，尤其会在公共场合到处招摇，举止荒诞，是标准的吹牛大王。

嘴大合不拢的女性，欺软怕硬，小里小气，小场合里总是出头露面，处处显摆，但一旦到了大的场合，就成了缩头乌龟，不敢说话了，举止言行也有失大方，完全是上不了台面的人物。

15. 三曲鼻，喜怒无常

三曲鼻是指鼻梁左右各弯一下，形成三道弯的样子。

三曲鼻的女性，性格多变，反复无常，时而大笑，时而哭泣，疯疯癫癫的样子；做事不果断，犹豫不决，拿不定主意，拖人后腿。最要命的是出现了问题，会把责任推给别人，不会自我反省，而且听不进任何人的建议，很是执拗，严重者甚至会怀疑别人陷害

自己。

16. 后脑削薄，愚昧无知

后脑削薄是指后脑袋长得很平，像悬崖。这样的人先天发育不良，智商不高，凡事不爱动脑筋。如果后脑削薄再加额头低窄，就更没有见识而愚昧无知了。

17. 左右嘴唇不平均，喜欢讽刺别人，祸从口出

嘴唇左右不平均的人，尤其是女性，最容易犯口误的毛病，思维敏捷，在跟别人开玩笑时，会说俏皮话，很会讽刺人，又喜欢插手别人的事情，显得自己很精明似的。说话不经大脑思考，脱口而出，说不到主题上，只是胡说八道而已，容易得罪别人。

18. 眉压眼，有虐待倾向，是危险人物

眉压眼是指眉毛和眼睛的距离很近，或眉毛长得浓密，对眼睛形成一定的压迫。眉压眼的女人，有自虐倾向或虐待他人的倾向，是危险人物，很可怕。很霸道，凡事都想争个第一，但个人又没有什么能力；没有主见，内心脆弱，承受能力差，失败了又无法面对现实，就会变得脾气恶劣，赌气或者疯狂，报复他人以泄私忿。

19. 颧骨高尖，强硬固执

脸部颧骨高尖是指，从脸的正面看，颧骨向脸的左右两侧明显凸出，高耸得像个皮包骨似的突兀，给人以脸皮紧绷的感觉。

颧骨高尖的女人，缺乏女人柔和的气质，而是性格太强硬，又固执，不懂得示弱，还显得很粗鲁，无法给人美好的印象和感觉。而且是个悲观主义者，会把事情的结局想得很糟，使自己的心情长期处于郁闷状态。事情出了问题会推卸责任，但又害怕自己受到牵连而急着与人划清关系。

20. 声音尖酸刻薄，给人压迫感，十足泼妇

声音尖酸又刻薄，即指说话很快，中间没有余韵，像鸟叫一般让人听起来很不舒服，会给人以压迫感。

声音尖酸刻薄的人，愚昧无知，固执己见，没有气量，遇到困

难时不是积极寻找解决的办法而是大哭大闹，像泼妇一样胡搅蛮缠，甚至骂街，实在让人难以招架。

21. 眼睛呈三角，很有权谋，喜欢走极端

长有三角眼的人，很阴险狡诈，诡计多端，很有权谋。

长一双三角眼的女性，基本上属于逞强斗狠、永不服输的类型人物，凡事喜欢走极端。与这样的女人交往时一定要小心，千万不要把她逼急了，否则什么残忍的事情她都做得出来。

22. 樱桃小嘴女性，难于助夫

樱桃小嘴是用来形容一个女子的柔美。其实，有樱桃小嘴的女人，很受男人宠爱，基本上属于男人"金屋藏娇"或"家有娇妻"的类型女性，会拥有幸福的感情生活。

其缺点是：有点孩子气，不善交际，多疑，喜欢过单纯、简单的生活，是贤妻良母型的女人；事业上不会给丈夫出主意，所以对其事业不会有大的帮助。

23. 鼻孔小的女人，是典型的守财奴

鼻孔小的女人很小气，不舍得花钱，对丰富多彩的生活也没有兴趣，只是墨守成规，在自己的小圈子里抱着钱袋子自我陶醉，是典型的守财奴。

24. 短舌的女人，心胸狭窄，缺乏见识

贫贱不离唇舌，唇舌有问题的女人一辈子不会幸福。舌头短的女人，眼界不开阔，心胸狭窄，没有什么见识，凡事总是想不明白，而且很自卑，又没有一点自知之明，有一点小事就会大做文章，很让人烦。

25. 法令纹深长的女人，占有欲很强，婚姻不幸福

法令纹深长的女人，做事以自我为中心，很强势，占有欲很强，显得很强悍，一点都不温柔，所以不受男人喜欢，感情上无法圆满，就是结了婚也不幸福。

法令纹上有痣，如果痣的颜色呈灰黑淡褐色，那么其性格不安

分，在时局的进退上把握不够得体，不能灵活应对，从而造成连锁影响，生活不如意，婚姻不幸福。

26. 嘴唇有痣的女性，爱好感官享乐

嘴唇上有痣的女性，感官特别发达，喜欢接受感官方面的刺激，易陷入情欲中不能自拔。如果嘴唇轮廓清晰明显，那么还不是很滥情的女人，顶多只是独自寂寞而已；但是，如果嘴唇轮廓不清甚至显得松弛，那么这样的女人一点都不懂得节制，是个像狐狸精一样的骚货。

第十四章　善面相与恶面相

第一节　善面相

一、感情稳定专一的面相

人与人之间的感情交往，最忌一方全心投入，而对方却三心二意。最初认识的时候，若两人之间有共同语言，谈话气氛融洽，往后就会进入正式交往甚至约会。但是，随着时间的推移，交往的机会越来越多，彼此之间的感情关系就会发生变化，或许不再是当年如胶似漆、心心相印的恋人了，一方开始转变态度，两人的关系慢慢地疏远。如果另一方还很理智，就会发现蛛丝马迹，知道彼此的关系已经出现了隔阂；如果另一方还是一味沉溺于恋情之中，依然保留着当年的热度，那么直到对方提出分手或消失时，才会从恋情的美梦中苏醒过来，这时悔之已晚了。特别是跟自己爱慕的异性交往时，要小心谨慎，若自己一往情深，而对方却不领情，就会给自己带来伤感。为了不至于浪费时间、伤害感情，每个人都应该好好地研究面相学，正确地认识人生，找到一个不会辜负自己的感情且永不变心的另一半。

1. 双眼大小相同

人的左眼和右眼不能一大一小，否则感情会起伏不定，与别人交往时很难安心，甚至有时会虚情假意、捉弄别人，给对方带来伤感。

双眼的位置最好处在同一水平线上，否则缺乏理智，难分善恶真假。左右眼一高一低，而且落差较大的人，意志不够坚定，容易被别人诱惑。

2. 耳朵高低适中

耳朵大小要适中，高低也要适中。如果耳朵的位置过高或过低，那么这个人感情不稳定，容易波动，甚至变心，会给对方带来伤感。

3. 鼻子挺拔

鼻子端正挺拔的人，选择朋友十分谨慎，感情一般不会受到欺骗而造成伤害，自己也不会欺骗别人的感情。

鼻翼轮廓分明，两边鼻翼的大小差不多才是吉相。鼻翼轮廓分明的人，选择交往对象比较认真，而且与人交往时，比较重视友谊和感情，不会给对方带来伤害。

鼻子歪斜的人，喜欢欺骗感情，是社会交往中名副其实的伪君子。

4. 人中深长

人中端正深长或者人中的两条竖线之间由上向下慢慢变宽。拥有这种面相的人，胸襟宽阔，重视感情，性欲正常，没有不良嗜好，不会沦为流氓或变态人物。

5. 嘴巴端正

嘴巴端正的人，言语诚实，不会胡说八道，更不会存恶心去伤害别人。可放心与这种人交往。

嘴巴歪斜的人，会说假话，对待感情也比较轻浮，与人交往时会花言巧语欺骗对方。与这种人交往时要特别小心，以免给自己带来伤害。

6. 眉毛匀称

眉毛长得匀称，不粗不细，有光泽，眉毛长度过眼少许，此为恰到好处。拥有这种眉毛的人，性情温和，处世理智，考虑周到，对待感情比较理性，在社会交往中不会给别人带来伤害，可与这种人结交为朋友。

7. 额头和下巴宽厚

额头和下巴都宽阔厚实的人，胸襟宽广，凡事都看得开，不会斤斤计较。看到别人有困难时，会主动给予帮助。可与这种人结交为朋友。

额头和下巴都狭窄瘦削，器量狭窄，小心眼，不善于判断事物；在社会交往中，这种人固执己见、独断专行，对待个人感情不够重视。

8. 颧骨有肉

脸颊的颧骨不可太突出，颧骨肉丰、饱满、厚实为大吉之相。颧骨饱满厚实的人，有魄力，有忍耐力，有很强的权力欲，情路顺畅而且重视感情。可与这种人结交。

颧骨高耸突出或瘦削无肉的人，性格偏激，做事过火，感情也会因此出现波折、阻碍。

二、态度谦虚性格温和的面相

在社会交往中，无论是大集体还是小集体中的人，都渴望得到别人的尊重和欣赏。

如果一个人待人谦虚有礼，能够看到周围人的优点并与其友好相处，愿意鼓励夸奖大家，那么这个人拥有良好的人际关系，一定能够被周围的人信任，随时有人愿意提供帮助，即使跌倒谷底，也有翻身的希望。

态度谦虚、性格温和的面相组合是：

1. 五官端端正正，大小、高低恰到好处，让人一看便心生愉快。

2. 嘴巴闭合时不留缝隙，嘴唇饱满，两边嘴角不下垂。

3. 眼睛不凹不凸，眼神正直且有神采。

4. 鼻子端正、挺拔；鼻翼厚实饱满，正面看不见鼻孔。

5. 额头宽阔丰隆如覆肝。

6. 眉毛整体相连不中断且眉形清晰明显，眉毛长度过眼少许，眉眼之间的距离不宽不窄。

7. 人中深长，且没有杂纹。

三、傲慢自大独断专行的面相

如果一个人在集体生活中过于孤立专行，而且自高自大，瞧不起别人，那么一定得不到众人的认同，还会惹人反感，甚至会遭受惩罚。

傲慢自大、瞧不起别人的面相组合是：

1. 脸大而五官小，甚至五官好像挤在一起。
2. 脸上消瘦无肉，而五官又十分突出，眉毛浓黑、粗重。
3. 脸形方方正正，而且棱角明显，或者脸形浑圆，且没有棱角。
4. 耳朵长得很低，下巴短小。（拥有这种面相的人顽固不化，喜走黑道。）
5. 眼睛很小。（心胸狭窄，固执己见）
6. 嘴巴小，且嘴唇薄。（性格倔强好强，说话一针见血）

四、乐观进取的面相

遭受挫折失败的人，总会垂头丧气，心灰意冷。但是，有的人能够在逆境中迎刃而上，善于总结成功的经验和失败的教训，最终凤凰涅槃，事业成功；有的人会被挫折失败打击得一蹶不振，不愿意面对残酷的现实，也没有办法改善自己的处境，一直处于谷底。根据面相学理论，乐观进取的人与自信、谦虚联系在一起，能够在逆境中迎刃而上，而悲观消极的人与自卑、怕事联系在一起，不愿意面对残酷的现实。

1. 印堂宽度适中

印堂宽度约一指半至二指宽的人，生活乐观，有事业进取心，待人有礼貌，得人缘，事业容易成功。

印堂的宽度最好不阔不窄，过阔或是过窄，都不是吉相。印堂太过狭窄的人，气量狭小，悲观消极，见识短浅，无法正确判断事物，容易被他人影响，做事没有条理，鲁莽冲动。印堂太过宽阔的人，胆小怕事，没有主见，容易跟着别人的思路走，鹦鹉学舌。

2. 鼻梁肥大

鼻子代表一个人的个性和主见。鼻梁肥大且与面部比例协调的人，乐观积极，很有责任感，不怕挫折困难，做事有决心。

3. 嘴巴的大小恰到好处

嘴巴的大小与面部比例协调、恰到好处的人，乐观开朗，待人处事宽容大方，不仅能够包容周围人的缺点，并且不会随便暴露别人的短处，意志坚定，做事坚持原则，持之以恒，不会有始无终。

4. 下巴厚实

下巴厚实的人，乐观主动，行动力强，言出必行，而且一言九鼎，承诺的事情即使有天大的困难也一定会去做，百折不挠，很容易获得成功。

下巴短小的人，斤斤计较，患得患失，做事消极被动，并且很难全力以赴。很容易情绪化，惶恐不安，做事遇到一点困难时，就想半途而废。

五、脚踏实地的面相

说话口蜜腹剑的人，城府很深，胆小的人与其相处时会战战兢兢，因此平时很少有人跟他打交道。但是，这种人说话幽默风趣，又能够抓住听众的心理，让人放弃警惕性，慢慢地信任自己，最后吃亏上当，蒙受各种损失。研究和学习面相学，通过面相理论认识人的本性，选择交往对象（交友、求学、恋爱、事业、婚姻）时可以减少阻碍。即使遇到这种人，也能敬而远之。

1. 鼻孔不外露

鼻孔不外露的人，脚踏实地，精明周到，做事谨慎且恰到好处，不好高骛远，不吝啬不浪费，最适合投资理财。与人相处时也会把握分寸、谨小慎微，不会轻易冒犯他人，也不会向别人献媚。

2. 单眼皮

单眼皮的人，沉着冷静，比较保守，不喜欢表现自己，也不擅长和陌生人交往，做事情有条理。不适合做经常跟人打交道的台面工作（如外交、公关等），适合从事那些细心且不出风头的幕后工作（如内勤）。

3. 双耳贴脑

耳朵贴脑的人，温文尔雅，沉稳敦厚，保守可靠，讲究原则，做事认真负责；不会随机应变，不会推脱责任。虽然做事拘泥于传统，没有创新之法，是个可以托付重任的好人。

六、自尊自爱的面相

在社会生活中，人们过于追求欲望，甚至不择手段，做出受到道德谴责的事情。为了维持社会秩序，人们必须具备一定的道德感和责任心，做出被大众广泛认可的事情。只有这样，才能够获得周围人的信任，得到社会的认可，才能够过上如鱼得水的生活。追求欲望，不应该过于贪婪，最好能够自尊自爱，有所节制，适当地追求。

能够自尊、自爱、自律，对欲望不贪婪的人，可以通过面相来识别。

1. 两颊饱满

颧骨丰满有肉，也就是脸颊饱满。拥有这种面相的人，很有能力，也很有主见，能够自尊、自爱、自律，按照自己的想法来对待事物。

颧骨高耸无肉、脸颊瘦削见骨的人，自私自利，做事只顾自己，容易被诱惑，为人处世都不能受人信任。

2. 人中深长

人中深长的人，比较安分守己，贪欲少，做事原则性强；自尊自事爱，不会人云亦云，更不会为了达到目的而不择手段，愿意脚踏实地追求自己的人生目标。

人中短浅的人，原则性不强，没有自尊自爱的品德，为了达到某种目的会不择手段地做出损人利己的事情，会经常撒谎骗人。

七、大方得体的面相

人与人交往的时候，大方得体的人会给人们留下良好的印象。大方得体就是说话得体、态度大方，若再有一副好口才，就能在与人交往中占上风，说话能让人心悦诚服，事业和金钱也会样样如意。大方得体之人，事业上态度诚恳，又善于与人沟通，谈起事情总是有条有理，能让伙伴心悦诚服，合作生意时自然水到渠成；感情上态度诚恳，又能说会道，即使出现问题，也会很快解决，能够很好地拥护真挚的感情。在实际生活中，可以通过面相学来挑选朋友、合作伙伴和终生伴侣。

一般下巴饱满、嘴角细长上扬、鼻梁中正、眼睛细长，为大方得体的面相。这种人积极向上，能够得到周围人的认可、支持和帮助，在恋爱和工作上都能如鱼得水。

1. 下巴饱满

下巴饱满的人，自信乐观，大方得体，喜好交际。即使面临困境，也不容易妄自菲薄。与人交往或对待朋友都很有分寸，也不会吝啬，能够拥有良好的人际关系。这种人能够得到周围人的认可、支持和帮助，最适合从事沟通协调类的工作。

相反，下巴尖削的人，性情急躁，容易被情绪所左右，总想让自己的利益不受损伤，有时候显得咄咄逼人，并且丝毫不觉自己有问题。突出的下巴最好不要方正且有棱角。

2. 嘴角细长上扬

嘴唇轮廓明显的人，口才极佳，很擅长说话，能抓住听众的心娓娓道来，大方得体，人缘很好，周围人都喜欢围在身边。嘴巴成型、棱角分明且嘴角微微上扬的人，开朗活泼，个性光明磊落，为人处世很大方，不会在背地里做事，也很有说服力；但说话很容易出口伤人，甚至容易跟人结怨。

相反，嘴巴轮廓模糊、嘴角下垂的人，处世粗枝大叶，思考不周密，而且说话一针见血，会在不经意间刺伤别人，因此结下深仇大恨。

3. 鼻梁中正

一个人的自我意识往往表现在鼻子上。鼻子大，意味着自我意识强；鼻子小，意味着自我意识弱。鼻子挺直中正的人，大方得体，正直勇敢，一言九鼎，绝对不会朝令夕改。

相反，鼻子歪斜不正或鼻翼大小不均的人，做事没有原则，很像天马行空，想到什么就做什么，而且缺乏自制力，说话信口开河，对待朋友也不真诚。与这种人相处时，要小心谨慎。

4. 眼睛细长

眼睛小的人，谨小慎微，胆量不足。如果眼睛再细长，那么这种人大方得体，比较踏实，不会鲁莽行事，能够沉着冷静地处理事情，做事情决定之前总会认真观察分析，留下后路。即使失败了，也不会造成太多损失。眼睛细长的人，说话温和，脾气很好，与之交往如沐春风。

相反，眼睛大的人，很喜欢说话，也很喜欢做事情，但是容易跟着别人的思路走，而且事前不会做好准备，总是鲁莽行事。

八、有主见的面相

1. 眉眼距离宽阔

眉毛和眼睛之间的位置，就是田宅宫，主要用来判断家产及观察一个人的主见和才能。田宅宽阔的人，深谋远虑，沉稳有才能。

眉毛与眼睛之间距离宽阔的人，心胸宽广，深谋远虑，对人生有美好的追求。而做事沉稳，不急不躁，原则性强，心态健康、稳定，能够成为集体里的"镇海神针"。

相反，眉毛与眼睛之间距离过于狭窄，称为眉压眼。眉毛压眼的人，脾气暴躁，易冲动，性情轻浮，耐性差，不能冷静行事，往往误失良机，弄巧成拙，属于"烂泥扶不上墙"的典型人物。

2. 耳朵贴脑

耳朵贴脑的人，重视集体的利益和荣誉，愿意和同伴合作一起奋斗，做决定时喜欢征求大家的意见，不会独断专行，做事认真负责，不会推脱责任，安分守己，沉稳踏实。

相反，耳朵外翻甚至招风耳的人，虽然活泼开朗，脑筋转得也快，但是性格倔强，很有主见，又有叛逆心，不安分守己，不易被传统束缚，为了生活得自由自在，为了达到美好的目标，能够勇敢地打破框框。

3. 眉毛匀称

面相学认为，人体形态比例代表一个人的胸怀，合者为正派之人，不合者为极端人物，或是大英雄，或是大狗熊，或为皇帝，或为乞丐。

眉毛匀称，即指眉毛长度恰好长过眼睛，而且颜色不浓不淡。拥有这种眉毛的人，心地善良，温和沉稳，很有主见，能够很好地控制情绪；做事有章有节，考虑周到，能体谅他人，说话有分寸，让人听了很舒服，处理事件也合情合理，能够和大家一起维护集体的利益。

相反，眉毛太过浓密或太过稀疏的人，性格多变，情绪也容易发生变化，使得周围的人无所适从，人际关系很差。

九、追求上进的面相

追求成功是每个人的梦想，但是天下没有免费的午餐。古往今来，凡是在事业上取得成功的人，如政治领袖、企业家及各行各业的名人等，都是经历了很多艰难困苦，甚至遭遇过不少心酸的事情，才能创造辉煌灿烂的伟大成就。虽然在他们成功的背后，有着很多极其宝贵的经验，但是在他们的面相上，也印记着成功与失败的征兆。依据面相学的相关原理，可以预知一个人最终是成功还是失败的结局。

1. 眉棱骨突出

眉棱骨，即指人的眉毛生长的地方突起的骨头。眉棱骨反映了一个人是否有旺盛的精力，是否有着惊人的胆识。一般来说，如果一个人的眉棱骨十分饱满，则这人有着很强的企图心和责任心，其积极进取、追求上进，奋发向上，为了达到自己的目的或实现自己的理想，在相应的工作中，能够全心全意地投入；即使在工作中遇到很大的困难，也没有丝毫的畏惧，并能积极地采取有效的方法去克服。

相反，如果一个人的眉棱骨不是很明显，那么这个人没有担当责任的勇气和胆量，平时做事畏首畏尾，胆小如鼠；如果一个人的眉棱骨过于突出，那么这个人做事情缺乏理智，往往感情用事，甚至会发生越轨的行为。

2. 额头宽阔饱满

人的额头储存着人体的诸多信息，通过额头相理可以看出这个人的聪明才干及脾气秉性等。

额头宽阔饱满的人，非常重视精神生活的质量，人际交往能力较强，追求上进；与人相处时，能理性地协调、沟通与交流，且心胸比较宽阔。

相反，如果一个人的额头较低，那么这个人物质欲较强，生活十分现实，对环境的适应性很强，但在做事情的时候不能认真地思考、详细地分析，因此会导致事情发展很不顺利。

3. 鼻梁端直肥大

鼻子代表着一个人的脾气秉性。鼻子与整个面部比例适中且鼻梁端正、长直、肥大的人，对任何事情都有主见，且不容易受到外部不良环境的影响。因此能够执着地坚持做自己的事情，为实现自己的理想和目标而积极奋进。

相反，如果一个人的鼻子与整个面部的比例失调，过短或过长，过肥或过瘦，那么这个人做事情没有足够的耐心，只有三分钟的热度，常常半途而废。此外，在事情面前没有主见，犹豫不决，即使有些事情已经做了决定，也会因受别人的影响而发生改变。

4. 下巴饱满且长

观察人的下巴与整个面部的比例，若下巴显得相当长且十分饱满，则此人为人厚道，与同事和朋友相处时很和善，有非常好的人缘，心胸宽广，从不与人斤斤计较。因此能得到朋友们的帮助和支持，使自己的事业一帆风顺。这类人的意志力较强，在任何情况下都能坚持把自己的事情完成。

相反，如果一个人的下巴与整个面部的比例显得太短，那么这个人没有贵人运，做任何事情都没有贵人帮助，而靠自己辛勤的努力，孤军奋战，一生没有什么大的作为。

十、家境良好的面相

1. 耳朵外观轮廓明显

耳朵代表一个人少年时期的运势，通过观察人的耳朵，可以了解其幼年的生活状况及家庭环境的情况。

耳朵外观轮廓明显，家境良好。从形状上看，外观轮廓比较明显的耳朵为良性耳朵；耳朵的高度与眉毛的高度相同，为最合适的高度。如果一个人的耳朵比眉毛高，那么这个人有很好的家庭背景，其年幼的时候就因受到良好的家庭影响，有成熟独立的个性，年少时期就很有名望。

相反，如果一个人的耳朵高度比眉毛的高度低，那么这个人的家庭背景并不是很好，家中经济生活比较拮据，因此其幼年时期不仅没有得到很好的教育和照顾，而且还经历了很多艰难困苦。

2. 日月角完美

额头左右两旁有两点微微突出的地方，就是日月角，象征父母。

日月角完美，父母健康。如果一个人的额头宽阔饱满，那么这个人在少年时期就有较旺的运势，受到父母及各位长辈的照顾与提携。如果一个人的日月角部位有明显的饱满、突出，且色泽明润，也没有黑痣和丝毫疤痕，那么说明此人父母身体健康状况良好，有很高的道德操守，而且对子女的教育十分重视，有殷切的望子成龙、望女成凤之心。此人从小就得到父母的鞭策和激励，这对将来的发展十分有利。

相反，如果一个人额头的日月角有疤痕和痣，则说明此人家中生活并不是很富裕，父母的身体健康状况不好，自己的幼年生活境遇不佳，甚至还会出现单亲家庭的现象。

十一、广结善缘的面相

1. 鼻梁中正

如果一个人的鼻梁端正，那么此人有十分耿直的个性，心中没有私心邪念，为人诚恳忠厚，对待朋友能够不遗余力地关心与照顾。

相反，如果一个人的鼻梁歪斜，那么说明此人是一个自私、占有欲较强，做事不靠自己的努力而总想投机取巧、轻易获得成功的人。在与朋友交往中，不能以诚待人，常常说谎欺骗，因此这类人的人缘很差，人际关系也十分紧张。

2. 交友宫良好

交友宫，是位于面部眉毛上方的一个部位，它代表着一个人交友的运势。如果一个人的交友宫没有疤痕或黑痣，且色泽明润，那么此人心胸开阔，积极上进；即使遇到困难，也能表现得十分乐观。因此，这类人有很好的人缘，身边的良师益友很多，且常常得到贵人的帮助。

相反，如果一个人的交友宫上有疤痕或黑痣，那么说明此人处世消极，没有上进心，遇到困难时就会悲观颓废。在外面总是结交一些行为不端的朋友，且会因受其连累，无法开展自己的工作或事业。

3. 眉毛均匀秀气

如果一个人的眉毛比较均匀，形状、粗细都协调一致，那么这个人讲诚信，重信誉，为人随和，人缘较好，身边贵人多，出门在外容易得到朋友的帮助。

相反，如果一个人的眉毛很稀疏或很浓密，或者疏密不一，如眉头浓密而眉尾稀疏，那么此人为人行事较极端，不懂得中庸之道。因此，人缘不好，缺乏贵人运，遇到困难时得不到别人的帮助。

十二、心神笃定的面相

1. 眉毛整齐平顺

眉毛整齐平顺的人，心神笃定，心胸开阔，为人坦诚，性格开朗，懂得欣赏别人，从不与人斤斤计较，既重视别人的优点和长处，又能看到自己的缺点和不足。因此，这类人的人缘较好，身边有很多好朋友。

相反，如果一个人的眉毛两边高度不等，那么此人心胸狭窄，不能容人，平时只看到别人的缺点和不足，看不到别人的优点和长处，而且有十分强烈的嫉妒心理。因此，这类人的人缘不好，一生朋友较少。事实上，这恰恰是他们心中自卑、没有自信心的表现。

2. 眼睛大小一致且无黑痣

在五官中，眼睛有着非常重要的地位，其长相对人的运势好坏有着很重大的影响。

如果一个人的眼睛大小一致，那么这个人心理素质好，心神笃定，言行一致，说话算数，情绪稳定，生活安逸，做事不易受外部因素影响而发生变化。

相反，如果一个人的眼睛大小不一致，即一只眼睛大，一只眼睛小，那么这个人平时较易受到外部环境的影响，情绪波动较大，常常让人无法捉摸其心思。因此，这类人很难与人友好相处。在个人的感情问题上，对异性的态度也常会发生变化，有时很淡漠，有时甚至还会有暴力的倾向。如果一个人的眼睛附近长痣，那么这个人运势不佳，生活比较艰辛、忙碌；对身边的人不信任，思考问题的方式和角度不理想，做事比较极端，情绪的变化也很大，容易给人一种神经质的感觉。

十三、进退有度的面相

1. 耳朵有垂珠

耳珠，就是指耳朵垂珠。一般来说，如果一个人的耳垂圆大，轮廓明显，那么这个人为人随和，心胸宽广，不喜欢与人斤斤计较，善于采纳他人正确的意见和建议，有承担责任的胆量和勇气，做事进退有度。

相反，如果一个人耳垂不明显，那么这个人对任何问题都有自己的主见，不信任他人，什么事情都得自己亲自处理；因此，这类人生活比较辛苦，并且给人一种爱出风头的感觉，自己的生活中总会有很多麻烦事发生。

2. 鼻头浑圆

鼻头代表着一个人的理财能力和人际关系。如果一个人的鼻头浑圆，那么这个人做事认真、严谨，踏实稳定，从不马马虎虎，作风十分严谨。此外，这一类人善于理财，与人交往时心胸开阔，有容人之量，不怀私心，不喜欢与人斤斤计较，因此受到大家的欢迎，身边的好朋友也很多。

相反，如果一个人的鼻头呈尖形，或者上面有疤痕、恶痣，那么这个人心胸狭窄，心眼小，总爱与人斤斤计较，喜欢占别人便宜。

3. 下巴圆厚

如果一个人的下巴浑厚，那么此人为人老实厚道，性情随和，不易发脾气，不爱在人前表现自己，不喜欢出风头。因此，能得到他人的信任和欢迎，身边的好朋友也很多。

相反，如果一个人的下巴削尖无肉，那么此人物质欲望较强，喜欢享受物质生活，为人有些自私，并且为了达到自己的目的，会不择手段地行事。因此，在平时的生活中，人际关系不是很好。

十四、少年运好的面相

1. 日月角饱满

日月角是观察额头相理优劣的重要部位。日月角不仅能反映一个人的聪明才智及其少年时期的运势，而且还代表着父母的相关情况。

如果一个人的日月角饱满，那么此人头脑聪明，少年运好，上学时候的功课做得好，学习成绩优良，而且做事情有条理，能虚心接受父母及长辈的意见和建议；平时行为得体，没有极端的表现，有正确的人生观和价值观。

相反，如果一个人的日月角长得不好，没有饱满之状，那么这个人小时候行为不端正，道德品质败坏；平时还听不进父母的话，难以管教，常常闹事，且没有是非判断的能力，较易走上歧途。

2. 眉长过目小许

眉毛不仅反映了一个人的个性，也代表着兄弟姐妹、朋友及社会人际的关系。

如果一个人的眉毛比眼睛略长，那么这个人与家人的感情和睦，彼此之间关系和谐，平时相处的很好，而且自己能得到父母及长辈的关爱与照顾；如果一个人的眉毛比眼睛略长且上扬，那么此人从小就能得到父母长辈良好的教育和栽培，运势会越来越好。

相反，如果一个人的眉毛比眼睛短，那么此人与家人的感情不和，彼此相处得并不是很融洽，且容易产生代沟；如果一个人的眉毛下垂，那么说明此人运势会越来越差，还会受到家人的连累，使自己的生活辛苦而忙碌。

十五、感情事业双丰收的面相

1. 单眼皮小眼睛

如果一个人的眼睛是单眼皮，那么这个人懂得三思而后行的道理，遇事比较沉着冷静，情绪波动也不大。因此，不会盲目行事，生活中不会出现很多不必要的麻烦事。如果一个人的眼睛较小，那么此人虽然性格上比较保守，但是眼光却十分精明，凡事都会有较为圆满的结局。感情与事业上，能够认真权衡，全面考虑，波折较少。

相反，如果一个人是双眼皮或眼睛很大，那么这个人对人或事，都充满热情，但是做事时较易受到外部环境的影响，做事不加考虑，不计后果，很多时候都会感情用事。因此，在现实生活中，很难处理好感情与事业上的关系。

2. 承浆凹陷

承浆凹陷，即指嘴唇的下方微微凹陷。如果一个人的承浆部位凹陷较明显，那么此人有很强的事业心，善于与人交往，人际关系普遍较好。此外，这一类人懂得享受生活，追求生活中的情趣，并且还善于处理事业与家庭的关系，在全力工作的同时还能照顾家人。

相反，如果一个人的承浆部位凹陷不是很明显，那么这个人与人交往的能力较差，人际关系也比较紧张。

十六、自尊讲信用的面相

1. 小眼睛、鼻子挺且嘴巴大

如果一个人的眼睛很小，那么这个人的性格有些保守，但是很精明能干，看待问题与判断事情十分准确，从不会发生走眼的事情。这一类人很讲信用，凡是答应过别人的事情，都会全力以赴地做到。

如果一个人的鼻子直挺，那么这个人的自尊心很强，为了避免被人瞧不起，凡是答应过别人的事情，都会努力做到。

如果一个人的嘴巴比较大，那么这个人的自信心很强，善于与人交往，人缘较好。这一类人很讲信用，平时不轻易许诺，一旦答应过别人的事情，都能顺利地按期完成。

2. 额头宽阔耳朵高

额头与耳朵，也是影响一个人是否讲信用的重要部位。

如果一个人的额头宽广且高耸，则说明此人平时思考问题十分仔细，做事情循规蹈矩，循序渐进，并且有很强的自尊心，凡事都希望做得很好，甚至有点完美主义的倾向。

如果一个人的耳朵位置较高，那么这个人家庭背景很不错，接受过很好的教育，各方面的能力较强，综合素质较高。这一类人平时很讲信用，凡是答应过别人的事情，就不会因其它原故改变主意；做任何事情都一丝不苟，全力以赴，能得到家人的帮助和支持。额头宽阔而且耳朵高的人，是完美主义者，综合素质高。

相反，如果一个人的额头狭窄或耳朵的位置较低，那么这个人不讲信用，而且对事物分析判断的能力比较差，为人行事急躁鲁莽，即使已经答应过别人的事情，也常常会反悔而改变主意。

十七、勤奋扎实的面相

1. 耳朵鼻梁额头均低

如果一个人的耳朵、鼻梁、额头都长得很低，那么这个人勤奋扎实，平时能够按部就班地做事，凡事不会自作主张，能认真地做好自己的工作，并且纪律意识较强，有团队精神，识大体，顾大局。

鼻子高挺代表着自尊心强烈。鼻子高挺的人，勤奋、扎实，会努力完成自己的任务和别人托付的事情，不希望被人瞧不起，是绝对值得信赖的人。

2. 眉毛粗又短

如果一个人的眉毛粗又短，那么这个人有时候行事莽撞，但是很老实，讲信用，一旦答应了别人的事情就会努力去完成，即使途中会经历很多困难，也不会有反悔而生怨言的。这种人处世真诚，为人实在，在工作中不会产生歪心思，也不会做小动作，更不会去暗算他人，是个很值得信赖的人。

十八、生财有道的面相

1. 额头高耸宽广

额头代表着一个人投资理财的能力。如果一个人的额头高耸宽广，那么这个人生财有道，财力基础比较雄厚，在投资理财方面有自己的一番独到见解，并且能够对各种形势做准确的分析和判断，可谓是投资理财的高手。此外，额头高耸宽阔的人，还会有贵人相助，即使自己面临经济危机，也能很快得以解除。

2. 田宅宫饱满丰隆

如果一个人的田宅宫长得饱满丰隆，那么此人善于积蓄钱财，从事投资行业一定会取得很好的成就。即使不能成为大富大贵的人，也会过着衣食无忧的生活。

相反，如果一个人的田宅宫长得不好，那么这个人的家境状况肯定差，事业的发展会因此受到一定的限制。此外，在投资方面常会有意外发生，不适宜从事投资行业。

3. 双层下巴

如果一个人有双层下巴，那么这个人拥有很多不动产（如房地产），财运较旺，物质生活十分富足，且不易发生较大的变动，能积累可观的财富。此外，还有很高的人生修养。

4. 鼻子挺直有肉

鼻子除了能代表自我意识和事业外，还象征一个人的财运状况。如果一个人的鼻子挺直有肉，那么此人财运较旺，生活富裕，衣食无忧，还具备自行投资创业的能力。

相反，如果一个人的鼻子低陷无肉，或者有疤痕、恶痣，那么此人财运很差，事业上也不顺利，因此不宜自行投资创业。

十九、温柔体贴的面相

1. 眼睛细长，眼角上扬

如果一个人的眼睛细长，那么此人感情细腻，而且很重感情。虽然不善于表达感情，但是会在平时的点滴小事中，给对方以默默的关心与呵护，温柔体贴。如果一个人的眼角上扬，那么此人善于与人沟通交流，人缘较好。

2. 鼻头浑圆

如果一个人的鼻头浑圆，那么这个人能运用圆滑的手段，十分理智地处理和解决问题，但不会感情用事。这类人善于理财，懂得在生活中关心异性，因此颇受异性的欢迎，能受众人喜欢。

3. 嘴巴大小适中，嘴角上扬

嘴巴过大的人，性格温和、直爽、开朗，感情细腻，有很强的事业心；嘴巴很小的人，自私自利，待人接物也比较尖刻。但是，如果女性的嘴巴过大，那么缺乏女性所特有的温柔、细腻。

嘴角上扬的人，运势会越来越好，感情细腻，温柔体贴，人缘较好。嘴角下弯的人，生活比较辛苦忙碌，人际关系也比较紧张。

二十、乐观豪爽尊重他人的面相

1. 嘴巴大而有收

嘴巴宽大的人，心胸开阔、眼光远大。但是，嘴巴不仅要大，而且能闭合，即大而有收（张时大而闭时小），才算合格。否则，此人处世原则性不强，做事马马虎虎，缺乏认真踏实的作风。

嘴巴大而能收的人，不仅有容人之量，尊重他人，而且思想缜密，凡事都有自己的原则和标准，可谓是气度非凡的人。

2. 鼻孔向外露出

如果鼻孔向外露出并不是很明显，那么此人性格爽快、豪放，生活中不拘小节、落落大方，且喜欢交朋友，愿意与人分享喜、怒、哀、乐。这类人行事十分干脆利落，积极乐观，尊重他人。在困难面前，拿得起，放得下，而且勇于承担自己的责任。

鼻孔露出，乐观豪爽。但是，鼻孔明显外露，为人散漫和随意，是破财的象征；只有稍微露出，才表示为人豪爽，不拘小节，拿得起、放得下，且不与人针锋相对，好人一个。

3. 双眉开阔

双眉开阔的人，心胸开阔，有容人之量，乐观豪爽，尊重他人，从不与人斤斤计较，但为人行事没有很强的原则性。因此，会使人感觉自己没有主见，过于随意。这一类人容易被有心计的人利用，因此在与人交往的时候要注意。

第二节　恶面相

一、子女缘薄的面相

1. 泪堂乱纹

泪堂有杂乱纹路的人，大多与子女的亲情缘分较薄，并且身体健康状况并不是很好，生育能力也较低。

2. 凹陷三角眼

眼睛凹陷且呈三角形、眼神无力的人，大多数与六亲的感情不很深厚，彼此之间的来往也很少，子女叛逆。虽然父母都有望子成龙、望女成凤的愿望，对子女的管教十分严格，但是有凹陷三角眼的父母往往事与愿违，严格的管理反会招来子女的反感与叛逆。因此，对有凹陷三角眼的父母来说，改变教育子女的方式十分紧迫，子女成年以后不愿意和父母住在一起。

凹陷三角眼、眼神无力，再加泪堂有杂乱纹路的人，六亲缘分浅薄的，容易遭子女冷落，甚至遗弃。

3. 年上、寿上直纹

鼻梁的年上和寿上二部位有直纹的人，与配偶的关系不和睦，房事生活难以满意，会经常吵架，从而影响生儿育女。同时，有如此面相特征的人，家中的经济状况也不是很好，夫妻间也常常为此而争吵无休。

4. 人中歪斜

人中歪斜的人，生育能力较低，与子女之间的亲情缘分较薄，以至于领养别人的孩子，但领养的子女也不懂得孝顺自己。

二、事业失败的面相

面相学从天仓、颧骨、地阁、法令等部位观察事业上的运势，如果一个人的天仓、颧骨、地阁这几个部位相理都不理想，那么这个人就没有贵人相助。

1. 天仓凹陷

天仓代表一个人的贵人运气。天仓凹陷的人，大多贵人运差，得不到他人帮助与提携，凡事只能依靠自己的勤奋与努力才能取得成功。天仓凹陷，人的生活比较艰辛和劳苦。

如果天仓凹陷再加上山根部位也有低陷之势，那么这个人的各方面基础都很差，缺乏自主创业的能力，只能充当一名普通职员做一些基础性的工作。另外，这类人物的投资理财能力也不强。天仓凹陷，是事业失败的标志。

2. 颧骨不明显及准头低垂

颧骨不明显且外表有缺陷的人，自信心不强，因此很难得到别人的支持与帮助。

准头低垂的人，不善于理财，即使手中有钱，也守不住。此人的为人、行事自私自利，因此得不到身边同事与朋友的欢迎与认可。

3. 地阁歪斜及地库有恶痣

地阁歪斜、地库生有恶痣和疮的人，容易被朋友连累。这一类人性子直，不懂得通融委婉，不善于与人交往，人际关系十分紧张。

4. 法令断断续续

法令纹如钟的人，位居高位。法令纹是权力的象征，一个人有钟形法令纹，预示着此人有领导统御的权威，事业前途坦荡，也会有很高的成就。

法令纹弯曲且断断连续的人，大多缺乏领导才干，不能很好地管理和统领他人，也不具备自主创业的能力，因此在事业上也总是陷入困境，没有太大的建树。

三、争强霸道的面相

1. 眉棱骨突出

眉棱骨十分明显且突出的人，脾气暴躁，争强好胜之心十分强烈，较易与他人发生冲突与矛盾，且喜欢用暴力的方式来解决问题。凡事只有三分钟的热度，缺乏足够的耐心，难成大事。

眉棱骨十分明显且突出，再加上眼睛也明显突出，此人情绪不稳定，较易受到外部环境的影响，为人行事容易冲动，做事欠缺周密细致的考虑而导致事情失败。

2. 脸型横张

脸型像豺狼虎豹一般横张的人，个人修养水平较低，且十分自由化，想干什么就干什么，不会接受一切管教和约束；自高自傲，为人行事不能虚心，难以接受他人的意见和建议。

脸型横张再加年寿部位起结节的人，没有慈悲心和同情心，自私心重，凡事都以自我为核心，不会考虑他人的感受与处境，为了达到自己的目的，会不择手段地作出伤天害理的事情。

3. 颧骨高耸无肉

颧骨高耸但无肉包裹的人，为人强势、霸道，看重权势、利益，甚至为了获得自己的利益，而不考虑他人的处境和感受。

颧骨高耸无肉，再加上门牙尖斜，那么其霸道行为就会表现得更加明显。

四、劳碌无福的面相

1. 额头狭窄

额头狭窄的人，家中经济状况较差，从幼年时期开始，就会为了学业和生存而在社会上打拼，生活异常艰辛，劳碌无福。成年以后，没有贵人帮助，因此，事业上只好靠自己的勤奋与努力，才能取得一定的成就。

额头狭窄再加天仓低陷的人，生活和事业常会遇到各种各样的困难，并且需要耗费很大的精力才能得以解决。

2. 福堂杂纹

福堂有杂纹的人，心境忧虑不宁，但大多比较敏感，常常会因各种事情而担忧害怕，以至于使得自己身心疲惫。

3. 颧骨低陷及准头下垂

颧骨低陷的人，不懂得与人交往之道，因此得不到大家的支持与帮助。自己创业时，也会因管理能力不高而导致事业陷入困境。

准头下垂的人，不能敏锐地分析和判断当前的形势，不善于理财。

4. 井灶薄弱及嘴巴合不拢

井灶薄弱，嘴唇合不拢的人，人生的运势很差，甚至会越来越差，并且常常在关键时刻出现问题。这一类人需要依靠自己辛劳的努力，才有可能慢慢走出困境。

5. 额头狭窄、鼻子塌陷及福堂低陷

看财禄，主要看额头、鼻子、福堂等部位。

额头狭窄是劳碌命的主要特征。若额头狭窄，再加财星鼻子塌陷及福堂低陷，则这种人财运蹇滞，终生劳碌，一生平庸，无所作为。是典型的奴隶相。

五、招致横祸的面相

1. 驿马杂纹及山林赤色

一般来说，不管是外出旅行，还是在外经营发展事业，都要格外注意自己的人身安全，防止遭遇不测。驿马部位有杂纹的人，不适合出门。

山林部位呈现赤色的人，不利独自出门旅行，更忌去有山水的地方。山林赤色，灾厄降临，不宜独自登山或戏水。

2. 印堂赤红及山根青色

印堂部位呈现赤红色，山根呈现青色，是生命有危险的迹象。因此，面相印堂部位呈现赤红色的人，出门时一定要特别留心和注意，否则难以避免血光之灾降临。山根部位呈现青色的人，做事会遇到阻碍和挫折，以至于把自己搞得身心疲惫，身体健康也发出不良信号，因此要注意休息调养。

3. 耳骨有斑或恶痣及年寿有横纹

耳骨有斑点或恶痣的人，会遭遇不幸的事情。

年寿部位有横纹的人，会有意外的灾害降临。最好不要参与那些具有冒险和刺激性的活动，以防不测之事发生。

六、夫妻不和的面相

1. 额头狭窄紧绷

额头狭窄紧绷的人，没有自己的主见，眼光也比较短浅，不懂得尊重别人，也看不到他人身上的优点与长处，自以为是。脾气暴躁，对人冷酷无情，使人不易接近；心胸狭窄，没有容人之量，容易因一些小的事情而大发脾气，对待妻子的态度不稳定。

2. 眉棱骨无肉及颧骨削尖

眉棱骨突出，但无肉包裹，且颧骨削尖的人，强势，霸道，蛮横不讲理，不喜欢受他人的管教和约束，且听不进别人的意见和建议。为了自己的利益，不惜牺牲和侵犯别人的利益，甚至做事会不择手段，很可能会因此触犯法律。夫妻关系不好，常常对妻子不满，不仅口出脏话，甚至会以暴力的方式来解决夫妻之间的问题。

3. 奸门灰黑及眼睛突出

奸门呈现灰黑色，且眼睛突出的人，为人行事缺乏足够的耐心，脾气急躁，对妻子有很高的要求，一旦有所不满，就会恶言大骂，甚至还会有暴力的倾向，致使妻子受到身心的巨大伤害。

4. 山根斜纹及泪堂薄弱

山根有斜纹、泪堂薄弱的人，夫妻感情不深厚。男性心中所有的烦恼与不满，都会发泄到妻子的身上，甚至两人会因此而离婚。

七、男女勾三搭四的面相

1. 三白眼或四白眼

三白眼或四白眼，是指眼白将眼睛中的黑色瞳孔包围起来的现象。眼睛有三白眼或四白眼的人，大多感情不执着，一旦对自己的配偶有所不满，就会寻找机会，与外面的异性（情人）发生出轨行为。

有四白眼的女性人生结局是：挥霍无度，老公破产，桃花绯闻连接不断。

2. 眼弦青色及鱼尾红色

眼弦出现青色且鱼尾呈现红色的人，是犯桃花的迹象。尚未结婚的女人，眼弦出现青色且鱼尾呈现红色，除热恋男朋友外，还会有其他的情人；已经结婚的女人，大多数有外遇。

3. 鼻梁和颧骨之间呈鲜红色

鼻梁的年上部位与颧骨之间，呈现鲜红色的人，个人感情比较复杂，在异性面前表现得十分积极主动，最近曾与异性幽会过。

4. 山根有斑及奸门突出

山根部位有斑点且奸门突出的人，感情生活非常丰富，再加上其抵抗诱惑的能力较低，在与异性接触的时候较容易有出轨的行为。

八、心术不正的面相

1. 莫名发出冷笑

笑声代表着一个人的心思。一般来说，如果一个女子常常冷笑，而且是莫名其妙地发笑，那么此人内心一定在盘算着某些事情，或者是心中酝酿着诡计。这是为了不引起别人注意，而故意发笑。

2. 双眼突出及颧骨尖

双眼突出的女子，脾气急躁，是个急性子。常常会因一点小事与别人发生争吵，并且不惜使用恶劣手段伤害他人。

双眼突出再加颧骨突出、削尖的人，没有慈悲心，为人强势、霸道，甚至有时候会出卖朋友。

3. 鼻梁起结

鼻梁起结节且突出的女子，常常说谎话欺骗他人，为了获取自己的利益，容易做出损害他人利益的事情。

如果鼻梁起结节再加鼻头有鹰钩之势，那么此人心机较重，常做陷害他人的事情。最好不要跟这样的人交朋友。

4. 嘴唇薄

嘴唇薄的人，冷酷无情。如果有人侵犯了他（她）的利益，那么他（她）会言语讽刺，甚至像泼妇一样在大庭广众之下，没有丝毫廉耻心，而破口大骂。

九、凶悍泼辣的面相

1. 眼大突出及颧骨外张尖削无肉

眼睛大且突出的人，脾气暴躁，行事冲动，不懂得三思而后行，做事情不考虑后果。如果眼大突出，再加颧骨外张尖削且无肉包裹，那么此人争强好胜，霸道，喜欢掌权，管理别人；为了争夺利益，容易与人发生口角，甚至还会因施行暴力而给自己带来官讼是非之事。

2. 鼻梁起结及嘴如吹火

鼻梁起结突起的人，喜欢争夺权力和利益，且常常说谎话，不讲诚信。如果鼻梁起结突起，再加准头如鹰钩鼻，那么此人城府较深，为了满足自己的私欲，常常会作出陷害他人的事情。

嘴巴形状如吹火般突出的人，斤斤计较，咄咄逼人，有不达目的决不罢休的倾向，并且说话尖刻，甚至常常恶语相加。因此，这一类人得理不饶人，最喜欢咄咄逼人，说话尖酸刻薄，常常与人发生冲突。

3. 脸型外张及声音沙哑

脸形外张的人，为人凶悍，喜欢争权夺势，不喜欢别人约束自己，但喜欢管束他人。

脸形外张的家庭妇女，常常对丈夫指手划脚，发号施令。脸形外张再加声音沙哑像男人一样的，行为表现得更加肆无忌惮，与他人发生冲突和争斗的概率也大大增加。

十、体弱短命的面相

1. 耳朵恶痣及山根赤筋划断

耳朵上长有恶痣的人，叛逆性很强，且脾气急躁，行事冲动，凡事都不会循规蹈矩，做事从不考虑后果，常会因此遭遇意外之事。山根部位赤筋划断的人，身体健康状况很差，灾祸会接连不断地发生，因此凡事都要格外注意，千万不可大意。

2. 驿马有疤或赤红色

驿马位于发际的两侧。如果驿马部位有疤痕或呈现赤红色，那么此人外出的时候容易遇到挫折，特别是去较远的地方旅游，更容易有意想不到的灾祸降临。因此，在外出的时候一定不可马虎大意，否则会有客死异乡的不幸事情发生。

3. 年寿横纹

年寿部位有明显横纹的人，会有灾祸降临，要谨慎行事。年寿有明显横纹，再加准头有黑色或黯沉的杂纹，可能会发生性命危险，要注意人身安全。

十一、虚伪阴险的面相

1. 眼睛大小不一

眼睛大小不一的人，具有双重性格，性情不稳定；情绪的波动与变化也较易受到外部因素的影响，言行表里不一。如果右眼大，左眼小，那么自我意识很强，凡事都以自己为中心，不会把他人放在心上，对别人的回答与问话不屑一顾。

2. 颧骨与鼻梁尖削

颧骨尖削的人，性子刚强，喜欢争强好胜，骨子里有不服输的倾向，凡事都要站在主导的地位，不喜欢被他人所统领。

如果颧骨尖削再加有鼻梁尖削，那么此人冷酷无情，为人不讲诚信，即使是对自己的配偶也会说谎话。

3. 准头尖且带钩

准头尖且有钩的人，心机较重，城府较深，不相信别人且对人有很强的警戒心，甚至有疑神疑鬼的神经质的倾向；说话含糊其辞，会给自己留下余地。

如果准头尖且有钩，再加鼻翼薄弱无肉，那么此人行事易走极端。

4. 唇薄削薄及嘴巴如吹火

嘴唇削薄的人，对身边的人和事抱着一种冷眼旁观的态度，冷漠无情，不喜欢介入他人的是非之事中，也不允许别人打扰自己的生活。如果嘴唇削薄，再加嘴巴如吹火状，那么此人常常与他人发生纠缠，口舌是非常有，得不到大家的欢迎。

十二、贫穷辛劳的面相

1. 额头狭窄及地阁凹陷

额头狭窄偏斜且地阁凹陷不饱满的人，家庭背景很差，经济条件不好，父母文化水平低，一生大多从事比较粗重的体力劳动。因此，自己从小没有受到很好的教育与栽培，幼年的生活比较辛苦。

2. 田宅狭窄且呈现灰黑色

田宅狭窄且呈现灰黑色的人，家庭背景也不是很好，家中财产十分有限；父母亲都从事辛苦的体力劳动，且不善于理财规划，因此家中物质生活水平很低。

3. 日月角高低不平

日月角形状尖凸高低不一的人，父母间的感情不和睦，自己跟父母亲的感情也较淡薄，父母生活都比较艰辛忙碌，家庭经济状况也不景气。

一个人的出身情况如何，看其额头、地阁和田宅宫三项便可知。若这几个部位都狭窄、凹陷或不中正，则说明此人的家庭背景较差，父母都从事粗重劳力活，出身贫寒，幼年生活艰辛。

十三、歹毒残暴的面相

1. 满脸青筋

脸上多处有青筋的人，脾气暴躁，心胸狭窄，没有容人之量，喜欢争权夺利。如果脸上多处有青筋，再加眼神中带有凶光，那么此人为人霸道，凡事总喜欢位居他人之上。最好不要结交这样的朋友。

2. 舌头常舔唇

喜欢冷笑的人，心机较重，城府较深，常给人一种深不可测的感觉。

常用舌头舔嘴唇的人，最擅长在暗地里计算别人，大多是奸诈、恶毒的小人。因此，在选择交往对象的时候，一定要避开这种人。

3. 吹火嘴及牙齿不齐

嘴巴削尖突出如吹火且牙齿排列不整齐的人，大多心胸狭窄，嫉妒心强，容不得别人比自己好，讽刺与暗地里恶语中伤别人手法高强。

十四、多灾多难的面相

1. 天庭黯黑

天庭呈现黯黑色的人，身体素质不好，运势不佳，事事不顺，出门容易失财。

天庭呈黯黑色时，出门在外容易发生意外灾祸，不仅财物会有损失，而且还会有性命危险。因此，要特别小心谨慎，以防发生不测之灾祸。

2. 驿马昏暗及福堂赤红

驿马部位颜色昏暗或福堂呈现赤红色的人，运势很差，会有意外灾祸降临。外出旅行时，容易发生交通事故及食物中毒等恶性事件，要特别注意交通安全，还要注意饮食卫生，小心预防食物中毒。

3. 奴仆宫呈现青色

地阁颜色昏暗且奴仆宫呈现青色的人，运势较差，容易遭遇小人陷害或财物损失。出门在外的时候，会与人发生是非、争斗，以至身体受伤。

十五、破财困厄的面相

1. 颧骨青色及法令呈现黑色

颧骨颜色呈现青色的人，近期事业一定不顺，甚至会遇到很大的阻碍而陷入困境，其中的原因多与钱财有关。如果颧骨青色且法令呈现黑色，那么说明此人遭受挫折的时候，一定没有贵人帮助，从而导致钱财周转不灵。

2. 鼻翼呈灰黑色及准头有青筋

鼻翼颜色为灰黑色或准头有青筋出现的人，财运不佳，投资会失利，因此应尽量避免投资经营为好，否则必定会造成特大的损失。此外，尽量不要与他人有借贷往来，否则会被他人连累，导致耗费自己大量的钱财。

3. 井灶出现赤红色或黑色细纹

井灶有赤红色或黑色细纹的人，钱财上会有巨大损失，因此与人往来的时候，在别人面前不要过于显示自己，一定要格外谨慎，否则很容易被他人连累，耗费自己大量的钱财来解除困境。

十六、婚姻不幸的面相

男人希望妻子能旺夫，女人也希望丈夫能助旺自己的运势，夫妻双方同心同德，共创美好的家园。但往往事与愿违，有许多运势不好的人，不仅自己享受不到高质量的物质生活和精神生活，而且还会影响自己配偶的运势。

1. 眉毛间断

眉毛间断的人，脾气急躁，遇事不冷静，这种性格秉性也会影响自己的感情；夫妻之间的缘分浅薄，感情不深厚，且会因为行事冲动，常常连累对方。如果眉毛间断再加凌云部位有恶痣，那么上述情况就会更加严重。

2. 山根偏斜及鼻梁削尖

山根部位偏斜且鼻梁削尖的人，性格孤僻，不善于与人交往，因此人际关系较为紧张。这种人对配偶的要求很高。

山根偏斜且鼻梁削尖的未婚者，都是因此找不到理想的生活伴侣；山根偏斜且鼻梁削尖的已婚者，夫妻之间的感情淡薄，且配偶对自己也不会有很大的帮助，甚至还会在一定程度上拖累自己。

3. 奸门凹陷

奸门部位凹陷的人，夫妻感情不融洽，家中是非争吵常常发生。如果奸门部位凹陷，再加年寿部位也凹陷，那么此人没有承担责任的勇气与胆识，不会给配偶多大的帮助，反而会拖累对方，导致生活十分辛苦忙碌。

十七、家道中落的面相

1. 福堂凹陷且有杂纹

福堂部位凹陷且有很多皱纹的人，祖上无荫。子孙得不到祖荫庇护，生活十分艰辛劳苦。

2. 眉毛入印堂且山根尖细

眉入印堂且山根尖细者，运势受阻，凡事没有主见，事事受挫。即使有祖业继承，也无法独立自主。

3. 眉毛连成一线

眉毛连成一线的人，运势很差，无论做什么事情，都会有挫折与障碍，并且还有灾祸降临的可能。

4. 山根尖细及准头低垂

山根尖细的人，凡事没有主见，人云亦云，且胆小如鼠，缺乏事业心，也没有担当重任的勇气。因此，在创业的过程中，会遇到很多的艰难困苦。

如果山根尖细，再加准头低垂，那么此人不善于投资理财，对数字没有敏锐的判断力，常常因决断失误而给自己带来十分严重的损失。

5. 地阁凹陷或偏斜

地阁凹陷或偏斜的人，不善交往，人际关系十分紧张。表现为天真幼稚，缺乏成熟和稳重的气质，也不具有管理的才能。不管是自主创业，还是继承家业，都会遇到很多意想不到的困难。

十八、天煞孤星的面相

凡步入夕阳岁月的老人，能看到世界的日子越来越少了。他们经历了人生的风风雨雨之后，饱尝了人世间的酸、甜、苦、辣，懂得人间幸福和苦难的真谛，年龄越大就越害怕孤独，渴望身边能有人陪伴他说说话、聊聊天，让自己的晚年精神生活过得自在、美满。但是，在现实生活中总有不幸的人，可怕的孤单与寂寞将伴随着他们的晚年生活。这些人的面相特征有如下几种。

1. 山根尖细及奸门凹陷

山根尖细的人，不善于与人交往，喜欢独处，有时会刻意地与周围的人保持一定距离。如果山根尖细再加奸门凹陷，那么此人与配偶之间一定缺乏交流与沟通，感情不融洽，关系不和谐。这是老年时候孤单、寂寞的迹象。

2. 泪堂杂纹及人中短浅恶痣

泪堂长有杂纹的人，与子女之间的关系不好，平时来往较少，或不能生育孩子，只好领养别人的孩子。如果泪堂有杂纹再加人中短浅且有恶痣，那么此人的子女不重孝道，甚至以下犯上，不尊重长辈，因此老人晚年生活缺少亲人的陪伴，会显得十分凄凉。

3. 喉结凸及吹火嘴，挑拨是非无人管

喉结凸出且嘴巴如吹火形状的人，爱管闲事，喜欢挑拨是非，因此不受周围人欢迎，人际关系十分紧张。这种人有困难的时候，也没有人给予帮助，会显得孤单。

十九、冲动好斗的面相

1. 眉棱骨凸起无肉包裹及眼神带凶光

眉棱骨凸出且无肉包裹的人，是典型的自由主义者，厌恶他人约束与管教，行事手段残忍，经常逞凶斗狠。没有独自承担事情责任与后果的胆识与能力，惹事之后需要别人的帮助，才能最终解决问题。如果眉棱骨突出且无肉包裹，再加眼神带有凶光，那么此人行事的手段更加凶残。

2. 脸型像豺狼及脖子粗大

脸形好像豺狼且脖子很粗的人，易怒冲动，遇事不冷静，胡搅蛮缠，并且平时不讲理。这种人，喜欢占便宜，为了得到很小的利益，都会不择手段，争夺十分激烈。

3. 颧骨横张且腮骨明显，权力欲望重

颧骨横向两边扩张且能看到腮骨的人，为人强势、霸道，有很

强的权力欲望。喜欢对他人指手画脚，缺乏谦虚的品质，不愿意接受他人的意见和建议，甚至会有暴力的倾向；没有信用，与别人打交道的时候，会欺骗人家。

二十、难以服众的领导者面相

无法担任领导者的面相特征：

中正凹陷：缺乏贵人运，事业运势低沉，阻碍重重，不适合担任单位主管。

印堂狭窄：心胸不开阔，缺乏气度，没有主见，事业格局有限。

山根细窄：事业基础薄弱，缺乏助力，企图心不强，无法承担重大责任。

颧骨低平：人际关系差，承受力差，不适合担任管理领导岗位。

鼻梁削尖：心机颇深，私心重，只关心自己利益，无法服众。

眼神散漫：没有主见，无胆识气魄，无法开创新局面，容易导致失败。

法令短浅：威严不够，无法掌握权力，下属会与自己唱反调。

1. 中正凹陷

中正凹陷的人，贵人运较差，面临困境的时候不会有贵人帮助，事业上常常陷于失败的境地。因此，中正凹陷的人，不适合担任领导职务。

如果中正凹陷再加印堂部位狭窄，那么此人心胸狭隘，心中没有容人之量，对事物的分析与判断缺乏远见，只顾眼前的得与失，导致事业发展受到限制。这种人不适合担任领导职务。

2. 山根细窄

山根细而窄的人，缺乏创业的坚实根基，生活十分艰辛劳苦，并且来自外部的帮助也较少，凡事都要靠自己的打拼努力才能取得成功。事业上没有较强的企图心，也缺乏足够的耐力，遇事易急躁，没有承担责任的胆识与气魄。

如果山根细窄再加颧骨低平，那么人际关系十分紧张，凡事靠自己，更没有承受压力与挫折的能力，不适合做领导。

3. 鼻梁削尖细长

鼻梁削尖、细长的人，心机较重，城府较深，平时不大喜欢与人交往，以个人利益挂帅，以权谋私。如果鼻梁削尖、细长的人当了领导，就会利用职务之便为自己谋求私利，无法得到众人的拥护与支持。

如果鼻梁削尖细长再加准头向下，那么以权谋私的情况更加明显，即使偶然爬上了领导岗位，也会很快就被人赶下台。

4. 法令短浅

法令纹短浅的人，对事物的分析与判断能力差，没有远见，且行事缺乏威严，即使这种人当了领导，也得不到众人的拥护和支持，甚至大家会想方设法与其对着干，导致工作无法顺利开展。

法令短浅且眼睛散漫无神的人，没有主见，人云亦云，容易受他人的影响，而且心胸狭窄，缺乏胆识和勇气，缺乏威严。这种人的事业很容易陷于失败的境地，不适合担任领导职务。

二十一、招惹官司的面相

1. 天中黑色，遭小人陷害

天中颜色为黑色的人，近期的运势极差，会招惹官司甚至遭到小人的暗算、陷害，又得不到贵人的帮助。如果天中黑色再加山林青色，那么此人外出的时候，会有意外的官讼之事降临，因此出门在外的时候，一定要格外留意，以防不测。

2. 刑狱部位有恶痣或杂纹

刑狱部位有恶痣或有杂纹的人，容易被人暗算、陷害，或者因受别人的牵连而招致官讼之灾，凡事一定要注意堤防。

3. 印堂凹陷呈黑色，牢狱之灾

印堂凹陷且气色为黑色的人，不能享受祖上的福德，现实生活中也得不到贵人的帮助。因此，一旦有官讼之事降临，不仅会损失大量的钱财，而且还会有牢狱之灾。

印堂有杂纹且颜色黯黑的人，近期运势较差，生活中会遇到很多烦心的事情，并且得不到亲人或朋友们的帮助，处在失落、无助和无望之中，因此很可能会对生活失去信心与希望，而做出一些不理智的事情。

二十二、不孝忤逆的面相

天下的父母都希望自己的孩子从小就听父母的话，长大以后更懂得尊重与礼敬父母。虽然现实生活中，流传着一些子女孝敬父母的佳话，但是也有一些子女不懂得尊重父母，甚至还忤逆长辈。依据一个人的面相特征，可以判断不孝敬父母的孩子。

1. 日月角尖突歪斜

日月角尖突且歪斜的人，从小与父母的感情不是很深厚，与父母的关系不亲密，彼此之间的交流与沟通也较少，长大以后来往也不密切；还会埋怨父母对自己的帮助有限，与父母说话时的态度十分僵硬，脾气也十分暴躁，极为不尊重。

2. 眉棱骨凸起无肉包裹

眉棱骨部位突出且无肉包裹的人，脾气暴躁，急性子，不愿意接受他人的管教与约束，遇事也极为不冷静，从不考虑后果，对父母的教育表现得较为反感，甚至会顶撞父母。

3. 眉毛杂乱逆生，反感父母教育

眉毛杂乱且逆长或眉尾有分叉的人，与父母的感情不是很深厚，并且不能虚心地接受父母的意见和建议，对父母的教育不屑一顾甚至反感。

二十三、孤寡无欢的面相

兄弟姐妹之间有着浓浓的手足情，这一份情意值得每一个人珍惜。当人遇到困难的时候，兄弟们会给予不遗余力的帮助；当人取得成功，有所收获的时候，兄弟们会给予真诚的祝愿。兄弟姐妹一家人，骨肉同胞情意深。然而在现实生活中，有些人没有兄弟姐妹，或兄弟姐妹之间感情并不深厚，这些人就不能享受到这一份珍贵的亲情了。其面相特征如下：

1. 眉棱骨突出且无肉包裹

眉棱骨突出且无肉包裹的人，性子刚烈，不愿意接受他人的管教与约束，一味我行我素，与兄弟姐妹相处并不融洽，彼此之间的关系也不很亲密。

2. 眉毛稀疏或锁眉

眉毛稀疏的人，与六亲的感情并不是很深厚，与兄弟姐妹的相处也不很融洽，得不到兄弟姐妹相助。印堂部位有锁眉的人，即使自己陷入困境，也得不到兄弟姐妹的支持与帮助。

3. 日月角凹陷或偏斜，父母离异无兄妹

日月角凹陷或偏斜的人，与父母之间的感情不深厚，或者生活在离异的家庭中，缺少亲人的关爱，以致影响自己后来的发展；家中的独生子女，没有兄弟姐妹交流与沟通，生活孤独，容易导致其与他人之间的感情淡薄。

第十五章　经典观相二十五则

一、细观神骨意义重大

原文："脱谷为糠，其髓斯存，神之谓也。山骞不崩，唯石为镇，骨之谓也。一身精神，具乎两目；一身骨相，具乎面部。" 原文："文人先观神骨，开门见山，此为第一。"

俗语说："稻谷的外壳被去掉后，而稻谷的精华（米）依然存在，并且其本质不会因外壳的磨损而有所改变。"这里所说的稻谷精华，就好比一个人内在的精神气质。不论人的外表如何变化，其内在的精神气质都是不会改变的。又说："高山上的泥土沙石虽然经常流失，但山体却不会因此而倒塌破碎，这是因为有坚硬的岩石在支撑着山体。"这里所说的坚硬岩石，就好比支撑一个人形体的骨骼。不论人的外表如何变化，其内在的骨骼都是不会改变的。

曾国藩认为，神和骨是识别一个人的门户和纲领，有开门见山的作用。因此，将筋和骨联系在一起来考察一个人的力量、勇怯。一个人的精神气质表现在面孔上，观察人的面相时，除了要看其内在精神状态，还要考察他的体势情态，即首看人的精神状态和骨骼是否饱满和丰俊。察神骨是观人的第一要诀。因为"神"是人长期以来的生活阅历、修养、学识等多种因素的沉淀，不会随着人一时的喜、怒、哀、乐而有所改变；"神"也不能脱离具体的物质而存在，必定会有所依附。在观看人相时，"神"处于提纲要领的首等位置。前人说："一身精神，具乎两目。"眼睛是心灵的窗户，人的眼睛往往会泄露心底的秘密。"骨"与"神"有高深莫测的神秘感，"骨"的神俊、丰逸与"神"有着不可分割的关系。传统医学认为：头为群阳汇集之府，五行正宗之乡；头骨为整体骨骼的代表，面骨又是头骨的代表。因而，面骨的优劣能鉴别头骨的优劣，进而可鉴别一个人全身骨骼的优劣。

细观神骨，可洞悉人之品性贵贱与寿夭

细观神骨，可洞悉人之品性贵贱与寿夭；观看人的相貌，兼看神骨，可识人心、卜命运、察品性、观前程。

曾国藩是历史上的一位相面高手，他通过相骨察神，点评江忠源时就有所体现。江忠源在湖南省偏僻的小山村中读书，因一次参加科举考试到了北京。在郭嵩焘的引见下，江忠源以同乡晚辈的身份去拜见了曾国藩。见面后，两人谈得很投机，曾国藩非常赏识江忠源的才华。江忠源告辞时，曾国藩目不转睛地看着他，直到他走出了门外。然后，曾国藩回过头来对郭嵩焘说："要在京城里找到这样的人才，很不容易。"又对左右的人说："这个人将来会立名于天下，可惜会尽节悲壮而死。"后来，在一次交谈中，江忠源把青莲教有可能作乱的事情告诉了曾国藩，为了防御，江忠源把亲友壮丁都组织起来。果真如他所说的那样，青莲教首领雷再于道光二十七年聚众起事，江忠源率领乡人一战即将其扑灭，因立功授衔，被重用而派往浙江。太平军在广西起义后，江忠源于1852年带兵进驻广西，准备狙击节节胜利的太平军。当时曾国藩在北京，他知道此事后，认为江忠源率兵去广西就是"大节已亏"，立即给他写信，信中坚决反对江忠源投笔从戎，甚至还动员朋友劝阻江忠源。但是，江忠源不听劝告。

江忠源进驻广西后，与太平军的第一次作战就大获成功。他率兵在广西蓑衣渡设伏重创太平军，太平军早期领袖南王冯云山即牺牲于此役。随即，江忠源乘胜追击，连战连捷，声名显赫。江忠源因大获成功，以善于带兵而名闻朝廷上下，由七品知县迅速升迁至安徽巡抚。1854年，太平天国勇将翼王石达开率兵迎战曾国藩的湘军。江忠源率兵防守庐州，被太平军围困，城破，江忠源经过苦战，因力竭而溺水身亡。

周易·相学释疑

为什么曾国藩要坚决反对江忠源投笔从戎呢？有人认为他"爱人以德"，不愿文人夺武。但是他根据什么判断江忠源"会尽节悲壮而死"呢？其实，曾国藩精通麻衣相术，能从人的外貌特征预知其未来的命运。在科学发达的今天看来，这一点是很难站得住脚的。但有一点可以肯定，当初他注视江忠源良久，这与察神一定有关。

通过观相貌、听言语、看行动等方式详加考察，可以判断一个人才能的大小，并能以此确定应该让其担任什么职位。自古以来，通过观相貌、听言语、看行动等方式鉴别人物的高手不乏其人，例如唐代的袁天罡，宋代的陈抟；流传下来品鉴人物的方法也不少，例如孔子的鉴人九法，诸葛亮有观人七法等。

骨刚质刚，骨柔质弱

古代常把皇帝称为"真龙天子"，这一点在《史记》中也有体现。汉代开国皇帝刘邦，原来只是一个市井无赖，他以一介布衣的身份提三尺宝剑崛起于乱世，南征北战，东伐西讨，席卷天下，终于成为一位叱咤风云的开国皇帝。这位颇具传奇性的人物，有怎样的外貌呢？据《史记》记载，刘邦长颈项，面呈龙相，须髯特美，左大腿上有七十二颗黑痣，俨然就是一位贵不可言的天子相。

刘邦生性爱喝酒，常常去酒馆中畅饮一番。据说，有一次，他喝酒大醉而卧，酒馆的主人发现他身体上面有龙出现，因此免收他的酒钱。

天子自有天相，贵人有贵相，刘邦的贵相还让他有幸迎娶了吕公之女。原来，单父县人吕公为了避仇人，迁到沛县来，随沛县令为客，因而在沛县落户。沛县中的豪杰吏人，听说沛县令有贵客来，都前往道贺。当时，萧何为主吏，他向贵宾们说："凡是致赠礼金不满一千钱的，就请坐在堂下。"这时的高祖刘邦做亭长，平日就轻视沛县衙中的吏人，于是他假写了一张礼帖，上写：贺钱一万。实际上，他一文钱都没有带去。这个礼帖送到吕公手上时，吕公看了大吃一惊，立即起身迎接高祖于门前。吕公爱给别人相面，他看见刘邦的相貌特殊，因而特别敬重，引高祖入座。萧何向吕公说："刘邦这个人常常大话说得多，能做成的事很少。"刘邦因吕公对他敬重，便轻侮诸客，高坐上座，毫不谦让。

吕公因刘邦相貌奇特，在席间以目示意，坚决留住刘邦不让退席，于是刘邦便留下来。在客人都散去之后，吕公对刘邦说："我年青的时候，就爱给人家相面。我相过的人太多了，但是没有一位像你的相貌这样高贵的。我希望你能多多自爱！"吕公稍作停顿，又说："我有一个女儿叫吕雉，愿意作你执箕帚的妻子。"

酒席宴罢，吕媪对吕公决定把女儿嫁给刘邦的事非常生气，便怒向吕公说："你平素是说女儿奇特不寻常，应该嫁给贵人为妻。沛县令和你相交极好，求我们女儿你都不愿意，为什么要把女儿许给刘邦呢？"吕公说："这不是孩童女子所能明白的事了！"吕公终于把女儿嫁给刘邦为妻了。

关于刘邦相貌高贵和吕公之女吕雉应嫁给贵人的说法，从下面这个故事中可以得到佐证。

刘邦做亭长的时候，常常休假回家，到田地里看看。有一次，吕后带两个孩子在田中耕地，一个老人由田中经过，求些水喝。吕后见老人饿了，他给老人一些吃的，老人就给吕后相面。老人说："夫人的相貌，是天下的贵人。"吕后又要老人给两个孩子相面，老人看一看男孩子，说："夫人所以能够大贵，就因为这个男孩子的关系。"老人又相女孩子，也说是贵相。老人走了之后，刘邦正好从田舍过来，吕后便将老人给孩子相面的事情说给他听。刘邦便问："老人在哪里？"吕后说："刚走，离此不会很远。"刘邦便追了过去，问老人相吕后和孩子的事，老人说："刚才，我相过的夫人和小孩，相貌高贵都像你，你的相貌贵不可言啊。"刘邦便道谢说："如果真如先生所言，这相面夸赞鼓励之德，绝不敢忘。"后来，刘邦夺取了天下，贵为天子，想找寻这位老人，可是老人已不知去向了。

在科学发达的今天看来，汉高祖刘邦有贵人之相而坐拥天下的说法显然是站不住脚的。但是，在刘邦登上皇帝宝座之后，他说：运筹于帷幄之中，决胜于千里之外，我不如张子房，筹备军饷银两，保证军队的物资供应，我不如萧何。指挥军队战无不胜，攻无不克，我不如韩信。这三个人都是人中豪杰，我一个也比不上。但是，我能够掌握和利用他们，这就是我能取得天下的根本原因。正是因为刘邦能够礼贤下士，集合众人之智为己用，才能实现一统天下的梦想。

鼎角匿犀，足履龟文

《汉书·李固传》记载："固貌状有奇表，鼎角匿犀，足履龟文。"从这句话中可知，骨相观念的产生由来已久，东汉时期就早已经深入人心了。

"鼎角者，顶有骨如鼎足也。匿犀，伏犀也。谓骨当额上入发际隐起也。足履龟文者二千石。"李固是东汉时期著名的公正耿直的大臣，自少年时代起他就胸怀大志，虽然是一个贵族子弟，但却毫无纨绔子弟的习气。他爱读书，不远千里，跋山涉水，访寻名师，研究学问；他的知识面极广，上知天文，下晓地理，博古通今，在学生时代就已经不同凡响；他广交四方有志之士，很多读书人都慕名向他求学。

顺帝在位时，东汉政局不稳，加上天灾致使人心不稳，皇帝为此特下诏书，要求人们指出时政弊端，提出良策。在大家的推动下，李固提出对策。他把矛头首先对准外戚专政，毫不避讳地指出："当今梁氏不仅垄断大权而得到很高的爵位，而且梁氏子弟都跟着做官，掌握权势，这是明帝、宣帝时所未见过的事，应除掉以步兵校尉梁冀为首的大权，使政归皇上。"李固还将矛头指向了宦官，建议罢减宦官，夺其重权。但可惜的是顺帝只是装装样子，实际上梁家实权不仅不减，而且梁商不久即被拜为大将军。梁冀又升为河南尹，权势更加膨胀。

后来，李固遭到诬陷，被调至广汉。当他走到白水关时，毅然解下印绶，归隐故乡汉中。大将军梁商认为李固还有可用之处，所以对他采取一打一拉的策略，当李固在家赋闲不到一年的时间，又提拔他为从事中郎。但李固毕竟是李固，并没有因为梁商给他升了官就放弃反对外戚专权的斗争。李固在朝廷中与梁冀展开了更激烈的斗争，梁冀觉得李固活着对他是一种莫大的威胁，建和元年，他以李固与刘广、刘鲔有合谋立清河王刘蒜为口实，杀害了李固。

自古以来忠奸都不能两立，李固虽有富贵之相，经天纬地之才，但终究免不了被奸佞小人陷害的命运。

神清气爽，未必良将

康熙一生多次亲历疆场，深知良将之重要。因此，他在选拔武官时格外慎重，认为必须挑智勇双全之人方可。在任何时候，智勇双全者才能脱颖而出。

经过平定三藩等几次战争后，康熙感到作为军事将领，善于骑马步射、能管辖兵丁者不乏其人，而能经历战阵之人，甚是难得。因此，他把有战斗经验的将领看做是宝贵人才。

他曾举出典型例子作为说明，一个将军是否有作战实践经验，必须在遇见敌人的时候才能看得出来，仅凭外表长相是无法判定的。一例，原正白旗副都统塞黑伊，善射且相貌魁伟，神清气爽，善于管辖兵马，可是他在乌兰布通战役中却被吓坏了，装作中暑坠马的样子，想退出战斗，他的家人知道后都很气愤，说："你身为二品大臣，如此临阵退却，以后还有何颜面见人？"家人刚扶他上马，他又跳下来趴到草堆里，直到他回到军营之后，浑身还颤栗不止，不脱战衣就蒙头卧床，一直睡到天明。他手下的兵丁，没有一个不耻笑他的。二例，内务府员外郎喀青阿的父亲海西尼。此人身材短小，力气也不大，可是他在福建出征作战时，八次获得头等功牌。后来，因身体多处受伤不能参战，就让人用木板抬他去观看士兵攻城，等将士拿下城池之后，他伤心地对大家说：我因为残疾没有和你们一块出去杀敌，不能为国家效力。说着，竟然激动地痛哭起来。三例，原任广东巡抚杨熙，是个长得非常瘦小而且相貌丑陋的官员，可是当尚之信反叛，他与另外二人在广州城中被围困时，三个人各率家人拼死反抗杀出重围，赶赴大兵营中。

康熙认为：人的勇怯与果断，不可以相貌而定，也不能以其地位的高低、尊卑而定。至于一个人能不能领兵打仗，首先在于他能否镇定自若，舍生忘死，至于军机事务，临期酌量，难以预测，唯在领兵大臣善为观察，相机而行。用兵须主意坚定，若主将仓皇，人心皆惑。他又举出赵申乔的事例，并大加赞赏。以前在偏沅平乱时，赵申乔挺身走在前边，部下让他到后方以防敌人冷枪，赵申乔就笑着说："如果我发生不测，我的后代还能有官职俸禄，和我活着有什么区别呢？"赵申乔虽不熟悉军事，但打定主意后就不畏惧退却，给他的部下做出了很好的表率。挑选将领，不仅要求有勇有胆，不怕难，不畏死，还要有见识。康熙主张一应军务粮饷皆应由将军负责，因为如果一位将军只知统领兵丁，与米粮运输之事无涉，这样的将领是胸中没有主见的，即无将军之才。

晚年的时候，康熙用昭莫多战役的亲身经历，说明综合素质高的将领在战争中的重要作用。这些将领之间常常配合得法，团结一致，最终才能取得更大的胜利。当时噶尔丹遇见康熙亲率的中路军后便连夜逃遁，左右大臣都劝康熙撤回，而康熙觉得自己既然亲征前来，不见贼徒，如何就骤行撤去？便坚持不撤，认为自己留下来自然会有作用。果然，逃遁的噶尔丹不久就遇上了费扬古率领的西路大军，遭受惨败；接着西路军的粮饷也发生了不足，坚持不走的康熙就迅速派出人马，将中路军初次运到的粮食迅速调运到费扬古军中，又把第二次的米也送去了，第三次运到的粮食仅留有十八天的兵士口粮，其余也都全部送去，使得西路军将士未遭饥饿，大胜而返。康熙谈及体会，认为多亏得自己未走，若听大臣等言，中途撤去，则两路兵丁是不能立功奏凯歌而还的。要是自己走了，谁能从大局出发，调度军粮和兵员、马匹等一应物资，集中力量打一场歼灭战呢？注重从大局出发的将领对战争起的作用相当重要。此后，康熙要求军中将领不仅会带兵，会打仗，既要懂得战术，还要有实战经验；军事、粮草都要统管好，还要了解军情、掌握变化，总之要具备统管全面的能力。因此，康熙提倡武官甚至士兵也要读兵书，他认为武职虽然以骑射娴熟、身体健壮为要，但如果不知读兵书，就不知兵法。由此他作出规定：考武官，要出题考兵法。康熙自知，他本人就是由于熟读了许多兵书，吸取了古代兵法中切实可用的原则和办法，才有丰富的军事素质的。但是，他坚决反对死记硬背，照搬兵法的教条主义。他说："《武经七书》，朕俱阅读，但言火攻水战皆属虚文，若依其言行之，断无胜理。"所以他认为用兵应以实践为主，再去结合兵法知识，灵活运用，则必胜无疑。

二、欲辨邪正，须观神察行

原文："文人论神，有清浊之辨。清浊易辨，邪正难辨。欲辨邪正，先观动静。静若含珠，动若木发。静若无人，动若赴的，此为澄清到底。静若萤光，动若流水，尖巧而喜淫；静若半睡，动若鹿骇，别才而深思。一为败器，一为隐流，均之托迹于清，不可不辨。"

人的神可分为清纯与昏浊两类。通常地说，神的清纯与昏浊比较容易辨别，但"清"中的奸邪与忠正则很难分辨。考察一个人是奸邪还是忠正，应先看其在动静两种状态下眼睛的表现：处于静态之时，目光要安详沉稳有光泽，真情深蕴，宛如两颗晶亮的明珠，含而不露，清明沉稳，旁若无人；处于动态之时，眼中精光闪烁，敏锐犀利，宛如春木抽出的新芽，生机勃勃，又如瞄准靶心，一发而中。以上两种神情，都清澈澄明，属于清中之正。

两眼处于静态的时候，目光有如萤火虫之光，微弱而闪烁不定；两眼处于动态的时候，目光像流水一样，虽然澄清却游移不定。以上两种目光，属于伪饰的神情，又是奸心萌动的神情。两眼处于静态的时候，目光似睡非睡，似醒非醒；处于动态的时候，目光像惊鹿一样惶恐不安。以上两种目光，是有智有能而不循正道的神情，又是深谋图巧又怕被人窥见其内心的神情。具有前两种神情者多是有瑕疵之辈，具有后两种神情者则是含而不发之徒，都属奸邪的神情，二者都混杂在清明的神情之中，观神时必须仔细辨别清楚。

人的眼睛和舌头所说的话一样多，从眼睛里可以了解一个人的整个内心世界。确实如此，一个人的所思所想都会通过他的眼神表现出来。医学上认为，若一个人的眼神清亮有光，则此人必然生得聪明智慧、机敏灵慧；若一个人的眼光浑浊昏暗，则此人生得愚蠢拙笨。但是聪明智慧的人并不都是品德高尚的人，因为他的聪明是善于伪饰的本领，因此欲想准确地分辨出清中之邪、正，必须采用一些独特的方法和技巧。"动静结合法"就是一种行之有效的好办法。动与静是事物运动变化的两种状态。事物运动的真相和本质，最易于在动静两种状态中流露出来。对于眼睛来说，"动"是指眼睛正在看人观物时的状态，"静"是指目光暂时静止的状态。有静必有动，静后必是动，动静是相互连贯的永恒状态。

后天不进取，神清渐变浊

眼睛蓄含了人的身体素质到心性能力的诸多信息，为人的心灵之窗，因此眼睛成为识别人才的重要途径。神清是天资聪颖的表现。小孩子的眼神一般都是清朗的，但由于后天教化和环境的不良影响，天分得不到很好锻炼、运用和开发而逐渐生"锈"，神就逐渐地失去光泽而转变为浊。就像一潭清明的秋水没有交流和补充，变成了一潭浑浊腐臭的死水。流水不腐就是这个道理。

文学家王安石的《伤仲永》一文中有一个例子：仲永五岁时，就能"指物作诗，其文理皆有可观"，简直是一个天生聪明的人。在他还没有见过书的时候，就能咏诗作赋，出口成章，可见他是多么聪明，天分多高，神清气爽。但他的父亲是个昏浊之人，竟把儿子作为摇钱树，不让儿子进一步学习，到处招摇获利，致使仲永文思如泉涌的源头被切断了，使他清澈的眼神逐渐蒙上了铜臭之气，光彩日渐消退。当他文思枯竭之时，眼神已呆滞无光，年仅二十岁，就泯然众人矣。如果仲永从小就能经名师指点，发奋努力，他的父亲又能对他引导有方，再加上自己不断努力，仲永一定会成为文坛或政界中一颗璀璨的明星，而不至于落得令人耻笑的结局。也许仲永的父亲从来未曾想到，一旦仲永的天分得不到锻炼和启发，人就不再聪明，神也不再清明，长大成人后就不会有什么出息。

先清后浊还是先浊后清的情况，有人描述为：初一见，其眼光流转，顾盼生辉，可是坐下来却慢悠悠的，此人到了中年必定有贫穷之灾，破了田园，败了家产；另有，乍然一见，精神似乎懒散不全，可是坐久了却精神耸动、气色明亮，此人早年虽然是一个贫士，但是老了却荣耀无比。

费尽心机，遗臭万年

个性狡诈的人，有炉火纯青的伪装术，极善于蒙蔽他人。历史上的"阉党"之首魏忠贤，就是靠其高超的伪装术博得了明熹宗的极大信任。在熹宗弥留之际，将朱由检召至卧榻之侧，传以皇位之时，还特别嘱咐他要善视中宫，善待忠贤！遗言一出，魏忠贤得意非凡，朱由检却不能自安，他趁乱赶快离开皇宫，唯恐被魏忠贤所害。天启七年八月，二十三岁的熹宗终于晏驾。魏忠贤本来有所图谋，准备秘不发丧，无奈人多嘴杂走漏了风声，只得由皇后懿旨告知天下，并派党羽涂文辅等人接信王入宫。

由于局势凶险，朱由检进宫之前已经做了种种准备。他广告朝野，让大家都知道他入宫的消息，同时在衣袖之中藏了许多食物。朱由检进宫后，小心谨慎，处处防备，不敢吃一口御厨的东西，而以自带食物充饥。由于信王入宫已不是秘密，魏忠贤一时不敢轻举妄动，只能将朱由检扣押宫中，再想对策。朱由检与外隔绝，夜夜孤灯独坐。

一天，朱由检见一个手持长剑的内侍在自己住所前悠转，就试着将其召入，许以日后封赏。这内侍本是受命看守朱由检的，一听朱由检天花乱坠的许愿，兴奋之中忘了职责。恰好又有一群巡夜的太监从门口经过，朱由检立刻把他们都叫进房内，问寒问暖，还派看守的人到御厨里取来酒肉款待大家。大臣虽迫于魏忠贤的淫威而对其阿谀奉承，但内心深处还是不希望这个太监常年骑在自己的头上肆意妄为，更不希望他有朝一日当上皇帝。他们得到朱由检的情报后马上行动，拥戴他做了皇帝。

朱由检就是后来的崇祯皇帝。朱由检即位后，魏忠贤懊恼自己棋错一步，他精心经营的一切都已破灭了，但是他不愿意就此死去。忽然间，魏忠贤很想走出皇宫，离开这个自己从李进忠变成魏忠贤、从小太监变成九千岁的巢穴。崇祯本想将这个祸害天下长达七年之久的元凶处以极刑，但念及哥哥的临终遗言，还是答应了他的乞求。魏忠贤唯恐夜长梦多，就连夜离开了京城。由于请杀魏忠贤的呼声一浪高过一浪，崇祯也觉得不杀此贼不足以谢天下，就下旨将魏忠贤逮回京师问罪。京中有人想将这个消息设法报知魏忠贤，魏忠贤还未至凤阳，就知道情况不妙了，就索性停在阜城南关尤氏旅店，不再往前赶路。这一夜他辗转难眠，呆坐良久，终于自解衣带将自己罪恶的一生做了个了断。到这一年，魏忠贤只有五十九岁，他一生陷害的人实在太多了，虽然他畏罪自杀，却难息众怒。受害者无不手刃仇人，在他们的强烈要求下，崇祯皇帝终于下旨磔尸。于是死去的魏忠贤仍然难逃恶惩，他的尸体被千刀万剐，剁成了碎块；他的头颅也被悬挂在其家乡的西城门下。

魏忠贤一生机关算尽，虽一时权倾天下，富贵至极，但在技胜一筹的崇祯帝面前，他终于失败了。最终落得的身死尸磔、举国唾骂的下场。他生前残害的东林党人如数昭雪平反，他苦心营建的王朝也因树倒猢狲散而毁于一旦，他所有的行为与他的名字连在一起遗臭万年！

三、辨别神的真假，须综合人的言行举止

原文："凡精神，抖擞处易见，断续处难见。断者出处断，续者闭处续。道家所谓'收拾入门'之说，不了处看其脱略，做了处看其针线。小心者，从其不了处看之，疏节阔目，若不经意，所谓脱略也。大胆者，从其做了处看之，慎重周密，无有苟且，所谓针线也。二者实看向内处，稍移外便落情态矣，情态易见。"

人的精神状态，真的抖擞和振作是很容易辨识的，但那种介乎于假抖擞与真振作之间的状态就难于识别了。精神不足，即使它假装振作并表现于外，也掩盖不了那些不足的特征；精神充足，则是由于它是自然流露并蕴含于内。道家有"收拾入门"的说法，用于观"神"的要领是：在去掉杂念之前，要着重看人的轻慢不拘；已经去掉杂念的，则要着重看人的精细周密。对于谨小慎微之人，要在其尚未去掉杂念的时候去看他，如此便可发现，他愈是小心，他的举动就愈是不精细周密，总好像是漫不经心，这种精神状态，就是所谓的轻慢不拘；对于率直豪放的人，要从已经摒除杂念的时候去看他，如此便可发现，他愈是率直豪放，他的举动就愈是慎重周密，做什么都一丝不苟，这种精神状态，就是所谓的精细周密。二者实际上都存在于内心世界，但是只要其稍微向外一流露，立刻就会变为情态，而情态则是比较容易看到的。

人的情感和精神状态的不同的表现，都会给辨别"神"的真假带来干扰，但综合人的各种言行举止表现，完全可以察看出"神"的真假。有丰富人生经验的人，比较容易看出一个人的情真、意切是自然流露，还是矫揉造作。考察一个人，只有从大小两方面入手，才不容易出现偏差。那些小心谨慎、心思缜密的人，其心气很高，他们有天下之人都不如自己的倾向，但是容易气馁，难以经受接二连三失败的打击。因此，从这些人做不了的事情中去看观察，就能知道他比较真实的内心精神状态；那些粗枝大叶的人，即使能把事

情做好，但也会漏掉许多重要细节，这无形中也是失败的表现；那些胆大心细的人，在勇往直前的同时，会密切注意周围事情的细微变化，从而保证事情的各个环节都不出差错。

不辨忠奸，错失良臣

在古代，君王错杀贤臣的例子并不鲜见。古代君王缺乏识人、辨人的眼光，或是被小人的谗言所迷惑，或是无知地杀掉忠臣来自保，到头来空自悔恨却已经不可补救了。其中，汉景帝杀晁错就是一个十分典型的例子。

高祖七年，晁错出生于中原的古城颍川郡，其自幼聪颖好学，博览群书。自刘邦以来分封的诸藩王势力逐渐强大，汉景帝时，身为内史的晁错便上书景帝，请求从吴国开刀削藩。吴王刘濞听说后，立即派使者联络胶西王、楚王、赵王及胶东、淄川、济南六国一起造反。吴、楚等七国起兵不久，吴王刘濞发现公开反叛毕竟不得人心，就提出了一个具有欺骗和煽动性的口号，叫作"诛晁错，清君侧"。意思是说皇帝本无过错，只是用错了大臣，七国起兵也并非叛乱，不过是为了清除皇帝身边的奸佞大臣。景帝命周亚夫为太尉，领兵出征。与此同时，袁盎来到了窦婴的府中。袁盎曾是吴国的故相，到了晁错为御史大夫时，建议削藩，袁盎才辞去吴相之职，回国都复命。晁错曾说袁盎私受吴王财物，谋连串通，后来景帝下诏免除了他的官职，贬为庶人。袁盎故此对晁错怀恨在心，他见到窦婴说："七国叛乱，由吴发起，吴国图谋不轨，却是晁错造成的。只要皇上相信我的话，我自有平乱之策。"窦婴原与晁错不睦，虽是同朝事君，却互不与语。听了袁盎的话以后，窦婴满口答应代为奏闻。

当时的袁盎身为庶人，不能晋见皇帝，只有通过窦婴这条门路，才能奉特诏见到皇帝。景帝一听袁盎有平叛之策，正如雪中送炭，立即召见了他。景帝见袁盎，即问："你有什么好办法平定叛乱呢？"袁盎随口答道："陛下尽管放心，不必挂怀。吴国只有铜盐，并无豪杰，不过是一群无赖子弟，亡命之徒，乌合之众，如此一哄为乱，实不必忧。"景帝真的着急了，说道："难道你来就是跟我说这些无用的话吗？"袁盎说："臣有一计，可使平叛。只是不得外人与闻。"

于是，景帝连忙屏退了周围的人，但晁错还在。袁盎十分清楚，如果当着晁错的面说出自己的计划，晁错必定会为自己辩解，景帝肯定下不了决心。到那时，不仅杀不了晁错，自己反会被晁错所杀，因此他说："我的计策，除了皇上以外，任何人不能听到的！"说完，袁盎的心突然吊了起来，如果景帝不让晁错回避，又逼着自己说出计策，那么自己必是死路一条了。好在过了片刻之后，皇上终于对晁错说："你先避一避吧！"

袁盎抓住这千载难逢的机会，对景帝说："陛下知道七国叛乱打出的是什么旗号吗？是'诛晁错，清君侧'。七国书信往来，无非说高帝子弟，袭土而王，互为依辅，没想到出了晁错离间骨肉、挑拨是非。他们联兵西来，无非是为了诛除奸臣，复得土地。陛下如能诛杀晁错，赦免七国，赐还故土，他们必定罢兵而去，是与不是，全凭陛下一人做主。"说毕，瞪目而视，再不言语。

袁盎这番话，令景帝想起了晁错曾建议御驾亲征的事，越想越觉得晁错用心不良，即使未与七国串通一气，也仍另有图谋。当即对袁盎说："如果可以罢兵，我何惜一人而不能谢天下！"袁盎听后十分高兴。但他毕竟是老手，为了避免景帝日后算账，他先把话栽实，让景帝无法推诿责任。于是，袁盎郑重地对景帝说："事关重大，望陛下三思而后行！"景帝不再理他，只是让他秘密赴吴议和。

袁盎退出后，晁错才出来。晁错也过于大意，明知袁盎诡计多端，又避着自己向景帝献计。但晁错过于相信景帝，也就置之不问了，只是继续陈述军事而已。

晁错还以为景帝不会听从袁盎的计策，岂知景帝已密嘱丞相陶青、廷尉、张欧等人劾奏晁错，准备把他腰斩。

有一天夜里，有人奉诏前来传御史晁错立刻入朝。晁错忽听到敲门声，惊问何事，来人只称不知。晁错急忙穿上朝服，坐上中尉的马车。行进途中，晁错忽然觉得这并非上朝，拨开车帘往外一看，所经之处均是闹市。正在疑惑之中，车子已到达行刑地点停下，中尉喝令晁错下车听旨。晁错下车一看，正是处决犯人的东市，才知道大事不好了。中尉读旨到"处以腰斩之刑"时，晁错已被斩成两段，身上仍然穿着朝服。

袁盎赴吴国议和，晁错又被腰斩，景帝以为万无一失，七国该退兵了。但等了许久，并无消息。一日，周亚夫军中校尉邓公从前线来见景帝，景帝忙问："你从前线来，可知晁错已死，吴、楚愿意罢兵吗？"邓公直言不讳地说道："吴王蓄谋造反，已有几十年了，今天借故发兵，其实不过是托名诛错，本是欲得天下，哪里有为一臣子而发兵叛乱的道理呢？"景帝听罢，低头默然。晁错在帮助景帝筹划削藩大计之时，可以说是时时谨慎、事事周密，但他在人际关系上却输给了袁盎。况且，晁错也知道自己与袁盎有隙，应多加提防才是。如果当袁盎示意景帝让所有的人都退下的时候，晁错能够立刻警觉起来，在袁盎走后向景帝细问其计，也许能让自己幸免于难。晁错成了一场政治、军事与权谋斗争的牺牲品。

景帝虽是一位贤明的君主，但他缺乏明察秋毫的慧眼，完全被袁盎的胡言乱语迷惑了，看不出袁盎公报私仇的险恶用心，最终同意用牺牲晁错的办法来保全自己的皇位。虽然景帝最后能任用周亚夫为大将军平定了叛乱，但晁错这位股肱之臣却不会死而复生了，这是景帝用人的一大遗憾啊。

四、骨有九贵，细观之可以察尊卑

原文："骨有九起：天庭骨隆起，枕骨强起，顶骨平起，佐串骨角起，太阳骨线起，眉骨伏犀起，鼻骨芽起，颧骨若不得而起，项骨平伏起。在头，以天庭骨、枕骨、太阳骨为主；在面，以眉骨、颧骨为主。五者备，柱石之器也：一则不穷；二则不贱；三则动履稍胜；四则贵矣。"

按相理之说，九贵骨各有各的姿势：天庭骨饱满而丰隆；枕骨充实而显露；顶骨平正而突兀；佐串骨像角一样斜斜而上，直入发际；太阳骨直线上升；眉骨的骨棱显而不露，隐隐约约像犀角平伏在那里；鼻骨状如芦笋竹芽，挺拔而起；颧骨有力有势，又不陷不露；项骨平伏厚实，又约显约露。

头部的骨相，关键看天庭骨、枕骨、太阳骨这三个部位；面部的骨相，主要是看眉骨、颧骨这两个关键部分。如果以上五种骨相完美无缺，毋容置疑，此人一定是国家的栋梁之才；如果能具备其中的四种，此人一定会显贵；如果具备其中的三种，此人只要有所作为，就会发达起来；如果具备其中的两种，此人便终生不会卑贱；即使只具备其中的一种，此人也就终生不会贫穷。

相人骨，首推九贵骨。古代流传的《九贵骨歌》中，就有"百劫修成九贵骨"的说法。这九贵骨是指：一为面部左右两边、眼尾下方突起的颧骨；二为颧骨插入天仓的驿马骨；三为将军骨，即耳骨；四为左眉上方隐隐突起的日角骨；五为右眉上方隐隐突起的月角骨；六为围绕双眼突出的龙宫骨；七为由鼻上一骨直线向上，到额部天庭，再由天庭直贯到头顶的伏犀骨；八为两耳后耸起直到脑后的巨鳌骨；九为两眉眉尾上方斜入边地稍高似角的龙角骨。但曾国藩认为的九贵骨指的是：天庭骨、枕骨、顶骨、项骨、佐串骨、太阳骨、鼻骨、眉骨和颧骨。

匡世之才，社稷重臣

古人认为头部的天庭骨、枕骨、太阳骨和面部的眉骨、颧骨五种骨相当重要，若这五种骨相完美无缺，则会成为国家的栋梁之材。

要验证这个观点，可从古代的小说和资料中找到例子。三国时，相貌不凡的鲁肃是孙权柱石之臣。鲁肃，字子敬，临淮东城人，其从小就养成了狂放不羁、轻财好义的性格。到了十七八岁时，鲁肃已成为一个英俊潇洒、魁伟不凡的男子汉了。他拜名师，学剑术骑射，招聚了上百名青少年，供给他们衣服和食物，讲武习兵，号令严明，就像军事演习一样，经常去南山打猎，把豺狼虎豹等猛兽当作敌人一样进行围歼。家乡的父老说："鲁氏的家世衰败了，竟生下这样一个狂儿！"鲁肃听了，一笑了之。他有自己的志向和抱负，与一般人的见识不同。

为了将来能干一番大事业，鲁肃刻苦读书，广泛地学习政治、军事、经济、历史、文学等方面的知识，尤其喜爱研究《孙子兵法》。鲁肃喜欢使用奇计，是与他早年爱读兵书有关。当时势力强大的军阀袁术，一听说鲁肃的名声，就派人请他出来代理东城县长。鲁肃见袁术做事没有一套严格原则和严谨的办法，而且心胸狭窄，目光短浅，认为不值得跟这样的人共事，便毅然加以谢绝。然后，鲁肃带着全家老小以及归附于他的具有侠气武艺的青少年共三百余人，南下居巢县投靠周瑜。州府知道后，派骑兵来追击。鲁肃让妇女和老弱在前，自己带领强壮者断后，慢慢徐行。等州兵迫近，才勒转马头，将部下一字排开，大声喝道："你们也是大丈夫，应当懂得时务，当今天下兵乱，为什么如此相逼呢？"说完，将盾牌插入土中，张弓搭箭。追兵觉得鲁肃说得有道理，又自量不是鲁肃的对手，便撤回去了。

鲁肃把家小留在曲阿，跟周瑜同行，东渡长江，投奔威震江东的孙策。恰逢祖母去世，鲁肃就回到东城老家，护送灵柩，安葬祖母。祖母安葬完毕，鲁肃回到曲阿，正巧碰上周瑜已经把自己的母亲接到东吴去了。于是，鲁肃也到了东吴。

这时是公元二百年，孙策已被人刺死，孙权还住在吴郡。周瑜对孙权说："鲁肃是个难得的匡时佐世之才，千万不能让他投向别处去啊！"孙权听了周瑜的推荐，马上举行宴会迎接鲁肃。两人一见面，孙权心中大喜，谈得十分投机。宴会结束时，群臣纷纷告退，鲁肃也起身准备告辞。孙权却单独把他留下，合并坐席，面对面地继续饮酒。孙权与鲁肃密议道："现今汉朝危机四伏，天下大乱，我继承父兄遗业，很想建立像齐桓公和晋文公那样的功业。您来到我这里，打算怎样辅佐我呢？"鲁肃回答说："过去，汉高祖刘邦一心想拥戴义帝，最终不得实现，原因就在于项羽起破坏作用。今天的曹操，犹如往日的项羽，您怎么能建立像齐桓公、晋文公那样以拥护天子而号令天下的霸业呢？我私下分析，汉朝皇室不可能再复兴，曹操也不可能立即铲除。替将军您打算，只有立足江东这块地方，观察和等待天下局势的变化。江东的规模虽然不大，但也不要嫌它太小。为什么呢？北方现在是多事之秋，曹操自顾不暇，我们就可以趁机铲除黄祖，进伐刘表，把整个长江流域统统纳入我们的版图，然后打出帝王的旗号以谋取天下，这正是汉高祖的功业啊！"

鲁肃对当时的天下形势作了精辟的分析，提出了"首先巩固江东，然后夺取荆州，最后统一全国"的战略方针。这与诸葛亮《隆中对》中的战略决策基本相同，只是英雄各为其主，立足点不同罢了。起初，孙权只是想"挟天子以令诸侯"，在拥护汉室的前提下建立齐桓公、晋文公那样的霸业。鲁肃却指出汉室已不可能再复兴，明确提出要孙权学习汉高祖刘邦，成就统一中国的大业。这显示出鲁肃的见识和眼光，比孙权略高一筹。

这时鲁肃年仅二十九岁，第一次见孙权，就为东吴未来的发展规划了一幅宏伟蓝图。在孙权的文臣武将中，明确提出逐步统一全国的战略方针的，只有鲁肃一人。虽然统一全国的愿望最后没有实现，但巩固江东、夺取荆州及孙权在吴国称帝的战略目标毕竟都达到了。这些就足以显示了鲁肃作为一个谋士的远见卓识及运筹帷幄的政治、军事才能。

当曹操率八十万大军逼近东吴之时，鲁肃对东吴的一片赤诚之心，让孙权对他的器重又加深了一层。公元二百零八年，经过几年的治理整顿，东吴内部已经得到了巩固。孙权凭着有利的地理位置和较强的军事实力，日夜操练兵马，准备向荆州下手。这时，曹操已击败袁绍，平定了乌桓，基本上统一了北方。他听说孙权要对荆州下手，不顾久战的疲劳，立即亲自率领二十多万大军，日夜兼程，浩浩荡荡地向南进发。曹军出发不久，刘表就病死了，由小儿子刘琮接任了荆州。

刘表的死讯传到东吴，鲁肃立即向孙权请命去安抚荆州。鲁肃走到夏口，听说曹操正日夜兼程，向荆州进军。鲁肃走到南郡，刘表的儿子刘琮已投降了曹操，刘备在当阳长坂被曹操的追兵击败，匆忙逃走，准备南渡长江。鲁肃决定走近路去迎他，在当阳与刘备会了面。鲁肃向刘备转达了孙权的旨意，并介绍了江东的强大与坚固，劝说刘备与孙权联合，共同对付曹操。鲁肃的建议，与刘备、诸葛亮联孙抗曹的方针不谋而合，刘备听了非常高兴。

刘备退到夏口后，立即派诸葛亮随同鲁肃去见孙权。两人乘舟到了孙权的驻地柴桑，鲁肃将诸葛亮安顿在驿馆中休息，自己先去向孙权汇报情况。孙权正召集文武大臣在堂上议事，见鲁肃回来，忙说："你回来得正好！"说着，便拿出曹操下的战书给鲁肃看。大臣张昭、秦松等都劝孙权归降曹操。独有鲁肃一言不发。

孙权离座去更换衣服，鲁肃追到屋檐下。孙权明白他的来意，握着他的手说："你有什么话要对我说么？"

鲁肃说："刚才那些人的议论，专门是想贻误将军，不值得与他们图谋大事。如今，我鲁肃可以迎降于曹操，将军您则不可。为什么这样说呢？今天如我投降曹操，曹操会把我送回乡里，品评名位，仍不失做一个下层官吏，乘坐牛车，后面跟随个小兵，和读书人交个朋友，得到连续提拔时，还可以当上州郡的长官。将军您迎降于曹操，那将是怎样的结果呢？希望您尽早作出决策，不要采用那些人的建议。"孙权叹了口气，说："他们所持的议论，令我很失望，现在你的见解正好与我相同，这是老天把你赐给我的啊！"鲁肃告诉孙权，刘备已派诸葛亮到东吴来了，大敌当前，只有联合刘备，才能抗拒曹操。于是，孙权马上接见了诸葛亮。诸葛亮详细分析了敌我双方的力量对比和各自优劣，指出曹操并不是不可以击败的，使孙权增强了抗曹的信心。

后来，鲁肃又提醒孙权听听周瑜的意见。周瑜向孙权详尽地分析了敌我双方的形势，力主抗曹。孙权这才下定决心，联刘抗曹。

公元二百零八年冬天，孙刘联军与曹操大军在波涛汹涌的长江上，发生了一次举世闻名的"赤壁之战"，创造了我国军事史上以弱胜强的著名战例。曹操二十余万大军被全部击溃。曹操带着少数残兵败将，从陆路经华容逃走，留下曹仁等人镇守江陵，自己便回北方去了。曹军败退，周瑜等人乘胜追击。鲁肃先回柴桑告捷。

孙权亲自率领文臣武将迎接凯旋的鲁肃。鲁肃进入阁门时下拜，孙权起身还礼，对他说："子敬，我手提着鞍辔，下马来欢迎你，是否足以使你感到荣耀？"鲁肃走近几步，答道："没有。"大家听了，无不感到惊愕。鲁肃就坐后，徐徐举起手中的鞭子说："愿主上威名德行覆盖四海，总括九州，完成帝王的业绩，到那时再用软轮安车来请我，那才算得上显赫！"孙权明白鲁肃的用意，禁不住拍掌大笑起来。东吴国势的日益强大，至于孙权能够称帝于吴，可以说鲁肃功不可没。

五、面色贵于青，头骨贵于联

原文："骨有色，面以青为贵，'少年公卿半青面'是也。紫次之，白斯下矣。骨有质，头骨以联者为贵。碎次之。总之，头上无恶骨，面佳不如头佳。然大而缺天庭，终是贱品；圆而无串骨，半是孤僧；鼻骨犯眉，堂上不寿。颧骨与眼争，子嗣不立。此中贵贱，有毫厘千里之辨。"

人的骨有不同的颜色，佳骨自有佳色。面部颜色以青色最为高贵，俗语说"少年公卿半青面"，就是这个意思。黄里透红的紫色比青色稍次一等，面如枯骨呈粉白色是最差的颜色。骨有一定的气势，头部骨骼以相互关联、气势贯通最为高贵，互不贯通、支离散乱则略逊一筹。总之，人的头上没有恶骨，面再好也不如头好。然而，如果头大而天庭骨却不丰终脱不了卑贱的地位；如果头圆而佐串骨却伏而隐之，多半会出家为僧；如果鼻骨冲犯两眉，父母难以高寿；如果颧骨紧贴眼尾而颧峰凌眼，必无子孙后代。这其中的富贵与贫贱的差别，犹如毫厘之短与千里之长，是非常大的。

曾国藩认为，人的面色以青为贵，青色像春天一样有着勃勃生机的青春气色。这种气色，即富有活力，又不失庄重端严，而且能活力永驻，人可以集中精神去谋取功名利禄，也就自然能显贵。枯骨浮粉的白色，苍白、惨淡，是一种气血亏损的征兆，缺乏生命的健康与活力，象征其前途也惨淡。"面佳不如头佳"，头骨比例均衡，相貌标致英俊，这是贵人之相。人的头骨，连接要符合均衡原理，否则其命运可能就不好了。头骨虽大而圆，但缺乏峥嵘之势，未必贵；鼻骨犯眉，会克伤父母；颧骨紧贴眼眉而颧峰凌眼，这是阴阳移位，尊卑侵凌之相，可能会没有子孙后代。

血色不华，必败无疑

佳骨自有佳色，就如同树大根深之木，其枝叶自然繁茂。但骨之色，在面为气。医学理论认为，气不足者，色会自然衰减，因为"气"是"色"的根本，"气"蕴于内，"色"是"气"的外在表现形式。曾国藩认为"面以青为贵，紫次之，白斯下矣"是有一定道理的。因为青色是春天气色，象征着生命苗壮成长的青春气色。"白色如枯骨浮粉"，显然是气血亏损之兆，这种气色，难能显贵。

魏明帝曹睿在位之时，何晏、丁谧、邓扬、李胜皆有才气。但这四个人求贵心切，趋炎附势，为魏明帝所憎恶，因此都得不到重用。但是，曹爽却与此四人交好，并视他们为心腹。在魏明帝病危之时，曹爽强行让其手诏由自己执掌朝政。曹睿虽然无奈，但为了牵制曹爽，他命司马懿与曹爽共同辅佐朝政。为了除掉司马懿，曹爽提拔何晏、丁谧、邓扬、李胜四人为尚书、校尉等职。在四人的大力辅助下，曹爽剥夺了司马懿的实权。朝政大权完全落在了以曹爽为首的曹氏集团手里。这四人不可一世，在他们炙手可热之时，何晏常问前程于精通术数的管辂。管辂劝他说："今日你位尊势重，却离德背心，不是求福之道。如能扶贫益寡，以德行政，才能位至三公，否则位高而颠，豪重而亡。"管辂回家后将此事告诉其舅，舅责他说得太直白了，管辂说："与死人语，何所畏也！"

黄门侍郎傅嘏对曹爽的弟弟曹羲说："何晏外静而内躁，机巧好利，不务根本，我担心他误你兄弟大事，恐怕会仁者离心、朝政荒废啊！"因此，何晏四人寻小事罢了傅黄门的官。结果正如傅嘏所言，四人劝曹爽派兵伐蜀，被蜀兵堵截，曹爽大败而回，伤亡惨重。后来，司马懿夺权，曹爽被杀死，何晏四人被夷三族。舅舅问管辂是如何知道何、邓之败的，管辂说："邓扬行步如鬼躁，何晏神态如魂不守舍，血不华色，精气烟浮，容若槁木，此为鬼幽。故知其败也。"何晏平常颇自负，并以"不疾而速，不行而到"的仙姿美态自誉，实际上属于气色浮华不沉的一类人。

何晏喜欢谈古论今，但为人私利而无诚意，口舌是非乱国政；邓扬做事有始无终，好图名求利，吹捧同类，排斥异己，妒忌心重。这三个人都是乱德败性之人。管辂、傅嘏观何晏之流的气色、神态，便知其命运，也是有一定的科学根据的，邓扬行步如鬼躁，何晏神态如魂不守舍，血不华色，精气烟浮，容若槁木，这样的人做事常不循正道，再加上心浮气躁，失败在所难免。

狠毒残忍，杀兄杀父

从外貌看，一个人很英俊，五官端正，但"面佳不如头佳"。曹操接见一位西域使者时，担心自己相貌不美，让使者见了有损国威，故让一位貌美臣子冒充自己，自己却站在假曹操旁边。使者谒见完毕退出来后，知根底的大臣问他对曹操的印象如何，那个使者说："曹操很好，但他旁边的那个人更有英雄之气。"面佳固然很好，但不是最根本的，仪表堂堂，相貌标致英俊，只与世俗中的情理相切合。

隋炀帝杨广生得面目英俊，仪表堂堂，但是他荒淫奢靡的作风在历代帝王中也是少有的，他的残忍狠毒更是古今罕闻，正因为这一切，使他成了一个遗臭万年的昏君、暴君。其实，杨广本是一个很有能耐的人，不仅能诗善文，且有武略。十几岁时，他就随其父隋文帝杨坚东征西讨，屡立战功。隋朝的建立，杨广功不可没。

在五个兄弟中，杨广排行第二。按照封建宗法社会嫡长子继承制，太子之位早已授予他的大哥杨勇，他只被封为晋王。对此，他愤愤不平，日夜谋划着要把太子之位夺过来。但他明白，这种事情只可智取，不可明争。

杨广费尽心机，计划采用这些卑劣的手段：一是谄谀父皇，二是谗毁太子，三是伪装自己，四是交结权臣，五是贿赂后宫。杨广在与太子杨勇的博弈中占了上锋，杨勇的太子之位开始动摇了。开皇二十年，隋文帝携了几名宠妃住在京都大兴城西北一百多里的仁寿官，太子杨勇留在京城。在冬至这一天，太子杨勇在东宫接见群臣。按照当时的规矩，太子不得和群臣来往，以避免干政的嫌疑，像杨勇这样大张旗鼓地接见群臣，的确是太出格了。这给杨广提供了一个扳倒杨勇的绝好时机，他匆匆赶往仁寿官，对父皇说太子将有非常之举。隋文帝杨坚也不辨真伪，便匆匆将杨勇废黜，而将太子之位授予杨广。

杨广的目的终于达到了，但他并不满足，太子只不过是个名位，只要父皇还在，便没有任何权力可言，他又进一步觊觎帝位了。仁寿四年，年逾六十的隋文帝病倒在仁寿官，杨广也住在这里，名义上是服侍父皇，其实是在等待老皇帝的死期。一天早上，杨广在仁寿宫园林中邂逅一位绝色女子，这是老皇帝晚年的宠妾宣华夫人。杨广见左右无人，便扑向前去，欲对宣华夫人强行非礼，被宣华夫人坚决拒绝了。年老的隋文帝杨坚察觉到这件事后，气绝欲昏，他后悔改立杨广为太子，立刻传出诏书，要恢复杨勇太子之位，并将杨广治罪。可是已经晚了，仁寿宫早已被杨广所控制，他遣走了老皇帝身边所有禁卫侍从，然后派遣自己的心腹大臣张衡，将杨坚两腿撕裂，活活肢解于病榻之上。就这样，杨广踏着父亲的尸体，登上了权力的宝座。

杨广靠阴谋诡计起家，登位后又置百姓于不顾，穷奢极侈，终被手下人所杀。手段毒辣的杨广，得到的就是这样一个可耻的下场。隋朝的统治也就到此结束了。

六、辨神骨刚柔，明五行和谐

原文："既识神骨，当辨刚柔。刚柔，五行生克之数，名曰'先天种子'，不足用补，有余用泄。消息与命相通，此其较然易见者。"

神骨辨识清楚后，应当进一步辨识刚柔。刚柔的道理来源于五行的相生相克，这是先天遗传下来的，不足的应当增补，有余的应当消减，使之达到刚柔平衡、五行和谐的状态。古人在预测和判断人的命运时，要求人相既要合乎自然性，又要合乎社会性，而合乎自然性和合乎社会性，就是符合阴阳五行的运动变化规律——阴阳互转、五行生克之规律。五行中的金、木、水、火、土各有其属性，它们之间相生相克，遵循着一个阴阳消长、五行和谐统一的规律。正如《老子》中所言：损有余而补不足。即一"行"有余，其他部位就可以加以削弱，这就是刚柔相济。比如说，人的眼睛的形或神不足，而耳朵的形或神有余，那么耳朵的佳相就可以弥补眼睛的不足，反之也一样。

太过刚直，容易惹祸

运用阴阳刚柔和五行学说来品鉴人物命运的说法由来已久，也最为术数相学所推崇。五行之间相生相克，不足用补，有余用泄，使之达到刚柔平衡，五行和谐。以此来预知人的顺逆、发展和变化，也是有一定的合理性的。

性格坚毅刚直的人，优点在于敢于矫正邪恶，缺点在于喜欢激烈地攻击对方。在中国历史上，这种性情耿直，却终遭迫害的人数不胜数。西汉的功臣周亚夫便是其中一位。

周亚夫及其父亲周勃，是西汉初年著名的大功臣。周勃去世不久，由他继承了绛侯的爵位。周亚夫是一位军纪十分严明的将军。汉文帝曾任命他和另外两位将军驻守在首都长安的郊区，以防备胡人的入侵。

一次，文帝到军营慰劳将士，皇帝的军驾如入无人之境，守营的将军迎来送往，极为恭敬。但在周亚夫所驻守的细柳营却碰了钉子，皇帝的先导官打前站，来到了营门，只见守营的将士身披铠甲，手执刀剑，箭在弦，弓拉满，一副如临大敌的神态，竟不让先导官入营。先导官说："天子大驾将到！"守门的营军说："军中只有将军的命令，不知道天子的诏书！"不一会儿，文帝车驾浩浩荡荡来了，守门的营军依然不许他入营，文帝只好派出使臣至军营中向周亚夫宣诏："天子圣驾亲来劳军。"周亚夫这才传令打开营门。入营时，守门将士说："将军有令：军营之中，车马不得奔驰。"汉文帝的车驾也只得缓缓而行。文帝到了周亚夫的中军大帐，他并不像一般大臣朝见皇帝那样行三叩九拜的大礼，只是躬身一揖，说："军营之中，甲胄在身，请允许以军礼叩见！"这种威严的军纪，使得汉文帝也不由得严肃起来，他站在车上，躬身答礼，并派人传过话去："皇帝敬劳将军！"

慰劳完毕，离开军营，随驾的大臣都惊奇于周亚夫治军之严。文帝称赞道："这才是真正的将军呀，前面那两所军营，简直如同儿戏，他们那里的将军，会很轻易地遭人袭击而被俘虏，至于周亚夫，谁能侵犯得了！"不久，军营撤防，周亚夫被提升为中尉。汉文帝临终前，对继任者刘启（汉景帝）说："国家若有什么紧急情况，周亚夫是一名真正可以统兵的大将。"

景帝前元三年，吴、楚等七国发动叛乱，西汉王朝面临着一次全面内战的危机。这时，开创江山的那一批谋臣猛将在世者都已老迈，汉景帝想起了文帝的临终遗言，起用了周亚夫。周亚夫采取了"坚壁清野，以守为攻"的策略，使得叛军人马疲顿、粮草不济，只好撤军。这时周亚夫以精兵穷追猛打，大败叛军。前后只用了三个月的时间，便将这一场大叛乱平息下来。

班师之后，周亚夫被提升为太尉，又任以丞相之职，同他父亲的职位完全一样。可是，厄运也同时向这位拯救了西汉王朝的大功臣袭来。表面上看起来，是他在一些问题上同皇帝的意见有分歧，实际上是他遭到汉景帝的忌恨，而原因只是因为他功劳太大，本领太强，而又不那么驯服，也就是刚有余，而柔不足。

汉景帝不同于他的父亲，是一个刻薄寡恩的君主。周亚夫也看出了这一点，只好辞去宰相职务，可景帝还是不肯放过他。有一次，景帝将周亚夫召进宫中，说是要赐食，可端上来的却是大大的一块整肉，既没有切肉的匕首，又没有筷子。周亚夫明白皇帝是在戏弄他，他强压火气向侍宴的内官要一双筷子，汉景帝嘲笑地说："是我不让他们预备筷子，你有什么不满意吗？"周亚夫还不得不对皇帝的赏赐表示感谢。景帝说："你去吧！"周亚夫大步离开朝堂，但他那愤怒的心情是可以从步态上看出来的。汉景帝一直目送着他离开朝堂，说道："看他那气呼呼的样子，他可不是我这个年轻的皇帝所能驾驭得了的大臣呀！"

后来，周亚夫的儿子买了五百副仿制的盔甲、盾牌，为父亲准备陪葬之用。周亚夫是一名将军，以仿制的武器为陪葬品本来是十分正常的事，可有人竟以此上书朝廷，告发他要谋反。周亚夫被逮捕入狱。朝廷的审判官审问他道："你为什么要谋反？"周亚夫回答："我所买的器具，是陪葬用的仿制品，怎么能说是谋反？"审判官蛮不讲理，说："你即使不想活着谋反，也是想死后在地下谋反！"

十分荒唐，罪名竟然就这么定了下来。大丈夫可杀而不可辱，周亚夫从此绝食，五天以后，吐血而死。

周亚夫在统兵打仗方面，他可谓长于权谋，富有韬略；但在为人处世上，显然他不能做到左右逢源，让自己游刃有余。虽然面对景帝的挑衅，他也能做到强压住怒火，且向景帝表示谢意，但景帝还是从他的步履中看出了他的愤怒。俗话说：'伴君如伴虎'，做皇帝的当然不希望臣子们难以驾驭，因为他觉得自己的"天威"受到侵犯，所以会想方设法地将之处死。

周亚夫性情耿直，敢想敢说，即使刻意去掩饰，也显得不太自然，还是能被别人一眼看透。性情耿直的人往往心不藏奸，为人做事光明磊落、坦坦荡荡，只要"驾驭"得法，其所发挥的作用不可低估。

七、五行有顺逆，顺逆分富贵

原文："五行有合法，木合火，水合木，此顺而合。顺者多富，即贵亦在浮沉之间。金与火仇，有时合火，推之水土者皆然，此逆而合者，其贵非常。然所谓逆合者，金形带火则然，火形带金，则三十死矣；水形带土则然，土形带水，则孤寡终老矣；木形带金则然，金形带木，则刀剑随身矣。此外牵合，俱是杂格，不入文人正论。"

五行之间相生相克的关系称为"合"，而"合"又有顺合与逆合之分。木生火、水生木，辗转相生，此为"顺合"。有顺合之相的人多会富裕，但却不会显贵，即便显贵，也只是浮浮沉沉，难以长久。又如，火克金，但如金无火炼不成器的道理一样，有时金也需要火，以此类推，水与土等之间的关系也是如此，此为"逆合"，有逆合之相的人往往非常高贵。然而逆合之相也有差别，金形人带有火形之相是好事，反之如果是火形人带有金形之相，则有可能会三十而终；水形人带有土形之相则是好事，反之如果是土形人带有水形之相，则有可能会一辈子孤寡无依；木形人带有金形之相则无碍，反之如果是金形人带有木形之相，则可能会有刀剑之灾、杀身之祸。至于除此之外的一些牵强附会的说法，都是杂凑之词，不能归入文人的正宗理论。

宇宙万物都是由金、木、水、火、土五种元素构成，人作为宇宙之精华，万物之灵长，当然也不例外。根据金、木、水、火、土这五行的性质，把人的形体相貌、性格气质归类为金形、木形、水形、火形、土形五种。这种分类方法就是所谓的"五行形相"。

五行金、木、水、火、土之间辗转相生，相互促进、相互推动即为顺合。顺合者，多数富裕，但是他们却难以握重权，居高官。即使做了官，也是在浮沉升降之间，难以长久。五行金、木、水、火、土之间相互克制，即为逆合。有逆合命相之人，如果五行能势力均衡、各守其位，共成奇崛之势，就能显贵非常；反之，若有偏废，自然败相，则命运必差。

谨慎多疑者，容易动怒

古人历来都很重视形体，在对其进行分类时，引入了直行观念，冠之以"五行形相"的名称，以此来说明人的性格、品德和命运。

性格谨慎多疑，是诸多政治家的共同特点，纵看中国历史，每位帝王都是一样，稍有风吹草动，就要追根究底。在对待敌人的斗争中，均采取"宁可错杀一千，不可让一人漏网"的策略。难怪封建臣子都有"伴君如伴虎"之忧。

韩信在北方连连得手之时，项羽亲率大军前来围攻荥阳。刘邦心中忧闷，对陈平说道："天下纷纷攘攘，究竟何时得了？"陈平答道："大王所虑，无非是为着项羽。我料项羽手下，忠臣不过范增、钟离昧数人。大王如肯舍得大量金银财宝，贿赂楚人，进行反间，他们君臣之间必然相疑。然后乘机进攻，破楚也就容易了。"刘邦道："金银何足惜？只要能灭掉强敌就好。"说完，即命左右取出黄金四万两，交给陈平，由他使用。陈平听命退下，遂派人拿了一些黄金，照上法前去办理。只过两三天，楚军中果然流言四起，说是钟离眜等功多赏轻，不得分封，将要联汉灭楚。项羽本来就有猜疑，听到传言后果然起了疑心，把钟离眜等看做是奸臣，不再信任，只对范增依然如故。范增建议速攻荥阳，以防刘邦逃逸。项羽便亲督将士，把荥阳团团围住，四面猛攻，不肯稍缓。刘邦见荥阳已难固守，便派人去楚营求和，表示愿以荥阳为界，东面归楚，西面归汉，双方平分天下。项羽当然不肯答应，但因汉使已经前来，也只好派人进城作答。于是陈平便借此机会设下了一个圈套，来骗楚使。

且说楚使人来见刘邦，刘邦却按陈平所教，佯装醉酒，只含糊问了数语即将他打发出来。陈平将楚使送到客馆，也即告退。楚使坐了片刻，见一班仆役抬了牛羊鸡猪和美酒佳肴向厨房走去，心中格外纳闷，暗想汉王为何对我这样优待，竟要以如此丰盛的物品招待我？此时陈平走了进来，向楚使询问范增的情况，并问有无范增的亲笔信。楚使道：“我是奉项王使命而来的，并非亚父（项羽称范增为亚父）所派。”陈平听了，十分惊讶，遂不再多说，起身告辞而去。不一会儿，就见有人跑到厨房，命仆役们将所有物品全部抬走，并且听他自言自语地 “既然不是亚父派来的，怎配享受这样丰盛的宴席。”楚使更觉纳闷。东西抬走后，好一会儿不见动静，直到日影西斜，才见有人拿来酒饭，放在案上，请楚使用餐。楚使见菜中只有蔬食，并无鱼肉，且饭馒酒酸，不禁大怒，虽肚中饥肠乱鸣，也不肯再吃，当即不辞而别。

楚使一口气跑回楚营，将所见所闻全部报告了项羽，并且说范增私通汉王，应加防备。项羽发怒道：“我早有所闻，总是不信，哪知他果然通敌！这个老匹夫，想是活得不耐烦了！”左右忙替范增排解，项羽这才勉强忍住，不再发作。范增对这些情况一无所知，仍是一门心思要为项羽设法灭汉。他见项羽为了议和而放松了攻城，心中很是着急，便去见项羽，督促其从速攻下荥阳。并且把当年鸿门宴上的事重提了一遍，说若我不逼人，人就要逼我，如果再让刘邦逃脱，将后悔莫及。项羽被他这样一说，忍不住气闷，便勃然道："你叫我速攻荥阳，我并非不想依你，但只恐不等攻下荥阳，我的命却被你送掉了！"范增一时摸不着头脑，只好干瞪着眼看着项羽。他忽然想到平时项羽从未向他说这种话，这必定是有人进谗的缘故，因而忍耐不下，朗声说道："天下事大体已经定了，愿大王好自为之，休中了敌人的奸计。我已衰老，本该引退，今请求赐我残生，让我归葬乡里算了。"说完，掉头径出。项羽也不挽留，听任范增回到本营。

范增终于绝望，遂派人把自己的历阳侯印绶送还项羽，草草整装，即日东归。他一路走，一路想，自思几年来一心为楚，不想却落了这样一个下场，不由得气闷交加，寝食不安。一个年过七十的老人，怎经得起这样的打击，结果未到彭城，就背发恶疮而死。项羽因一时猜疑而失去了范增这样的辅弼之才，使自己愈加势单力薄，终因兵败而自刎于乌江，这就是多疑所导致的直接恶果。

八、刚柔分内外，观人勿忘内

原文："五行为外刚柔，内刚柔，则喜怒、跳伏、深浅者是也。善高怒重，过目辄忘，近"粗"。伏亦不伉，跳亦不扬，近"蠢"。初念甚浅，转念甚深，近"奸"。内奸者，功名可期。粗蠢各半者，胜人以寿。纯奸能豁达，其人终成。纯粗无周密，半途必弃。观人所忽，十有九八矣。"

五行气是人的刚柔之气的外在表现，称为刚柔。内刚柔指人的喜怒情感、激动程度和心胸城府。喜怒情感表现得很强烈，遇到高兴之事就乐不可支，遇到恼怒之事就怒不可遏，但事情一过就忘得一干二净的人，这种人阳刚之气太盛，其气质近乎"粗鲁"。平静之时没有一点张扬之气，激动之时也不怎么兴奋的人，这种人阴柔之气太盛，其气质近乎"愚笨"。考虑事情开始想得似乎很肤浅，但转念之后又想得非常深入细致的人，这种人阳刚与阴柔并济，其气质近乎"奸诈"，此种人外柔内刚，终会获得事业上的成功。既粗鲁又愚笨的人，刚柔皆能支配其心，往往比一般人长寿。纯"奸"的人倘若能豁然达观，这种人终会有所成就。那种纯粹粗鲁而无半点缜密之心的人，做起事来一味求刚，必定半途而废。而从"内刚柔"这方面观察人往往容易被忽视。

从性质而论，刚柔即阴阳，刚为阳，柔为阴，它们是事物的两个方面，阳刚显于外，阴柔蕴于内，彼此既相互对立，又相互依存。五行是人的阳刚和阴柔之气的外在表现，而喜怒哀乐、激动或平静等情绪则属于内刚柔的范畴。为人处世，要柔中含刚，刚中存柔，刚柔相济，不偏不倚。才能少走弯路，少碰壁，才能在事业上、生活中左右逢源，如鱼得水。但是不论是在历史上还是现实中大都是刚者居多，柔者少，"纯粗无周密，半途必废"，那些粗鲁之人，急于求成，不注意小节，最终总也逃脱不了失败的厄运。只有那些能自如地掌控刚柔之道，遇事进退有度，会以柔化刚的人才会在人生的舞台上迎风破浪，一路向前。

施恩德者，受人敬重

柔弱者常胜，刚强者常败。外柔内刚的人，做事时能以退为进、以顺迎逆，终会获得事业上的成功。晋武帝司马炎称帝以后，有灭吴的打算。他任命羊祜为都督，治理荆州军事，统率大兵镇守，与东吴隔江相望。羊祜到了南方后，没有急于加强军事措施，而是实行怀柔政策，开设学校，安抚远近地区，很快得到江汉一带百姓的拥护。他还对吴国人开诚布公，凡是来投降的人，想要离开荆州，决不阻拦，去哪儿都可以。吴国石城的守备距离襄阳七百多里，常常来侵扰，羊祜用计使吴国撤消了石城的守备，使两地能够和平共处。这样他就可以减少一半戍兵，分出来去开垦了八百余顷田地，大获收益。

羊祜刚到的时候，军队中没有百日的存粮，经过他屯兵开垦，居然积蓄了可供十年之用的储粮。后来，皇帝下命令撤销江北都督，设置南中郎将，把他们所属的在汉东和江夏的各军都归羊祜统领。

此后，羊祜进一步占据险要地区，建造了五座城，收取大批肥沃的土地，夺得了吴国人的资产，石城以西，尽归晋国所有。从此，吴国来投降的人络绎不绝。

在这种情况下，他还是没有急于进攻东吴，羊祜更加提倡实施恩德信义，用怀柔政策来笼络刚刚归附的人。

羊祜每次和吴军交战，总是先约定好开战日期，不搞突然袭击。有的将帅想提出诡谲奸诈的计策，羊祜就不断地给他们灌酒，使他们无法开口。有人抓到吴国的两个人做俘虏，羊祜又把他们遣送回家。后来吴国的将领夏详等人来投降，这两个人的父亲也率领他们的属下、同伴一起来。吴国的将领陈尚、潘景带兵进犯，羊祜追赶并杀死了他们，但又称赞、宣扬他们的气节，厚加殡殓。陈尚、潘景的子弟来迎丧，羊祜还举行隆重的礼节把他们送回家。

吴国的将领邓香到夏口进犯、抢掠，羊祜悬赏活捉邓香，捉到后却又把他放回去。邓香因此非常感激，就率领他的部下前来投降。羊祜严厉约束自己的军队，他的军队出行，经过吴国的地段，收割地里的稻谷作为粮食，都计算好收割稻谷的数量，用绢偿还。每次会集部队在江沔一带游猎时，一般总是在晋国境内，不许军队进入吴国境内。如果禽兽为吴国人所伤而后被晋兵所得，他就让人送还给吴国人。于是，吴国人都对他心悦诚服，尊称他为羊公，而不呼他的名字。羊祜和吴国的将领陆抗相对垒。两军使者常有来往。

陆抗十分称赞羊祜的德行和度量，认为即使乐毅、诸葛亮也不能与他相比。陆抗有次生病，羊祜了解了他的病情后，就派人给他送药去。陆抗高兴地服下，一点儿也没疑心。有人怕药里有毒，进行劝阻，陆抗批评说："羊祜哪里是个会害人的人！"陆抗自然也清楚羊祜实行的是怀柔政策。因此，他常常告诫他的部下："如果羊祜他们专施恩德，而我们专用暴力，我们就会不战自败啊！现在只要各保自己的疆界就可以了，不要去追求小利。"吴国的皇帝孙皓听说吴晋边境和好，便责问陆抗。陆抗回答说："一个小镇、小乡，尚且不可以没有信义，何况泱泱大国！我如果不这么做，就只会使羊祜的名声更大，对他毫无损伤。"可以说，他们两人的才智是不相上下的。

羊祜在对吴国军民实行怀柔政策的同时，修缮盔甲，训练士兵，做了广泛的军事准备。他上书给晋武帝司马炎说，平定蜀地已经十三年了，现在吴国的孙皓暴虐无道，吴国的百姓困苦不堪，而我们晋军的力量比过去更加强大，应该抓住时机，平定东吴，统一天下，使天下安宁，人民和好。他对灭吴的战略战术也提出了许多精辟的意见。晋武帝非常赞同他的意见。后来羊祜卧病，回到洛阳。他又抱病向晋武帝当面陈述伐吴大计。此后，晋武帝还派中书令张华去询问他的筹划和策略。羊祜病情越来越重，他便推举杜预接替自己。不久病逝，享年五十八岁。当时天气寒冷，晋武帝穿着丧服悲伤地哭泣，泪水流到鬓须上，都结了冰。荆州人在集市上听到羊祜病逝的消息，没有一个不号啕痛哭的，集市贸易因而停止，哭声连成一片。吴国守边的将领知道他已经去世，也都伤心地为他哭泣。羊祜死后两年，吴国被平定。大家都为皇帝庆贺。晋武帝拿着酒杯流着眼泪说："这哪里是我的功劳，都是羊祜的功劳啊！"

晓之以理，可为圣人

晋代的周处，字子隐，义举阳羡人。他的父亲周鲂，曾经担任太守之职，但在周处少年时就不幸去世了。所以，周处从小便失去了父教。他二十岁时就臂力过人，喜爱骑马射箭，四处打猎。他不拘细节，性情凶悍粗鲁，恣意而为，简直成了乡中的一害。乡亲们都十分怕他，总是躲得远远的，不愿跟他交往。

周处也知道自己为乡亲们所憎恶，便有了悔改之意。他见父老乡亲们大多愁眉不展、闷闷不乐，心里觉得奇怪，便问他们："如今天下太平，再加上风调雨顺、五谷丰登，事事都如人意，为什么你们还郁郁寡欢呢？"父老们回答道："现今地方上三害未除，哪里能快乐得起来啊！"周处问道："是哪三害？"父老答道："南山上的白额猛虎随意伤人，为一害；长桥下的河中蛟龙，常伤人畜，又是一害；至于第三害……"说到此处，父老们有些犹豫，但还是直说了出来："恐怕要算是你了。"周处听罢此言，沉默良久。经过考虑后，他决然说道："这三害我都能除去！"父老们欣然说道："你如果真能除去这三害，那么真是我们地方上的一大幸事！"

周处毅然孤身深入山中。他搜寻到白额猛虎，与它一番拼搏，终于杀死了这只伤人性命的猛兽。接着，他又奋身投入水中，去搏杀那条蛟龙。这条蛟龙与白额虎相比，其凶猛真是有过之而无不及。它在水中或沉或浮，一连三日三夜，毫不知倦。而周处比蛟龙更勇敢，他紧紧跟随蛟龙，与之恶战了三日三夜。最后，蛟龙不敌周处，终于被周处奋力斩杀，血染河中。周处三日三夜不归，宜兴的父老乡亲们都以为他已经死了。想到地方上一下子三害俱除，从此可以太平无事，父老乡亲们都高兴地互相庆贺。这时，周处正好归来，立即明白自己被大家痛恨到了何种地步，顿时大受刺激，这也使他更加坚定了改过自新、重新做人的决心。

既然决心已定，他就毫不迟疑，准备立即付诸行动。他了解到吴中大将陆逊的孙子陆机、陆云很有才学（陆机、陆云是晋代著名文学家）在文学史上具有很高的地位，便专程跑到吴县去拜访，愿拜他们为师。这时陆机正好不在家中，周处便拜见陆云，将自己的情况如实相告，然后问陆云道："我很想改过自新，但是年纪已经大了，不知是否来得及？"陆云鼓励周处道："古人朝闻夕改，君前途尚可。且患志之不立，何忧名之不彰！"陆云的这番话对周处是极大的鼓励和教育。从此，周处便刻苦读书，好学上进。同时，他十分注意自身修养，养成了良好的品德。仅一年，他的名声就大大地不同以往，以至州、府的官员都连连举荐他出来做官。

此后，周处为官三十余年，一直做到新平、广汉太守、散骑常侍和御史中丞。在任时，他克己奉公，很有政绩。如在新平任太守时，他与少数民族相处得很好；当广汉太守时，他为官清廉，处理了不少数十年留存下来的积案；当御史中丞后，他秉公执法，不阿附权贵，即使是皇亲国戚，他也不肯徇私。周处的刚正不阿，自然是难以见容于恶势力。后来，少数民族首领齐万年造反，朝中权贵痛恨周处的刚正不阿，都想乘机加害于他，便故意推荐他，说："周处是名将后代，派他去征讨，一定错不了！"伏波将军孙秀知道那些朝臣们的险恶用心，便规劝周处道："你家中有老母在堂，可以以此为由，向朝廷推掉这个差使。"周处却坚定地说道："忠孝岂能两全，既然辞别亲人，服务于朝廷，父母亲哪里还能把儿子仅仅当作自己的私有之物呢！"

这时候，梁王司马彤任征西大将军，总管关中军事。周处知道司马彤一定会趁机报复，因此抱定死念毫不退缩，仍然奋勇前去作战。司马彤果然挟嫌报复，故意不给援兵，周处率众奋战，从早晨打到晚上，弓断箭尽。众人劝周处退兵，周处慷慨陈词，不许稍退，斩敌首以万计，终于英勇战死，以身殉国。周处勇于改过，忠于国事，是历史上的一个著名故事，他由一个地方恶少转变为忠臣良将，陆云对他的鼓励发挥着很大的作用。

九、躯体七尺为限，形貌须凭两仪而论

原文："容以七尺为期，貌合两仪而论。胸腹手足，实接五行；耳目口鼻，全通四气。相顾相称，则福生；如背如凑，则林林总总，不足论也。"

看人形容姿态应以七尺躯体为限度，观人面貌颜容须凭双眼而断。人的胸、腹、手、足与五行金、木、水、火、土相互关联，且具有它们的某种属性和特征；人的耳目口鼻，和四时之气——春、夏、秋、冬相互贯通，也具有它们的某种属性和特征。人体的各个部位若是搭配得协调对称，那么就会为人带来福分；而如果相互背

离或彼此拥挤，致使相貌显得乱七八糟，支离松散，其命运就可能不值一提了。

容和貌是两个不同的概念。容是指人的整个身体及其表现出来的情态；貌是指天中到地阁之间的整个脸部。古代圣人以身体的各个组成部分自然和谐为美，人体"三停"要平等而匀称。三停即人身体的上、中、下三个部分。上停是指头，中停是指从肩至腰的部分，下停是指从腰至足的部分。若上、中、下三停之长短不称者，必不长寿；三停平等相称，胸腹手足互相般配，耳目口鼻相互照应，才符合自然之理，表明身体健康、才能不凡。若身体各部分生硬，不协调，则命相自然不佳。

形貌奇特伟岸，威严如神仙

提起吴三桂，人们脑海中马上会想到"冲冠一怒为红颜"的诗句，进而对他嗤之以鼻，殊不知此前"状貌奇伟，尊严若神"的吴三桂也是一位猛将。

吴三桂，字长白，高邮人，出生在一个将门之家。在他几岁的时候，父亲就尝试对他进行骑射训练，随着年龄的增长，训练也逐年严格。这种训练，如同做功课一样，每天手不离箭，身不离鞍。父亲善养马，对马匹的选择和骑术都能给他以指导。吴三桂小时候，聪明超群。他学习很用心，也颇刻苦，骑射进步很快。还有舅父祖大寿对他也很关心，不时地加以指教。他经常出入军营，很喜欢军队的战斗生活，立志将来定要当一名军官。

从山海关至宁远以东，抵锦州，北面一望丘陵、山岭，绵延不绝，林木繁茂，有许多飞禽走兽，虎、豹、野猪等猛兽，无时不出没林中深处。行猎是当地猎户的衣食之源，而对于达官贵人来说，却是一种消遣。吴三桂的父兄每于闲暇之时，便携家丁进山打猎。吴三桂能独立骑马时，便跟随父兄左右，骑逐山林之中；稍大点，就自带家丁，独闯山林，与禽兽周旋，每次都有收获。这种带有军事味道的"田猎"生活习惯，培养了他勇敢、不畏艰险、足智多谋的思想性格。他掌握的骑射技能，后来都远远超过了他的哥哥、弟弟。他演习过各种兵器，最喜欢使大刀，练得很有功夫。从此，这柄大刀就成了他在未来的岁月中南征北战的制胜武器。练武造就了吴三桂强健的体魄，这为他以后能在千军万马中立于不败之地创造了条件。

吴三桂中武举后，取得了在军中任职的资格，开始了军事生涯。《庭闻录》的作者刘健说他"自少为边将"，他的老师陈邦选也说"总爷（指三桂）少年悬印"，指的就是这个时候。吴三桂初任军职，就在舅父手下任中军官。这是个低级军官，是吴三桂走向将帅的起点。他在舅父祖大寿的指挥下，参加了对后金的战争。很快，他崭露头角，日益显示出悍将的素质。

吴三桂十七岁那年的冬天，正是崇祯二年，皇太极发动了奇袭北京的战役。他亲率五、六万大军，避开明朝构筑的宁（远）锦（州）防线，绕道内蒙地区，从大安口、龙井关等处突入长城，直趋北京，给明朝以猝不及防的打击。不幸的是，崇祯帝中皇太极的反间计，将袁崇焕逮捕入狱。祖大寿惊恐万状，携吴襄父子及辽兵一万五千人自北京仓皇撤军，急返宁远，以图自保。崇祯听从大学士孙承宗的建议，赶快派人安抚。使者疾驰至山海关才赶上祖大寿，当众宣谕朝廷慰劳之意，声明只逮治袁崇焕一人，与众将无涉。辽兵得到朝廷宽大，人心才安定下来。十八岁那年的正月，祖大寿奉命与孙承宗分驻三屯营、丰润之间，互相"联络犄角"。祖大寿又命所部分驻雷亭、昌黎、抚宁、石门、台头营、燕河营诸城镇，以堵截后金兵归路。然而，后金兵"潜师飙飓"，行动非常诡秘，明官军常常捕捉不到它的任何消息。为摸清后金兵的去向，他常派出多达三百多人的"侦骑远探"。二月，祖大寿率部出长城，北进至建昌。该城周围多山，丘陵连绵，其西北面与蒙古喀喇沁等部相接。皇太极绕道蒙古入头和北返，建昌是他必经之地。明兵集结于此，企图截断后金兵归路。吴襄携带吴三桂随征，不离大寿左右。吴三桂年龄还小，在军中不担负具体军务。父亲和舅父对他很喜爱，不愿让他做任何冒险的事，让他随军是想训练他，使他增长见识。父亲已是一员参将，常受派遣，执行任务。可是，有一次发生了意外情况。一天，吴襄率数百人出城侦察，突然与数万后金兵遭遇，后金将领没有把这几百明兵放在眼里，实行围而不攻的战术，迫其投降。吴襄不愿意投降，只想突围摆脱险境。他与部下急奔，后金兵就急围，缓奔就缓围。直至近城处，吴襄仍无法摆脱后金兵的围困。祖大寿凭城楼远望，知后金兵势大，明兵出击，如以卵击石，倘遭全军覆没，丢失城池，将犯不赦之罪。他不能救吴襄，只好听天由命了。

吴三桂见父亲被围，心急如焚，便跪在舅父面前，请求发兵，为父亲解围。祖大寿以双方兵力悬殊太大，不敢出战，说："我以封疆重任，焉敢妄动，万一失利，咎将安归！"吴三桂请求再三，祖大寿就是不答应。最后，吴三桂痛哭流涕地说："总爷不肯发兵，儿请率家丁以死相救。"祖大寿似应非应地"嗯"了一声。他以为吴三桂必不能救，但吴三桂马上应道："遵令！"站起身来，转身下了城楼，率家丁二十人，出城救父。祖大寿心情矛盾，也没严加阻止，由他去吧！

吴三桂左右各置一将领，自己居中，分十八人为两翼冲阵。后金兵见明兵极少，但敢轻易出战，很是怀疑，便闪开一个阵口，将三桂二十人裹入阵中。吴三桂入阵，以风驰电掣般速度向后金兵展开了冲杀，连续射出两箭，后金兵应弦而倒。后金一员将官拥纛旗向他冲来。吴三桂迅即搭箭，用尽气力，一箭射中，这员将官从马上跌落下来。三桂急驰近前，下马割取首级。不料此人受重伤未死，他眼看吴三桂举刀之际，说时迟，那时快，抽出随身携带的短刀，奋力跃起，照准吴三桂面部刺来，吴三桂猝不及防，一刀砍中他的鼻梁，顿时血流如注。他顾不得伤口，手起刀落，将这个将官的头砍了下来，并疾速地捡起死者扔在地上的红旗撕下一块，胡乱地把鼻子裹了起来，飞身上马，呐喊着冲杀。寻到了父亲，大呼："随我来！"数百名明兵擂鼓助威。城上城下，阵里阵外，喊杀声、战鼓声响成一片，似有千军万马奔腾之势。

后金兵始终怀疑明兵以少冲阵，可能是诱敌之术，也不敢用力堵截。加之吴三桂冲锋在前，来势凶猛，锐不可当，他与数百名明兵冲到哪里，哪里就纷纷闪开。于是，吴三桂带领明兵冲围而出。后金兵怕中诱兵之计，并不敢追赶，眼睁睁地望着这一小队明兵飞速远去。

吴三桂疾驰至城下，祖大寿已亲自出城迎接，看到他血流满面，不禁发出赞叹："好样的，贤甥！"吴三桂下马，向祖大寿跪拜，忍不住哭了起来，吴襄站在旁边，痛楚地说："要不是我儿舍命相救，我们再也不能见面了！"祖大寿抚摸着吴三桂的肩背，爱抚地说："儿不要忧虑不富贵，我马上题请超擢！"关宁援兵太监高起潜是吴三桂的义父，他得到吴三桂救父出围的消息，大喜，说："真是我的儿子啊！"

吴三桂的地位和名望的显著变化，大约就是以此次闯围救父为转机的。他的这一壮举，被人们以"忠孝"之名而传颂着；他的"娴于骑射"的高超技能，他那"勇而敢战"的无畏精神，他"深鸷多谋"的韬略，都开始引起人们的广泛注意和重视。也就从这个时候起，吴三桂时来运转，步步晋升。吴三桂二十岁的时候，正好是崇祯五年，已升为游击将军。虽说这个职位还不算高，但已进入将军的行列。在古代的习俗中，这个年龄已视为成年，它是人生中最美好的时期。身体长成，思想敏锐，精力旺盛，浑身充满了青春的活力。二十岁的吴三桂，比一般青年更引人注目：大耳垂，高鼻梁，脸色富有光泽，一双眼睛炯炯有神，瞻视顾盼，尊严若神。他的身材不算高，虽不魁伟，但"膂力过人"，凡见过他的人都会用"美人丰姿""状貌奇伟"来赞美他，大概并非虚语，亦非媚人之辞。

十、姿容体态贵在均称

原文："容贵整，整非整齐之谓。短不豖蹲，长不茅立，肥不熊餐，瘦不鹊寒，所谓整也。背宜圆厚，腹宜突坦，手宜温软，曲若弯弓，足宜丰满，下宜藏蛋，所谓整也。五短多贵，两大不扬，负重高官。鼠行好利，此为定格。他如手长于身，身过于体，配以佳骨，定主封侯；罗纹满身。胸有秀骨，配以妙神，不拜相即鼎甲矣。"

人的姿容贵在"整"，这里的"整"不是整齐划一之意，而是人体各个部分均衡、对称之意。此说有两层含义：一是整体而言，身材个子不要矮得像一头蹲着的猪，也不能高得像一株孤单耸立的茅草。体形姿态不可以胖得像一只因贪吃而体态臃肿的熊；也不能瘦得如同一只单薄的寒鸦。二是从身体各部位来看，背部要浑圆厚实，腹部要突出平坦，手要温润柔软，手掌要弯曲如弓，脚背要丰满，脚心不宜太平，以弯到能藏下鸡蛋为佳。五短身材虽看起来没什么特别之处，却大多地位高贵，两腿过分长往往命运不佳。一个人走路好似负重前行，其必有高官之运；若如老鼠走路，步子细碎急促，两眼左顾右盼且目光闪烁不定，此人必是贪财好利之辈。这些都是常见格局，鲜有例外。又如两手长于上身（最好超过膝盖），且上身又长于下身，再配一副上佳之骨，必有公侯之封；再如皮肤细腻柔润，似绫罗布满全身，胸部骨骼又隐而不现的文秀别致之人，再有一副奇佳神态的话，日后不是拜相就是入鼎甲之列。

观人必须识其貌，"容贵整"，这并不是说人必须相貌英俊才好，而是指人的身体各部位要均称、协调。在这一点上，人们往往会犯以貌取人的错误，尤其是在企业面试人才时，应聘者给人的第一印象至关重要，如果外貌体型不佳，那么面试者对其印象就会打折扣，错失人才也就不足为奇了。其实"容整"固然不错，但若无此优越条件而颇有内秀的人也是相当可贵的，他们的价值比那些

周易·相学释疑

"金玉其外，败絮其内"的人不知要大多少倍。就如国画中的图位匀称是美的，而布局奇异也是美的，其关键在于它的整体风骨情调要有绝妙的神韵。同理，不应以人的长、短、肥、瘦论英雄。

唐朝玄宗时期，有一个十分善于心计而且行政能力超强的宰相李林甫。他掌权以后，不但排挤朝廷的文官，还猜忌边境的节度使。李林甫认为胡人文化低，不会被调到朝廷当宰相，就在唐玄宗面前竭力主张重用胡人担任边境将领，理由是胡人善战，而且跟朝官没联系，靠得住。本来，唐玄宗最怕边境的将领谋反，就听信李林甫的话，提拔了一些胡人当节度使。在这些胡族的节度使中，唐玄宗特别看重平卢节度使安禄山。唐玄宗这位干儿子，就这样登场了。

安禄山是个胡人，在平卢军队里当过将官，因为不遵守军令，打了败仗。边境守将把他解送到长安，请朝廷处分。当时的宰相张九龄为了严肃军纪，把安禄山判了死刑。而唐玄宗听说安禄山挺能干，便下令把安禄山释放。

宰相李林甫政治上比较有能力，而且对权力却有着十分强烈的占有欲，他恐怕儒学和文学出身的大臣出将入相，会动摇自己的权位。少数民族将领目不识丁，虽然在边疆战事上功劳很大，但因为文化水平低而难以入相，为了专宠固位，他奏称儒臣怯弱，不胜武力，而蕃将雄武，多立战功，请求任用蕃将为边帅。当时，唐玄宗励精图治，正有吞并四夷的大志向，李林甫的奏请正合他的心意。这个建议最大的受益者，就是安禄山。

安禄山当了节度使以后，就尽量搜罗奇禽异兽，珍珠宝贝，经常送到宫廷讨好唐玄宗。他知道唐玄宗喜欢边境将领报战功，就采取阴谋手段，诱骗平卢附近的少数民族首领和将士，参加宴会。在酒席上用药酒灌醉而抓捕他们。因为安禄山能够揣摩到唐玄宗的心意，又能不失时机地让唐玄宗开心，所以唐玄宗常常召安禄山到长安朝见。安禄山抓住这个机会，使出他狡猾的手段，尽量讨唐玄宗的喜欢。

安禄山长得特别肥胖，凸肚子，矮个子，体重三百多斤，看上去好像一个大肉球。有这样的外形作掩护，他装出一副傻乎乎的样子。唐玄宗一见到他就乐了。有一次，唐玄宗指着他的肚子开玩笑说："你长了这么大的肚子，里面装的是什么东西呀？"安禄山不假思索地回答说："没有别的，只有一颗赤诚的心。"唐玄宗认为安禄山对他一片忠心，心里更高兴了。可是，安禄山这个回答，就算一般人也会知道根本就是阿谀奉承的话，唐玄宗偏偏会相信。唐玄宗是中国古代比较开明而且比较有头脑的皇帝，却被安禄山的谎言蒙蔽，这是一个十分值得思考的问题：唐玄宗为什么会相信安禄山呢？

虽然安禄山善于拍马奉承，但是他很惧怕宰相李林甫，因为李林甫本来就是一个欺上瞒下的高手，安禄山的伎俩在李林甫眼中根本算不了什么。更何况李林甫作为一个老谋深算的政客，对安禄山的一举一动都看得十分清楚，因此在李林甫面前，安禄山一直都是规规矩矩的，不敢耍什么花样。

李林甫死后，杨贵妃的哥哥杨国忠接任了宰相。杨国忠本身没有那么高的政治敏锐性，而且也是个奸佞小人，只以个人恩怨用人办事。杨国忠根本无法和安禄山的心思相抗衡，这就给了安禄山钻营的机会。杨国忠几次三番在唐玄宗面前说安禄山一定会谋反，请求唐玄宗处理安禄山，但是唐玄宗正在宠信安禄山，哪里会相信。

杨国忠和安禄山争宠，互相看不起，矛盾越演越烈。安禄山发觉了杨国忠有杀自己而后快的心理，所以开始预防准备，打算提前一步除掉杨国忠。安禄山利用自己经常进出长安的机会，考察长安附近的军事状况。他见到内地兵力不足，长安防务松弛，比较放心，就在范阳招兵买马，赶造兵器，储积粮草，等待杨国忠一有行动，自己就先下手为强。日子一长，安禄山囤积粮草、扩充兵力的行动慢慢为人所知，加上杨国忠不断地制造安禄山将要谋反的言论，这两者结合起来，好像是安禄山谋反的迹象渐渐暴露出来了。

但是，安禄山仗着唐玄宗对自己的信任，也十分跋扈，他向朝廷要求把范阳的三十二名汉将都撤换了，由他自己另外委派。这让唐玄宗起了疑心，觉得安禄山将要有什么行动，于是亲手写诏书，要安禄山到长安。安禄山怀疑杨国忠要除掉自己，推托有病不去，从此唐玄宗开始对安禄山怀疑起来了。实际上，安禄山只是要建立一支完全听命于自己的军队，以便在和杨国忠对抗的时候不出任何差错。天宝十四年十月，杨国忠做了一件打草惊蛇的事情，想要在长安除掉安禄山，结果被安禄山提前一步获得信息，连夜出逃，迅速返回了自己的根据地范阳。

经过这件事，安禄山不但对杨国忠充满仇恨，对唐玄宗也失去了信心，认为是唐玄宗默许杨国忠除掉自己的。既然唐玄宗皇帝对自己绝情，安禄山也打算对唐玄宗不义。安禄山是一个权力欲望十分强烈的人，自从得到唐玄宗的宠爱并享有很大的权力之后，他就对更高的权力有所渴望了，这次自然是找到了一个突破口，可以放开所有的君臣、父子的包袱，直接用武力来解决问题了。

安禄山并不是一个头脑简单的胡人，他善于揣摩玄宗心理，在与当朝权贵杨国忠的斗争中也始终处于上峰。他虽貌似傻乎乎，但其内心却是十分狡猾，在他的甜言蜜语下，玄宗已经看不出其真实面目了，愈加信任，以致终于发生了历史上著名的"安史之乱"。安禄山经过一番准备，决定发动叛乱。范阳叛乱的消息传到长安，唐玄宗开始认为是有人造谣，还不相信。后来，警报一个个传来，唐玄宗也慌了起来，立刻召集大臣商议。满朝官员没有一个经过这样的大变乱，个个被吓得目瞪口呆，只有杨国忠得意扬扬地说："我早说安禄山要谋反，还不是被我说准了吗？不过，陛下尽管放心，他的将士是不会跟他一起叛乱的。不出十天，一定会有人把安禄山的头送来。"唐玄宗听了这番话，也有些安心了。但是他哪里知道，没有多久，叛军就长驱直入，渡过黄河，占领了洛阳。情急之下，唐玄宗也只能带着大臣们仓皇出逃，奔四川避难去了。

十一、貌有清古奇秀之别，且看科名与阴骘

原文："貌有清、古、奇、秀之别，总之须看科名星与阴骘纹为主。科名星，十三岁至三十九岁随时而见；阴骘纹，十九岁至四十六岁随时而见。二者全，大物也，得一亦贵。科名星见于印堂眉彩，时隐时见，或为钢针，或为小丸，尝有光气，酒后及发怒时易见。阴骘纹见于眼角，阴雨便见，如三叉样，假寐时最易见。得科名星者早荣，得阴骘纹者迟发。二者全无，前程莫问。阴骘纹见于喉间，又主生贵子；杂路不在此格。"

人的面貌有清秀、古朴、奇伟、秀致的分别。这四种相貌主要从科名星（印堂与眉毛之间）和阴骘纹（眼眶之下卧蚕之上）辨别。科名星在十三岁到三十九岁这段时间随时可见，而阴骘纹在十九岁到四十六岁这段时间也随时可见。科名星和阴骘纹两样均占的话，必定会成为大人物；即使只具备其中之一，也必定富贵。

科名星是一种红光紫气，显现在印堂和眉彩之间，时隐时现，或状似钢针，或状似小球，在喝酒之后和发怒时最为明显。

阴骘纹常见于眼角，遇阴雨天便可显现，状如三股叉，在人打瞌睡时最容易看见。有科名星的人，少年时就会发达荣耀；有阴骘纹的人，发迹则会晚一些。如果两者皆不具备，对前程就别寄什么希望了。另外，阴骘纹若出现在咽喉部位，那么主将得贵子，如果出现在其他部位，则就不属于生贵子这个格局了。

古人对相术深信不疑，认为"万般都是命，半点不由人"，特别相信以相貌鉴定人的命运的说法。当然，曾国藩也属此例，他曾专门论述过人相貌的清、秀、古、奇四种好的格局。曾国藩认为，清、秀、古、奇四种格局，虽在相貌上显现，但要辨别和认识它，必须考察科名星和阴骘纹。科名星为天生的，阴骘纹在于人为。曾国藩将二者相提并论，目的在于告诉世人，人可以通过多行善、积阴德来改变自身的命运，实现自己的远大目标。

以神为主，以形为辅

宋朝初年，有一位大臣名叫吕蒙正，很仰慕陈抟的相人本领。有一天，他想请陈抟为他的儿子、侄子相面，看看前程如何。吕蒙正和陈抟有一面之交，他想：自己若是就这么把儿子、侄子领着去，陈抟肯定不好直言，同时，自己也见不出陈抟的本领。于是他就命儿子、侄子装扮成奴仆，和自己一同去求见陈抟。想不到陈抟一见两位公子，便说道："两位公子风骨奇特、神采辉煌，怎么做起了下人？"吕蒙正见状，只好以实相告。陈抟首先为吕蒙正的儿子看相，看完之后说："令郎的眉毛像画的一样，既长又有形，眼睛像早晨的星星光彩有神，是个翰林苑的人品。"接着，又看了看吕蒙正的侄子，说："令侄气度不凡，眼睛有龙一样的威仪，将来定能成为国家栋梁。"吕蒙正以后三居宰相之位，当他申请退职时，宋仁宗因为很器重他，便问："爱卿的哪个儿子可以重用？"吕蒙正想起陈抟的话，便说道："虽然我几个儿子都身居翰林，但都不配担当重任。只有我的侄子夷简，虽然眼下还是个刑法官，但其气度不凡，具有宰相之才。"后来皇帝便任命吕夷简为宰相。

李白是唐代的大诗人，一般人只知道他的诗极有气魄，却不知道他看相也很内行。有一天，李白在大臣哥舒翰家做客，正好武将郭子仪也在座。当时郭子仪不过是个一般的军官，但李白一看到他，便说："这位壮士的眉长长的，直入鬓边，目光闪烁，神采飞扬，两颊、下颏都极丰厚，说话声音响亮。这些都是精、气、神有余的表现，将来一定能得高官厚禄，位极人臣。"后来，郭子仪在平定安史之乱中屡建功勋，官至邠阳王、尚书令。有一次，李白和郭子仪一道出征，刚好在途中碰到了唐代有名的法师一行。一行上知天文，下晓地理。李白和郭子仪便向他询问终身大事，一行见李白谦虚好学，便有心教他两招，说："人虽然都有个身子，有眼耳鼻舌各种器官，但要究根穷底，本来是没有这些东西的，这些东西都是无中生有，从虚无中生出来的，因此，看相不可局限在这些部位中，高明的相士应看到人的气度、神采。这样才能人木三分，抓到本质的东西。"说着便为郭子仪看起相来，他说："您气度不凡，很有气量，有相术中五合的局面，将来声名远播，就是一般的王侯也比不上。"

李白听后，忙问什么是五合。一行说："五合是相术中比较高深的道理，相术中论面貌都忌讳平扁无势，歪歪斜斜，甚至迂回曲折。一般地说，鼻子忌讳山根断裂深陷，尤其是鼻梁塌小，那就更是无可救药。眼睛忌讳有红丝穿进去。眉头忌讳中间突然断裂，尤其是不可倒着长。另外眉毛又粗又硬，像猪毛一样，也不是上相之眉。至于胡须也忌讳粗短蓬松，行为更不能诡诈多变，这些都是五种不合。有这五种不合，便会一生多灾多难，事与愿违，那就是平庸之辈了。相反的，如果面貌纯粹而有光华，颜色洁净无瑕，这便是天心相合；气度不凡，气宇轩昂，便是天德相合；德行谨严，胸怀仁爱，便是天伦相合。有这些特征，身体康健，疾病难侵，威名远扬，士民爱戴。"后来郭子仪活了近百岁，死时须发飘飘像白银一般，功德传遍天下。

奇貌之才，救国家于将倾

于谦，字廷益，浙江钱塘人。祖先原是河南人，从金、元以来世代为朝廷大官。高祖于夔当过元朝的河南江北行中书省参知政事，追封河南郡公曾祖于九思最后当了杭州路总管并死于杭州。祖父于文在明朝任兵部主事。只有其父于彦昭，职位低微，几近隐逸。于谦出生于洪武三十一年。此时是明朝开国之初，政治上比较稳定。于谦小时聪慧机灵，为乡里称道。七岁那年，一位僧人兰古春遇到他，主动地为他相面，说道：此儿长得出奇，将来一定是个救时宰相。"加上他平时就为乡里人称道，因而，人们都戏称他为"救时宰相"。于谦于23岁时考中进士，从此步入仕途。他一度政绩斐然，为人称道，深得宣宗的信任，再加上当时握有重权的"三杨"也对他信赖有加，所以于谦能够得遂其志，威名远播。于谦调任兵部左侍郎一年以后，蒙古瓦剌部大举进犯。蒙古的瓦剌部首领统一了蒙古各部，这时的蒙古瓦剌部统治着西起阿尔泰山，东到辽河，北至贝加尔湖，南抵与明朝接壤的广大地区。野心勃勃的一心想再建一个大元，正统十四年，也先派两千人，诈称三千人到明王朝贡马，宦官王振嫌他以少冒多减其马价，也先本来就要入犯，这便有了借口，七月十一日，也先入侵明境，主力攻大同，明兵战守失利，不久塞外城堡皆失，最大的要塞大同频频告急。消息传到京城，王振主张皇上亲征，但没有被采纳。十五日英宗下诏亲征，十六日出发。

英宗亲征，于谦奉命留守。由于宦官王振的一意孤行，在土木堡战役中明英宗被也先所俘。八月十七日，明军大败、皇帝被俘的消息传到明廷，百官集于阙下，抱头痛哭。皇太子只有两岁，不能监国，命英宗之弟成王摄政。当时王振已死，人们仍恨不能吃他的肉，九卿科道官员，纷纷要抄他的家，灭他的族。成王登临午门，还没有听完章奏，王振爪牙锦衣卫指挥马顺假传王振旨意，叱令众退。有一给事擒中其首，愤怒斥责他"过去为虎作伥，今日至此，尚不知惧！"众人一起争着来撕打他，当场把他打死，接着又打死两个小宦官，都是王振爪牙。然后将三人的尸首陈列到东安门，由此引起群众喧哗，朝班一片混乱。成王在此时不知如何是好，吓得只想早早还宫。当此关键时刻，于谦挺身而出，扯着成王的衣襟安慰他说："殿下不要动。"同时启发他下令：打死马顺及二宦官者是因为众人激于义愤，无罪。同时约众官请示皇太后族诛王振并籍没马顺等家。成王按照于谦说的做了，果然众人皆大欢喜，朝廷上的混乱迅速平静下来。在阻止成王回宫的撕扯中于谦袍袖都撕裂开了。事后走出左掖门，吏部尚书王直是位忠厚老臣，他拉着于谦的手深情地说："朝廷正需要你这样的人才！今天如果不是有你在，虽有上百个王直，无能为力！"不久，朝廷以太后之命任命于谦任兵部尚书。于谦就要完全承担起保卫北京的责任了。

面对着英宗被俘，也先大军压境的紧张局势，成王命群臣议战守。徐有贞大声说："察看星象、历数，天命已定，只有南迁可以解难。"礼部尚书胡荧反对说："永乐帝定陵寝于此，示子孙不拔之计也。"于谦当时还是兵部侍郎，厉声说："宋朝南渡的教训，前车可鉴，请速召勤王兵马，誓死以守。"于谦的意见得到绝大多数文武百官赞同，坚决抗敌的主张遂定。

"土木之变"，也先俘获明英宗，大喜过望，认为这是一块大肥肉，利用他可以要挟明朝。也先带英宗到宣府，传令开门，守城官兵坚决不纳，也先知道不可动，才退去。又挟持英宗到大同，守将郭登仍不纳。也先说，给财货即放归英宗。但当大同拿去黄金二万并其他货物后，也先却食言。也先把英宗带到塞外。九月初一，又借口送回英宗，索取黄金百两、白银二百两、彩帛二百匹。于谦为打破也先的要挟，从国家全局着想，便拥护成王即帝位，而遥尊英宗为太上皇。十月，也先急不可耐，以送回英宗为名，大举入寇。兵至大同，郭登不纳，派人对他说："我们国家已有皇帝了。"也先无计可施，又知有防，不敢强攻。郭登用蜡书把情况报明廷，·京师即刻戒严。于谦奉命提督诸营，将士皆受节制，都指挥以下不听命者，先斩后奏。面对来势汹汹的蒙古精骑，京师守城指挥石亨认为不应出城迎敌，尽闭九门。于谦反对说："敌人如此嚣张，我们示弱，是助长了他们的气焰，使他们更加嚣张。"于是，他把现有的二十二万兵列阵九门外，自己身先士卒，身披甲胄与石亨等列阵于德胜门，其余将领，各列阵于安定、东直、朝阳、西直、阜城、正阳、崇文、宣武等门都受节制。各城门全部关闭，以置之死地坚定士卒的决心。

也先领兵，自大同至阳和，进陷白羊口，两天之内再陷紫荆关。十月十一日也先兵迫都城，列阵西直门外，置英宗于德胜门外。当天，明军在彰义门北打败了入侵之敌。也先仍想利用英宗，强使明朝议和，并指名要起决定作用的于谦等大臣出面。于谦的回答是："今日只知道有军旅不知道其他！"也先见迫和不成，便加紧在京城周围抢掠。由于二十二万明军严阵以待，也先不敢轻举妄动。在德胜门，也先用骑试探，于谦设伏诱敌，待敌人万骑来攻，伏兵齐发，打得敌人大败转攻西直门，都督孙镗俘敌前锋数人，但敌人进一步包围，他险些不支，得到给事中程信从西城上发箭炮相助，石亨也分兵来战，局势才为之一变，敌人后退至彰义门，副总兵武兴奋起还击，但不幸中流矢死至土城，居民登到房顶上呼号，用砖瓦块争相击敌，声动天地，加上都督毛福寿、高礼率援兵至，敌人败走。也先原以为北京城唾手可得，至此他的幻想才化为泡影。相持五天，迫和不成，攻战不利，蒙古军另一路人马攻居庸关也战败。也先只得带着英宗狼狈撤军。至此京城危险形势得以缓解，于谦在保卫北京的战斗中立下了汗马功劳。有人赞扬他的功劳，他却谦虚地说："四郊埋了那么多的死者，仅得不结城下之盟，有什么功可言。"

景泰元年正月，也先因英宗捞不到好处，加上蒙古族内部这时发生内讧，想与明朝缓和关系，因此来信要求明廷派大臣迎接英宗还朝。于谦一边与也先周旋，一边做朝廷内部主要是景帝的工作。一年以后，明英宗随杨善由也先营地回到了北京，安置于南宫居住。就迎接英宗回归这件事，于谦实际上是起了很大作用。

治世之时，能安邦定国，让人民安居乐业；乱世时，能力挽狂澜，救国家于将倾，这样的人才是最难得的。

十二、目者面之渊，鼻者面之山

原文："目者面之渊，不深则不清。鼻者面之山，不高则不灵。口阔而方禄千钟，齿多而圆不家食。眼角入鬓，必掌刑名。顶见于面，终司钱谷：出贵征也。舌脱无官，橘皮不显，文人有伤左目，鹰鼻动便食人：此贱征也。"

人的双眼就像面部的两口水潭，不深沉含蓄，面部则不会清爽明朗。鼻子就像支撑面部的山脉，鼻梁若不挺拔，面部就不会显现机灵聪慧之气。嘴巴宽阔又方正的人必有千钟福禄的运程，牙齿细小而圆润的人适合去外地建功立业，两眼秀长并插至鬓发处者，必掌司法大权。秃发谢顶而使头与面额相连者，必掌财政大权——这些都是显贵的征兆。口吃者无官运，面部肌肤粗糙如桔子皮的人难以显贵，文人若左眼有伤将致文星陷落而终会碌碌无为，一般鼻子如鹰嘴的人内心都阴险狠毒，易伤人——这些都是贫贱的征兆。

人体形状不同以五官最为显著。曾国藩曾说：邪正看眼鼻，聪明看嘴唇。可见察人之先，当属其五官。因为面部集结了各部灵气，且与五脏六腑相汇通。古人断定一个人的前程命运，就是通过对其面部五官进行仔细观察和分析预测从而得出结论的。"目者面之渊，不深则不清"，渊要深才清，有清才美。目既然为面之渊，就应该深，从而致清并致美。"无鼻不成相"，鼻以高隆挺拔为美，鼻子高起是好面相的重要条件之一，鼻子不高，就丧失了灵气。

《论齿》篇云："拘百骨之精华，作一口之锋刃，运化万物以顺六腑者，齿也。"古人就认为齿多而圆是大贵之相，日后必食朝廷俸禄。其他还有眼角入鬓，执掌生杀大权，秃发谢顶，尤擅理财，口吃不能为官，脸面粗糙似橘皮，不能发达的说法，但这些说法，其可信度到底有几分呢？我们不乏一些人虽口吃但却功勋卓著的典范，也不乏五官虽佳，但却碌碌无为，甚至阴险狡诈的反面教材。因此，面相只是我们识人的一个参考。不可以貌取人，更不可因貌自卑，而不思进取。

目露凶光，残暴凶狠

鼻子如鹰嘴之人，内心阴险狠毒，必会伤人，古语"鹰鼻动便食人"即言此理。目露凶光之徒，定非善类。这些关于面相的说法，在汉代梁冀身上得到了验证。梁冀是汉代的奸臣。其祖先，原是河东郡人，可能是一个商人，为了做生意，搬到通向西域的要道附近。发财后，其子梁桥又迁回内地茂陵，在茂陵住了两代，到了梁延生任西域司马，又迁往安定郡。

梁冀的高祖是梁延生。在王莽叛乱之际，梁统曾当酒泉太守；王莽政权倒台，西北地方势力推窦融为河西大将军，梁统为武威太守，拥兵保境。东汉王朝建立后，窦融和梁统望风归顺，被刘秀封为开国功臣。窦融因功封安丰侯，梁统封成议侯，建武十二年，梁统与窦融至洛阳，窦融任大司空，梁统封高山侯，任太中大夫。

窦、梁两家都是皇室联姻，刘秀将她的女儿午阳公主嫁给梁统的儿子梁松为妻。梁松的弟弟梁竦，有二女，被选为章帝贵人，小贵人生有皇子，窦后不孕，"养以为子"，梁家私下庆喜，窦家恐梁氏因此得志，遂阴谋杀害梁氏两贵人及其父竦。章帝死，十岁的和帝即位，窦太后临朝听政，和帝不知自己生母为梁氏。永元九年，窦太后死，梁家告发窦家，说明真相，于是和帝追尊自己生母为恭怀皇后，梁竦的儿孙均升官封侯。和帝死，梁氏曾遭到窦氏、邓氏、阎氏等外戚的压制和打击，在宦海中几度浮沉，到了顺帝时才登上了权势的顶峰。十一岁的顺帝即位，即封梁竦之孙梁商为乘氏侯。阳嘉元年立梁商女为皇后，从此梁商地位日益显赫，阳嘉三年攫取了权柄倾朝的大将军要职。梁商虽然"以咸属居大位"，但有所约束，不敢十分专横跋扈。他"礼贤下士"，优容社会名士如李固、周举等人，因而梁商的名声并不太坏，但却为其子梁冀专权铺平道路，任梁冀为河南尹。

梁冀这个人，外貌丑陋，耸着像鹞鹰似的双肩，生着豺狼般凶光直射的双眼。自幼嗜饮酒，爱女色，擅赌博，几乎三教九流所能做的各种斗鸡走狗、骋马射箭的娱乐游戏，他均会。梁冀是纨绔子弟，又不是一般纨绔子弟，他父亲有意让他在宦海里游泳，他在当上大将军之前，曾历任黄门侍郎、待中、虎贲中郎将，越骑，步兵校尉，执金吾，河南尹。官场上一套他也娴熟。他虽然口吃得讲不清话，却善于阴谋计算。如梁冀在做河南尹时，就"暴恣，多非法"。他父亲的亲信洛阳令吕放看不惯，偶尔在梁商前揭他的短，梁冀得知就派人刺杀吕放。为了掩盖自己的丑恶行径，一面嫁祸于他人，一面出面推荐吕放弟顶替洛阳令，可以说，纨绔子弟的骄横放肆，流氓的凶蛮无理，政客的狡诈阴刁，集于梁冀一身。梁商病死，未及下葬，顺帝就让梁冀接替父职，做大权在握的大将军，冀弟为河南尹。

东汉中央政府的机构，继承了西汉的特征，是一个双层的政权机构，它是以君主为中心，形成中朝与外朝两个政权机构。中朝即内朝，在西汉由大司马、左右前后将军、侍中、散骑诸官构成。至于外朝则由丞相以下，直到六百石的官吏构成的。在君主专政下，越亲近君主的权越大，因此内朝高于外朝。外朝中即使是御史大夫等官犯了罪，内朝的下将军就有权议定处置。另外，还有一种领尚书事、平尚书事、录尚书事的名称，把丞相、御史的职权也移到皇宫中来了，成为禁中的尚书。内朝的宿卫常加上个尚书事的名称，就可以参与朝政机密。外朝的官，只要加上这个衔，也就成了内朝的官了。因此，在两汉的行政系统中，从汉武帝以后，丞相无实权，实权在内朝大将军领尚书事的人手中。东汉朝廷中，太傅地位最高，是上公，其次便是三公：太尉、司徒、司空。本来大将军在三公之下，而大将军必须有军功。西汉惟有外戚卫青有军功，即军中拜为左将军。而东汉和帝时，因为窦宪讨伐匈奴有功，也拜为大将军，位只在太傅之下，比三公高。安帝时，大将军邓骘亦因打过西域，地位与窦宪一般。

到了汉安帝时，梁商一生未上过战场，到过边疆，却也位居三公之上。只是因为他是皇后父亲的关系得此高位。而梁冀能跨上这个权力的最高点，当上大将军，自然得力于以他父亲为首的梁氏。梁冀当上大将军，掌握权柄后，专权乱政，巧取豪夺，滥杀无辜，恶贯满盈，成为历史上有名的奸佞之臣。"鹰鼻动便食人"，梁冀长相奇丑，耸着像鹞鹰似的双肩，生着豺狼般凶光直射的双眼，观其貌，就知其并非善类。与此类人共事，不可不加万分的小心。

十三、容貌是骨骼的表现，情态是精神的表现

原文："容貌者，骨之余，常佐骨之不足。情态者，神之余，常佐神之不足。久注观人精神，乍见观人情态。大家举止，羞涩亦佳；小儿行藏，跳叫愈失。大旨亦辨清浊，细处兼论取舍。"

容貌是人骨骼状态的外在表现，常常能够弥补骨骼的缺陷。同理，情态是人精神的外在表现，常常能够弥补精神的不足。长久地关注某人，要着重看其精神；乍见某人，则要首先看其情态。大人物的举手投足，即使是羞涩之态，也不失大家风范；而小人物的举止动作，愈是矫揉造作，愈显得幼稚粗俗。

观人，大处当然要分辨清浊，而对细处则不但要分辨清浊，还要分辨主次方可做出取舍。情态是精神的流露和外观，二者一为表，一为里，关系极其密切。情态常佐神之不足，意即如果其神稍显不足，而情态优雅洒脱，就可以把神的缺陷弥补过来。但要注意的是，神是本质，情态是现象。要知人本质，还是要从神入手。考察人物时，要秉着初观情态，再深察精神的原则。"神"往往呈静态，"情态"往往呈动态。古人云：大人之风，山高水长。大家的举止，不疾不徐，大方得体，虽有时现出羞涩，也有别于猥琐、小女儿家似的忸怩作态，他的一颦一笑皆不失大家风度，不落常人俗套。这就是所谓的"大家举止，羞涩亦佳"。相比较之下，那些小人物的举止显然就相形见绌了。

行为端正，品性纯真

容貌为形体的静态之相，是表现仪表风姿的；情态为形体的动态之相，是表现风度气质的。大方之家，心胸宽广，光明磊落，举手投足都不失大家风范。吕公著是北宋时代历仕仁宗、英宗、神宗数朝的著名人物，他表字晦叔，寿州人。他的父亲是北宋初年的宰相吕夷简。吕公著于庆历年间考中进士，在宋哲宗元祐元年已官至尚书右仆射兼中书侍郎，和司马光等同时为朝廷宰相。吕公著自幼

好学，常常为读书废寝忘食。他的父亲吕夷简很器重他，常说他是宰相之器。他考取进士后，任颍州通判，与当时的颍州太守欧阳修常在一起论学问难，成为挚友。欧阳修对他的学识极为推崇。

一次欧阳修出使契丹，契丹主问他，大宋朝中哪一个是学问品行最好的，欧阳修将吕公著推为第一。当时另一个大文学家王安石能言善辩，没有人能折服他，只对吕公著很为佩服。吕公著往往能以精辟的学识和简约的语言让王安石心服口服。司马光同样十分钦佩吕公著，说："每次听到吕公著的讲论，便觉得自己所说的话真是啰嗦！"由此可见，吕公著被当时的名流推崇到何等地步。吕公著自少时从学，便以"治心养性"为本，因此一辈子行为端正、品性纯真。平常从不见他疾言厉色，他对名利之类都看得很淡。他凝重清静，行为端庄稳重，甚至夏天不见他挥扇，冬天不见他烤火。但是他除了学识渊博外，遇到事情还善于决断，如果是对国家有利的事，从不因为私情而动摇，可说是毫无私心。他又善于考察人才，兼听善恶，正确评价任用。连宋神宗也十分佩服他的这一优点，曾赞扬他道："其于人材不欺，如权衡之称物。"

他在朝中当政，每当要决定重大政事时，总能博采众善。如果他认为这件事应当去做，则义无反顾。正因吕公著具有这些优秀的品质，所以他的儿子吕希哲、吕希纯等也深受其影响。吕公著的妻子钱氏不愧为一个贤内助，她对儿子的管教十分严格，平时生活中的点点滴滴，丝毫也不肯马虎。她很喜欢儿子吕希哲，但却要求他平时一言一行都要循规蹈矩。吕希哲见长辈时，总是衣冠整齐；即使再热的天，在长辈面前，他也从不解衣脱帽很注意自己的行为举止。

由于吕母的严格管束，吕希哲、吕希纯诸兄弟都品行端正，很有出息。吕希哲尤其志节高尚，淡泊名利。由于吕公著与王安石交好，所以吕希哲跟王安石关系也很好。当年王安石曾劝吕希哲不要去追求功名。吕希哲听后，从此绝意仕取。后来，吕希哲在地方上很有贤名，王安石想要叫他出来做官。吕希哲对王安石说："辱公相知久，万一从仕，将不免异同，则畴昔相与之意尽矣！"意思是说，蒙相公不弃，与我相知相交这么长时间，万一我出来做了官，就不免会有意见不相同的时候，那么过去你对我的一番好意就会完结了！王安石听他说得有理，便不再劝他入仕。吕公著当上宰相以后，吕希哲的两个弟弟也在朝中做官，并且都有较高的地位。"大家举止，羞涩亦佳；小儿行藏，跳叫愈失。"这句话的意思是说，大人物的举手投足，即使是羞涩之态，也不失大家风范；而小人物的举止动作，愈是矫揉造作，愈显得幼稚粗俗。

吕公著虽博学多才，能言善辩，但从不骄矜，甚至其子也是举手投足都不失大家风范，无怪乎能得到社会名流的极力推崇。

居功自傲，难以驯服

情态是形体的动态之相，是表现风度气质的。人内心的所思所想很容易通过情态表现出来，尤其是外向性格的人，其情态简直就是内心想法的晴雨表，心中的喜悦、悲伤、不满、嫉妒等等想法常被泄露无余。这种人如果在勇敢磊落的基础上能深思熟虑，冷静应付则能取得重大成就。反之，会因这些情绪得不到宣泄而让心理失态或是因宣泄场合、时机不对而遭致灾祸。

南北朝时，贺若敦为晋的大将，自以为功高才大，不甘心居于同僚之下，看到别人做了大将军，唯独自己没有被晋升，心中十分不服气，口中多有抱怨之词，决心好好打一仗立下丰功伟绩。不久，贺若敦奉调参加讨伐平湘洲战役，打了个胜仗之后，全军凯旋。他自以为此次必然要受到封赏，不料由于种种原因，反而被撤掉了原来的职务，为此他十分不满。

晋公宇文护知道后，十分震怒，把他从中州刺史任上调回来，迫使他自杀。临死之前，他对儿子贺若弼说："我有志平定江南，为国效力，而今未能实现，你一定要继承我的遗志。我是因为这舌头把命都丢了，这个教训你不能不记住呀！"说完便拿起锥子狠狠地刺破了儿子的舌头，想让他记住这血的教训。

　　光阴似箭，斗转星移，转眼几十年过去了，贺若弼也做了隋朝的右领大将军，但他没有记住父亲的教训，常常因自己的官位比他人低而怨声不断，自认为当个宰相也是应该的。不久，还不如他的杨素却做了尚书右仆射，而他仍为将军，未被提拔，他气不打一处来，不满的情绪和怨言便时常流露出来。后来一些话传到了皇帝耳朵里，贺若弼被逮捕下狱。隋文帝杨坚责备他说："你这个人有三太猛：嫉妒心太猛；自以为是，自以为别人不是的心太猛；随口胡说、目无长官的心太猛。"因为贺若弼有功，不久也就被放了。但他还不汲取教训，又对其他人夸耀他和皇太子之间的关系，说："皇太子杨勇跟我之间，情谊亲切，连国家的机密也都对我附耳相告，言无不尽。"

　　隋文帝得知他又在那里大放厥词，就把他召来说："我用高颖、杨素为宰相，你多次在众人面前放肆地说两个人只会吃饭，什么也不会干，这是什么意思？言外之意是我这个皇帝也是废物不成？"贺回答说："高颖是我的老朋友，杨素是我舅舅的儿子，我了解他们，我也确实说过他们不适合担当宰相的话。"这时因他言语不慎，得罪了不少人，朝中一些公卿大臣怕受株连，都揭发他过去说的那些对朝廷不满的话，并声称他罪当处死。隋文帝说："大臣们对你都十分厌烦，要求严格执行法度，你自己寻思可有活命的道理？"贺若弼辩解说："我曾凭陛下神威，率八千兵渡长江活捉了陈叔宝，希望能看在过去功劳的分上，给我留条活路吧！"隋文帝说："你将出征陈国时，对高颖说：'陈叔宝被削平，问题是我们这些功臣会不会飞鸟尽良弓藏？'高颖对你说：'我向你保证，皇上绝对不会这样。'是吧？等到消灭了陈叔宝，你就要求当内史，又要求当仆射。这一切功劳过去我已格外重赏了，何必再提呢？"贺若弼说："我确实蒙受陛下格外的重赏，今天还希望格外赏我一条命。"此后他再也不攻击别人了。隋文帝考虑了一些日子，念他劳苦功高，只把他的官职撤了。

有其父必有其子，这句话可真是一点儿也不假。父子两代人，均因居功自傲、难以驯服，且嫉妒心太强而坏事。领导在用人时，对于那些好大喜功、善争强斗胜的人要格外小心谨慎。这种人恃功而傲，凭借一点资本便邀功请赏，对这种人能不用便不用。若是任用，先要给他一点甜头吃。他取得瞩目的成绩时，要当众奖赏他，以激励他不断进取。

十四、人有四态，皆根其情

原文："有弱态，有狂态，有疏懒态，有周旋态。小鸟依人，情致婉转，此弱态也。不衫不履，旁若无人，此狂态也。坐止自如，问答随意，此疏懒态也。饰其中机，不苟言笑，察言观色，趋吉避凶，则周旋态也。皆根其情，不由矫柱。弱而不媚，狂而不哗，疏懒而真诚，周旋而健举，皆能成反之，败类也。大概亦得二三矣。"

人的情态，常见的有以下四种：柔弱之态，狂放之态，疏懒之态，周旋之态。宛如小鸟依人，情致婉转，娇柔亲切，这就是弱态；衣着凌乱，边幅不修，狂放恃才，目无一切，这就是狂态；言谈举止从不加以约束，不分场合，不论忌宜，这就是疏懒态；深藏心机，处处察颜观色，事事趋吉避凶，处事圆滑周到，这就是周旋态。这些情态皆源于人内心的真情实性，不由人任意虚饰造作。柔弱但不谄媚于人，狂放但不哗众取宠，懒散但待人坦诚，圆润但强干豪雄，这些人日后皆成大器；反之，日后则可能会沦为无用的废物。虽然情态总是在不断变化，很难把握得准确，但是只要观其大致情形，能成材或是成为废物，大概也能看出个二三成。

情态是形体的动态之相，是表现风度气质的。常见的有以下四种：弱态、狂态、疏懒态、周旋态。具弱态之人，性情多温柔和善，有着很强的亲和力，但常常多愁善感，感物伤怀；具狂态之人，往往恃才傲物，放荡不羁，但自律性差，不能把握好做事的分寸；具疏懒态之人，眼光犀利，虽腹有才华，但怠慢懒散，倨傲不恭。具周旋态之人，灵巧机警，待人接物应付自如，游刃有余，但这种人城府极深，几近狡诈。这四种情态各有所长，如果弱态之人弱而不媚，狂态之人狂而不哗，疏懒态之人不乏真诚，周旋态之人不失中正刚健，都可以有所作为。实际上，这四种特征在每个人身上都多少具备一些，只不过是以某一种特征为主。作为察人者，要注意从细小处着手，迎其长，避其短。

狂傲自大，于己不利

自古以来，知识分子都非常注意讲究气节，从不与他们眼中的恶人同流合污，以显示自己的清高与孤傲。

三国时候的祢衡，具有很高的才学，要是生逢其时，也许能发挥他的才干，但他生逢乱世，且恃才傲物，结果被杀。汉献帝建安初年，曹操考虑派一个使者到荆州劝说荆州牧刘表投降。谋士贾诩建议说："刘表喜欢与有名的人士交往，最好能物色一位著名的人物前去，才有希望达到目的。"曹操觉得有道理，就问另一个谋士荀攸："你认为谁可以去呢？"荀攸回答："当然让孔融去最好！"曹操点头答应，并嘱咐荀攸去跟孔融打招呼。孔融听到荀攸的话，立即接口说："我有一位好友叫祢衡，他的才学比我高十倍。"

孔融并没有把祢衡直接推荐给曹操，而是向汉献帝上了一个表，大大夸耀了祢衡的才能。献帝把表章交给曹操，曹操心中很不高兴，就随便叫人去把祢衡喊了来。祢衡来后，按例行了礼，曹操却一反以往尊重人才的常态，不给祢衡安排座位。平时颇为自负的祢衡见到这个场面，不觉仰头向天，一声长叹说："天地虽然这样宽阔，为什么跟前连一个像样的人都没有呢？"曹操自傲地说："我手下有几十位能人，都是当代英雄，凭什么说没有人呢？"祢衡又笑了一声："那就说给我听听吧！"曹操不无得意地说："荀攸、郭嘉、程昱见识高远，前朝的萧何、陈平，都不如他们。张辽、许褚、李典、乐进勇猛无敌，过去的岑彭、马武，也不是对手。这怎能说没有人呢？"祢衡哈哈笑了起来："你全讲错了，这些人我都认识，荀攸只是个看坟墓的料；程昱仅能开开门；郭嘉倒还可以读几句辞赋；张辽在战场上只配打打鼓，敲敲锣；许褚也许能放放牛，牧牧马；乐进和李典当当传令兵勉强凑合！"

祢衡这一顿讽刺，挖苦激怒了曹操。曹操大喝道："你又有什么能耐？"祢衡说："我？天文地理门门都能；三教九流样样都知道。辅助天子，可以使他们成为尧、舜；个人道德，可以与孔子、颜渊相比，怎能与这些凡夫俗子相提并论呢？"这时，张辽在旁边，听到祢衡这样狂妄，公开侮辱大家，气得抽出宝剑要砍他，曹操止住他说："我目前正缺少一个敲鼓的人，早晚朝贺和宴会都要有人敲鼓，就让祢衡去做吧！"老奸巨猾的曹操，企图用这个办法狠狠羞辱一下祢衡，谁知祢衡一点也不拒绝，很快答应这个办法，告辞去了。张辽恨恨地问曹操："这个家伙讲话这般放肆，为什么不让我杀他？"曹操笑笑说："这个人在外面有点虚名，我今天杀了他，人家就会议论我容不得人。他不是自以为很行吗，那就叫他打打鼓吧！"第二天中午，曹操在丞相府大厅上邀请了很多客人赴宴，命令祢衡打鼓助兴。原先打鼓的人叮嘱祢衡打鼓时必须换上新衣，但祢衡却穿着旧衣服进入大厅。祢衡精于音乐，打了一通"渔阳三挝"，音节响亮，格调深沉，发出金石般的声音，座上的客人情绪热烈，激动得流下泪来。曹操的侍从们突然挑剔地叫道："打鼓的为什么不换衣服？"谁知祢衡竟当众脱下身上的破旧衣服，赤裸裸地站在那里，客人们惊得一齐掩起面孔。祢衡又慢慢地脱下裤子，一直不动声色。曹操看见这个情景，呵斥起来："在朝廷的厅堂上，为什么这样不懂礼仪？"祢衡严峻地回答说："目中没有君主，才是不懂礼仪。我不过是暴露一下父母给我的身体，以示我的清白罢了！"

曹操抓着祢衡的话，逼问说："你说你清白，那么谁又是污浊的？"祢衡直指曹操说："你不识人才，是眼浊；不读诗书，是口浊；不听忠言，是耳浊；不通晓古今的知识，是头脑污浊；不能容纳诸侯，是胸襟污浊；经常打着篡夺皇位的念头，是心地污浊。我是社会上知名的人，你强迫我打鼓，这不过如同当年奸臣阳虎轻视孔子，小人臧仓毁谤孟子一样。你要想成就称王称霸的事业，这样侮辱人行吗？"祢衡这样犀利地当面抨击曹操，使大家都非常吃惊。当时孔融也在座，生怕曹操一气之下会杀害祢衡，便巧妙地为祢衡开脱说："大臣像服劳役的囚徒一样，他的话不足以让英明的王公计较。"

曹操听出孔融在帮祢衡讲话，事实上他也不想在这宾客满座的场合承担残害人才的恶名。他装作气量极大的样子，用手指着祢衡说："我现在派你到荆州出使。如果说得刘表来归降，我就重用你担任高官。"祢衡知道刘表是不会归附曹操的，派去的人也会凶多吉少，这分明是曹操在使借刀杀人的伎俩，不肯答应。曹操立即传令侍从，要他们备下三匹马，由两人挟持祢衡去荆州，一面还通知自己手下的文武官员，都到东门外摆酒送行，真是既毒辣又狡猾！祢衡大胆地痛斥曹操，在当时有一定的正义性。但由于他恃才傲物，往往出语伤人，也不讨刘表喜欢。刘表察觉到曹操有心把祢衡送来，好让自己杀他，既解了曹操的恨，又把杀害贤人的罪责推到自己头上，便也使了一个与曹操同样的圈套，把祢衡转派到生性残暴的江夏太守黄祖那里。果然，祢衡在宴席上讽刺黄祖，说黄祖好像是庙里的菩萨，只受香火，可惜并不灵验，最后被黄祖所杀。

祢衡虽然才华横溢，但过于自傲，于己不利。在遇到这样的员工时，领导者就要摸准他的性情，即不能一味压制，使其没有机会显露才华，也不能骄纵，使其更加清高自大。要把握好宽严尺度，使他能够充分展现自己的所学。

十五、时态有三，难定终身

原文："时态有三，难定终身"，前者恒态，又有时态。方有对谈，神忽他往；众方称言，此独冷笑；深险难近，不足与论情。

言不必当，极口称是；未交此人，故意诋毁，卑庸可耻，不足与论事。漫无可否，临事迟回；不甚关情，亦为堕泪。妇人之仁，不足与谈心。三者不必定人终身。反此以求，可以交天下士。"

前面所说的，是人们在生活中常出现的情态，称之为"恒态"。此外，还有几种情态，是不经常出现的，称之为"时态"。交谈时神游他处之人对人毫无诚意；众人言笑正欢，而在一旁漠然冷笑之人则冷漠寡情。这两种人城府极深，居心险恶，不能与之建立情感。别人所言未必得当，却在一旁连声附和之人，必胸无主见；还未与人打交道却在背后诋毁对方之人，说话不负责任。这两种人卑鄙下流，庸俗可耻，不能与之合作共事。遇事迟疑不决，拿不定主意之人，优柔寡断；遇到不值得动感情之事，却伤心落泪之人，缺乏理智。这两种人纯属"妇人之仁"，不能与之推心置腹。

但以上三种情态不一定能够决定一个人终身的命运。如果能够反以上三种人而求友，那么就几乎可以遍交天下名士了。恒态与时态是相互对照的一组概念，恒态指人的形体相貌、精神气质、言谈举止等的各种形貌在恒定状态时的表现；时态与恒态相对，它与人的社会属性、生活环境密切相关。我国的古人并没能提出恒态、时态的动静结合法，《冰鉴》一书就很好地弥补了这一缺陷。"方有对谈，神乎他往"、"众方称言，此独冷笑" 这两种情况与正常情态相悖，不合常理，如若不是心有急事，多半是居心险恶之徒；"言不必当，极口称是"、"未交此人，故意诋毁"这两种人品格卑下，庸俗无聊；"漫无可否，临事迟回"、"不甚关情，亦为堕泪"这两种人办事优柔寡断、敏感脆弱，难以担当重任。但是人的气质、个性、能力并不是终身不变的，所以曾国藩最后说"三者不必定人终身"。

灵活机动，委婉进谏

古人曰："良药苦口利于病，忠言逆耳利于行"。历史上也不乏直言进谏而致龙颜大怒被处死的忠臣义士，因直谏而死固然让人觉得悲壮，也能青史留名，但如果能像李时勉一样，在欲速则不达的情况下，巧于变通，灵活机动地让君主纳谏，既保全了自己，又使国家臣民获利，岂不更好？

明宣宗皇帝即位一年多以后，突然有人告发翰林院侍读李时勉，说他与先皇的死有关，这可让宣宗又惊又疑马上找来先帝旧臣、户部尚书夏原吉询问。夏原吉告诉宣宗，先帝仁宗临终前，确实对他讲过"李时勉在朝廷上羞辱我"的话，说完还勃然大怒，当天夜里就驾崩了。宣宗大为震怒，于是要杀掉这个无法无天的"逆贼"。

李时勉真的是这么大逆不道吗？其实不然。他是个正直的大臣，对朝廷一片赤胆忠心，慨然以天下为己任，不过性格刚烈，常常直言进谏，触怒了皇上。洪熙元年，他上疏朝政，使仁宗皇帝深为不满，将他召到宫中责问，李时勉坚持己见不肯屈服。仁宗一怒之下，命令侍卫武士用金锤打他，竟打断了他的三根肋骨，差点儿命归黄泉。第二天又将他贬为交趾道御史，命令他每天审问一个囚犯，议论一件事情。李时勉却不改其衷，仍三次上书议论朝政，又被逮捕囚禁在锦衣卫监狱中。这样，三番五次地惹怒皇帝，恐怕是仁宗临死也记恨他的原因吧！起先，宣宗命令使者把李时勉捆来，说"朕要亲自审问，一定要杀掉他，"但不一会儿，又命令王指挥立即将他绑赴西市斩首，不用见人了。王指挥从紫禁城端西旁门出去，而先前派出的使者已将李时勉捆着从城端东旁门进来，二人没有碰到。宣宗一看李时勉被押解到，却没有丝毫惧色，气就不打一处来，便站在老远骂道："你死到临头还不知，真是顽固不化！"见他气宇轩昂的样子，宣宗心里不免有些奇怪，难道他真的不怕死？这样不明不白地处死一个大臣，是否有些过分？于是，又带点试探的口气责问说："你一个小小的臣子，竟敢触怒先帝！你上的奏疏是什么话？赶快说出来。"

李时勉心中不禁暗喜，皇上可算想起要问问我了。他想：此时不能再触怒皇上了，要想办法使皇上的怒气消解下来，才可以冷静地思考我的言行。这样，说不定能赦免我，当然也为皇上开一条言路，让大臣们不会因为敢于直谏就要杀头。这岂不是比枉死更有价值？想到这里，他便叩头说："臣不敢妄加评议朝中大事，只是说，陛下居丧时不宜近嫔妃，皇太子不宜远左右大臣。"宣宗听后，脸上的怒气稍有缓和。李时勉索性从容不迫地述说了奏书上提及的六件事情。宣宗又继续追问具体详情，李时勉故作为难地说："我很害怕，一时记不清了。"宣宗的怒气又消解了许多，轻声地说："朕明白，是一些难言之隐。那草稿在哪里？能不能拿来让朕一阅？"李时勉看皇帝好奇的样子，便用遗憾的口气回答说："烧掉了。"这一下，宣宗的怒气全无，只见他长长叹息一声，说："难为爱卿一片忠心，朕险些错杀了良臣！"说着，连忙让侍卫给李时勉解下枷锁。

李时勉看达到了目的，想不如趁热打铁，再多劝谏皇上几句，于是诚恳地说："陛下圣明，恕微臣之罪，以收天下谏官之心。望陛下今后，能广开言路，博采众议，近直臣而远小人，使我朝重现贞观之治。"宣宗欣然允诺，并立即赦免了他，使他官复原职。"伴君如伴虎"，此言一点不假，李时勉只因奏谏皇帝、尽一个言官的职责，就险些遭杀头之祸。但他面对宣宗不问是非就要处死他的行径，先是坦然处之，不作徒然的辩解，等宣宗欲问他气死先帝之罪时，巧言答对，既回避了敏感问题，又平息了皇帝的怒火。这样，才逼使宣宗能理智地思考问题，达到劝诫皇帝和保全自己的双重目的。

十六、眉主早成，须主晚运

原文："须眉男子。未有须眉不具可称男子者。少年两道眉，临老一付须。此言眉主早成，须主晚运也。然而紫面无须自贵，暴腮缺须亦荣；郭令公半部不全，霍骠骁一副寡脸。此等间逢，毕竟有须眉者，十之九也。"

古代常用"须眉"一词来代称男子。事实也确是如此，还没有见过既无胡须又无眉毛的人被称为是男子的。"少年两道眉，临老一付须"，这句话是说，一个人少年时的命运如何，要看其眉相，而晚年境遇如何，则要看他的胡须。但是也有例外，脸面呈紫气，就算没有胡须，地位也会高贵；两腮突露者，即便胡须稀少，也能够声名显赫；郭子仪虽然胡须稀疏，却位极人臣，富甲天下；霍去病虽然没有胡须，只是一副寡脸相，却功高盖世。但这种情况极其少见，毕竟有胡须有眉毛的人，占百分之九十以上。

古代有以留长须为美的风俗，"眉是两目之华盖，一面之仪表"的说法，也就说明在古人心目中，胡须和眉毛的地位是何等重要。"少年两道眉，临老一付须"，这句话意思是眉主早成，须主晚运。眉"主贤愚之辨"，少年得志的人两道眉毛往往非常清秀。晚运甚佳的老人则大多是胡须丰满美丽。古代医学就认为，眉属胆，胆属火，性阳刚而近火，故上生而宜昂；须属肾，性阴柔而近水，故下长而宜垂。在这里眉毛与胡须看似分开来说，但是如果眉强须弱，毕竟有失匀称，面相便不和谐。总之阴阳须和谐，须眉要相称。虽然古人普遍认为无须眉不足以称为男子，但曾国藩提出"紫面无须自贵，暴腮缺须亦荣"的观点，并用郭子仪和霍去病的例子加以证明，这可以看作是对前人观点的进一步完善。

晚年得志，扬名天下

少年得志固然让人欣羡不已，但因时运不济，空有满腹才华而不得施展之人，如若晚年之际，能时来运转，大展其志，也未尝不让人顿觉扬眉吐气。吕尚就是这样晚运甚佳的一个例子。

吕尚，姓姜，名尚，字子牙。因贫困，吕尚曾在朝歌以屠牛为业，又肉臭不售；钓鱼于棘津，偏偏鱼不食饵；种地所得，不能抵偿所下的种子。可以说是穷困潦倒。但吕尚确实胸怀经天纬地之才，一直不能实现其抱负，直至晚年，周武王讨伐殷商，姜尚的才华有了用武之地。终成了叱咤风云的历史人物。吕尚一生多谋善断，长于用兵，工于奇计，因此周代及后世的兵家和谋略家，皆尊他为祖师。实际上，他也是一个善于治理国家的政治家，这可以从齐国的发展中看出来。

周武王姬发即位，拜吕尚为国师，尊称为尚父。一次，周武王问："我欲轻罚而重威，少行赏而劝善多，简其令而能教化民众，何道可行？"吕尚答道："杀一人而千人惧，杀二人而万人惧，杀三人而三军振者，杀之。赏一人而千人喜，赏二人而万人喜，赏三人而三军喜者，赏之。令一人而千人得者，令之；禁二人而万人止者，禁之；教三人而三军正者，教之。杀一以惩万，赏一而劝众，此明君之威福。"武王心领神会，时时慎于刑赏，力求令行禁止，使周朝政治愈益清明。与此同时，商朝统治集团的核心发生了激烈冲突和分裂，大贵族王子比干被杀，箕子被囚，微子启惧祸出逃，太师疵、少师强怀抱礼乐重器投奔周。

国人见商纣王不可救药，均侧目而视，缄口不言。看到灭商时机业已成熟，周武王赶忙询问吕尚："殷大臣或死或逃，纣王是否可伐？"吕尚已知兼得天时、地利、人和，毅然答道："知天者不怨天，知己者不怨人。先谋后行者昌，先行后谋者亡，且天与不取，反受其咎，时至不行，反受其殃。"武王闻言，决意兴兵伐纣。出师前，周武王命卜祝占卜吉凶，得兆不祥。一向迷信的群臣贵族十分恐惧。吕尚偏重人事，而轻枯草朽骨之验，力劝武王勿失良机。他说："顺天之道未必吉，逆之未必凶。若失人事，则三军败亡。且天道鬼神，视之不见，听之不闻。智者将不以为法，愚者将拘泥之。若乃好贤而能用，举贤而得时，则不看时日而事利，不借卜筮而事吉，不祷祀而福从。"

武王奋然而起，遍告诸侯："殷有重罪，不可不伐！"遂以吕尚为主帅，统领兵车三百乘、猛士三千员、甲士四万五千人，出兵东进。周军行至中途，屡遇风狂雨猛、雷电交加时日，甚至拔树发屋，折旗毁乘。吕尚见上下交互不安，便把这肃杀之征巧释为对殷商的天怒之象，借助虚无缥缈的天地鬼神来推行人事，理直气壮地打出吊民伐罪的旗号。时当天下鼎沸之际，遇有一方发难，便有八方响应。周军东进途中，各地诸侯纷纷前来会师。周军前歌后舞，士气高昂。十二月，从孟津渡过黄河，直扑商都朝歌。吕尚自作前锋，亲率虎贲和兵车冲击商军。商军虽众，却无斗志，居然阵前倒戈，引导周军杀回朝歌。

纣王见大势已去，惶惶然登上鹿台，蒙衣自焚而死。在中国历史上存在五百余年的奴隶制国家，至此灭亡了。此战就是历史上著名的"牧野之战"。商纣王死后的第二天，周武王与吕尚等人召集祝捷大典，将伐纣义举上告天神。然后，散鹿台所积之钱，发巨桥所囤之粟，用以赈济民众；封比干之墓，释箕子之囚，用以取悦殷商贵族；斩纣王宠妃妲己，归后宫妇女，以示曲体民心。

克商以后，周军四处出击，征伐殷商的盟邦，基本上控制了原先商王朝统治的主要地区。周武王班师回到镐京，正式建立了周王朝。殷商灭亡的第二年，周武王病死，其子即位，吕尚因功劳卓著，受封海、岱之间广大地区，都于营丘，建立齐国。齐国的疆域东抵海滨，西及黄河，南达穆陵关，北至无棣县。周成王传命吕尚："五侯九伯，您都可以实得征讨。"从此，齐国享有专擅征伐的特权。吕尚受此殊荣，欣然整装就道，东赴齐国。途中遇见一位高士，提示吕尚说："常言道，时难得而易失。贵客寝食甚安，恐怕不像就国之人！"吕尚骤然醒悟，事关邦国命运，岂容片刻玩忽！于是，他午夜穿衣命驾，飞驰而东。及至齐国，恰逢莱侯兴师犯境，与齐争夺营丘。倘不是吕尚后来择善而从，快马加鞭，几乎遭误国的厄运。吕尚根据齐国土地辽阔、物产丰盈的自然环境，以及生产水平相对先进和异族势力较为雄厚的经济、政治条件，及时确立了治齐的重大策略原则："因其俗，简其礼，通商工之业，便渔盐之利。"

吕尚为齐国的发展奠定了雄厚的政治、经济、军事基础，使之在较长时期内一直突飞猛进，遥遥领先于其他诸侯国家和地区。西周时期，齐国是周王朝在东方的最重要支柱，到了春秋中期，周王室衰微，齐国最先崛起，成为纵横中原、左右天下局势的"五

周易·相学释疑

霸"之首。直至战国时期"田氏代齐"之后，齐国依然跻身"七雄"行列。

吕尚靠过人的胆略和远见卓识，治国用兵不拘形式、务求实际，具有开国创业的精神。由于他注重发挥治国之士的聪明才智，保留了优秀的传统文化，全面发展农工商各业，结果，远近人民相率归心，齐国迅速强大起来，创造出发达的经济和灿烂的文化。

十七、贵人眉毛有三层彩

原文："眉尚彩，彩者。杪处反光也。贵人有三层彩，有一二层者。所谓'文明气象'，宜疏爽不宜凝滞。一望有乘风翔舞之势，上也；如泼墨者，最下。倒竖者，上也；下垂者，最下。长有起伏，短有神气；浓忌浮光，淡忌枯索。如剑者掌兵权，如帚者赴法场。个中亦有征范，不可不辨。但如压眼不利，散乱多忧，细而带媚，粗而无文，是最下乘。"

眉毛光彩，就是眉毛梢部显露的亮光。富贵的人，他眉毛的根处、中间、梢处共有三层光彩，当然也有两层甚或一层的。所谓的"文明之象"指的就是眉毛要疏密有致、清秀润朗，不要厚重呆板，又浓又密。远远望去，像两只凤在乘风翱翔，如一对龙在乘风飞舞，这就是上佳的眉相。如果像一团散浸的墨汁，则是最下等的眉相。双眉倒竖，呈倒八字形，是好的眉相。双眉下垂，呈八字形，是下等的相。眉毛较长，就得要有起伏，眉毛较短，就应该昂然有神；眉毛较浓，切忌有虚浮的光，眉毛较淡，切忌形状像一条干枯的绳索。双眉若如两把锋利的宝剑，必将成为三军统帅，而双眉若如两把破旧的扫帚，则必招杀身之祸。另外，这其中还有各种其他的迹象和征兆，不可不认真地加以辨识。但是，如果眉毛过长并压迫着双眼，目光则显得呆滞不利。眉毛散乱无序，目光就显得忧劳而缺乏神采，眉形过于纤细并带有媚态，眉形过于粗阔就没有文秀之气，这些都属于最下等的眉相。

眉尚彩是指一个人的眉毛如果有光彩，就如同珠宝熠熠生辉。这样的眉毛既反映了其人身体健康，看上去也很漂亮。反之，如果黯淡无光，好比珠宝年久失辉，人的健康状况也就不容乐观了。另外，人类逐渐摆脱了茹毛饮血的野蛮时代而进入到文明社会，眉毛也随之由"浊"蜕变为"清"，作为文明时代的人，"文明之象"也就成为古人对上佳眉相的标准之一。古人对眉毛有四条要求：有势，即"弯长有势"；有神，即"昂扬有神"；有气，即"爽朗有气"；有光，即"秀润有光"。一个人如果具备了上述要求，就是上佳的眉相，当然，这四个要求以"光"最为重要。眉毛有亮光，说明一个人生命力旺盛。很明显，青年人的毛发通常都是光润明亮，老年人的则是干枯无光。

紫须剑眉，大器晚成

"紫须剑眉，声音洪壮"这样的配合叫金形得金局。"蓬然虬乱，尝见耳后"，是器宇轩昂、威德兼具之相。此二者本为佳相，如能配清奇的神和骨，乱世可成霸才，治世能为良将。

"司马昭之心，路人皆知"，指的是三国时末期司马懿的儿子司马昭，有夺曹魏政权为己的野心。司马昭这个人很厉害，识人也有一手。他有一个得力内助，叫魏舒。魏舒年少时，迟钝质朴，不爱讲话，乡里人都不看好他。他叔叔魏衡，闻名当世，也不看好他，让他去磨房守水。魏舒口不能言，但不以为意，也不因此自弃或报复，心怀别念。到四十岁，仍不得显扬才华，只为别人做点参谋工作。后因机缘，他以凑数的身份参加一个会议，魏舒容范闲雅，娓娓而论，举座皆惊。时人推荐他到司马昭处，一谈司马昭"深器重之"，拜为相国参军，里外小事，还不见其才华；凡有兴废大事，众人不能决的，魏舒却能理得清清楚楚，断得明明白白，见解多出众人之上。于是时人共服。据传，魏舒的胡须就不多，但是有"光、健"的特点。在他四十岁开外时，还给人当参谋，如非大气在胸中，大器晚成，也许早已心灰意冷、虚度一生了。

学而优则仕，步入仕途之路，跻身官宦之列，一直是读书人梦寐以求的事。但若贪恋官场过久，权势熏天之时，难免会令同僚妒忌，君主畏惧因此祸患也会随之而来，但权势这种东西却是让人很难舍弃的。文仲就不能淡泊名利，结果落得个兔死狗烹的下场，还是范蠡明智，远走他乡，成了一代商圣。

不贪恋权势的人还有明朝的刘伯温。刘伯温辞官回乡时已然是一位虬髯飘发的老人了，他身材修长，虽年逾古稀，但仍双目明烁，他因为李彬的事，得罪了李善长。于是李善长在太祖视察汴梁回朝后，就告发他："在祭祀用的坛禅下斩杀犯人，不敬。"

那些怨恨刘伯温的人，也说他不修边幅，居功自傲。刘伯温在这种尔虞我诈的角斗场中清楚地认识到，自己的个性和才能只能在一定时期、一定范围内得到发挥。回乡之后，他行踪不定，断绝了与一切朝官贵人的来往，以求全身而退。

人小志大，胆识过人

古代"甘罗使秦"的故事，家喻户晓。年仅十二岁的甘罗，眉清目秀，神采斐然，他人虽小，但辞锋犀利，硬是为秦国赚得了五座城池。

秦王政七年，他想出兵伐赵，替数年前率兵伐赵战死的大将蒙骜报仇。刚成君蔡泽向秦王分析了燕、赵的形势及利害关系，并自请前往燕国，离间燕、赵联合抗秦的阵线，说服燕王依附秦国以为久安之计。秦王政听信了蔡泽的话，蔡泽也当真不辱使命，说服了燕王，命太子丹为质于秦，并请秦国派一位大臣，做燕国的丞相。吕不韦打算派张唐，前往燕国为相，命太史占卜，也是上上大吉；偏偏张唐托病不肯应命。吕不韦亲自到张唐家中劝说，张唐推辞的理由是：他曾经多次奉命带兵伐赵，赵国对他怨恨必深，他如去燕，必经赵国，赵国是绝不会放过他的，所以，他不能去。虽经吕不韦再三强劝，费尽唇舌，无奈张唐执意不肯，吕不韦回到府中，独坐堂上，深锁愁眉，闷闷不乐。当时，有一位十二岁的少年，名叫甘罗，是门下客甘茂的孙子；他看到吕不韦一脸不悦的神色，上前问道："请问侯爷有什么不愉快的心事吗？"吕氏见是少年甘罗，不耐烦地说："小孩子知道什么？不要来烦我！"甘罗听了不但没有回避，却从容地接着说："作为门下士的人，可贵的就是能为主人分忧任患，侯爷有事却不肯使门下知道，为臣的人虽想效忠，岂非无处可效吗？"

吕不韦见甘罗说的也有道理，于是，就把刚成君蔡泽出使燕国，如何说服燕王，使太子丹入秦为质，又如何欲张唐赴燕为相，而张唐坚决不肯应命的事，述说一遍之后，总结一句说："我之所以不快，就是为了这件事！""哈！这不过是小事一件，怎么不早说？我跟他说去。"甘罗居然大言不惭地自请去说服张唐成行。吕氏却生气地连声斥说："我亲自前往劝说，他都不肯答应，岂是你一个小孩子所能说得动的？"甘罗仍然毫不畏怯地回答说："以前有一位项橐，才七岁，孔子曾拜他为师；臣今年已十二岁，比项橐还大了五岁，如果让臣前往一试无效，再叱退也不晚，何必轻视天下士人，轻易动怒，以横颜厉色相加？"

这一番话把吕不韦说得无辞以对，而且深深觉得眼前这个黄口幼儿，的确不是简单人物，于是，立即改出一副笑脸说："好！果真你能说动张唐应命，事成之后，我将保你以上卿之位致谢。"甘罗欣然告辞，衔命往见张唐。张唐虽然知道他是吕不韦的门下，看他年少，心下不免存有轻视之意，遂问他为什么事来见。甘罗一眼就看出了张唐轻视他，遂说："我是特地来哀悼你啊！"张唐一听甘罗小小年纪居然对他出言不逊，非常生气地问："我有什么事劳你来哀悼？"甘罗说："敢问你自觉对于秦国的功劳，比那武安君白起如何？"张唐说："武安君南挫强楚，北服燕、赵，战胜攻取，开疆拓土，不计其数，我的功劳，不及他十分之一。"甘罗又问："那么，以前的应侯范雎，和今天的文信侯吕氏，二人相比，谁最受秦王的信任？""应侯不如文信侯。"张唐答。甘罗说："这么说你是明知道应侯不如文信侯专权了？""为什么不知道？"张唐反问一句，他仍然没弄明白甘罗葫芦里卖的什么药。甘罗点点头说："以前应侯要派武安君率兵攻打赵国，武安君不肯，应侯一生气，将武安君废为士卒，逐出咸阳，赐死于杜邮；现在，文信侯要派你去燕国为相，你不肯去，这正像是应侯不能容武安君的故事，你认为文信侯能容你吗？所以，你的死期不远了！""啊！"张唐被甘罗劈头泼了一盆冷水，恍然清醒过来，一下子吓得脸色都变了："多谢你的教诲，我……我太糊涂了！"

张唐急忙随同甘罗，到吕府请罪，并表示将即日治理行装，准备起程赴燕就任，吕不韦大喜过望，对甘罗刮目相看，倍加礼遇。在张唐临行之前，甘罗又对吕氏说："张唐是听信我的话，不得已而往燕国，可是，他内心仍然怕赵国对他不利，请给臣车马五乘，为张唐先行报知赵国。"吕不韦已经知道甘罗的才智过人，毫不迟疑地入宫禀奏秦王说："有甘茂孙儿甘罗，虽是年少，然而，出身名家子孙，很有机智和辩才。张唐托病，不肯相燕，臣虽亲自劝说无效，甘罗自请前往，一说即行；现在，他为了去除张唐惧赵对他报复的疑虑，复请先报赵王，请大王任命他前往。"

于是，秦王即宣召甘罗上朝晋见，看他虽然身高不满五尺，眉目却是清秀如画，器宇轩昂，神情中流露出一股超凡脱俗的逸气！而且，进退从容不迫，临威毫无惧色，秦王心里不仅喜欢，而且暗暗称奇，遂问甘罗说："寡人派你前去赵国，你见了赵王，如何措词？"甘罗回奏说："观察对方的喜惧，临时相机而进；语言如水波兴起，须随风而转，不可以预定。"秦王觉得甘罗谈吐果然不凡，于是，给他上好的车马十乘，外加仆从百人，浩浩荡荡地出使赵国去了。

赵国的赵襄王，已经接到燕、秦通好的消息，正在害怕他们两国合计对赵国不利，忽然有人禀报秦国有使臣来，赵襄王心中暗喜，遂亲自出城二十里，迎接甘罗。当赵王发现秦国使臣，居然是一位乳臭未干的小孩子，不由大为惊讶。他突然从甘罗的姓氏联想到一个秦国的名人，于是，便问甘罗："早年为秦国通三川之路的甘茂，不知是先生的什么人"甘罗说："是臣的祖父。"赵王又问："先生多大年纪？"甘罗答："十二岁！"赵王忍不住进一步再问："秦国朝廷，年长的大臣不够差遣吗？怎么会派先生来呢？"甘罗对赵王察颜观色之余，又从他的话里觉出对方有轻视之意，遂回答说："秦王用人，因事情大小而定！年长者任以大事，年幼者任以小事，臣年最幼，所以，奉派出使赵国。"赵王又发觉眼前这位少年使者，词锋犀利，态度坦荡，心下又是一惊，不敢再有轻侮之意，于是，问道："先生远临敝国，有什么赐教？"

甘罗反问："大王听说燕国的太子丹，到秦国做人质的事了吗？""听说过了。"赵王说。"大王也听说秦国张唐，即将赴燕国为相吗？""也听说了。"甘罗问过这句话之后，接着单刀直入地解释："燕国太子人质于秦国，是表示燕国不欺骗秦；张唐入燕国为相，是秦国表示不失信于燕国。燕国和秦国团结修好，互不相欺，你们赵国就危险了！"甘罗先是旁敲侧击，最后一语中的，说到了赵王最担心的事。赵王强耐住心下的惶恐，试探着问："秦国之所以结好燕国，有什么意图？"

其实，赵王是明知故问，只不过要从甘罗口中证实一下而已。甘罗也就毫不客气地坦率说明："秦国与燕国修好，是企图联手攻打你们赵国，扩张领土，占领河间之地。"甘罗的话，像是一拳捣中了赵王的要害，使他半晌没答话。甘罗见状干脆来个乘胜追击，开门见山地说："依臣愚见，不如大王割让河间五城，献给秦国，臣愿向寡君奏请，中止张唐之行，断绝与燕国的友好关系，转与赵国修好。到时候，以强赵攻弱燕，而秦国不加干涉，你赵国所得到的，岂止是五城而已？"甘罗来了这么一个急转弯，把压在赵王心头上千斤重的大石头，一下子解脱掉了；赵王于是连声说："好，好！一切惟先生之命是听。"

赵王同时赠给甘罗千两黄金，白璧二双，把河间五城的地图也交给他，请他还报秦王。甘罗此行，仅凭一张嘴巴，三言两语，赚得了赵国五座城池，风风光光，回归秦国，秦王得悉之后，高兴万分地说："寡人梦寐以求的赵国河间之地，居然兵不血刃，从一个小孩子手上得到，你的智慧，比你的人大得多了！"

秦王同时采纳甘罗的建议，命令张唐不必前往燕国。张唐得到通知，也如释重负，对甘罗心存感激。赵国知道秦国中止张唐赴燕为相的消息之后，明白甘罗的诺言已经生效，遂派庞缓、李牧两位大将，合兵攻打燕国，一路势如破竹，连取上谷三十城，留下十九城归赵，另将十一城，拱手奉赠秦国。

秦国坐收渔人之利，前后共得十六座城池，未遣一兵一卒，完全是甘罗的口舌功劳。秦王果然封甘罗为上卿官位。

十八、须有多寡之分，须与眉毛相称

原文："须有多寡取其与眉相称。多者，宜清、宜疏、宜缩、宜参差不齐；少者，宜光、宜健、宜圆、宜有情照顾。卷如螺纹，聪明豁达；长如解索，风流荣显；劲如张戟，位高权重；亮若银条，早登廊庙，皆宦途大器。紫须剑眉，声音洪壮；蓬然虬乱，尝见耳后，配以神骨清奇，不千里封侯，亦十年拜相。他如'辅须先长终不利'、'人中不见一世穷'、'鼻毛接须多滞晦'、'短髭遮口饿终身'，此其显而可见者耳。"

有的人胡须多，有的人胡须少。无论多少，胡须都宜与眉毛相匹配。胡须多的应该清秀流畅，疏爽明朗，不杂不乱且长短错落有致。胡须少的，就要润泽光亮，刚健挺直，气韵十足，并与眉毛、头发等相匹配。其胡须弯曲如螺丝一般之人必定聪明豁达，目光远大；其胡须细长如磨损的绳子一样到处是细弯小曲之人虽风流倜傥，却无淫乱之意，将来未必能名高位显；其胡须刚劲有力，如一把张开的利戟之人必将手握重权，位极人臣；其胡须清新明朗，如闪闪发光的银条之人年纪轻轻便官运亨通。以上这些皆是官场仕途上的大材大器之人。如果人的胡须是紫色，眉毛如利剑，声音洪亮粗壮；或者胡须像虬那样蓬松劲挺，而且有时还长到耳朵后边去，这样的胡须，再配上一副清爽和英俊的骨骼与精神，即使封不了千里之侯，也能当十年的宰相。其他的胡须，如下巴和两腮先长出胡须，终究没有好处。人中没有胡须，则一辈子逃脱不了受苦受穷的厄运。鼻毛连接胡须，则不免命运多舛，前途黯然。短髭长得遮住了嘴，一辈子忍饥挨饿、缺衣少食等等。这些胡须的凶相，是显而易见的，这里就不必详细论述了。

在古人心目中，胡须的地位可以说是举足轻重。古人常用"须眉"一词来代称男子。胡须，有的人多些，有的少些，胡须的多少与须相的好坏并没有必然联系，但其不管多少，都必与眉毛相称。古代圣人追求"天人合一"的境界，强调人与自然要和谐，当然人的面部各部分搭配也应协调，这也是符合审美的原则。"卷如螺纹""长如解索""劲如张戟""亮若银条"这四种都是上佳须相，有这些须相的人，不一定就能聪明豁达，权高位重，但至少可以说明他精力充沛、身体健康。反之，下巴和两腮先长出胡须，人中没有胡须，鼻毛连接胡须，短髭长得遮住了嘴等须相，因破坏了面部的和谐，很难给人留下一副好的印象，所以被人赏识的机会很少，即使是满腹经纶之人，也极易被埋没，所以这些被看做是胡须的凶相，也不是全无道理的。

须眉过长，虎狼之心

通过看一个人的外貌，就能辨其真伪，洞悉出其内心深处的玄机。但是，识人难，知人更难，这是一个不争的事实。

战国时的尉缭就有这样的一个人。秦王政十七年，秦王政恼韩非之逝，欲怪罪于忌韩非之才的李斯。李斯不得已，忙荐治国奇才魏国大梁人尉缭，秦王政闻尉缭之名，并未急于召见，而先去征求王翦的意见。王翦说："尉缭者，确奇才也！他深通兵法，能文能武，不可多得，只是他人在魏国，大王何以得见？"

秦王政说："据李斯讲，尉缭现客居咸阳，要见他，马上就能见到。"王翦以手加额道："真是天助秦也！大王，可速见尉缭，若失良机，彼为别国所用，必为秦之劲敌也！""这不要紧。"秦王政说，"我拟一诏，将他唤来也就是了。""不可，万万不可！"王翦忙止住道："尉缭其人，非比常人，以国宾之礼相请，仍恐其未必肯来，何敢再礼仪不周呢？""好，那咱们去请吧。"于是，秦王政和王翦一起，又唤来李斯，三人同去请尉缭。尉缭见秦王政，长揖不拜。

秦王政置之上座，呼为先生，并问及天下之事。尉缭说："今列国之于强秦，犹如郡县也，散则易尽，合则难攻。昔三晋合而智伯亡，五国合而王滑走。对此，大王不可再虑。"秦王政问："欲使其散而不复合，有何良策？"尉缭说："今国家之计，皆决于豪臣，要利用豪臣，不过是多费些钱财而已。大王不必爱护府库所藏金银，如以其厚赂诸国豪臣，以乱其君臣，大不了只用三十万金，诸侯将尽归秦矣。"秦王政大悦，即封尉缭为上客，让他对自己废除一切君臣礼仪，有事求教，与之同吃同住。

群臣皆惊，尉缭则不以为然，对秦王政仍一副不冷不热的样子。王翦早慕尉缭之名，今见尉缭的确谈吐不凡，处事不俗，便单独前去拜见。尉缭一见王翦便说："吾知君的来意，一为秦王，二为自己。吾观秦王此人，他鼻梁过大，眼眉过长，肩胛耸起，声如豺狼，胸中藏有虎狼之心，必残暴成性，刻薄寡恩，用着人的时候，容易屈就于对方，用不着人的时候，马上会反目为仇。而且列国争强，为了统一霸业，秦王完全可以屈尊纡贵，可一旦天下统一，遂其志愿，只怕天下之人，全都要成他的奴隶呢！知道了秦王是怎样的一个人，你自然就知道你自己的处境和结局了。还是韩非说的好，他将君王比作龙，说龙的喉头下有倒鳞，不触动倒鳞，君王便不会怪罪于你，否则，时时会有杀身之祸。所谓'伴君如伴虎'，大约就是这个意思。"王翦心悦诚服地说："说内心话，我根本不想触摸龙的倒鳞，可唯怕稍不小心碰上了它，如何才能避免这种危险呢？"尉缭说："我方才不是说了，现今列国争强，为统一霸业，秦王完全可以屈尊纡贵。这就是说，在这种时候，他需用你们这些打天下的人，斜说顺说都会依着你们，但却不必过分冲撞了他。天下愈近统一，他的倒鳞会愈来愈显，臣民们触动他倒鳞的可能性也就愈大。范蠡亦有名言：'狡兔死，走狗烹；敌国破，谋臣亡。'这就是说，像你这种功盖群臣的功臣，其退引的时间，必须选择在天下统一之前这一最佳时机。而在此之前，你一样要注意：没功的时候，你必须争取建立功勋；有功的时候，你千万不要自负骄傲；功劳过小的时候，你必须争取建大功立大业；功劳过于显赫的时候，你必须急流勇退。只有这样，方保你能功成名就，且不触龙的倒鳞，使你能在一种平静的环境中，舒舒服服地度过自己的晚年。"尉缭一番说辞，王翦佩服得五体投地，他跪而谢道："今听先生的一片教诲，王翦胜读十年诗书。先生之言，铭刻于心，句句照办，永生不忘。"他欲拜尉缭为师，尉缭辞之，说："君已为秦王之师，岂能再拜我为师。今秦王也欲拜我为师，君再师之，岂不是摸'倒鳞'了？"

王翦醒悟，笑而不语，只是轻轻拍了拍自己的嘴巴，以示告诫之意。半晌，才说："先生，乃神人也！"次日，尉缭及弟子们竟不辞而别，杳无音讯。秦王政闻报，命人四处寻找，但是没有一点消息。秦王政怒极，命将尉缭公馆的所有侍卫人员一律绑起，大小数百余人，说是找不见尉缭，便将他们一律处死。偏是这个时候，尉缭不找而至，他笑对秦王政说："我只不过是去渭河边上散了散步，大王你急什么呢？我即使走了，其责任在我，与这些侍卫下人有什么关系呢？更何况，我根本就未走。"

秦王政见说，忙让放了尉缭公馆的所有侍卫人员。他紧紧拉住尉缭的手说："如果寡人有什么对不住你和弟子们的地方，你只管说，寡人只管改就是了，为什么一定要离开寡人呢？眼看扫平六国在望，统一天下不远，正是需要我们携手干一番事业的时候，先生千万不能离开寡人啊！"王翦在旁，忙对秦王政说："先生之才，强我十倍，何不将兵事政事皆予托之。"

秦王政即拜尉缭为太尉，让其执掌全国军事，其弟子，均加封大夫之职。他又对天盟誓："寡人与尉缭，生死与共，情同手足。将来如得天下，必与先生分享，如若不然，人神共诛。"这还不够，他即按尉缭计策，命从国库取金三十万斤，一次交给尉缭，让实施其统一六国的计划。饭后，秦王政又和王翦一起来找尉缭，共商统一六国大计。尉缭说："还是先听听王老将军的高见吧！"王翦推辞不过，遂说："老夫斗胆班门弄斧，依老夫之见，破六国，当由近渐远，由弱到强，分兵攻之，各个击破。"

尉缭接过话说："此话，也符合我的意思。不过，也不一定将最强的国家放在最后，还有句'擒龙擒首，打鸟打头'的俗话呢。依我之见，破六国宜先破韩，再攻赵魏，这三国在一条线上。灭掉韩赵魏，再平楚燕齐。"秦王依尉缭之计，逐一击破各个诸侯国。燕都蓟城攻破之后，王翦因征战劳累，身体有病，而关键他想起尉缭之语，便上表告老。秦王政见奏书，对群臣说："太子丹之仇，寡人不能不报。然王翦确实老矣，必须以年轻勇武将军代之。王翦提及李信，他确是员年轻勇将，寡人欲用之。"于是，秦王政遣李信取代王翦，召王翦归，厚赠而使之回归乡里。王翦临行前，秦王政召而问之："老将军，你走之后，大将军之职，谁人可委？"王翦说："王贲、蒙武、杨端和，皆可委之。"

秦王政问："李信如何？"王翦说："臣对其了解不深，不好过多评说。"秦王政说："将军力荐王贲而轻视李信，莫非有私？岂不闻马服君及夫人劝赵王勿用赵括之说。"王翦说："臣子贲与马服君子括，完全是两个样子。昔赵括母进言赵王，括与其父，大是不同：括父奢为主将，所得赏赐，尽给军吏；受命之日，即宿于营，不问及家事，与卒同甘苦；每事必与众将商议，从不自专。今括一日为将，东乡而朝，军吏莫敢仰视；所赐金帛，悉归私家。将岂能如此？而关键是括虽幼读兵书，背得滥熟，但只死记硬背，不知其变，此为为将之大忌。而臣子贲之所为，破有马服君之风，而臣教贲兵书，常教其应变之法。长平之战后，臣每每举例赵括，教贲切勿纸上谈兵。贲既为大将，实战中已熟知兵法之变。大约是臣之妄言，子贲之才，在臣之上矣！这些，大约只是臣管窥之见，大王还可听听大家的意见。今我初退，也不宜以贲为将，待观察许久，行则委以重任，不行则许以适宜之职。敬请大王明察，量才而用人！"秦王政叹曰："知子莫如其父，知女莫如其母。老将军了解子王贲，可谓深矣。其实，寡人亲政多年，焉何不知大将王贲之才矣！以寡人之见，平六国之武功，将非你们王氏父子莫属矣！"

尉缭观秦王之貌，便知其胸中藏有虎狼之心，必残暴成性，刻薄寡恩，用着人的时候，容易屈就于对方，用不着人的时候，马上会反目为仇。他告诫王翦说：为了统一霸业，秦王完全可以屈尊纡贵，可一旦天下统一，遂其志愿，您的处境就危险了。也正是因为王翦听从了他的劝告，最后才得以功成身退。

十九、听声察人，可辨人之聪慧愚笨及贤能奸邪

原文："人之声音，犹天地之气，轻清上浮，重浊下坠。始于丹田，发于喉，转于舌，辨于齿，出于唇，实与五音相配。取其自成一家，不必一一合调，闻声相思。其人斯在，宁必一见决英雄哉！"

声音始于丹田，在喉头声带处发出声响，在舌头那里发生转化，在牙齿那里转变成清浊不同的声音，最后由嘴唇发出来，这一切都与宫、商、角、徵、羽五音相配合。人的声音，犹如天地之间的阴阳五行之气，也有清浊之分。其中清亮的声音轻而上扬，而浑浊的声音则会重而下坠。每个人说话的声音都各具特色，我们要把辨识的着重点放在其独具一格之处，不必强求一定要合于五音。只要能

闻其声而知其人即可，并不一定非得见到这个人才能知道他究竟是个英才还是庸才。

考察人物的一个重要方法，就是通过听声察人，以辨别人的聪慧愚笨、贤能奸邪。由于先天禀赋、后天修养、健康状况等因素的差异，人与人的声音各不相同。气发丹田，如果丹田气流充沛，声音就沉雄厚重，韵致远响。由此可知其人身体健壮，能胜富贵。同时，丹田之气冲击声带而发出的声音洪亮悦耳，给人一种舒适之感，而发于喉，止于舌齿之间的声音，因其根基浅薄，给人一种虚弱衰颓之感，很显然是中气不足。但以声音来判断人的心性才能，不可避免会犯以偏概全的错误。明宪宗就是以声取人的一个皇帝，他认为忠臣奏事往往朗朗而谈，而奸臣才声音低沉而险恶。他的这一做法可苦了当时的兵部左侍郎李震，李震这个人素患喉疾，声音沙哑，虽有才华，但因声音而久不得长迁。看来，作为选人者，在品评一个人时，不要仅凭其声而断言其人，要多方面考察。

耳大声洪，万世基业

中国历史上出现过几个赫赫有名的盛世，"康乾盛世"就是其中的一个，它的开拓者和奠基人就是那位名贯古今、耳大声洪的康熙帝。康熙帝即清圣祖，名爱新觉罗·玄烨，这位政绩辉煌的皇帝，在位六十一年，是中国封建帝王中亲政时间最长的一位。

公元一六六一年正月，年仅二十四岁的顺治皇帝逝世于清宫养心殿。顺治遗诏中指定皇三子玄烨继承皇位，新皇年号康熙。史称玄烨"天表奇表，神采焕发，双瞳日悬，隆准岳立，耳大声洪，徇齐天纵"。

康熙帝继位时年仅八岁，按照顺治帝遗诏，由四个满族大臣帮助他处理国事。四辅臣中，鳌拜功高盖主，专横跋扈。他欺皇帝年幼，经常在康熙面前呵责朝臣，甚至大吼大叫地与幼帝争论不休，直到皇帝对他让步为止。他主张"率祖制，复旧章"，事事遵照太祖太宗时的办法处理，把顺治帝时的一些改革措施一一废除，朝廷积习日深，四辅臣中的索尼年迈早死，遏必隆依附追随鳌拜，唯有苏克萨哈敢于抵制鳌拜，但他一直处于受压制的地位。公元一六六七年，康熙已经十四岁了，按照祖制，他可以亲政了。苏克萨哈在康熙亲政的第六天，上疏请求隐退。苏克萨哈上疏的目的，一则表明鳌拜专横，自己不得不退；二则试图以自己的隐退迫使鳌拜、遏必隆也相应辞职，交权归政。鳌拜自然明白苏克萨哈的用意，他和同党一起，编造苏克萨哈背负先帝、藐视幼主等大罪二十四款，将其逮捕入狱，要处以极刑并诛灭全族。康熙得到奏报，坚持不允所请。鳌拜怎肯善罢甘休，他挥动拳头对皇帝无理，连续上奏好几天。

康熙和他的祖母孝庄文太后怕鳌拜因为这件事狗急跳墙，造成国家的动乱，最后只能妥协，仅将磔刑改为绞刑，其他的一切处置措施，都照准了。冤杀苏克萨哈后，鳌拜的气焰更加嚣张。朝廷大臣虽更加不满，但慑于他的淫威，人人以求自保，没有人敢于碰硬。康熙皇帝年少有志，岂肯看到大权旁落，江山毁在自己的手里。康熙在祖母的指导下，开始了计除鳌拜的各种准备。康熙先是采用"欲擒故纵"的麻痹战术。故意给鳌拜父子戴高帽，分别加封他们父子"一等公""二等公"的爵位，"太师""少师"的封号，使他们位极人臣，树大招风，更加孤立，甚至连鳌拜图谋不轨，都没有惊动他。有一次，鳌拜称病在家，玄烨便前去探视。御前侍卫和托发现鳌拜神色反常，便迅速走到鳌拜床前，揭开席子发现一把匕首。鳌拜惊慌失措，玄烨却"毫不在意地"说："刀不离身是满人的故俗，不足为怪！"当场稳住了鳌拜。但康熙心中更加明白，除掉这个恶魔，绝不可掉以轻心。当时皇宫的戍卫都被鳌拜控制了。

于是，玄烨特选一批忠实可靠的少年人宫，以摔跤为名，另外组成一支可靠的卫队——善扑营。这些少年都是贵族子弟，每天和少年皇帝在一起练摔跤，武功越来越好，本领越来越大。鳌拜入宫，经常看到他们，以为是些小孩子把戏，久而久之，也就不以为然了。

有一次，康熙皇帝得知鳌拜要进宫奏事，便把善扑营的少年卫士集合起来，对他们说："鳌拜作为先皇托付给我的辅臣，不以国事为重，处处安插亲信，排斥异己，滥杀大臣，甚至胆敢加害于我。你们都是清楚的，为了祖宗社稷，必除此大患。"他见小侍卫们群情激昂，又说："你们虽然年纪轻轻，可都是我的左膀右臂，我要靠你们除掉这个老家伙。但他武将出身，你们是怕他呢，还是听我的？"侍卫们一个个摩拳擦掌，齐声呼喊："独畏皇上！"

康熙八年五月十六日，鳌拜像往常一样大摇大摆跨进内宫的门槛，行至康熙近前，还没站稳脚，小侍卫看到皇帝发出的暗号，一哄而上，拳打脚踢，连拉带拽，将他打翻在地。鳌拜什么阵势都见过，却没见过这种对付他的场面，起初还以为是这群小孩子跟他闹着玩呢。他见到小皇帝那冷峻的面孔，和"给我拿下"的威严指命，才明白过来，然而，已经晚了，他终于被擒拿归案了。康熙皇帝命康亲王主持审讯，议定鳌拜"欺君罔上"等罪行三十款。他虽罪不容诛，死有余辜，但康熙念其效力年久，军功显著，遂免其一死，他的死党则一网打尽。一个少年皇帝，能以迅雷不及掩耳之势，不动一刀一枪，智除大权奸。朝野称赞，后人评论康熙的机智果断时说："声色不动而除巨恶，信难能也。"从此，他逐步地将中央和地方权力集中到自己的手中，得心应手地治理国家。

康熙皇帝除掉鳌拜后，又一个心结便是"三藩"问题。康熙皇帝感到"三藩"的气焰日益嚣张，要想实行中央集权，巩固自己的统治，非撤藩不可。康熙时刻都在寻找解决"三藩"问题的时机。康熙十二年，平南王尚可喜以年老多病为由，主动申请撤藩，"归老辽东"。康熙抓住这个机会，立即批准。此举深深地震动了吴、耿两人。他们已看出朝廷急欲撤藩的意向，惶惶不安。为消除朝廷的疑虑，先后被迫上章请撤。而吴三桂根本无意撤藩，毫无思想准备，而且心存侥幸，以为朝廷必予"慰留"。不料，弄假成真，康熙朝纲独断，力排众议，同意撤藩。

吴三桂始料不及，又急又恨，决定起兵对抗。吴三桂振臂一呼，天下响应，耿精忠叛于闽，孙延龄叛于广西，四川巡抚罗森等叛于蜀，襄阳总兵杨来嘉叛于湖北，陕西提督王辅臣叛于宁羌，西北为之动摇。河北总兵蔡禄父子策划于怀庆，以谋泄而未逞；更有甚者，京师有杨起隆等数十人谋划攻占大内。京城内，数次起火，谣言四布，人心惶惶，争欲躲避。朝廷中有人主张以长江为界，分疆而治，向吴三桂求和。康熙采取了毫不妥协的立场。从一开始，他就迅速地作出反应，断然决定：尚藩、耿藩停撤，削除吴三桂爵位，将其长子吴应熊逮捕，不久即下令处死，以寒吴三桂之心。同时，紧急调兵遣将，分据要津，积极防御，先守而后攻，以荆州为大本营，沿长江布防，阻挡吴军的正面进攻；以山东兖州为适中之地，接济南北；以重兵驻杭州、南昌等地，全力挡住耿军攻势，防止他与吴军合势。战争的进程表明，康熙的这一战略是正确的，恰好击中了叛军的要害。

康熙不失时机地布置战略大反攻。康熙二十年九月，三路大军会师于昆明城下，长数十里。一个月后，在孤立无援的情况下，粮食不继，人心惶惶，南门守将暗降清军，里应外合，昆明陷落。康熙在平叛过程中，为收揽人心和瓦解叛军的政治需要，一再颁发诏旨，阐明朝廷宽大为怀的政策。但当获得完全胜利之时，则改而采取严厉的手段，欲斩草除根，永绝后患。同年十二月，以定"逆案"的名义，对那些已赦免的叛乱骨干分子重新处理。靖南王耿精忠被处以磔刑。平南王尚之信以"逆罪"赐死。王辅臣在康熙召他进京的途中自尽而死。耿精忠的长子，尚可喜的一个弟弟同时被斩首处死，他们的部属凡属骨干分子皆处以死刑。其副将以上将吏都被调进京，逐个审查，分别惩处。至于其下军官和士卒，皆发遣东北边疆，充当站丁、驿卒，罚作苦役，其子孙世代不得为官。

历时八年之久的三藩之乱，连同其他反清抗清的力量也一并被消灭了。这就拔除了隐藏在统治集团中的敌对派别，消除了各种隐患。因此，康熙对吴三桂叛乱的铁血镇压，不仅是军事的，也是一次政治与思想的大扫荡。清王朝因祸得福，它通过这场波及全国祸结六省的内战，变得空前强大，建立了稳固的统治。

二十、声音能反映人的学识、修养和素质

原文："声与音不同。声主"张"，寻发处见；音主'敛'，寻歇处见。辨声之法，必辨喜怒哀乐；喜如折竹，怒如阴雷起地，哀如击薄冰，乐如雪舞风前，大概以'轻清'为上。声雄者，如钟则贵，如锣则贱；声雌者，如雉鸣则贵，如蛙鸣则贱。远听声雄，近听悠扬，起若秉风，止如拍琴，上上。'大言不张唇，细言不露齿'，上也，出而不返，荒郊牛鸣。急而不达，深夜鼠嚼；或字句相联，喋喋利口；或齿喉隔断，喈喈混谈；市井之夫，何足比较？"

声产生于发音器官启动之时，发音器官启动时可以听到它；音产生于发音器官闭合之时，发音器官闭合时才能感觉到它。

声与音是有区别的。要想辨识声的优劣高下，必须先从人的喜怒哀乐着手。欣喜之声，如翠竹折断般清脆悦耳；愤怒之声，如平地惊雷般豪壮强烈；悲哀之声，如击破薄冰般破碎凄切；欢乐之声，如疾风刮来之前飞舞的雪花般宁静洒脱。总之，均以清脆、飘逸为最悦耳之声。能发出雄壮高亢之声的人，其声若像钟声一样洪亮沉雄则高贵，若像锣声一样浮泛无力则卑贱；能发出温文尔雅之声的人，其声若像鸡鸣一样清朗悠扬则高贵，若像蛙鸣一样喧嚣空洞则卑贱。所发之声远远听去，刚健激越，而于近处听来，则温润悠扬，声起之时如乘风般洒脱自如，悦耳愉心，声止之时又如琴师抚琴，雍容自如，这乃是声中最佳者。俗语说的"高声畅言却不大张其口，低声细语却含齿而不露"，这乃是声中之较佳者。所发之声像荒郊旷野中的孤牛之鸣，虚浮而无余韵；或像夜深人静之时老鼠偷吃东西时的"咯咯吱吱"声一样，急切而不畅；说话之时，一句紧接一句，急促且语无伦次；或者口齿含糊不清，吞吞吐吐。这几种说话

声，都属于市井之人的粗鄙俗陋之声，又怎配跟以上各种悦耳之声相提并论呢？

声与音不是简单地指人的发音器官作用于气而产生的声波，它能传达给我们很多信息。我们常常会遇到"未见其人，先闻其声"的情况，由其声可知其人、知其情。《红楼梦》中林黛玉初见王熙凤一段，可谓是相当精彩，王熙凤人还没进来，但其一声"我来晚了"，在众多屏声敛气的人群中格外突出，由此一句话，林黛玉已知来者何人。同时这一句大笑着说的话，也就把王熙凤在贾府中的显赫地位，受贾母的宠爱程度显露无遗。其实，声音的每一个音节都承载着人的喜怒哀乐等信息，它是人内心真实情绪的反应。人高兴之时，声音必然清脆；愤怒之时，声音必然狂暴；悲哀之时，声音必然凄切；欢乐之时，其声音必然清婉。再者，同样是雄壮高亢的声音，鼓声与锣声却贵贱有别，同样是温文尔雅之声，雉鸣和蛙鸣也是有天壤之别。清朗悠扬与粗俗鄙贱两种声音能在一定程度上反映出一个人的学识、修养、素质，可以作为我们识别人才的一个重要参考。

花言巧语，未必履行

巧舌如簧的人，常常以花言巧语来迷惑别人，以此来达到自己的目的。如果识不透这些人的真实意图，偏听偏信，则会落入这些人设置的陷阱里。

楚怀王轻信张仪而落得"赔了夫人又折兵"的下场就是一个很典型的例子。张仪在外交上的成功是我们所熟知的，他和苏秦同以三寸不烂之舌著称于战国。

秦国在威服东邻魏、韩之后，便进一步打出国门之外，大踏步东进。当时，除秦国以外，齐、楚两国也是大国。为了防患于秦国的吞并，齐、楚两国缔结了共同抗秦的盟约。显而易见，拆散这个同盟是秦国的当务之急。为此张仪建议秦王免掉自己的相国一职，秦惠王依计将张仪免相。于是，张仪于周赧王二年又假装委屈地跑到了楚国。

当时的楚国，虽然地广兵多，但大而无实，尤其政治上极其腐败，守旧势力盘根错节，张仪早已认识到了楚国的衰弱。他一来到楚国，使用重财厚礼收买靳尚，使他感恩于己。靳尚受人之物，自然乐意效劳，极尽溢美之词向楚怀王推荐了张仪。楚怀王听说张仪声名赫赫，颇有韬略，特地把他安置在高级馆舍，并谦恭地问："先生辱临敝国，将有何见教？"张仪先对楚怀王的招待深表谢意，继而对怀王的虚怀若谷恭维了一番，然后不胜惋惜地说："秦王派我前来，意在和贵国修好。很可惜，我来迟了。"楚怀王对秦国本来就望而生畏，万没想到秦王会主动派使者前来修好，不胜惊讶，忙问："怎么来迟了呢？"张仪长叹一声道："大王不是已经和齐王结成同盟了吗？"楚王一怔，沉吟半晌，说："楚国之所以和齐国结成同盟，无非是为了防范被人攻打而已。难道你不认为这种危险存在吗？"张仪软中带硬地说："这种危险当然存在，而且由于楚国和齐国缔约结盟，这种危险就更大了。很明显，齐楚联盟是用来对付秦国的。秦王本想与天下诸侯交好，可一旦有人故意要与秦王为敌，秦王恐怕不会等闲视之。"张仪见楚怀王面露疑虑之色，继续说道："齐王一向野心勃勃，欲与秦王争高下，他与大王联盟，无非是想利用大王而已。试想，如果秦、楚两国一旦交战，齐国会不惜损兵折将前来救援吗？肯定不会。齐王巴不得秦、楚两败俱伤，他好坐收渔利，以图霸业。请大王想想，到那时候楚国的处境会怎样呢？"楚怀王一时拿不定主意，试探着问："依先生之见呢？"张仪说："其实，秦王和我最喜爱的是楚王，而最恨的是齐王。大王如果能闭关绝齐，废除盟约，我愿请秦王将商于之地六百里献给楚国，并使秦女做大王箕帚之妾。秦、楚娶妇嫁女，结为兄弟之国。这样，楚国北弱齐国，西交强秦，可谓一举而三利俱全。"

昏庸贪婪的楚怀王一听此言，顿时眉开眼笑，深恐夜长梦多，当即拍案而定："好，就照你的意见办！"楚国多有庸碌之臣，纷纷上前恭贺楚王。惟有谋臣陈轸满面愁容，忧心忡忡。他竭力规劝楚怀王道："秦国现今所以看重楚国，无非是有齐国结为外援。倘若闭关绝齐，楚必孤立。秦岂能爱而予之商于之地。一旦张仪骗楚，大王必再次结怨于秦国。此则一举而树东西两敌，后果将不堪设想。依臣之见，不如跟齐国假意断交而暗地合作，同时立即派人跟张仪去秦国。如果秦国真的把商于之地交给我们，那时候再与齐国彻底断交也不迟；一旦是个骗局，我们也有备无患。"利令智昏的楚怀王早就听得不耐烦了，断然道："请你不要再说了，你就等着我得到商于一带的六百里土地吧。"陈轸无奈，只有默默长叹。

楚怀王惟恐张仪产生疑虑，从而失去这样一个千载难逢的好机会，于是，他给了张仪丰厚的馈赠，并把楚国的相印授给了这个不速之客。并且当即宣布，与齐国废除盟约，断绝往来。然后，派将军逢丑父随张仪至秦，讨取土地。

张仪回到秦国，假装失足坠车，摔伤了脚，卧病不朝。一直等了三个月，逢丑父仍未讨到土地。于是，逢丑父便投书秦王，申明前约。秦王说："如果真有前言，须待齐、楚绝交之后，才可践约。"逢丑父无奈，只好派人将消息转告楚怀王。怀王深恐绝齐不深，惹得秦国不满，便挑选了一位强悍的勇士，手持楚国符节，匆匆赶赴齐国去辱骂齐王。齐宣王见楚怀王如此背信弃义，而且派人骂上门来，不禁愤怒至极，于是，他决定报复楚国。不过，齐宣王非常清楚，光凭齐国的力量，不足以战胜楚国。尽管齐宣王极不情愿与秦国联盟，但目前只能走这条路了。他要抢在楚国前面，率先与秦国交好，并约秦国一同进攻楚国。张仪见大功告成，这才上朝理事，并对焦急万分的逢丑父说："你为什么还待在这里，不去取土地呢？"逢丑父莫名其妙："地在哪里？"张仪故作诧异道："我有奉邑六里，不是答应献给楚王了吗？"逢丑父闻之愕然，情知不妙，但仍据理力争道："我奉楚王之命，前来接管商于之地六百里，这可是您对我楚王的亲口承诺，言犹在耳，怎么短短三个月的工夫竟变成奉邑六里了呢？"张仪坦然地微微一笑，道："那肯定是你的楚王听错了。我说的是我的封地六里。秦王的土地，别说是六百里，就是六十里，我也没有权力馈赠于他人呀！"

逢丑父明知被欺，却已无可奈何，只得归报楚王。楚怀王正迷醉于扩大疆土六百里的美梦中，闻逢丑父空手而回，细说原委，怒不可遏，恨不能将张仪碎尸万段踏平秦国。盛怒之下，已失去理智，根本听不进陈轸"伐秦非计"的谏阻，命大将屈匄率精兵十万，向秦国发动了声势浩大的进攻。周赧王三年，楚、秦两国交战于丹阳。楚国与秦国刚一交战，齐国便从侧翼向楚国发动猛攻。秦齐两面夹击，楚国腹背受敌，死伤八万余人，楚将屈匄被俘。秦国还趁机夺取了丹阳、汉中等地。怀王且羞且恼，又举倾国之师，复战于蓝田，结果又遭败绩。此时，韩、魏两国也趁火打劫，南袭楚国。连遭重创，楚国已无力再战，只好以割让两个城邑为妥协条件，忍气吞声地与秦国讲和。要想识破这些别有用心者的真实意图，不仅要听其言，更要观其行，仔细分析事情的来龙去脉，以防上当吃亏。

二十一、音乃声之余，细听能分卑贱圆滑

原文："音者，声之余也，与声相去不远，此则从细曲中见耳。贫贱者有声无音，尖巧者有音无声，所谓'禽无声，兽无音'是也。凡人说话，是声散在前后左右者是也。开谈多含情，话终有余响，不唯雅人，兼称国士；口阔无溢出，舌尖无窕音，不唯实厚，兼获名高。"

音是声的余韵。虽然二者没有太大的差别，但它们之间的差异还是可以从细微之处听出来的。贫穷卑贱的人说话，只有声而无音，显得粗野不文；圆滑尖巧的人说话，则只有音而无声，显得虚伪做作。俗语所谓的"鸟鸣无声，兽叫无音"，就是指的这种情形。普通人说话，只不过是把一种声响散布在空中而已，并无音可言。如果说话的时候，一开口就声中饱含着深情，即使话说完了还会余音

袅袅、不绝于耳，这种人不光是温文尔雅之士，而且可以称得上是社会名流；如果说话的时候，即使口阔嘴大，却声未发而气先出，即使口齿伶俐，却能不矫造轻佻。这不仅表明其人自身素养深厚，而且预示其人还会获得美名盛誉。

音是声的余韵或余波，只有仔细体会，才能明白二者之间的细微差别。"禽无声"，燕语莺声，唧啾呢喃，虽婉转有余，但豪放之气不足，这就是有音无声；"兽无音"，狮吼狼嚎，万马齐嘶，虽威猛肃杀，但曲折婉转之意不足，这就是有声无音的缘故。推及到人，有音无声的人，缺少骨气，没有血性，多为尖巧圆滑之徒；有声无音的人，刚有余而柔不足，因而难逃贫穷卑贱的结局。高人雅士，开谈多含情，话后有余响。古人早就有"余音绕梁，三日不绝"的说法。德高望重之人，讲话之时，声气相投，不散不乱，虽口齿伶俐，但不轻浮张狂，善于以情动人，以理服人。这种人雅量充沛，厚重端庄，不仅会事业有成，而且会获得极好的名声。

口蜜腹剑，用心险恶

俗话说：到什么山就唱什么歌，见什么人就说什么话。如果把这句话理解为投其所好，别人爱听什么就说什么，毫无原则地哄人开心，而达到自己不太光彩的目的，那就大错特错了。如果为了取悦别人，话说很动听，那么虽然这种人的欲望得到满足，但本心的仁德就受损了。与这些巧言令色的人交往时，要相当小心，否则就会被其陷害。

宋景德年间，真宗的皇后郭氏病逝，真宗准备立刘德妃为皇后。朝中文武百官有的赞成，有的反对。头一个站出来反对的是翰林学士李迪。他的理由是刘妃出身低贱，不足以母仪称于天下。真宗辩解说，刘妃的父亲曾做过都指挥使，这时又有参知政事赵安仁，奏云立刘妃为后，不如立出自相门的沈才人为后，能够深孚众望。赵安仁所说的沈才人是宋初宰相沈义伦的孙女。

众人七嘴八舌的议论令真宗十分恼火，他说："立后不可乱了仪制顺序，况且刘妃才德兼全，符合皇后的标准，朕意已定，卿等不必再议！"众人碰了一鼻子灰，只好告退。退朝后，真宗虽一时气不能消，但李迪、赵安仁等都是朝廷的忠臣，平时恪尽职守，真宗实在找不出什么理由来处置他们。这一切被一贯善于揣摩真宗心理的王钦若看得清清楚楚。第二天真宗与王钦若议论大臣中谁最优秀时，王钦若别有用心地说："赵安仁当属最优。"真宗不解，王钦若说："谁也比不了赵安仁，他昔日曾得故相沈义伦的提携，至今仍不忘旧情，常常要报答沈家。"真宗闻听此言，沉默良久。

次日一早，真宗就免去了赵安仁参知政事的职位。像这般口蜜腹剑、暗中害人的事，王钦若实在做得太多。澶渊之盟签订前，宰相寇准设计将王钦若调开，出守天雄军。王钦若从没吃过这样的哑巴亏，他不得不到天雄军，却时刻窥测形势。当战争一结束，真宗就急忙把他召回朝廷。王钦若自知此时的寇准功绩赫赫、大红大紫，自己一时不是他的对手，就请求辞去参知政事一职，改任资政殿学士。

一天上朝，寇准奏事后先退下，真宗面含微笑，一直目送着寇准的身影。在场的王钦若问真宗："陛下如此敬畏寇准，是否因为寇准有社稷之功？"真宗点头称是。王钦若用心险恶地说："澶渊一役，陛下不以为耻，反而将寇准视为功臣，臣实在不明白。"真宗惊愕王钦若为何口出此言。王钦若接着说："城下乞盟，乃《春秋》视为不耻的行为。澶渊之战时，陛下亲征，身为天子，反与外夷签下城下之盟，难道不是可耻吗？"听着王钦若的话，真宗的脸色又白又红。王钦若见真宗已经心动，继续说："臣有一句简单的比喻，就像赌博，钱即将输光了，却还要倾囊下注，这叫'孤注一掷'。陛下正是寇准的孤注，难道不危险吗？幸而陛下洪福齐天，才免于失败的结果。"真宗红脸胀头地说："朕知道了。"王钦若短短的几句话实在歹毒之至。从此真宗对寇准越来越冷淡，以至于最后竟罢免了他的相职。

二十二、面部如命，气色如运

原文："面部如命，气色如运。大命固宜整齐，小运亦当亨泰。是故光焰不发，珠玉与瓦砾同观；藻绘未扬，明光与布葛齐价。大者主一生祸福，小者亦三月吉凶。"

面相预示着人的命，气色预示着人之运。人的命固然是先天生成，但也应与后天境遇相契合，小运也应该一直保持顺畅无阻。因为如果其光辉不能焕发出来，即使是珍珠和宝玉，也就和碎砖烂瓦没有什么区别；而如果其色彩不能呈现出来，即使是绫罗锦绣，也就和粗布糙葛没有什么两样。大运能够决定一个人一生的祸福，小运也能够决定一个人几个月的吉凶。

看面部气色能够预知人的命运，判断其吉凶祸福。这里的"气"和"色"是指源与流的关系，气是根本，色是表象。气盛则色佳，气衰则色悴，无光泽。人的气色旺，面部有光泽，生命力强盛，干事业时会有一种势不可当的活力，一种不折不挠的闯劲，他会爆发出不达目的不罢休的冲劲，当然，他的潜能也就会很好地被激发出来，事业成功的系数无疑就会变大，他的命运也就理所当然的被认为极佳了；反之，气色衰弱，面色黯淡无光，不仅给人一种颓废的感觉，他自己也会丧失进取心，整天庸庸碌碌，其命运自然不会好。当然，古今中外也不乏一些虽然满腔壮志，积极进取，但终究"时运不济，命途多舛"的例子，于是有人就把这归咎于命运。就这个气色与命运的关系问题，曾国藩的看法是智慧福泽应当比例均衡，不宜失调。如果失调，则智者往往早夭，富者往往庸愚；小运流年如应顺和通泰，方才是好，反之，不是早夭，就是难当富贵，这还是有一定道理的。

逢虎咆哮，面无惧色

三国时后期，曹魏经常在洛阳郊外的竹林中宴请 7 个趣味相投的朋友，吟风弄月，诗酒唱酬，清谈娓娓，优哉游哉。

当时的人们称他们为"竹林七贤"。七贤之一的王戎在历史上以精于理财著称于世。他从小爱动脑筋，反应特别快，既聪敏，又精明。有一次，魏明帝得到一只地方上进贡来的东北虎。这只老虎威风凛凛、凶猛异常。魏明帝自己观赏够了，就让人把装虎的木笼放到皇宫前的广场上，供大家参观，让京城的士民百姓开开眼界。

果然，京城沸沸扬扬，人们都想亲眼看一看这只活生生的大老虎，纷纷来到广场，把广场挤得水泄不通。七岁的王戎也夹在人丛中看热闹，他人小个子矮，在人缝中钻来钻去，竟钻到了栅栏前。人们平常谈虎色变，而此时却兴致勃勃地观看困在笼中的百兽之王，且不时用手指指点点的，丝毫没有畏惧之色。突然，大老虎兽性发作，前肢攀着栅栏，张开血盆大口咆哮起来。这突如其来的吼叫声，震动屋宇，响彻广场，围观者毫无思想准备，被吓得胆战心惊。身强力壮的，转身拔腿就跑；年老体弱来不及跑的，都扑倒在地；一些半大不小的孩子，一见这阵势，都惊叫着跟随大人跑开了。这时，空旷的广场上，只有一个小孩仍若无其事地站在那里，盯着栅栏里的老虎看，没有一点恐惧的神色。他就是王戎。

魏明帝远远地从楼上看得很真切，感到十分惊奇，便派随从官员去问这个小孩，他为什么有这么大的胆子。"老虎这么凶猛，吼声这么吓人，连大人们都吓跑了，你怎么不怕呀？"这个官员来到王戎身边，很和气地问道。王戎从容地答道："老虎是很凶猛，但它已被关在笼子里，有什么可怕的？"这个官员又说："为什么大人吓得跑开了？"王戎回答说："老虎是兽中之王，人们听老虎吃人的故事听多了，因此，老虎一吼叫，也来不及多考虑，只顾落荒而逃了。"

王戎的分析合情合理。他小小年纪就这么冷静地对待自己所遇到的事情，而且头脑清晰，不畏惧表面强大的事物实在是难能可贵。

心之所思，皆现于面

历史上许多著名人物都是品鉴人才的高手，他们善于通过气色考察人的心性。《逸周书—官人》曰"民有五气：喜、怒、欲、惧、忧。喜气内蓄，虽欲隐之，阳怒必现；欲气、惧气、忧悲之气皆隐之，阳气必见。五气诚于中，发形于外，民情不可隐也。"

春秋时期，梁国是个小国，但梁惠王雄心勃勃，心里总想干一番大的事业。因此频频召见天下高人名士，像孟子等都成了他的座上嘉宾。有人多次向梁惠王推荐淳于髡，因此，梁惠王连召见他三次，并且每一次召见时都屏退左右人员，以与他作倾心密谈。但前两次召见，淳于髡都沉默不语，弄得梁惠王很难堪。事后，梁惠王责问推荐人："你说淳于髡有管仲、晏婴的才能，哪里是这样！要不就是我在他眼中是一个不足与言的人了。"那个推荐人问淳于髡，淳于髡笑笑说："确实如此。我也本想与梁惠王倾心交谈。但在第一次，梁王脸有驱驰之色，想着驱驰奔跑一类的娱乐之事，所以我就没说话。第二次，梁王脸有享乐之色，想着声色一类的娱乐之事，所以我也没有说话。"推荐人将此话告诉梁惠王，梁惠王大吃一惊，叹服淳于髡有圣人之明。据梁惠王自供，第一次与淳于髡相见，恰有人送上一匹骏马，梁惠王跃跃欲试。第二次，恰有人献上一组新曲和舞女，他急着想去听。后来，他们安排梁惠王与淳于髡第三次见面，两人连谈了三晚。但是，淳于髡最终没有接受梁惠王的相国之职。

人的各种感情总会在外部有所表露，即使想能够隐瞒，也不一定能完全隐瞒得住。除了少数心机很深的人和喜怒不形于色的人外，多数人都可以通过其面部表情了解他的思想。

二十三、精神为内气，气色为外气

原文："人以气为主，于内为精神，于外为气色。有终身之气色，'少淡、长明、壮艳、老素'是也。有一年之气色，'春青、夏红、秋黄、冬白'是也。有一月之气色，'朔后森发，望后隐跃'是也。有一日之气色，'早青、昼满、晚停、暮静'是也。"

人的生命内在表现为人的精神，外在表现则是人的气色。人的生存和发展主要体现在气色上，按时间长短论，人的气色可分为贯穿一生之气色、贯穿一年之气色、贯穿一月之气色和贯穿一天之气色。贯穿一生之气色，就是人们说的"少年时期气稚色薄，青年时期气勃色明，壮年时期气色旺盛丰美，老年时期气色朴实平和"。贯穿一年之气色，就是人们说的"春季气色为青色——木色，夏季气色为红色——火色，秋季气色为黄色——土色，冬季气色为白色——金色"。贯穿一月之气色，就是人们说的"每月初一之后如枝叶盛发，十五之后则若隐若现"。有贯穿一天的气色，这就是人们说的"早晨开始复苏，白天充盈饱满，傍晚渐趋陷伏，夜间安宁平静"。

对于人体来说，"气"处于主宰的地位，非常重要。在内，它表现为精神；在外，则表现为气色。人的一生，气色不可能恒定不变，随着年龄的增长，心理和身体都会发生一些变化，人的气色也就会随着人成长变化的各个阶段而变化，少年时期，稚气未脱，色纯而雅；青年时期，热血满腔，色光而洁；壮年时期，志得意满，色丰而盛；老年时期，功成身退，色朴而实。人的面部在不同的季节也会呈现不同的气色：春季，万物复苏，一切都充满生机，人的生存欲望也最强烈，面色呈现出生机勃勃之青色；夏季，烈日炎炎，一切是躁动不安，人的心情很容易激动，脸上常出现红色；秋季，秋高气爽，一派丰收的景象，人因难掩收获的喜悦，从而气色呈现出五行吉祥色之一的土色；冬天，白雪皑皑，寒风刺骨，人常常被冻得脸色发紫，但仍可见其眉宇间流露出来的安逸之色。进一步讲，人的气色不仅在一生之中的各个年龄段、一年之中四个季节中有变化，其实只要仔细观察气色在一月之中，甚至在一日之中都会有所变化。

观色知人，测臆有据

人禀气而生，气有清浊、昏明、贤鄙之分；人有寿夭、善恶、贫富之别。气运生化，人就有不同的命运和造化。气为至精之宝，气乃形之本，察之见贤愚。另外，气与人的健康状况和命运的蹇滞顺畅也是息息相关的。

仁善厚道之人，有温和柔顺之色；勇敢顽强之人，有激奋刚毅之色；睿智慧哲之人，有明朗豁达之色。齐桓公上朝与管仲商讨伐卫的事，退朝后回后宫。卫姬一望见国君，立刻走下堂一再跪拜，替卫君请罪。桓公问她什么缘故，她说："妾看见君王进来时，步伐高迈，神气豪强，有讨伐他国的心志。看见妾后，脸色改变，一定是要讨伐卫国。"第二天，桓公上朝，谦让地引进管仲。管仲说："君王取消伐卫的计划了吗？"桓公说："仲公怎么知道的？"管仲说："君王上朝时，态度谦让，语气缓慢，看见微臣时面露惭愧，微臣因此知道。"齐桓公与管仲商讨伐莒，计划尚未发布却已举国皆知。桓公觉得奇怪，就问管仲。管仲说："国内必定有圣人。"桓公叹息说："白天来王宫的役夫中，有位拿着木杵而向上看的，想必就是此人。"

于是命令役夫再回来做工，而且不可找人顶替。不久，东郭垂到来。管仲说："是你说我国要伐莒的吗？"他回答："是的。"管仲说："我不曾说要伐莒，你为什么说我国要伐莒呢？"他回答："君子善于策谋，小人善于臆测，所以小民私自猜测。"管仲说："我不曾说要伐莒，你从哪里猜测的？"他回答："小民听说君子有三种脸色：悠然喜乐，是享受音乐的脸色；忧愁清静，是有丧事的脸色；生气充沛，是将用兵的脸色。前些日子臣下望见君王站在台上，生气充沛，这就是将用兵的脸色。君王叹息时所说的都与莒有关。君王所指的也是莒国的方位。小民猜测，尚未归顺的小诸侯惟有莒国，所以说这种话。"

《帝王世纪》记载，商容和殷商百姓观看周朝军队进入商都朝歌时，看见毕公来到，殷商百姓便说：这真是我们的新君主啊！"商容却不同意："不可能是！看他的颜色面貌，十分威严但又面呈急躁，所以君子遇到大事都呈诚恐之色。"殷商百姓看到太公姜尚到来，都说："这大概是我们的新君主了！"商容也不同意，"这也不是！看见他的颜色相貌，像虎一样威武雄壮，像鹰一样果敢勇武。这样的人率军对敌自然使军队勇气倍增，情况有利时勇往直前，奋不顾身，所以君子率军对阵要敢于进取，但这人不可能是我们的新君主。"

当看到周公旦来到时，殷商百姓又说："这应该是我们的新君主了！"商容还是不同意，说："也不是，看他的容颜气色，脸上充满着欢欣喜悦之气，他的志向是除去贼人，这不是天子，大概是周朝的相国；所以圣人为民首领应该有智慧。"最后，周武王出现了，殷商百姓说："这肯定是我们的新君主了！"商容说："这一位正是我们的新君主，他作为圣德之人，为海内百姓讨伐昏乱不道的恶君，但是见恶不露怒色，见善不现喜气，颜貌气色十分和谐，所以知道他是我们的新君主。"

二十四、面部气色以黄色为正色

原文："科名中人，以黄为主，此正色也。黄云盖顶，必掇大魁；黄翅入鬓，进身不远；印堂黄色，富贵逼人；明堂素净，明年及第。他如眼角霞鲜，决利小考；印堂垂紫，动获小利，红晕中分，定产佳儿；两颧红润，骨肉发迹。由此推之，足见一斑矣。"

追求科名的士人，面部气色以黄色为佳，因为黄色是正色。若有黄色祥云环绕在他的头顶，那么这位士子必高中状元；若两颧部位有状如鸟翼之黄色直插双鬓，那么这位士子封爵受禄之日定会为期不远；若命宫印堂呈黄色，那么这位士子不久就会大富大贵；若明堂部位白润而净洁，那么这位士子明年必科考及第。其他面部气色，如眼角部位呈红紫二色，状似彩霞，那么这位童子参加小考，必然能够顺利考中；命宫印堂，有一片紫色发动，向上注入山根之间，那么此人经常会获得一些钱财之利；若两眼下方之红晕因被鼻梁居中分开而互不相接，那么此人必会喜得贵子；若两颧部位红润光泽，那么此人的亲人必然立功显名、发家致富。由此推而广之，足可以窥见面部气色与人的命运之间的关联。

先天之色随五行形相而相生相现，且终身不变，五行之色与五行形相相对应起来，金为白色，木为青色，水为黑色，土为黄色，火为赤色。这五种颜色都为正色，也就是吉祥之色。而黄色最受古代中国人的推崇，所以有黄云盖顶，必高中状元，黄翅入鬓，必加官晋爵，印堂黄色，定会大富大贵的说法。其次，与金对应之白色，与木对应之青色，与火对应之赤色，与水对应之黑色，都能给人带来好运。人们常说"欢喜之情溢于言表"，即指面色是人内心的心理活动表现于外的一种无声的语言，"人逢喜事精神爽"这种来自内心的喜悦表现在外，则会出现面庞红润、眼角霞鲜的现象，其实，如果我们总能以一种乐观、积极的心态去生活、工作的话，就会有不断的惊喜发生。

黄云盖顶，高中状元，黄色入鬓，加官晋爵

黄云盖顶，高中状元，黄色入鬓，加官晋爵。如果跻身于仕途，并且能官运亨通，这可谓是古代士子的追求的最高境界了，但真正能得到重用，大展其心胸抱负的又有几人？

诸葛亮和刘备这种明主贤臣，惺惺相惜的组合不能不让人羡慕。提起诸葛亮，人们马上会想到"智慧"一词，确实，他已经成为智慧的化身了。诸葛亮出生于琅琊阳都，刘备"三顾茅庐"请他出山之后，就一直尽心尽力辅佐刘备父子兴复汉室，开国建业。

诸葛亮二十七岁时，一些群雄如袁绍、袁术、公孙瓒、吕布、陶谦、张扬，在混战中陆续灭亡；刘表、刘璋没有灭亡，却没有前途。另一些则脱颖而出，其中首推曹操，另外有孙权。对于曹、孙，诸葛亮有能力到那里谋得较好的职位，可是他不去，宁肯"不求闻达"。曹操是个大能人，精通谋略。行军用兵，大略依照孙子兵法，因事设奇，谲敌制胜，变化如神。他割据的起点不高，论名气和实

力都无法同袁绍抗衡，最后却是他成功了。他眼光远大，挟天子以令诸侯，屯田积谷，仓库充实，又善于利用矛盾，分化瓦解，身处四战之地的兖州，周围分布着吕布、袁术等五大割据势力，从未受到联合的包围，反而把对手各个击破。他以劣势兵力，官渡一仗，把袁绍打得望风逃窜，从此天下无敌，眼看要统一北方。也许是诸葛亮反感曹操在徐州滥杀无辜，也许是看穿曹操挟持汉献帝、包藏不轨的野心，诸葛亮没有投奔曹操。

　　江东政权久经考验，拥有长江天险，得到一方民心，拥有大批人才，诸葛亮的兄长便在那里效力。然而诸葛亮也没有投奔江东。晋人袁准讲了一个传闻，说诸葛亮为刘备出使江东期间，张昭建议孙权留下诸葛亮，诸葛亮不肯留，说道："孙将军可谓人主，不过观察他的气度，能重视亮而不能尽用亮，我所以不留。"史家裴松之以为，诸葛亮君臣际遇，可谓世间少有，谁能离间？连关羽都不肯背主，何况诸葛亮呢！裴松之没有反驳孙权"不能尽用亮"。诸葛亮也许早在隆中就预料孙权不能充分发挥自己的作用，才不肯去投奔东吴吧！还有个刘璋，割据着长江上游的益州。益州僻居西南，是四塞之地。秦岭横在北面，三峡锁其东面，大雪山、夹金山阻其西面，蛮障之地阻其南面。土地肥沃，物产丰富。汉末太常刘焉来牧此州，既避世乱，又雄踞一方。刘焉死后，儿子刘璋据州自保，没有多大的作为。

　　对于行将被人所灭的刘璋，诸葛亮怎能看在眼里。没有合适的，就继续观察等待。他终于发现了刘备。刘备是个常败将军，眼下寄寓在荆州，是刘表的客军。此人远祖是中山靖王刘胜，到他这一代败落了。刘备就学于名儒卢植，但不喜欢读书，只爱狗马、音乐、华美的衣服。天下大乱，他乘势而起，领兵救过徐州，代理过徐州牧，又丢了徐州，投靠曹操。曹操授予他左将军，出则同车，坐则同席，他却密谋杀曹操，夺了曹操徐州，后被曹操打得落荒而逃，转而投奔曹操的对头袁绍。袁绍失败后，刘备在北方无处存身，南下投奔刘表。

刘备屡败屡战，有股硬汉子气概，从不服输，胸襟开阔，宽仁大度，礼贤下士，善于团结部下，部下同他结为死党。关羽被曹操所俘，大受优待，仍然伺机离开曹操，返回处境不佳的故主身边。仅此一端，就可见刘备的笼络人心，能做到何等程度了。因此对士人号召力很大，为海内所畏惧，以致连曹操也对他说："现在天下的英雄，只有你我两人。袁绍之辈，不足挂齿。"

这可能是诸葛亮要寻找的"主"，不过要试探考察。恰好这时，刘备也产生网罗名士的强烈愿望。他在荆州寄寓多年，内心很不平静。与此同时，以司马徽为首的襄阳在野派也实行着精心策划的计划。第一步，因势利导，由司马徽和徐庶出面，向刘备介绍诸葛亮。汉代以荐举取士，取士以乡里品评为依据。士人有了良好的评语，便可身登龙门，司马徽和徐庶因此能把乡里的品评传达给刘备。

刘备从新野出发，取道襄阳，奔赴隆中乡间拜访卧龙，不料扑了个空，主人不在家。第二次去，竟然同上次一样，二百来里路，还是白跑一趟。要不要去第三次？刘备认为干大事以人为本，既然是急需人才，又获得众人一致推荐，三次前往显得心更诚，必能打动对方。建安十二年十月，隆冬天气。诸葛亮住在茅草搭建的简朴房子中，直到刘备三顾茅庐，方出面相见。眼下到了第二步，要拿出令刘备震惊的货色。刘备见这位二十七岁的青年，长身玉立，和蔼可亲的面孔掩盖不了瞳中的英气，一看便知有见识。刘备四十七岁，海内无不敬仰，态度却越发的谦恭。他屏退闲人，在逼人的寒气中促膝密谈，开口道："汉室衰微，奸臣盗权，主上在外蒙难。我不量自己的德和力，打算伸张大义于天下，只是智慧浅，方法少，屡遭失败，落到今天的地步。但志向仍没有放弃，你认为这个大计将怎么制定？"推心置腹，一片赤诚，虚心求教。诸葛亮胸有成竹，头一次见面，把经过通前彻后思索的东西，全盘端出来，提出转弱为强的精彩对策。他总结群雄混战的历史经验，预测未来形势，阐明刘备统一战争的阶段和方针。这便是闻名后世的《隆中对》，产生于草庐，也称《草庐对》，包含丰富的战略智慧。

在常人看来，一个能在曹操、孙权、刘表、刘璋等手握雄兵、显赫一时的群雄那里谋到一席之地的人，偏偏看上既没有地盘，又没有多少兵马的刘备，岂非将一生事业系在前途未卜的人物身上？然而这正是诸葛亮之所以为诸葛亮的道理。撇开刘备反曹最坚定、以兴微继绝为己任这一层不说，去了能受重用，一展平生管乐抱负的，舍刘备其谁？刘备不以自己一介布衣、一名青年为鄙陋，三次屈尊就教，单凭这一点，就很感激的了。岂不闻"士为知己者死"显然，诸葛亮把领导者的素质看得比实力更加重要，把未来看得比当前更重要。这是一个明智者不同常人之处的根本所在。

刘备得遇贤臣，诸葛亮得遇明君，正是有了刘备的礼贤下士，"三顾茅庐"，求贤若渴以及诸葛亮的稳坐隆中，只待明主，才会有后来君臣二人在政治舞台上干出的轰轰烈烈的事业。

二十五、面色忌青白，而青色喜眼底，白色喜眉端

原文："色忌青，忌白。青常见于眼底，白常见于眉端。然亦不同，心事忧劳，青如凝墨；祸生不测，青如浮烟；酒色愈倦，白如卧羊；灾晦催人，白如敷粉。又有青而带紫，金形遇之而飞扬，白而有光，土庚相当亦富贵，又不在此论也。最不佳者：太白夹日月，乌乌集天庭，桃花散面颊，颏尾守地阁。有一于此，前程退落，祸患再三矣。"

人的面部气色忌讳青色，也忌讳白色。青色常出现在眼底，而白色则常见于眉梢。但具体情形却各有不同：因身心忧烦困扰而面呈之青色多半浓厚，状如凝墨；因险遭不测而面呈之青色，则一定轻重不均，状如浮烟；因嗜酒好色以致身体疲惫不堪而面呈之白色，则一定势如卧羊，不久即会散去；因遭遇了大灾难而面呈之白色，则一定惨如枯骨，死气沉沉。至于金形人恰遇青中带紫之色则飞黄

腾达，土形兼金形人恰显白润光泽之色而富贵显达，均属特例，不在以上所论之列。气色中最为不佳的，可推以下四种："白色围绕眼圈，黑气聚集额头，赤斑布满两颊，浅赤凝结地阁。"只要呈现其中之一种面色，都会前途黯淡，祸患连连。

人秉气而生，气旺则生命力强盛，气衰则生命力衰弱。气之旺衰，在面色上很容易表现出来。如果人常常处于心情烦闷之中，其脸色必能反映出青色来，这种青色，状如凝墨，和体现青春气色之"青色"迥然不同，前者消颓衰败，而后者生机勃勃。而同样是属凶色之青色，也有差别。突遭飞来横祸的打击而面呈之青色，状如浮烟，由其人面色，可知他心里受伤的严重程度。但同样属凶色，也有特例，如金形人遇青中带紫之色，也能够发达，土形兼金形之人遇白色，也会富贵。白色围眼圈，黑气聚额头，赤斑布两颊，浅赤凝地阁，这四种面色是人们犹恐避之不及的面色，只要呈现其中一种，即使将来不会出现性命之忧、牢狱之灾，也在一定程度上表明有此面色这人可能由于某种原因，其身体、精神方面的现状已经不容乐砚，如果不及时地予以改变，其结果可能就会成为这四句话的印证。

心狠手辣，疑杀忠良

古代帝王掌握着所有子民的生杀大权，臣民的生命全在他的一念之间，"君叫臣死，臣不得不死"。而历来的帝王又都有一个通病：可以与臣子共苦，却不能同甘。往往是他们开始坐拥天下之时，也就是那些功臣名将将死之时。

朱元璋是一个有两副面孔的帝王。他为赢得天下，竭力招揽人才；为使自己的天下长治久安，传之无穷，又担心那些权高位重的功臣名将对他不忠，怀疑那些文人对他不服。这种担心和猜疑的极度膨胀，最后导致了一场大诛杀。

武将中功勋最高的徐达，是朱元璋小时候一起割草放过牛的少年朋友，比朱元璋小四岁，一直是他的弟兄和心腹。徐达庄重沉稳，有大事都和朱元璋商量，立大功也不敢骄横。朱元璋曾称他"昭明乎日月，惟大将军一人而已"。建国后，徐达一直小心谨慎，但他的妻子张氏桀骜不驯。有一日，在诰命夫人宴上，她顶撞了马皇后，被朱元璋知道了。他认为这是徐达心有不平的表露。第二天，朱元璋在内廷设宴，招待群臣。席间，朱元璋持杯走到徐达面前，说道："牝鸡司晨，家之不祥。现在卿家可以免除赤族之祸了。朕特来向你祝贺。"徐达摸不着脑袋，赶紧跪下喝了朱元璋手中的酒。他勉强支撑到宴会结束，回家一看，张氏已被武士杀死了。这事虽然过去了，但朱元璋猜忌之心并没消退。洪武十七年，徐达生大病，后背长疮，但第二年有了好转的迹象。朱元璋表面上做出很高兴的样子，但心底却蒙上一层厚厚阴云。一天，他把一个御医召来，问道："像魏国公这种病忌什么口？"御医说："忌食蒸鹅。"几天之后，皇帝给徐达送来了御赐膳食，徐达打开食盒一看是只蒸鹅。他发疯似的吃了下去，一家人当着太监的面，连哭泣都不敢。不久，徐达就死了。

傅友德早年投奔朱元璋，他打仗极其勇猛，又深谙兵法，立有大功，是第一代封公爵的人。但是，功臣中死得最惨烈的是傅友德。蓝玉案结束后，所剩功臣不多了，朱元璋把目光投向了傅友德。傅友德膝下二子，个个英武过人，朱元璋就拿他们开刀。洪武二十七年十一月二十九日，朱元璋主持一个宴会。在步入宴会厅时，他见担任守卫任务的傅友德的儿子傅让没有按规定佩带剑囊，便显出一脸怒气，说傅让傲慢无礼，让傅友德把两个儿子叫来。傅友德只好战战兢兢地离开坐席而去，当他走到大殿门口，卫士又传旨："带二人的首级来见。"当两颗人头在傅友德手中时，朱元璋还在问：你是不是怨恨我？傅友德再也控制不住了，大吼道：你不就是要我们父子的人头吗，我这样做不正遂了你的心愿吗！说完自刎而死。

在朱元璋眼里，最重要的是权力和利益，谁损害或威胁到这些，谁就是他的敌人，无论是功臣还是亲属。李文忠是朱元璋的外甥，十二岁母亲去世，两年后投奔到朱元璋那里。当时，李文忠见朱元璋一身华丽的衣服，便拉着他的衣襟作耍，朱元璋说道："外甥见舅如见娘噢！"说完有些哽噎。李文忠在军中英勇机谋，颇有大将气度，立下不少战功。

洪武三年，大封功臣，李文忠进封曹国公，为开国六公爵之一，同时出任最高军事长官大都督府左都督。这时他只有三十一岁。在李文忠孤幼平凡时，朱元璋去扶持照顾他，在他升腾发达时，朱元璋又猜疑他。因为朱元璋的儿子能力平平，没有一个能赶上这个外甥的，这一点令朱元璋忧心忡忡。后来，朱元璋得知李文忠曾隐瞒了一段欲投降张士诚的历史，对他起了杀心。一次，李文忠进谏，朱元璋大怒，说：这话是谁教你的。等李文忠回家一看，幕僚全被捉去杀了。洪武十六年十二月，李文忠惊惧大病。第二年初，朱元璋去看他，他想坦白那段历史，又被朱元璋止住。三天后，这位叱咤战场三十年的大将竟然撒手西去了。消息传出，举朝震惊，不知道他为什么猝然而死。正在朝野迷惘之际，朱元璋突然将为李文忠看病的医生及其家属一百余口统统处死。李文忠之死似乎成了谜，但明眼人一看便知是何人所为。

"狡兔死，走狗烹；飞鸟尽，良弓藏。"这几乎是每一个时代都曾上演过的悲剧。也是最让能人贤士寒心的做法，过河拆桥，以防功高盖主，自己的地位不保。

毋庸置疑，领导的观念决策，对每一位员工的工作甚至前途影响相当大。可喜的是，现在许多企业家都认识到了这种做法的局限性，他们慧眼识人，在起用那些才华卓越的年轻贤才的同时，也终不忘那些曾经为企业立下汗马功劳的老员工，也正因为这样，也就才能保证他们的事业蒸蒸日上。